RESPONSABILIZAÇÃO ADMINISTRATIVA DE PESSOAS JURÍDICAS À LUZ DA LEI ANTICORRUPÇÃO EMPRESARIAL

MÁRCIO DE AGUIAR RIBEIRO

Flávio Henrique Unes Pereira
Prefácio

RESPONSABILIZAÇÃO ADMINISTRATIVA DE PESSOAS JURÍDICAS À LUZ DA LEI ANTICORRUPÇÃO EMPRESARIAL

Belo Horizonte

2017

© 2017 Editora Fórum Ltda.

É proibida a reprodução total ou parcial desta obra, por qualquer meio eletrônico, inclusive por processos xerográficos, sem autorização expressa do Editor.

Conselho Editorial

Adilson Abreu Dallari	Floriano de Azevedo Marques Neto
Alécia Paolucci Nogueira Bicalho	Gustavo Justino de Oliveira
Alexandre Coutinho Pagliarini	Inês Virgínia Prado Soares
André Ramos Tavares	Jorge Ulisses Jacoby Fernandes
Carlos Ayres Britto	Juarez Freitas
Carlos Mário da Silva Velloso	Luciano Ferraz
Cármen Lúcia Antunes Rocha	Lúcio Delfino
Cesar Augusto Guimarães Pereira	Marcia Carla Pereira Ribeiro
Clovis Beznos	Márcio Cammarosano
Cristiana Fortini	Marcos Ehrhardt Jr.
Dinorá Adelaide Musetti Grotti	Maria Sylvia Zanella Di Pietro
Diogo de Figueiredo Moreira Neto	Ney José de Freitas
Egon Bockmann Moreira	Oswaldo Othon de Pontes Saraiva Filho
Emerson Gabardo	Paulo Modesto
Fabrício Motta	Romeu Felipe Bacellar Filho
Fernando Rossi	Sérgio Guerra
Flávio Henrique Unes Pereira	Walber de Moura Agra

Luís Cláudio Rodrigues Ferreira
Presidente e Editor

Coordenação editorial: Leonardo Eustáquio Siqueira Araújo

Av. Afonso Pena, 2770 – 15º andar – Savassi – CEP 30130-012
Belo Horizonte – Minas Gerais – Tel.: (31) 2121.4900 / 2121.4949
www.editoraforum.com.br – editoraforum@editoraforum.com.br

R484r   Ribeiro, Márcio de Aguiar

        Responsabilização administrativa de pessoas jurídicas à luz da lei anticorrupção empresarial / Márcio de Aguiar Ribeiro.– Belo Horizonte : Fórum, 2017.

        345 p.
        ISBN: 978-85-450-0215-4

        1. Direito administrativo. 2. Lei anticorrupção. I. Título.

                                  CDD 341.3
                                  CDU 342

Informação bibliográfica deste livro, conforme a NBR 6023:2002 da Associação Brasileira de Normas Técnicas (ABNT):

RIBEIRO, Márcio de Aguiar. *Responsabilização administrativa de pessoas jurídicas à luz da lei anticorrupção empresarial*. Belo Horizonte: Fórum, 2017. 345 p. ISBN 978-85-450-0215-4.

*Dedicamos este livro a todos aqueles que ainda acreditam
em uma Nação Brasileira justa, digna e ética.*

AGRADECIMENTOS

Sem a colaboração inestimável de diversas pessoas o presente estudo não se tornaria realidade.

Primeiramente quero agradecer ao Divino Mestre, fonte inesgotável de Luz, Paz e Amor.

Aos meus pais, Dinaldo Gama (*in memorian*) e Maria do Socorro, pela minha formação moral e intelectual. Meu sincero agradecimento à minha doce esposa Ana Terra e aos meus filhos Lucas e Dante, pelo apoio de sempre e pelo tempo que me proporcionaram a fim de elaborar este trabalho.

Estendo os agradecimentos, nas pessoas de Waldir Pires, Jorge Hage e Carlos Higino, a todo o corpo técnico da Controladoria-Geral da União, órgão de excelência na defesa do patrimônio público e na condução de processos administrativos sancionadores, possibilitando-me o contato prático com os mais relevantes casos concretos que serviram de inspiração à realização deste trabalho.

Não poderia deixar de agradecer ao professor Flávio Henrique Unes Pereira, pela sagacidade e oportunidade das orientações e observações apresentadas.

SUMÁRIO

PREFÁCIO
Flávio Henrique Unes Pereira 15

APRESENTAÇÃO 17

CAPÍTULO I

1	Introdução	19
1.1	Entendendo o contexto histórico da promulgação da Lei Anticorrupção Empresarial	20
1.2	Política internacional de combate à corrupção e seus reflexos no ordenamento jurídico brasileiro	23
1.2.1	Status normativo dos tratados internacionais de combate à corrupção	29
1.3	Direito Penal na sociedade de risco e seus reflexos no Direito Administrativo Sancionador	32

CAPÍTULO II

2	Responsabilização de pessoas jurídicas	37
2.1	Pessoas jurídicas sujeitas ao regime legal	37
2.1.1	Sujeição passiva	37
2.1.2	Sujeição ativa	39
2.2	Fundamentos constitucionais da responsabilidade objetiva de pessoas jurídicas pela prática de atos lesivos contra a Administração Pública	40
2.3	Sistema legal de responsabilização de pessoas jurídicas	47
2.3.1	Responsabilidade objetiva de pessoas jurídicas	48
2.3.1.1	Pressupostos da responsabilidade objetiva corporativa	52
2.3.2	Corresponsabilidade entre pessoas jurídicas e físicas	54
2.3.3	Responsabilidade jurídica em operações societárias	57
2.3.4	Responsabilidade jurídica em grupos societários	59
2.3.5	Responsabilidade administrativa de múltiplas pessoas jurídicas e participação no processo	63

CAPÍTULO III

3	Processo administrativo sancionador	65
3.1	Considerações iniciais	65
3.1.1	Noção de sanção administrativa	65
3.1.2	Conceito de processo administrativo	66
3.1.3	Processo administrativo sancionador	67
3.1.3.1	Princípios reitores do processo administrativo sancionador	68
3.1.3.1.1	Devido processo legal	69
3.1.3.1.2	Contraditório e ampla defesa	70
3.1.3.1.3	Proporcionalidade	72
3.1.3.1.4	Impessoalidade	74
3.1.3.1.5	Formalismo moderado	75
3.1.3.1.6	Motivação	77
3.1.3.1.7	Segurança jurídica	78
3.1.3.1.8	Razoável duração do processo	79
3.2	Fontes normativas subsidiárias do PAR	80

CAPÍTULO IV

4	Processo Administrativo de Responsabilização – PAR	81
4.1	Fases do Processo Administrativo de Responsabilização	81
4.2	Antecedentes do processo	82
4.2.1	Ciência do ato ilícito	82
4.2.1.1	Denúncia anônima	83
4.2.2	Juízo de admissibilidade	84
4.2.3	Investigação preliminar	86

CAPÍTULO V

5	Instauração do processo	91
5.1	Autoridade instauradora	91
5.1.1	Demais competências da autoridade instauradora	96
5.2	Ato de instauração do processo	97
5.2.1	Forma e conteúdo	97
5.2.2	Publicidade da portaria de instauração	99
5.3	Prazos: contagem e prorrogação	99
5.4	Apuração conjunta de infrações administrativas praticadas no âmbito de licitações e contratos administrativos	101

CAPÍTULO VI

6	Instrução processual	109
6.1	Autoridade competente	109
6.1.1	Estrutura da comissão	109
6.1.2	Independência e imparcialidade da comissão	111
6.2	Instrução do processo e observância do contraditório e ampla defesa	113
6.2.1	Comunicação dos atos processuais	114
6.2.2	Acompanhamento do processo	115
6.2.3	Requerimento por novas provas	115
6.3	Produção probatória	117
6.3.1	Aspectos polêmicos relacionados à produção de provas	119
6.3.1.1	Prova emprestada	119
6.3.1.2	Provas sigilosas	123
6.3.1.2.1	Sigilo bancário	124
6.3.1.2.2	Sigilo fiscal	129
6.3.1.2.3	Sigilo telefônico	131
6.3.1.3	Prova indiciária	134
6.3.1.4	Prova ilícita	137
6.4	Encerramento da coleta de provas	142

CAPÍTULO VII

7	Defesa	143
7.1	Extensão do direito de defesa	143
7.2	Defesa escrita	144
7.2.1	Defesa prévia	146
7.2.2	Alegações finais	146
7.3	Prazo para apresentação das peças defensivas	147
7.4	Cerceamento do direito de defesa	147

CAPÍTULO VIII

8	Relatório final	149
8.1	Conceito e finalidade	149

8.2	Requisitos e elementos essenciais do relatório final	150
8.2.1	Relatório final e análise circunstanciada da defesa escrita	151
8.2.2	Relatório final e dosimetria da pena	151
8.3	Caráter relativamente vinculante do relatório final	153
8.4	Encaminhamentos e providências complementares do relatório	154

CAPÍTULO IX

9	Dos atos lesivos à Administração Pública nacional e estrangeira	157
9.1	A infração administrativa	157
9.2	Abrangência dos atos lesivos à Administração Pública	158
9.2.1	Dos atos lesivos em espécie	161
9.2.1.1	Dos atos de corrupção em geral	161
9.2.1.1.1	Prometer, oferecer ou dar, direta ou indiretamente, vantagem indevida a agente público, ou a terceira pessoa a ele relacionada	161
9.2.1.1.2	Comprovadamente, financiar, custear, patrocinar ou de qualquer modo subvencionar a prática dos atos ilícitos previstos nesta Lei	162
9.2.1.1.3	Comprovadamente, utilizar-se de interposta pessoa física ou jurídica para ocultar ou dissimular seus reais interesses ou a identidade dos beneficiários dos atos praticados	163
9.2.1.1.4	Dificultar atividade de investigação ou fiscalização de órgãos, entidades ou agentes públicos ou intervir em sua atuação, inclusive no âmbito das agências reguladoras e dos órgãos de fiscalização do sistema financeiro nacional	164
9.2.1.2	Dos atos de corrupção em licitações e contratos	166
9.2.1.2.1	Frustrar ou fraudar, mediante ajuste, combinação ou qualquer outro expediente, o caráter competitivo de procedimento licitatório público	168
9.2.1.2.2	Impedir, perturbar ou fraudar a realização de qualquer ato de procedimento licitatório público	168
9.2.1.2.3	Afastar ou procurar afastar licitante, por meio de fraude ou oferecimento de vantagem de qualquer tipo	169
9.2.1.2.4	Fraudar licitação pública ou contrato dela decorrente	169
9.2.1.2.5	Criar, de modo fraudulento ou irregular, pessoa jurídica para participar de licitação pública ou celebrar contrato administrativo	170
9.2.1.2.6	Obter vantagem ou benefício indevido, de modo fraudulento, de modificações ou prorrogações de contratos celebrados com a Administração Pública, sem autorização em lei, no ato convocatório da licitação pública ou nos respectivos instrumentos contratuais	170
9.2.1.2.7	Manipular ou fraudar o equilíbrio econômico-financeiro dos contratos celebrados com a Administração Pública	171

CAPÍTULO X

10	Julgamento	173
10.1	Autoridade competente	173
10.2	Necessária precedência de manifestação jurídica	175
10.3	Motivação do ato de julgamento e valoração do conjunto probatório	176
10.4	Julgamento nas hipóteses de apuração conjunta de infrações administrativas a normas de licitações e contratos	177
10.5	Julgamento e possibilidade de recurso administrativo	178

CAPÍTULO XI

11	Sanção administrativa	183
11.1	Conceito e finalidade de sanção administrativa	183
11.2	Sanção administrativa e proporcionalidade	186
11.3	Sanções administrativas em espécie	188

11.3.1	Multa	188
11.3.1.1	Cálculo da pena de multa	189
11.3.2	Publicação extraordinária da decisão administrativa sancionadora	192
11.3.3	Apuração conjunta e aplicação de sanções administrativas que impliquem restrição ao direito de participar de licitações e contratos administrativos	194
11.3.3.1	Suspensão temporária	194
11.3.3.2	Declaração de inidoneidade	196
11.3.3.3	Impedimento de licitar e contratar com a Administração (Pregão e RDC)	197

CAPÍTULO XII

12	Programa de integridade corporativa (*compliance* anticorrupção)	201
12.1	*Compliance* anticorrupção: aspectos centrais	201
12.1.1	Riscos de *compliance*	203
12.1.2	*Compliance* anticorrupção: princípios basilares	204
12.1.3	*Compliance* anticorrupção: elementos essenciais	205
12.1.3.1	Comprometimento da alta direção da pessoa jurídica	206
12.1.3.2	Padrões de conduta, código de ética, políticas e procedimentos de integridade	207
12.1.3.3	Treinamentos periódicos sobre o programa de integridade	209
12.1.3.4	Mapeamento periódico de riscos	210
12.1.3.5	Registros contábeis que reflitam de forma completa e precisa as transações da pessoa jurídica	211
12.1.3.6	Controles internos que assegurem a pronta elaboração e confiabilidade de relatórios e demonstrações financeiras da pessoa jurídica	212
12.1.3.7	Procedimentos específicos para prevenir fraudes e ilícitos no âmbito de interações marcadamente antagônicas com o setor público	214
12.1.3.8	Independência, estrutura e autoridade da instância interna responsável pela aplicação do programa de integridade e fiscalização de seu cumprimento	215
12.1.3.9	Canais de denúncias de irregularidades	216
12.1.3.10	Medidas disciplinares em caso de violação do programa de integridade	217
12.1.3.11	Procedimentos que assegurem a pronta interrupção de irregularidades ou infrações detectadas e a tempestiva remediação dos danos causados	218
12.1.3.12	Dever de diligência objetivo (*due diligence* anticorrupção)	218
12.1.3.13	Transparência da pessoa jurídica quanto a doações para candidatos e partidos políticos	223
12.1.3.14	Monitoramento contínuo do programa de integridade	224
12.2	Critérios de avaliação de programas de integridade de pessoas jurídicas e atenuação da penalidade proposta	224
12.2.1	Relatório de perfil	225
12.2.2	Relatório de conformidade do programa	226

CAPÍTULO XIII

13	Acordo de leniência	227
13.1	Conceito e finalidade	227
13.2	Acordo de leniência e o ordenamento jurídico brasileiro	230
13.3	Acordo de leniência no âmbito do PAR	233
13.3.1	Acordo de leniência e interesse da administração	233
13.3.2	Autoridade competente para celebrar o acordo de leniência	234
13.3.3	Requisitos legais	235
13.3.3.1	A pessoa jurídica seja a primeira a se manifestar	235
13.3.3.2	A pessoa jurídica cesse completamente seu envolvimento na infração investigada a partir da data de propositura do acordo	237

13.3.3.3	A pessoa jurídica admita sua participação no ilícito e coopere plena e permanentemente com as investigações e o processo administrativo	237
13.3.3.4	Implementação e aprimoramento dos mecanismos de *compliance* anticorrupção	238
13.3.3.5	A reparação integral do dano causado	238
13.3.4	Formalidades a serem observadas na pactuação do acordo de leniência	239
13.3.5	Resultados e efeitos decorrentes do acordo de leniência	240
13.3.6	Rejeição e desistência do acordo de leniência	241
13.3.7	Acordo de leniência e publicidade	241
13.3.8	Acordo de leniência e boa-fé objetiva	243
13.3.9	Acordo de leniência e atos lesivos cometidos contra a Administração Pública estrangeira	246
13.3.10	Acordo de leniência e ação de improbidade administrativa	246
13.3.11	Acordo de leniência e imunidade penal	247
13.3.12	Acordo de leniência e atuação do Tribunal de Contas	248

CAPÍTULO XIV

14	Medidas cautelares administrativas	253
14.1	Medida cautelar no processo administrativo sancionador	253
14.2	Classificação das medidas cautelares administrativas	254
14.3	Previsão normativa das medidas cautelares administrativas	256
14.4	Poder geral de cautela e seu exercício *inaudita altera partes*	259
14.5	Pressupostos para o deferimento da cautelar administrativa	262
14.6	Procedimento	263

CAPÍTULO XV

15	Desconsideração da personalidade jurídica	265
15.1	Breve histórico da teoria da desconsideração da personalidade jurídica	265
15.2	A teoria da desconsideração no ordenamento jurídico pátrio	266
15.3	Desconsideração da personalidade da pessoa jurídica na esfera do Direito Administrativo	269
15.4	Desconsideração da personalidade da pessoa jurídica na esfera do PAR	272

CAPÍTULO XVI

16	Prescrição da pretensão punitiva	277
16.1	Conceito e regime legal	278
16.1.1	Início do prazo prescricional	278
16.1.2	Interrupção e suspensão do prazo prescricional	280
16.1.3	Nulidade do ato administrativo que interrompe a prescrição	281
16.1.4	Imprescritibilidade da pretensão ressarcitória	282

REFERÊNCIAS 283

APÊNDICE

APÊNDICE A — Decreto nº 3.678, de 30 de novembro de 2000	291
APÊNDICE B — Decreto nº 4.410, de 7 de outubro de 2002	297
APÊNDICE C — Decreto nº 5.687, de 31 de janeiro de 2006	303
APÊNDICE D — Lei nº 12.846, de 1º de agosto de 2013	331
APÊNDICE E — Decreto nº 8.420, de 18 de março de 2015	337

PREFÁCIO

A obra que tenho a honra de prefaciar é um manual sobre a Lei nº 12.846, de 1.8.2013, denominada Lei Anticorrupção, que inaugura a responsabilização das pessoas jurídicas em parâmetros até então inaplicáveis no regime jurídico brasileiro.

Sem sombra de dúvida, a possibilidade de impor responsabilidade objetiva às pessoas jurídicas representa o aspecto mais inovador e polêmico do novo diploma normativo, havendo quem sustente a sua inconstitucionalidade. O Direito Sancionador tradicionalmente esteve vinculado ao princípio da culpabilidade, de forma que caberia ao Estado, como pressuposto jurídico da imposição de sanção, a demonstração inequívoca dos elementos subjetivos da conduta, ou seja, dolo ou culpa. É bem verdade que a comprovação do referido pressuposto vinha sendo flexibilizada quando em pauta o sancionamento administrativo de pessoas jurídicas, apontando a doutrina que a culpabilidade nesses casos estaria vinculada à evitabilidade do fato e aos deveres de cuidado objetivo.

Antes, porém, de avançarmos, cabe tecer algumas considerações sobre o autor deste trabalho, Márcio de Aguiar Ribeiro. Tive o prazer de ser seu professor no curso de pós-graduação do Instituto Brasiliense de Direito Público – IDP, oportunidade que constatei não apenas o interesse do aluno sobre o regime jurídico administrativo sancionador, mas seu profundo conhecimento acerca da matéria, vez que se trata de destacado servidor público da Controladoria-Geral da União.

Assim que recebi o convite para prefaciar esta obra, iniciamos conversas sobre o tema e aprendemos um com o outro. É desafiante provocar novos olhares quando o pesquisador está mergulhado em uma das perspectivas possíveis. Falo da atividade profissional de Márcio, que participava ativamente das primeiras iniciativas da CGU ao implementar os comandos da nova lei. Mas acho que avançamos um pouco, afinal, publicamos um artigo em coautoria, no qual destacamos a importância de se examinar o nexo causal e seus reflexos na constatação das infrações previstas na Lei nº 12.846. Nesta obra, vi as pegadas de nosso encontro na passagem em que o autor afirma que "não se trata de aceitar a responsabilidade objetiva em toda e qualquer hipótese, uma vez que a análise do nexo causal ou das suas excludentes, de maneira razoável e proporcional, é que possibilitará a plena aplicação de tal sistema de responsabilização, afastando-se, por conseguinte, o receio de que a pessoa jurídica se transforme numa espécie de seguradora universal da moralidade administrativa".

Por outro lado, como não poderia deixar de ser, discordamos em alguns pontos, como na possibilidade, segundo o autor, de que à luz do princípio da proporcionalidade, seria possível abrandar a vedação de provas obtidas por meios ilícitos.

De todo modo, e isto é fundamental, trata-se de obra senão inédita, singularíssima, sobretudo porque não se limita a comentar artigos de lei, porquanto examina os temas polêmicos, sem deixar de apresentar o posicionamento do autor.

Ganha relevo – e o tema é enfrentado na obra – o fato de que o legislador impôs maior comprometimento e participação dos entes privados no combate à corrupção, ponderando que sendo o ato de corrupção um ato complexo a envolver, em regra, a atuação de agente público corrompido e, na outra ponta, agente privado corruptor, legítimo seria determinar mais proatividade e protagonismo aos entes privados. Por isso, um sistema mais rígido de responsabilização jurídica deve ser acompanhado da consideração acerca de mecanismos de incentivo e valorização aos programas de governança e integridade corporativa.

Não é de se estranhar, nesse sentido, que a Lei nº 12.846/2013 tenha previsto como aspecto de necessária consideração, quando da aplicação das penalidades, "a existência de mecanismos e procedimentos internos de integridade, auditoria e incentivo à denúncia de irregularidades e a aplicação de códigos de ética e de conduta no âmbito da pessoa jurídica" (artigo 7º, inciso VIII).

A lei em análise e o seu respectivo regulamento, o Decreto Federal nº 8.420/15, numa rápida leitura, somente autorizariam a avaliação do programa de integridade para fins de atenuação da penalidade de multa sobre o faturamento bruto da empresa. Aqui, aproxima-se da legislação norte-americana, *Foreign Corrupt PraticesAct* (FCPA), que não admite a isenção total de responsabilidade, afastando-se, na mesma medida, da lei anticorrupção inglesa, *UK Bribery Act 2010*, que elenca a robustez de um programa de *compliance* como espécie de defesa absoluta, capaz de isentar a responsabilidade da pessoa jurídica.

À luz do arcabouço normativo brasileiro, conforme demonstra o autor, assenta-se como regra geral que a efetiva estruturação e a aplicação de programa de integridade no círculo de desenvolvimento das atividades econômicas e sociais do ente jurídico apresentam-se como relevante fator de atenuação da sanção administrativa pecuniária.

Entretanto, o raciocínio – e aqui o entendimento é mais meu – não pode ser reduzido a conclusão absoluta e imune à maior reflexão, ponderação e exame de todas as circunstâncias e peculiaridades afetas ao caso concreto e, especialmente, à finalidade da norma. Assim, forçoso reconhecer que, uma vez demonstrada pela pessoa jurídica processada a adoção de medidas rigorosas no sentido da mais ampla efetivação e aplicação de um programa de *compliance*, de modo a comprovar de forma cabal e indiscutível a existência de clara cultura de fidelidade ao Direito e à promoção de valores éticos, a isolada verificação de uma conduta passível de enquadramento administrativo no artigo 5º do diploma legal nem sempre implicará responsabilização jurídica.

Em outras palavras, a robustez e a efetividade do programa de integridade corporativa podem revelar-se como fator de exclusão do nexo de causalidade, a afastar o liame jurídico necessário para fins de responsabilização.

Percebe-se, pois, a complexidade que o novel sistema de responsabilidade descortina no cenário brasileiro a demandar dos operadores do Direito profunda análise e pesquisa acadêmica constante. É isso que a presente obra fez. Assumiu o desafio e brinda-nos com preciosas reflexões sobre tão instigante tema. Parabéns, Márcio.

Junho de 2016

Flávio Henrique Unes Pereira
Coordenador e professor do curso de pós-graduação em
Direito Administrativo do IDP

APRESENTAÇÃO

A Lei nº 12.846, de 1º de agosto de 2013, dispõe sobre a responsabilização administrativa e civil de pessoas jurídicas pela prática de atos contra a Administração Pública, nacional ou estrangeira. Apelidada de "Lei Anticorrupção Empresarial" (LAC), a referida lei entrou em vigor em 29 de janeiro de 2014, após *vacatio legis* de cento e oitenta dias.

O advento desse ato normativo supriu substancialmente uma espécie de carência verificada no ordenamento jurídico brasileiro, cujas normas de combate à corrupção eram centradas na responsabilidade civil e penal de pessoas naturais, não dispondo de diploma que regulasse, de forma específica, a responsabilização de pessoas jurídicas pela prática de atos de corrupção.

Na seara administrativa, a Lei Anticorrupção Empresarial inaugura nova sistemática de responsabilização de pessoas jurídicas, ao contemplar no direito sancionador modelo de punição pautado na técnica da responsabilidade objetiva, em substituição ao tradicional modelo de responsabilização subjetiva.

A presente obra, fruto de estudos e reflexões decorrentes do contato diário com a matéria correcional, tem por objetivo proporcionar à comunidade jurídica e empresarial, para além do reforço teórico que o tema requer, uma visão pragmática acerca do regular desenvolvimento do Processo Administrativo de Responsabilização – PAR, levando em consideração suas principais fases procedimentais, tais como instauração, instrução e julgamento. Adentra-se, ainda, em temas correlatos e de grande importância para os propósitos do aludido diploma legal, a exemplo do exame que se faz sobre os mecanismos e instrumentos que compõem o conceito de programa de integridade corporativa (*compliance anticorrupção*).

CAPÍTULO I

1 Introdução

A Lei nº 12.846, de 1º de agosto de 2013, festejada por muitos como Lei Anticorrupção Empresarial – LAC, inaugura em solo brasileiro uma nova sistemática na seara da responsabilização administrativa e civil de pessoas jurídicas pela prática de atos lesivos contra a Administração Pública. A norma em tela, ao propor um sistema de responsabilização objetiva de pessoas jurídicas na seara do direito sancionador, descortina *mens legis* direcionada a uma verdadeira quebra de paradigmas, principalmente quando em consideração que tradicionalmente o sistema de responsabilidade por atos ilícitos, especialmente na seara de aplicação de penalidades, estruturou-se sobre o postulado da culpabilidade e responsabilidade subjetiva.

A nova legislação soma-se a outros diplomas já existentes, tais como a Lei de Ação Popular e a Lei de Improbidade Administrativa, fortalecendo o aparato normativo, processual e institucional de combate a um dos principais males a assolar a sociedade brasileira, a corrupção. A norma em tela incorpora ao ordenamento pátrio diversos mecanismos de combate à corrupção previstos nos principais tratados internacionais sobre o tema e já consagrados nos ordenamentos jurídicos de diversos países, a exemplo dos Estados Unidos, Inglaterra e Chile.

Dois singulares aspectos merecem menção desde já. Os principais mecanismos de responsabilização de pessoas jurídicas previstos nessa lei são na verdade elementos propulsores da gênese de uma nova cultura na seara da incansável luta contra a corrupção. Ao contrário dos principais diplomas legais brasileiros que versam sobre o tema, que impõem quase que exclusivamente ao Estado brasileiro o dever de promover a lisura e a integridade, a novel normatização enseja a maior proatividade do setor privado, especialmente nas suas relações com a Administração Pública, na promoção da probidade e da moralidade administrativa, em singular consonância com o princípio constitucional da função social da empresa.

O outro aspecto de invulgar relevância correlaciona-se ao plano do fortalecimento institucional de um destacado órgão especializado no efetivo combate à corrupção, a Controladoria-Geral da União – CGU. Nesse sentido, a LAC disponibiliza ao mencionado órgão de controle valiosos instrumentos e regras de competências destacadas, inclusive extraterritoriais, elevando a CGU ao patamar de uma verdadeira Agência Anticorrupção do Estado brasileiro, em consonância, aliás, com os principais tratados internacionais dos quais o Brasil foi signatário. Espera-se que o fortalecimento no plano normativo possa efetivamente repercutir no plano dos fatos, sendo destinadas ao valoroso órgão as condições necessárias, notadamente, independência e recursos materiais, para que possa desempenhar suas funções republicanas de maneira eficaz e sem nenhuma influência indevida.

A exata compreensão do modelo então proposto demandará breve incursão sobre o contexto fático, político e histórico que fomentou a concepção e formatação dos principais dispositivos legais que compõem o diploma em questão. Assim, deveras produtivo na formação de um olhar crítico sobre o texto normativo é assimilar de que forma o curso de movimentos cardeais do mundo globalizado puderam impactar profundamente o ordenamento jurídico pátrio brasileiro.

1.1 Entendendo o contexto histórico da promulgação da Lei Anticorrupção Empresarial

A Lei nº 12.846, de 1º de agosto de 2013, dispõe sobre a responsabilização administrativa e civil de pessoas jurídicas pela prática de atos contra a Administração Pública, nacional ou estrangeira. Apelidada de "Lei Anticorrupção Empresarial"[1] (LAC), a referida lei entrou em vigor em 29 de janeiro de 2014, após *vacatio legis* de cento e oitenta dias.

O advento desse ato normativo supriu substancialmente uma espécie de carência verificada no ordenamento jurídico brasileiro, cujas normas de combate à corrupção eram centradas na responsabilidade civil e penal de pessoas naturais, não dispondo de diploma que regulasse, de forma específica, a responsabilização de pessoas jurídicas pela prática de atos de corrupção.

Nesse cenário, na seara administrativa, restava apenas a possibilidade de utilizar a Lei nº 8.666/93 para sancionar atos relacionados à corrupção praticados por empresas, desde que diretamente relacionados ao processo licitatório ou à execução contratual, os quais poderiam redundar em declaração de inidoneidade. Outros atos de corrupção, como, por exemplo, o pagamento de propina a um servidor público fora do contexto de uma licitação ou de um contrato administrativo, não eram passíveis de gerar a responsabilização administrativa de uma pessoa jurídica, dependendo, assim, da intervenção judicial para sua punição, o que muitas vezes ocorria tardiamente e não atendia aos anseios sociais por uma relação mais transparente entre o setor público e o setor privado.

O advento da corrente legislação está umbilicalmente relacionado ao desenvolvimento de uma efetiva política internacional de combate à corrupção, rendendo ensejo à formalização de diversos tratados internacionais sobre o assunto, tais como: Convenção sobre o Combate da Corrupção de Funcionários Públicos Estrangeiros em Transações Comerciais Internacionais, da Organização para a Cooperação Econômica e o Desenvolvimento (OCDE); Convenção Interamericana contra a Corrupção, firmada pelos membros da Organização dos Estados Americanos (OEA); e Convenção das Nações Unidas contra a Corrupção, aprovada pela Organização das Nações Unidas (ONU).

Na oportunidade, coloca-se em destaque a Convenção sobre o Combate da Corrupção de Funcionários Públicos Estrangeiros em Transações Comerciais Internacionais, da Organização para a Cooperação Econômica e o Desenvolvimento (OCDE), foro inicial das discursões acerca do enfrentamento global aos atos de corrupção. Esse normativo fomentou a consolidação de uma nova perspectiva em relação ao pagamento de propina a servidores públicos estrangeiros. Afinal, por algum tempo, correntes teóricas das Ciências Econômicas chegaram a afastar o caráter maléfico de atos de corrupção, a exemplo de pagamento de propina, sendo, por vezes, classificado como mera transferência de renda

---

[1] A Lei nº 12.846/2013 tem sido chamada pela imprensa internacional de *Clean Company Act*.

entre agentes econômicos e, até mesmo, como importante mecanismo de superação de exigências burocráticas para realização de transações econômicas. Não é por menos que em países centrais do capitalismo moderno, os respectivos ordenamentos tributários permitiam a incidência do regime de deduções legais em relação aos valores dispendidos nos atos de suborno internacional.

A celebração desse tratado contou com o manifesto protagonismo dos Estados Unidos, que propugnava pela adoção de uma legislação uniforme no sentido de responsabilização das empresas pela prática de atos de corrupção em território estrangeiro, afinal o ordenamento norte-americano já contava, desde 1977, com norma jurídica nesse sentido, o *Foreign Corrupt Practices Act – FCPA* (Lei contra Práticas de Corrupção Estrangeira), a qual previa a responsabilização criminal, administrativa e civil de pessoas jurídicas pelo suborno de funcionários públicos, partidos políticos ou políticos estrangeiros. Para além de um compromisso meramente humanitário, essa iniciativa teve forte apelo econômico, uma vez que a rigidez da legislação doméstica colocava as empresas americanas em situação de desvantagem concorrencial. Leopoldo Pagotto analisa a situação dos EUA e do seu FCPA nos seguintes termos:

> A introdução do FCPA gerou um elemento desestabilizador no jogo da corrupção internacional: as empresas norte-americanas não mais podiam competir em igualdade de condições com as de outros países. Neste cenário, o ator 'governo norte-americano' foi pressionado a agir e se deparou com duas alternativas: ou abandonava a política recém-implantada, ou forçava com que os outros países adotassem a mesma política.[2]

A partir do momento em que novas teorias econômicas propuseram uma análise mais ampla dos atos de corrupção, reconhecendo a ineficiência da distribuição de riquezas por ela promovida, apontando, inclusive, os efeitos deletérios da odiosa prática no seio social, descortinou-se ambiente propício ao estabelecimento de uma política internacional, influenciando, da mesma maneira, o direito positivo daqueles mesmos países.

Nesse esteio, a supressão dessa lacuna legislativa foi uma das obrigações que o Brasil assumiu perante a Organização para a Cooperação Econômica e o Desenvolvimento (OCDE), pois o Estado brasileiro, na qualidade de signatário da Convenção sobre o Combate da Corrupção de Funcionários Públicos Estrangeiros em Transações Comerciais Internacionais, concluída em Paris, em 17 de dezembro de 1997, firmou o compromisso internacional de responsabilizar pessoas jurídicas pela prática de corrupção de funcionários públicos estrangeiros, conforme estabelecido no art. 2 da referida Convenção.

Em relatório produzido pelo Grupo de Trabalho da OCDE, de combate ao suborno em transações comerciais internacionais, elaborado no ano de 2007, que tinha por objeto a avaliação do Estado brasileiro acerca do cumprimento quanto às disposições contempladas pelo aludido diploma internacional, teceram-se fundadas críticas em relação à ausência, no ordenamento pátrio, de um sistema eficiente e apto à responsabilização de pessoas jurídicas pela prática de atos de corrupção, especialmente o suborno de funcionário público estrangeiro, restando, ao final, consignada expressamente a seguinte recomendação:

> Em relação à responsabilidade de pessoas jurídicas, o Grupo de Trabalho reconhece as últimas iniciativas tomadas pelo Brasil na área e recomenda que o governo brasileiro (i) tome

---

[2] PAGOTTO, Leopoldo. Esforços globais anticorrupção e seus reflexos no Brasil. In: DEL DEBBIO, Alessandra; MAEDA, Bruno Carneiro; AYRES, Carlos Henrique da Silva (Coords.). *Temas de anticorrupção & compliance*. Rio de Janeiro: Elsevier, 2013. p. 27.

medidas urgentes para estabelecer a responsabilidade direta de pessoas jurídicas pelo delito de suborno de um funcionário público estrangeiro; (ii) crie sanções que sejam efetivas, proporcionais e dissuasivas, incluindo sanções monetárias e confisco; e (iii) assegure que, em relação ao estabelecimento de jurisdição sobre as pessoas jurídicas, uma ampla interpretação da nacionalidade das pessoas jurídicas seja adotada.[3]

Em atendimento a esse compromisso internacional ao qual o Brasil aderiu, sendo ratificado em 15.06.2000 e promulgado pelo Decreto Presidencial nº 3.678, de 30.11.2000, o Poder Executivo Federal encaminhou ao Congresso Nacional, em 08.02.2010, um anteprojeto de lei assinado conjuntamente pelos Ministros de Estado da CGU, da Justiça e da AGU, que resultou no Projeto de Lei nº 6.826/2010.

Em 26.05.2011, ato da Presidência da Casa Legislativa determinou a criação de Comissão Especial para proferir parecer sobre a proposição legislativa em comento. Após realização de audiências públicas com setores representativos da sociedade civil e estudiosos do Direito Empresarial, o Projeto de Lei nº 6.286/2010 foi aprovado pela Câmara dos Deputados em 24.04.2013, sendo posteriormente aprovado pelo Senado Federal em 04.07.2013, resultando na Lei nº 12.846, de 1º de agosto de 2013, publicada no Diário Oficial da União de 02.08.2013.

A partir da vigência da Lei Anticorrupção, o ordenamento jurídico brasileiro passou a contar com um instrumento poderoso para responsabilizar administrativa e civilmente pessoas jurídicas por prática de atos lesivos contra a Administração Pública, responsabilização esta de natureza objetiva, ou seja, a pessoa jurídica infratora responderá pelos delitos a ela atribuídos sem que se faça necessário comprovar a culpa ou dolo das pessoas físicas que agiram por meio dela, bastando a comprovação do nexo de causalidade entre o fato ocorrido e o resultado obtido. Tal opção legislativa foi amparada no histórico do combate à corrupção pelos órgãos, o qual sempre fora marcado pela dificuldade de responsabilização dos entes privados, como bem colocou o eminente Relator da Proposição na Câmara dos Deputados:

> Sabe-se que o conjunto dos atos lesivos à Administração Pública, e cada um deles, é de difícil e complexa identificação. Exigir, pois, do Estado, que além de provar a correlação entre o ato e a lesão, também prove a culpabilidade do agente, é demandar ao Estado que protele indefinidamente a responsabilização de pessoas jurídicas por atos de corrupção e suborno contra autoridades públicas.[4]

O aludido diploma legal se estrutura por meio de três principais eixos normativos. O primeiro se expressa na primazia da responsabilização extrapenal de pessoas jurídicas, com especial enfoque à seara administrativa de responsabilização, que permite o desenvolvimento de uma atuação mais célere e efetiva para fins de apuração e punição de atos lesivos, sem se descuidar, entrementes, do legítimo exercício do direito de defesa.

---

[3] OCDE. *Relatório sobre a aplicação da convenção sobre o combate ao suborno de funcionários públicos estrangeiros em transações comerciais internacionais e a recomendação revisada de 1997 sobre o combate ao suborno em transações comerciais internacionais*. Brasil: Fase 2, 2007, p. 74. Disponível em: <http://www.cgu.gov.br/assuntos/articulacao-internacional/convencao-da-ocde/arquivos/avaliacao2_portugues.pdf.> Acesso em: 29 maio 2013.

[4] Parecer do Relator, apresentado em 14.04.2013, p. 15. Disponível em: <http://www.camara.gov.br/proposicoesWeb/prop_mostrarintegra?codteor=970659&filename=SBT+1+PL682610+%3D%3E+PL+6826/2010>. Acesso em: 30 jan. 2014.

O segundo eixo normativo consiste em focar no viés econômico e financeiro da corrupção. Faz-se uma análise da relação custo-benefício dos atos de corrupção, no sentido de se impor maiores riscos econômico-financeiros à prática desses atos lesivos, levando os atores envolvidos a sopesar tal fato quando intentarem o cometimento do ilícito. Não por menos, a principal penalidade legalmente prevista consiste na aplicação de elevada pena pecuniária.

Já o terceiro eixo revela a necessidade de atuação conjunta entre Estado e setor privado no combate à corrupção, afinal tal ordem de ilicitude, em regra, descortina natureza complexa com a atuação de agentes públicos e privados, o corrompido e o corruptor, impondo-se a ambos uma necessária colaboração na apuração e coibição aos atos corruptivos. Atribui-se ao particular atuação mais proativa no combate à corrupção, o que pode ser visualizado, por exemplo, nas novas regras legais e regulamentares que instituem a necessidade de promoção e desenvolvimento de efetivos programas de integridade corporativa.

A Lei Anticorrupção se insere no sistema normativo brasileiro por meio da disponibilização de relevantes instrumentos jurídicos, voltados à responsabilização mais ágil, eficiente e dura de pessoas jurídicas que praticam atos lesivos contra a Administração Pública, promovendo novo cenário de não tolerância à impunidade pelos atos de corrupção. Juntamente com a Lei nº 12.527/2011 (Lei de Acesso à Informação) e a Lei nº 12.813/2013 (Lei de Conflito de Interesses), normas também derivadas da atual política internacional anticorrupção, a Lei nº 12.846/2013 consolida um autêntico e sólido marco normativo de promoção da transparência pública, combate à corrupção e integridade corporativa.

Cria-se, portanto, legítima expectativa de que o Estado brasileiro juntamente com a sociedade civil, especialmente o setor empresarial nacional, envidem esforços sinceros no cumprimento desse essencial arcabouço normativo, superando, inclusive, a infeliz cultura doméstica de criação apenas simbólica de leis e procedimentos incapazes de transpor meras folhas de papel e transformar, de fato, a realidade social.

1.2 Política internacional de combate à corrupção e seus reflexos no ordenamento jurídico brasileiro

Com o advento da globalização e da interdependência econômica existente entre os mais diversos países do mundo, percebeu-se a necessidade da adoção de políticas amplas e uniformes para o trato de alguns problemas generalizados na atual conjuntura da organização mundial, problemas que não mais respeitam limites geográficos ou nacionalidades. A criminalidade moderna eliminou as fronteiras políticas, globalizando-se na mesma proporção da integração existente entre as nações.

Segundo Weber,[5] o atual contexto sociopolítico mundial é caracterizado pelo incremento de delitos marcadamente internacionais, como o tráfico de drogas e seres humanos, a corrupção, a lavagem de dinheiro, entre outros. Diante do desenvolvimento desse conjunto de atividades criminosas cuja lógica de ações e consequências perpassa as fronteiras dos Estados nacionais, no plano da política internacional, passa a ser necessária a adoção de medidas comuns de cooperação e repressão desses ilícitos, como a elaboração de normativos em que se prevejam mecanismos eficazes de responsabilização e processamento.

No atual cenário global, reconhece-se a ineficácia constante do aparato legislativo, judiciário e administrativo em prever, regular, fiscalizar e punir ilícitos de natureza

---

[5] WEBER, Patrícia Núñes. *A cooperação jurídica internacional em medidas processuais penais*. Porto Alegre: Verbo Jurídico, 2011. p. 23.

transnacional no ambiente exclusivamente doméstico de cada país, denotando a necessidade de internacionalização de seus escopos e universalização de processos e procedimentos. De que adiantaria tratar de maneira unicamente doméstica o combate à corrupção, se, por vezes, o proveito econômico do delito é desviado para além-fronteiras, por meio de todo um aparato criminoso de cunho internacional, contando-se em alguns casos com o amparo, ainda que pela inércia ou conivência, de outros Estados soberanos.

Leopoldo Pagotto ilustra bem a situação com a narração de um caso paradigmático:

> O exemplo que melhor ilustra a preocupação contemporânea dos Estados com a atitude dos outros é o que se verificou com as Ilhas Seychelles. Em 1995, as Ilhas Seychelles promulgaram o Economic Development Act, garantido imunidade penal a todo estrangeiro que investisse mais de US$10 milhões no país. [...]
>
> Havia um convite explícito das Ilhas Seychelles a todos os criminosos para que lavassem seu dinheiro sujo onde até então era apenas um paraíso fiscal. Quase imediatamente a OCDE, o Departamento de Estado dos Estados Unidos, os ministros de relações exteriores da França e Grã-Bretanha, a Interpol, a Comissão Financeira e a Força-Tarefa de Ação Financeira reagiram a essa lei, exigindo sua revisão e ameaçando a impor sanções. Como essa lei não foi imediatamente revogada, as autoridades internacionais anunciaram que todas as transações internacionais originárias nas Ilhas Seychelles ou que por ela passassem seriam investigadas e rastreadas. Em 25 de julho de 2000, as Ilhas Seychelles revogaram Economic Development Act sem que ela tivesse entrado em vigor.
>
> Em outros tempos, as decisões de um país inexpressivo no cenário global seriam ignoradas pela comunidade internacional. No entanto, a facilidade de deslocamento de informações e recursos no mundo globalizado deu nova proporção a um tema técnico de difícil compreensão, na medida em que funcionava como verdadeiro incentivo à corrupção de outros países.[6]

A efetividade do acesso à justiça e o combate à corrupção demandam atenção a essa tenra realidade transnacional, descortinando um novo horizonte em que a cooperação internacional se revela um valioso instrumento pragmático de necessária implementação e observância pelos mais diversos países da ordem global. Inaugura-se, nesse sentido, o advento de uma ordenação jurídica, instrumentalizada por meio dos tratados internacionais. Fala-se, então, no Direito Internacional do Combate à Corrupção.

Diversos são os diplomas internacionais que de certa forma tangenciam o tema do combate à corrupção, tais como a Convenção das Nações Unidas contra o Crime Organizado Internacional e a Convenção contra o Tráfico Ilícito de Entorpecentes e Substâncias Psicotrópicas. Entretanto, dar-se-á ênfase aos normativos internacionais que abordam o tema de maneira específica e que influenciaram de forma direta o *modus operandi* do Estado brasileiro no trato da corrupção, inclusive na própria promulgação da Lei nº 12.846/13.

Discorre-se, então, sobre os três principais tratados internacionais de combate à corrupção: Convenção sobre o Combate da Corrupção de Funcionários Públicos Estrangeiros em Transações Comerciais Internacionais; Convenção Interamericana contra a Corrupção; e Convenção das Nações Unidas contra a Corrupção.

A Convenção sobre o Combate da Corrupção de Funcionários Públicos Estrangeiros em Transações Comerciais Internacionais foi firmada pelo Brasil em Paris, França, em 17

---

[6] PAGOTTO, Leopoldo. Esforços globais anticorrupção e seus reflexos no Brasil. In: DEL DEBBIO, Alessandra; MAEDA, Bruno Carneiro; AYRES, Carlos Henrique da Silva (Coords.). *Temas de anticorrupção & compliance*. Rio de Janeiro: Elsevier, 2013. p. 22-23.

de dezembro de 1997, ratificada por meio do Decreto Legislativo nº 125, de 14 de junho de 2000, e promulgada pelo Decreto Presidencial nº 3.678, de 30 de novembro de 2000. A finalidade da Convenção é a adoção de medidas, de forma efetiva e coordenada entre os Estados Partes, para prevenir e reprimir a corrupção de funcionários públicos estrangeiros na esfera das transações comerciais internacionais.

Essa Convenção foi firmada pelos países membros da OCDE e outros cinco, entre os quais o Brasil. Os Estados Partes, ao ratificarem esse acordo, comprometeram-se a revisar suas legislações nacionais para reduzir a corrupção e a realizar um trabalho conjunto, buscando possibilitar a implementação de medidas de ordem jurídica e administrativa que permitissem o alcance dos objetivos então previstos.

Não se pode desconsiderar que a efetiva execução da Convenção em tela contou com especial apoio do governo dos Estados Unidos, maior financiador da OCDE, que exerceu forte pressão sobre a entidade para que fosse criado o normativo em 1997. Afinal, já naquela época as empresas americanas se encontravam em situação de desvantagem perante as demais empresas atuantes no mercado global, por exemplo, perante uma multinacional francesa ou alemã, que poderia, naquele momento, abater do valor devido a título de imposto de renda as despesas realizadas com pagamentos de propinas a funcionários públicos estrangeiros.

Dentre os principais compromissos estabelecidos na mencionada Convenção, têm relevância aos objetivos do presente trabalho os seguintes:

> Art. 1 – Estabelecimento de tipo penal específico sobre a corrupção de funcionário público estrangeiro no contexto do comércio internacional, com a consideração pelo ordenamento jurídico de cada país das diversas formas de coautoria ou participação, da tentativa e da definição ampla de funcionário público estrangeiro;
>
> Art. 2 – Estabelecimento da *responsabilidade das pessoas jurídicas* que corrompam funcionários públicos estrangeiros, de acordo com os princípios jurídicos de cada país, ou seja, essa responsabilidade pode ser penal, civil ou administrativa.
>
> Art. 3 – Estabelecimento de *sanções efetivas, proporcionais e dissuasivas*, comparáveis ao delito de corrupção doméstica; de sanções não-penais dissuasivas para pessoas jurídicas nos casos em que o país não admite a responsabilidade penal delas; de medidas que garantam o "confisco" (perdimento) e o sequestro do produto e do instrumento do crime;
>
> [...]

Da análise dos dispositivos em destaque, podem-se mensurar alguns reflexos diretos operados no ordenamento jurídico brasileiro em função dos compromissos firmados no âmbito internacional.

Assim, na seara do Direito Penal importa salientar que o Brasil cumpriu o processo de adequação da legislação nacional aos compromissos assumidos na Convenção com a edição da Lei nº 10.467, de 11 de junho de 2002, que acrescentou o Capítulo II-A – Dos crimes praticados por particular contra a administração pública estrangeira – ao Título XI do Código Penal. Essa lei tipificou a corrupção ativa em transação comercial internacional, o tráfico de influência em transação comercial internacional e definiu, para efeitos penais, "funcionário público estrangeiro".

Já as disposições insertas nos arts. 2 e 3 estão estreitamente vinculadas à responsabilização de pessoas jurídicas por atos de corrupção, particularmente os atos de corrupção de funcionários públicos estrangeiros, reconhecendo neles verdadeira fonte material de alguns dos mecanismos de responsabilização de pessoas jurídicas consagrados na LAC.

O combate à corrupção como problema a ser enfrentado de maneira global sensibilizou de tal forma a comunidade internacional, que hoje se encontram em vigor sistemas regionais de combate à corrupção, tais como a Convenção Interamericana contra a Corrupção e a Convenção contra a Corrupção de Funcionários das Comunidades Europeias, e um sistema global nos termos em que proposto pela Convenção das Nações Unidas contra a Corrupção, cujo preâmbulo externou algumas das preocupações relacionadas ao tema:

Os Estados Partes da presente convenção,

Preocupados com a gravidade dos problemas e com as ameaças decorrentes da corrupção, para a estabilidade e a segurança das sociedades, ao enfraquecer as instituições e os valores da democracia, da ética e da justiça e ao comprometer o desenvolvimento sustentável e o Estado de Direito;

Preocupados, também, pelos vínculos entre a corrupção e outras formas de delinquência, em particular o crime organizado e a corrupção econômica, incluindo a lavagem de dinheiro;

Preocupados, ainda, pelos casos de corrupção que penetram diversos setores da sociedade, os quais podem comprometer uma proporção importante dos recursos dos Estados e que ameaçam a estabilidade política e o desenvolvimento sustentável dos mesmos;

Convencidos de que a corrupção deixou de ser um problema local para converter-se em um fenômeno transnacional que afeta todas as sociedades e economias, faz-se necessária a cooperação internacional para preveni-la e lutar contra ela;

Convencidos, também, de que se requer um enfoque amplo e multidisciplinar para prevenir e combater eficazmente a corrupção;

Convencidos, ainda, de que a disponibilidade de assistência técnica pode desempenhar um papel importante para que os Estados estejam em melhores condições de poder prevenir e combater eficazmente a corrupção, entre outras coisas, fortalecendo suas capacidades e criando instituições;

Convencidos de que o enriquecimento pessoal ilícito pode ser particularmente nocivo para as instituições democráticas, as economias nacionais e o Estado de Direito;

Decididos a prevenir, detectar e dissuadir com maior eficácia as transferências internacionais de ativos adquiridos ilicitamente e a fortalecer a cooperação internacional para a recuperação destes ativos;

Reconhecendo os princípios fundamentais do devido processo nos processos penais e nos procedimentos civis ou administrativos sobre direitos de propriedade;

Tendo presente que a prevenção e a erradicação da corrupção são responsabilidades de todos os Estados e que estes devem cooperar entre si, com o apoio e a participação de pessoas e grupos que não pertencem ao setor público, como a sociedade civil, as organizações não-governamentais e as organizações de base comunitárias, para que seus esforços neste âmbito sejam eficazes;

[...]

Na esfera de atuação da Organização dos Estados Americanos (OEA), foi firmada em Caracas, Colômbia, em 29 de março de 1996, a Convenção Interamericana contra a Corrupção, a qual foi aprovada pelo Decreto Legislativo nº 152, de 25 de junho de 2002, e promulgada por meio do Decreto Presidencial nº 4.410, de 07 de outubro de 2002. Em relação ao sistema regional de combate à corrupção, têm especial pertinência aos propósitos do presente trabalho algumas das disposições constantes nesse diploma interamericano.

Os objetivos dessa Convenção, explicitados em seu art. 2º, consistem em promover e fortalecer o desenvolvimento, por cada um dos Estados Partes, dos mecanismos necessários para prevenir, detectar, punir e erradicar a corrupção, bem como adotar ações que assegurem a cooperação entre eles. Para viabilizar o alcance dos fins estabelecidos nesta Convenção, os Estados Partes se comprometeram a adotar medidas de ordem legislativa que permitissem adequar o direito interno para tipificar, como delitos, os atos de corrupção previstos na Convenção.

Além de adaptar sua legislação interna, tipificando os atos de corrupção, os Estados deverão, também, considerar a adoção de medidas preventivas, em seus próprios sistemas institucionais, que contribuam para a eficácia da Convenção, entre as quais se destacam o estabelecimento de normas de conduta para o íntegro exercício das funções públicas; a criação de mecanismos que assegurem o cumprimento destas normas, o fortalecimento dos órgãos de controle do Estado, a instituição de sistemas de arrecadação fiscal que impeçam ou dificultem a prática de corrupção, bem como o estímulo à participação da sociedade civil e de organizações não governamentais na prevenção à corrupção.

Na linha de desenvolvimento da política internacional de combate à corrupção, pode-se acentuar, como indicativo de amadurecimento da comunidade internacional no trato do tema em espeque, o advento da Convenção das Nações Unidas contra a Corrupção, consolidando, de fato, a instituição de um sistema global de combate à corrupção.

A Convenção das Nações Unidas contra a Corrupção, da ONU, composta de 71 artigos, é o maior texto juridicamente vinculante de luta contra a corrupção. A Convenção foi assinada em 09 de dezembro de 2003, na cidade de Mérida, no México. Em virtude da assinatura desta Convenção, na mesma data comemora-se o Dia Internacional de Luta contra a Corrupção em todo o mundo. No Brasil, o tratado internacional foi ratificado pelo Decreto Legislativo nº 348, de 18 de maio de 2005, e promulgado pelo Decreto Presidencial nº 5.687, de 31 de janeiro de 2006.

O diploma, que conta com a adesão de 122 Estados Partes, tem por objetivo promover e fortalecer as medidas de prevenção e repressão mais eficazes na luta contra a corrupção, com especial destaque ao fortalecimento da cooperação internacional e assistência técnica recíproca. Dentre os principais mecanismos contemplados, mencionam-se a promoção da colaboração entre o setor público e privado, a tipificação de uma série de delitos relacionados à corrupção, a responsabilização de pessoas jurídicas, o acesso à informação, mecanismos de recuperação de ativos, entre outras medidas.

Sublinham-se algumas dessas relevantes disposições:

Art. 5.1 - Cada Estado Parte, de conformidade com os princípios fundamentais de seu ordenamento jurídico, *formulará e aplicará ou manterá em vigor políticas coordenadas e eficazes contra a corrupção* que promovam a participação da sociedade e reflitam os princípios do Estado de Direito, a devida gestão dos assuntos e bens públicos, a integridade, a transparência e a obrigação de render contas.

Art. 6.2 - Cada Estado Parte outorgará ao órgão ou aos órgãos mencionados no parágrafo 1 do presente Artigo a independência necessária, de conformidade com os princípios fundamentais de seu ordenamento jurídico, para que possam desempenhar suas funções de maneira eficaz e sem nenhuma influência indevida. Devem proporcionar-lhes os recursos materiais e o pessoal especializado que sejam necessários, assim como a capacitação que tal pessoal possa requerer para o desempenho de suas funções.

Art. 7.4 - Cada Estado Parte, em conformidade com os princípios de sua legislação interna, procurará adotar sistemas destinados a promover a transparência e a prevenir conflitos de interesses, ou a manter e fortalecer tais sistemas.

Art. 10 - Tendo em conta a necessidade de combater a corrupção, cada Estado Parte, em conformidade com os princípios fundamentais de sua legislação interna, adotará medidas que sejam necessárias para aumentar a transparência em sua administração pública, inclusive no relativo a sua organização, funcionamento e processos de adoção de decisões, quando proceder.

Art. 12.1 - Cada Estado Parte, em conformidade com os princípios fundamentais de sua legislação interna, adotará medidas para prevenir a corrupção e melhorar as normas contábeis e de auditoria no setor privado, assim como, quando proceder, prever sanções civis, administrativas ou penais eficazes proporcionadas e dissuasivas em caso de não cumprimento dessas medidas.

Art. 26.1 - Cada Estado Parte adotará as medidas que sejam necessárias, em consonância com seus princípios jurídicos, *a fim de estabelecer a responsabilidade de pessoas jurídicas por sua participação nos delitos* qualificados de acordo com a presente Convenção.

Art. 39.1 - Cada Estado Parte adotará as medidas que sejam necessárias, em conformidade com seu direito interno, para estabelecer a *cooperação entre os organismos nacionais de investigação e o ministério público, de um lado, e as entidades do setor privado*, em particular as instituições financeiras, de outro, em questões relativas à prática dos delitos qualificados de acordo com a presente Convenção.

Depreende-se do teor dos tratados internacionais em análise que se encontra constituído um sistema global de combate à corrupção e diversos sistemas regionais, a exemplo do sistema interamericano de combate à corrupção. Cumpre salientar que tais sistemas se reforçam e se complementam no sentido de edificar um sólido ordenamento normativo anticorrupção no plano internacional.

As disposições elencadas disciplinam importantes institutos jurídicos que se inserem no bojo de uma efetiva política internacional, que inclusive já repercute sensivelmente no âmbito do ordenamento jurídico brasileiro. Basta visualizar a promulgação dos mais recentes diplomas legais que ensejaram alterações substanciais no arranjo da Administração Pública brasileira.

A fim de ilustrar o quanto afirmado, podem ser mencionadas leis que foram promulgadas sob direta influência desse contexto internacionalista, promovendo verdadeira revolução cultural, ao menos no plano normativo, na seara do regime administrativista pátrio. São elas: Lei nº 12.527, de 18 de novembro de 2011 (Lei de Acesso à Informação[7]);

---

[7]   O art. 10 da Convenção da ONU assim dispõe:
"Tendo em conta a necessidade de combater a corrupção, cada Estado Parte, em conformidade com os princípios fundamentais de sua legislação interna, adotará medidas que sejam necessárias para aumentar a transparência em sua administração pública, inclusive no relativo a sua organização, funcionamento e processos de adoção de decisões, quando proceder. Essas medidas poderão incluir, entre outras coisas:
a) A instauração de procedimentos ou regulamentações que permitam ao público em geral obter, quando proceder, informação sobre a organização, o funcionamento e os processos de adoção de decisões de sua administração pública, com o devido respeito à proteção da intimidade e dos documentos pessoais, sobre as decisões e atos jurídicos que incumbam ao público;
b) A simplificação dos procedimentos administrativos, quando proceder, a fim de facilitar o acesso do público às autoridades encarregadas da adoção de decisões; e
c) A publicação de informação, o que poderá incluir informes periódicos sobre os riscos de corrupção na administração pública".

Lei nº 12.813, de 16 de maio de 2013 (Lei de Conflito de Interesses[8]) e Lei nº 12.846, de 1º de agosto de 2013 (Lei Anticorrupção Empresarial[9]).

1.2.1 Status normativo dos tratados internacionais de combate à corrupção

A melhor compreensão sobre a normatividade decorrente dos tratados internacionais anticorrupção demandará sucinta análise sobre alguns pressupostos teóricos acerca de sua classificação jurídica, o processo de formação desses diplomas e a respectiva incorporação ao ordenamento jurídico pátrio.

De início, defende-se aqui que as convenções internacionais sobre o combate à corrupção podem ser avaliadas como espécie do gênero tratado internacional de direitos humanos. Explica-se.

A corrupção se apresenta como uma das principais causas de ofensa aos direitos fundamentais elencados em nossa Constituição Federal. Diversos direitos diretamente relacionados ao mínimo existencial, corolário lógico do princípio da dignidade da pessoa humana, verdadeira matriz axiológica da Carta Magna brasileira, são frontalmente fragilizados pela odiosa prática da corrupção.

Os efeitos deletérios da corrupção fazem *tabula rasa* o primordial rol de direitos fundamentais estabelecidos constitucionalmente, interferindo na prestação e qualidade ao direito à saúde, à educação, à seguridade social, à cultura, ao meio ambiente, à legitimidade do sistema representativo, enfim, todo o ideário constitucional de realização da justiça social.

Durante a 22ª Sessão do Conselho de Direitos Humanos da ONU, realizada em Genebra no ano de 2013, debateu-se como a corrupção tem papel negativo no exercício dos direitos humanos. Durante o painel, uma Alta Comissária da ONU para os Direitos Humanos discorreu sobre como a corrupção impede que a pessoa humana tenha os seus direitos respeitados:

> A corrupção é um enorme obstáculo à realização de todos os direitos humanos – civis, políticos, econômicos, sociais e culturais, bem como o direito ao desenvolvimento. A corrupção viola os princípios fundamentais de direitos humanos da transparência, responsabilização, não discriminação e participação significativa em todos os aspectos da vida da comunidade. Correspondentemente, estes princípios, quando garantidos e implementados, são o meio mais eficaz para combater a corrupção.[10]

O combate concreto à corrupção e aos corruptos, nesse contexto, pode ser reconhecido como uma das formas mais eficientes de assegurar o respeito aos direitos humanos, que nada mais são do que direitos fundamentais positivados pela ordem jurídica internacional. Alinha-se, ainda, à tese defendida pelo professor Juarez Freitas sobre a existência de um

---

[8] O item 5 do art. 8 da Convenção da ONU assim dispõe: "5. Cada Estado Parte procurará, quando proceder e em conformidade com os princípios fundamentais de sua legislação interna, estabelecer medidas e sistemas para exigir aos funcionários públicos que tenham declarações às autoridades competentes em relação, entre outras coisas, com suas atividades externas e com empregos, inversões, ativos e presentes ou benefícios importantes que possam das lugar a um conflito de interesses relativo a suas atribuições como funcionários públicos".

[9] O item 1 do art. 26 da Convenção da ONU assim dispõe: "Art. 26.1 - Cada Estado Parte adotará as medidas que sejam necessárias, em consonância com seus princípios jurídicos, a fim de estabelecer a responsabilidade de pessoas jurídicas por sua participação nos delitos qualificados de acordo com a presente Convenção".

[10] Navi Pillay, durante a 22ª Sessão do Conselho de Direitos Humanos da ONU, 2013.

direito fundamental à boa administração, cuidando-se de norma constitucional de direta e imediata eficácia decorrente do conjunto de valores e deveres que o Estado Democrático de Direito prescreve ao administrador público. Sobre o assunto, o douto jurista assinala que:

> [...] trata-se do direito fundamental à administração pública eficiente e eficaz, proporcional, cumpridora dos seus deveres, com transparência, motivação, imparcialidade e respeito à moralidade, à participação social e à plena responsabilidade por suas condutas omissivas e comissivas; a tal direito corresponde o dever de a administração pública observar, nas relações administrativas, a cogência da totalidade dos princípios constitucionais que a regem.[11]

No mesmo sentido, perfilha a doutrina de Ingo Sarlet, ao evocar que, em razão do compromisso constitucional com a dignidade da pessoa humana, fundamento maior da República Federativa brasileira, decorreria um dever intrínseco ao Estado na promoção de uma boa administração, assim entendida como uma administração vinculada à realização da dignidade humana e dos direitos que lhe são inerentes, "devendo, para tanto, ser uma administração pautada pela probidade e moralidade, impessoalidade, eficiência e proporcionalidade".[12]

Tamanha a relevância do tema, que, na esteira da internacionalização de cláusulas protetivas de direitos civis e sociais, houve a enunciação formal do direito à boa administração na Carta de Direitos Fundamentais da União Europeia. Também apontam para a mesma direção os dispositivos insertos nas convenções internacionais já elencadas.

Uma vez que já se reconhece na ordem global o direito à boa administração como um direito fundamental, considerando-se, ainda, que a expressão direitos humanos é utilizada para se referir a direitos fundamentais universalmente aceitos e positivados na ordem jurídica internacional, conclui-se, dessa maneira, que os tratados que versam sobre o combate à corrupção, direcionados axiologicamente ao cumprimento do mencionado direito fundamental, deverão, indiscutivelmente, ser classificados como tratados sobre direitos humanos.

Tal classificação ganha especial relevância quando em mente o papel diferenciado dos direitos humanos ao longo do processo de internalização dos diplomas globais ao regime jurídico doméstico. Assim, duas questões são substanciais ao tema proposto: a partir de que momento esses tratados são incorporados à ordem jurídica interna e, uma vez incorporados, qual o status normativo correspondente.

A sistemática concernente ao exercício do poder de celebração de tratados é estabelecida pelo ordenamento interno de cada país soberano, variando significativamente as exigências constitucionais afetas ao processo de formação e incorporação dos instrumentos jurídicos internacionais.

No Brasil, a incorporação de um tratado à ordem jurídica interna é um ato complexo, o qual envolve uma sucessão de atos e que, pelo atual entendimento do STF, somente se aperfeiçoa com o ato de promulgação, levado a efeito por decreto executivo do Presidente da República. As etapas de incorporação de um tratado são as seguintes: assinatura do tratado, que é ato de competência do Presidente da República; aprovação pelo Congresso

---

[11] FREITAS, Juarez. *Discricionariedade administrativa e o direito fundamental à boa administração pública*. São Paulo: Malheiros, 2007. p. 20.

[12] SARLET, Ingo Wolfgang. *A administração pública e os direitos fundamentais*. Aula proferida na Escola da Magistratura do TRF – 4ª Região. Disponível em: <http://www.trf4.jus.br/trf4/upload/arquivos/emagis_atividades/ingowolfgangsarlet.pdf>. Acesso em: 9 maio 2014.

Nacional, por meio de decreto legislativo; ratificação e depósito; e promulgação na ordem interna.

O processo de formação dos tratados tem início com os atos de negociação, conclusão e assinatura do tratado, que são de competência do órgão do Poder Executivo. A assinatura do tratado, por si só, traduz um aceite precário e provisório, não irradiando efeitos jurídicos vinculantes. Após a assinatura do tratado pelo Executivo, o segundo passo é a sua apreciação e aprovação pelo Poder Legislativo.

Aprovado o tratado pelo Legislativo, realiza-se, posteriormente, a ratificação do tratado, a ser conduzida pelo Poder Executivo. A ratificação significa a confirmação formal por um Estado Parte, pela qual se vincula ao tratado no plano internacional. Ratificado e depositado o tratado, o Estado se obriga na ordem jurídica internacional, não significando, entrementes, que o instrumento internacional já tenha aplicação na ordem interna do Estado. No Brasil, a aplicação interna do tratado ocorrerá por meio da promulgação de um decreto executivo do Presidente da República autorizando a execução do instrumento internacional.

Superada essa breve análise sobre o procedimento de incorporação dos tratados ao ordenamento brasileiro, pode-se indagar acerca do status normativo dos tratados internacionais de combate à corrupção, aqui entendidos como espécie do gênero tratado internacional de direitos humanos. A questão encerra grande controvérsia no âmbito da doutrina e jurisprudência. A respeito desta, vale citar a magistral abordagem desenvolvida pelo Ministro da Suprema Corte, Celso de Mello, no bojo de voto proferido nos autos do Recurso Extraordinário nº 466.343/SP.

O douto magistrado informa que doutrinariamente podem ser identificadas quatro principais correntes acerca da natureza formal dos tratados internacionais sobre direitos humanos. A primeira corrente, capitaneada por Celso Duvivier de Albuquerque Mello, defende a natureza supraconstitucional dos tratados, uma vez que tais diplomas valeriam mais que a própria norma constitucional, de modo que num eventual conflito entre o tratado e a Constituição, o primeiro prevaleceria. Pela segunda corrente, cuja fundamentação atribui-se ao julgamento do histórico RE nº 80.004/SE, consagrou-se o caráter meramente legal dos tratados, de forma que valeriam menos que a Constituição e tanto quanto uma lei ordinária. A terceira corrente, hoje consagrada na jurisprudência do STF e capitaneada pelo Ministro Gilmar Mendes, sustenta a natureza supralegal dos tratados internacionais sobre direitos humanos, de forma que não se sobreporiam à Constituição, prevalecendo, entretanto, ante as demais leis, apresentando-se em posição intermediária entre a norma constitucional e as demais normas infraconstitucionais. Já a quarta corrente, entendimento majoritário no âmbito da doutrina especializada, capitaneada, entre outros, por Flávia Piovesan e Antônio Cançado Trindade, defende a natureza constitucional dos tratados sobre direitos humanos, de forma que tais tratados estariam hierarquicamente equiparados às normas constitucionais.

> Logo, por força do art. 5º, §§1º e 2º, a Carta de 1988 atribui aos direitos enunciados em tratados internacionais a hierarquia de norma constitucional, incluindo-os no elenco dos direitos constitucionalmente garantidos, que apresentam a aplicabilidade imediata. A hierarquia constitucional dos tratados de proteção dos direitos humanos decorre de previsão constitucional do art. 5º, §2º, à luz de uma interpretação sistemática e teleológica da Carta, particularmente da prioridade que atribui aos direitos fundamentais e ao princípio da dignidade da pessoa humana.[13]

---

[13] PIOVESAN, Flávia. *Temas de direitos humanos*. 5. ed. São Paulo: Saraiva, 2012. p. 48.

Concorda-se, nesse espeque, com o entendimento prevalecente na doutrina especializada,[14] no sentido de que os tratados internacionais de proteção dos direitos humanos ratificados pelo Brasil têm status de norma constitucional, em virtude do disposto no parágrafo 2º do art. 5º da Constituição Federal, segundo o qual os direitos e garantias expressos no texto constitucional "não excluem outros decorrentes do regime e dos princípios por ela adotados, ou dos tratados internacionais em que a República Federativa do Brasil seja parte". Na medida em que a Constituição não exclui os direitos humanos provenientes de tratados, porque ela própria os inclui no seu catálogo de direitos protegidos, ampliando o seu "bloco de constitucionalidade" e atribuindo-lhes hierarquia de norma constitucional.

Ante todo o exposto, constata-se o quão relevantes são as normas inseridas ao ordenamento pátrio por meio dos tratados internacionais de combate à corrupção, a impor maior interesse e comprometimento por parte do Estado brasileiro. Logo, o advento da LAC deve ser comemorado como mais um instrumento de realização e promoção dos direitos humanos, e sob esse diferencial prisma deve ser interpretado e aplicado.

1.3 Direito Penal na sociedade de risco e seus reflexos no Direito Administrativo Sancionador

Inicialmente, cumpre aclarar que alguns dos principais problemas relacionados ao desenvolvimento e aplicação do Direito Penal Econômico e Direito Administrativo Sancionador são estruturalmente similares. Por tal razão, indispensável reconhecer que o segundo ramo do Direito recepciona fortes influências dogmáticas do primeiro, embora não de forma integral, especialmente quando em consideração aspectos relacionados à responsabilidade punitiva de pessoas jurídicas.

As transformações sociais, econômicas e tecnológicas experimentadas nas últimas décadas, no contexto de um mundo globalizado, vêm causando efeitos diretos no arcabouço filosófico e dogmático sobre o qual se estrutura o sistema penal, máxime nos tempos hodiernos em que se retrata a engenhosa arquitetura de uma sociedade de riscos, conforme consagrada expressão utilizada pelo sociólogo alemão Ulrich Beck.[15] Tais transformações ensejaram o surgimento de novas modalidades criminosas, como, por exemplo, a criminalidade econômica e a ambiental, com nítido caráter transindividual, cujos postulados teóricos e necessidades pragmáticas não mais se amoldam ao Direito Penal clássico, de feição patentemente individualista.

A criminalidade moderna, dentre outras nuances, caracteriza-se pelas grandes concentrações de poder político e econômico, especialização profissional, domínio tecnológico e estratégia global, alterando profundamente as estruturas e conceitos básicos do Direito Penal, especialmente em razão do perfil do novo criminoso e do bem jurídico afetado, de envergadura supraindividual. Dentre as estruturas e conceitos significativamente alterados, e que indubitavelmente revelam interesse ao melhor entendimento dos principais mecanismos jurídicos implementados no bojo da LAC, faz-se menção à possibilidade de responsabilização de pessoas jurídicas e o desenvolvimento de teorias sobre uma denominada "culpabilidade empresarial", que, como se verá, muito se aproxima aos postulados da responsabilidade objetiva.

---

[14] Entre outros: Cançado Trindade, Celso Lafer, Celso de Mello, Flávia Piovesan, Ingo Sarlet e Francisco Rezek.

[15] BECK, Ulrich. *Risk society towards a new modernity*. Londres: Sage Publications, 1992.

A possibilidade de responsabilização penal de pessoas jurídicas e a nova leitura sobre o princípio da culpabilidade acenam, em certa medida, uma necessária flexibilização do Direito Penal, principalmente quando em discussão o desenvolvimento de mecanismos efetivos de enfrentamento a essa nova criminalidade.

Dentre as teorias então esboçadas, faz-se alusão, primeiramente, ao modelo dualista proposto pelo professor espanhol Jesús María Silva Sánchez.[16]

Silva Sánchez apresenta uma das principais análises relacionadas ao processo de expansão pelo qual passa o Direto Penal nos últimos tempos e aborda as causas e consequências determinantes para os influxos de ampliação desse ramo do Direito. Seu estudo sistematiza os argumentos da sociedade de riscos, as dificuldades inseridas pela globalização no enfrentamento da criminalidade organizada e a situação de crise do Direito Penal diante das novas demandas que se lhe apresentam, em um retrato da sociedade contemporânea.

O autor propõe, nesse ínterim, a aplicação do que denominou de "Direito Penal de duas velocidades". O chamado Direito Penal de primeira velocidade revelaria a manutenção dos postulados consagrados no paradigma tradicional, caracterizado pela morosidade processual, pois asseguraria todos os critérios clássicos de imputação e os princípios penais e processuais penais consagrados, permitindo, entretanto, a possibilidade da pena de prisão, devendo ser utilizado na hipótese de lesão ou perigo de lesão a um bem individual, tais como a honra ou a vida.

A segunda velocidade, consoante o autor, estaria voltada para os tipos penais contemporâneos, que tutelam condutas de difícil comprovação, de modo que se retiraria o rigor das regras investigatórias, permitindo-se mais flexibilidade no processo acusatório e ampliando-se as funções preventivas inseridas em tipos penais, possibilitando-se uma genuína antecipação da tutela penal (tipificação de condutas presumivelmente perigosas) em razão do risco de lesão a bens jurídicos de caráter coletivo, como a ordem econômica e o meio ambiente. Em contrapartida às menores garantias excluir-se-ia a possibilidade de cominação de penas restritivas de liberdade, mas somente penas restritivas de direito e pecuniárias.

É justamente nesse contexto de atualização da ciência criminal que surge ambiente propício à releitura dos institutos tradicionais do Direito Penal, tais como os princípios da pessoalidade da pena e da culpabilidade, que hodiernamente abrem espaço à construção de novos institutos, como a responsabilidade penal de pessoas jurídicas. Desde então, a doutrina se volta à discussão relacionada ao fundamento dogmático da referida responsabilidade penal, buscando construir um conceito de ação e culpabilidade que seja mais adequado à criminalidade empresarial.

Em relação à possibilidade de responsabilização penal de pessoas jurídicas, apesar de o tema ser bastante controverso no seio doutrinário, a verdade é que a sua aplicação encontra-se positivada na grande maioria dos ordenamentos jurídicos ocidentais, com especial atenção ao sistema europeu, de indiscutível influência no sistema brasileiro, tais como o Direito português, espanhol, francês, italiano e alemão.

Também no Direito pátrio, a responsabilidade penal de pessoas jurídicas, apesar da resistência da ampla maioria doutrinária[17] – ainda sob o jugo do entendimento de que a ideia da responsabilidade de pessoas jurídicas é incompatível com a teoria do crime adotada

---

[16] SILVA SÁNCHEZ, Jesús María. *La expansión del derecho penal*: aspectos de la política criminal en las sociedades post industriales. Buenos Aires: Editorial B de F, 2008.

[17] Adotam essa corrente: Pierangelli, Zafaroni, René Ariel Dotti, Luiz Regis Prado, Alberto Silva Franco, Fernando da Costa Tourinho Filho, Roberto Delmanto, Luís Flávio Gomes, entre outros.

no Brasil –, já se encontra positivada tanto em âmbito constitucional (art. 225, parágrafo 3º, CF) quanto em sede infraconstitucional[18] (Lei nº 9.605/98).

Não se desconhece, de forma alguma, que no âmbito do Direito Administrativo Sancionador é indiscutivelmente aceita a responsabilidade direta de pessoas jurídicas, o que, de fato, constitui um rasgo de originalidade que contribui para a autonomia e diferenciação deste ramo do Direito face ao Direito Penal. Mas o que se quer colocar em evidência é que, a partir do momento em que se permitiu a responsabilização penal de pessoas jurídicas, houve a imediata necessidade do desenvolvimento de novas teorias acerca da culpabilidade dos entes empresariais.

É justamente no desenvolvimento de teorias sobre culpabilidade empresarial, que muito se aproxima do conceito de responsabilidade objetiva, que se estabeleceu o reforço argumentativo necessário para a justificação da responsabilização objetiva de pessoas jurídicas na seara administrativista. Afinal, se a própria seara penalista, fortemente arraigada à tese da responsabilidade subjetiva, passa a inclinar-se em direção à objetivação do seu sistema de responsabilidade, com muito mais aptidão essa tendência passa a se consolidar em sede do Direito Administrativo Sancionador.

De maneira breve, colocam-se em destaque algumas das principais teorias que buscam fundamentar a culpabilidade nos crimes empresariais.

A noção de culpabilidade empresarial ganhou contornos mais definidos através do professor alemão Klaus Tiedemann,[19] em diversos de seus trabalhos sobre criminalidade econômica, em especial com construção do conceito de "culpabilidade por defeito de organização", a qual se aparta completamente de qualquer reprovação de caráter pessoal, para reconhecer como fonte material da responsabilidade a falha de organização da pessoa jurídica que permitiu a atuação de pessoas físicas na prática criminosa. A culpabilidade derivaria então da omissão em tomar medidas prévias que assegurassem um funcionamento empresarial isento de delito.

A noção de culpabilidade que se quer emprestar ao referido conceito reporta-se a um juízo de reprovabilidade que decorre da ausência de medidas exigíveis para que a pessoa jurídica exerça suas atividades negociais com estrito cumprimento do ordenamento jurídico. Está no cerne da concepção do conceito de culpabilidade por defeito de organização a possibilidade de se estabelecer um critério de responsabilidade penal pela culpa do próprio ente empresarial, desde que uma dada persecução penal demonstre que o cometimento do delito deveu-se à omissão em seu dever de adotar medidas de vigilância, controle e de organização da atividade da pessoa jurídica.

Seguindo a mesma tendência de configuração de uma culpabilidade da pessoa jurídica com apoio na ideia de obrigações quanto à organização e funcionamento de empresas, o professor Carlos Gómez-Jara Díez[20] sustenta o cabimento da imputabilidade empresarial, sob a ótica do *conceito construtivista de culpabilidade* ou *culpabilidade por cultura empresarial de descumprimento de legalidade.*

Para o conceito construtivista, a intenção de realizar a prática de determinado ato ilícito é cada vez menos determinante, devido, principalmente, à dificuldade para a comprovação do dolo, sendo suficiente para a responsabilização do ente empresarial que seja evidenciado o conhecimento de que o comportamento possa causar prejuízo ou colocar em risco o bem jurídico penal. Desse modo, a culpabilidade é caracterizada quando os

---

[18] O projeto de novo Código Penal Brasileiro já estabelece a responsabilidade penal de pessoas jurídicas.

[19] TIEDEMANN, Klaus. *Manual de derecho penal económico*: parte general y especial. Valencia: Tirant lo Blanch, 2010.

[20] GÓMEZ-JARA DÍEZ, Carlos. Responsabilidad penal de todas las personas jurídicas? Una antecrítica al símil de la ameba acuñado por Alex van Weezel. *Política Criminal*, v. 5, n. 10, p. 455-475, 2010.

órgãos de persecução podem demonstrar que a pessoa jurídica mantém uma cultura empresarial de infidelidade ao Direito. A culpabilidade da pessoa jurídica estaria diretamente relacionada à disposição ou cultura empresarial em cumprir ou não as normas jurídicas.

Por fim, sem desconsiderar a existência de diversas posições sobre o tema defendidas por outros autores, o jurista argentino Enrique Bacigalupo[21] defende a tese de que a *culpabilidade de organização* ou *culpabilidade corporativa* deve ser considerada como pressuposto geral da responsabilidade das pessoas jurídicas. Nesse modelo, a existência de sistemas de controle interno e prevenção assim como a infração de deveres de supervisão e controle devem ser consideradas como um elemento da estrutura organizativa da pessoa jurídica, que será objeto de exame para fins de responsabilização do ente e legitimação da pena aplicada.

Percebe-se que, apesar de ainda alinhadas a uma suposta responsabilização subjetiva, os pressupostos teóricos das principais teses sobre a culpabilidade empresarial afastam-se gradativamente do aspecto psíquico da conduta, para desaguar numa análise racional dos reflexos da organização do aparato empresarial na materialização do ato ilícito. Ou seja, a responsabilização de pessoas jurídicas é pautada, em grande medida, pela avaliação sobre controles corporativos internos criados a fim de garantir o cumprimento de exigências legais relacionadas às atividades empresariais, bem como evitar, detectar e tratar desvios e inconformidades que possam ocorrer.

Conclui-se, então, que a releitura proposta ao instituto da culpabilidade proporciona, no âmbito do Direito Penal, significativa superação ao óbice do reconhecimento da capacidade delitiva das pessoas jurídicas, e no âmbito do Direito Administrativo Sancionador, já costumeiramente inclinado à resolução de problemas gerados por ilícitos administrativos decorrentes da atuação de pessoas jurídicas, um indispensável reforço argumentativo no desenvolvimento de um sistema próprio de responsabilização objetiva.

---

[21] BACIGALUPO, Enrique. *Compliance y derecho penal*. Madrid: Aranzadi, 2010. p. 100-101.

CAPÍTULO II

2 Responsabilização de pessoas jurídicas

A Lei Anticorrupção Empresarial inaugura nova sistemática de responsabilização de pessoas jurídicas ao contemplar no direito sancionador modelo de punição pautado na técnica da responsabilidade objetiva, em substituição ao tradicional modelo de responsabilização subjetiva, fundado na necessária demonstração de elementos de culpa e dolo.

O tema da responsabilidade objetiva de pessoas jurídicas representa importante eixo normativo da LAC, denotando significativa quebra de paradigmas no direito sancionador administrativo e civil, além de instituir novo marco regulatório na atuação das mais diversas espécies de pessoas jurídicas, especialmente as de caráter empresarial.

2.1 Pessoas jurídicas sujeitas ao regime legal

Até o advento da LAC, em regra, apenas as pessoas físicas poderiam ser responsabilizadas no caso de participação de uma pessoa jurídica em atos de corrupção contra a Administração Pública. Com a vigência desse diploma legal, tal cenário é profundamente alterado, consignando-se, inclusive, que a responsabilidade da pessoa jurídica independe da responsabilidade individual de seus dirigentes ou administradores ou de quaisquer outras pessoas naturais que tenham concorrido ou participado da prática do ato ilícito.

A definição dos sujeitos passivo e ativo se apresenta como uma das questões de indispensável enfrentamento para fins de aplicação do sistema de responsabilidade ora inaugurado, recomendando-se, ante algumas lacunas legislativas existentes, que o diploma legal em tela seja interpretado sistematicamente com outros diplomas normativos, como, por exemplo, a Lei nº 8.429/92.

2.1.1 Sujeição passiva

A LAC dispõe sobre a responsabilização administrativa e civil de pessoas jurídicas pela prática de atos contra a Administração Pública, nacional e estrangeira.

Observa-se que a Lei foi silente quanto à definição do que seja Administração Pública nacional, exigindo-se a realização de interpretação sistemática de seus dispositivos com outros diplomas legais, conceitos doutrinários e, inclusive, com as razões expostas em seu projeto de lei.

Sob o aspecto subjetivo, a expressão Administração Pública pode ser definida como o conjunto de agentes, órgãos e pessoas jurídicas que tenham a incumbência de executar as atividades administrativas, não devendo ser confundida com quaisquer dos poderes estruturais do Estado, sobretudo o Poder Executivo, ao qual se atribui usualmente o exercício da função administrativa.[22]

A Administração Pública pode ser classificada em direta e indireta, a depender de sua forma de organização. Segundo o art. 4º, I, do Decreto-Lei nº 200/67, a Administração direta se constitui dos serviços integrados na estrutura administrativa da Presidência da República e dos Ministérios, modelo este reproduzido nas esferas estadual e municipal. Por sua vez, a Administração indireta compreende as autarquias, as fundações públicas, as empresas públicas, as sociedades de economia mista e figuras afins.

O conceito de Administração Pública contemplado na Lei nº 12.846/13 refere-se ao sentido mais amplo da expressão, englobando assim os Poderes Executivo, Legislativo e Judiciário, nas esferas federal, estadual, distrital e municipal. Na própria exposição de motivos do Projeto de Lei da Câmara nº 39/2013, consignou-se que a Administração Pública então versada é "a Administração dos três Poderes da República – Executivo, Legislativo e Judiciário, em todas as esferas de governo – União, Distrito Federal, estados e municípios, de maneira a criar um sistema uniforme em todo território nacional".

Afastando qualquer dúvida sobre o assunto, o art. 8º da própria LAC ratifica o entendimento, ao dispor que a instauração do processo é de competência da autoridade máxima de cada órgão ou entidade dos Poderes Executivo, Legislativo e Judiciário. Vale acrescentar ao conceito, como unidades orgânicas independentes, os órgãos e entidades inseridos na estrutura do Ministério Público e Tribunais de Contas.

Ainda na seara da ampla abrangência do conceito de Administração Pública proposto pela LAC, acolhe-se o entendimento de que seja perfeitamente cabível o diálogo de fontes entre a Lei Anticorrupção e a Lei de Improbidade Administrativa – LIA, Lei nº 8.429/92, afinal ambos os diplomas versam sobre moralidade administrativa e combate à corrupção, no sentido de contemplar também os atos lesivos contra entidades cuja criação ou custeio o erário haja concorrido para formação do patrimônio e/ou receita anual, na forma em que se encontra proposta no art. 1º da LIA.

Quanto ao conceito de Administração Pública estrangeira, a LAC contemplou expressamente a sua definição, dispondo tratar-se dos órgãos e entidades estatais ou representações diplomáticas de país estrangeiro, de qualquer nível ou esfera de governo, bem como as pessoas jurídicas controladas, direta ou indiretamente, pelo poder público de país estrangeiro. Equiparou, ainda, ao conceito de Administração Pública estrangeira, as organizações públicas internacionais, a exemplo da ONU e OIT.

É em função dessa modalidade de sujeição passiva que se reconhece o caráter extraterritorial da norma em vigor. Nesse sentido, compete à Controladoria-Geral da União – CGU, em caráter exclusivo, a apuração, o processo e o julgamento dos atos ilícitos praticados contra a Administração Pública estrangeira.

Ao amparar no conceito de Administração Pública estrangeira as pessoas jurídicas controladas pelo poder público de país estrangeiro, entende-se que o mesmo raciocínio deve ser aplicado em relação ao conceito de Administração Pública nacional, de forma que esta abrangeria, ainda, as pessoas jurídicas controladas, direta ou indiretamente, pelo poder público nacional, como, por exemplo, uma subsidiária integral de uma empresa estatal brasileira.

---

[22] CARVALHO FILHO, José dos Santos. *Manual de direito administrativo*. 19. ed. Rio de Janeiro: Lumen Juris, 2008. p. 9-10.

2.1.2 Sujeição ativa

A definição da pessoa jurídica corruptora encontra-se prevista no parágrafo único do art. 1º da Lei nº 12.846/13, cuja redação abrange as sociedades empresárias e as sociedades simples, personificadas ou não, independentemente da forma de organização ou modelo societário adotado, bem como quaisquer fundações, associações de entidades ou pessoas, ou sociedades estrangeiras, que tenham sede, filial ou representação, no território brasileiro, constituídas de fato ou de direito.

Nota-se que também em relação à sujeição ativa a Lei adotou conceituação ampla. Apesar de lhe ser atribuída a denominação de lei anticorrupção empresarial, as disposições da LAC se aplicam às mais diversas modalidades de pessoas jurídicas, indo muito além das entidades preponderantemente empresariais, afinal também fundações e associações poderão ser responsabilizadas por atos lesivos contra a Administração Pública. O dispositivo tem especial relevância na atualidade, onde não são poucos os casos de corrupção envolvendo organizações não governamentais (ONGs), algumas, inclusive, credenciadas como Organizações da Sociedade Civil de Interesse Público (OSCIP).

Sobre a extensão do rol de pessoas jurídicas habilitadas à prática de atos lesivos à Administração Pública, Modesto Carvalhosa assim se manifesta:

> Incluem-se nesse rol as pessoas jurídicas com fins sociais, políticos (partidos políticos), filantrópicos, assistenciais e associativos e nelas as organizações não governamentais (ONGs) como as regulamentadas (Organizações Sociais de Saúde – OSSs e Organizações da Sociedade Civil de Interesse Público – Oscips); as fundações, sejam privadas, sejam públicas constituídas como pessoa jurídica de Direito Privado; os institutos; as irmandades; e as associações abertas ou fechadas, com fins corporativos ou comunitários que atendem a interesses dos seus associados ou da coletividade, nos planos civil, acadêmico, cívico, religioso, político, confessional, cultural, científico e técnico. Nesse espectro, estão as associações de classe, como os sindicatos e as suas federações e confederações, patronais ou de trabalhadores, bem como as organizações sociais que tais entidades mantêm, como aquelas do Sistema S. Também, estão incluídos nesse elenco os fundos de pensão e os fundos assistenciais constituídos para benefício presente e futuro (aposentadoria) de seus participantes no seio da respectiva pessoa jurídica, pública ou privada. Também se incluem os planos de saúde de todo o gênero, abertos ou fechados, personificados ou não.[23]

Saliente-se que a eventual irregularidade da constituição da pessoa jurídica não pode ser utilizada como obstáculo à sua responsabilização, uma vez que as disposições da Lei se aplicam aos entes personificados ou não, ainda que constituídos apenas de fato ou temporariamente. Dessa maneira, podem ser responsabilizadas nos termos da LAC as sociedades em comum ou irregulares. Até mesmo sociedades de fato poderão ser responsabilizadas com base no diploma legal em tela, abrangendo, dessa maneira, eventuais associações fáticas firmadas entre pessoas jurídicas que venham a macular os bens jurídicos tutelados pela norma, a exemplo de um cartel ou uma *non corporate joint ventures*.

Consoante a singular abrangência da sujeição ativa ora estabelecida, não houve ressalvas em relação às entidades privadas que integram a Administração Pública indireta, de forma que mesmo empresas públicas e sociedades de economia mista poderão incorrer,

---

[23] CARVALHOSA, Modesto. *Considerações sobre a Lei Anticorrupção*: Lei nº 12.846 de 2013. São Paulo: Revista dos Tribunais, 2015 [livro eletrônico].

se verificada a prática de alguns dos atos lesivos legalmente estabelecidos, em responsabilidade jurídica. Comungam desse entendimento Petrelluzzi e Rizek Junior:

> Apontamos aqui que o art. 173 da Constituição Federal determina que as sociedades empresárias estatais estão sujeitas ao regime jurídico próprio das empresas privadas, inclusive quanto aos direitos e obrigações civis, comerciais, trabalhistas e tributários. Dessa forma, parece inafastável admiti-las como sujeitos ativos da prática de atos lesivos à administração pública. E, de fato, embora possa parecer incomum sua verificação no caso concreto, essa sujeição encontra-se dentro do escopo da norma.[24]

Pela possibilidade jurídica da responsabilização de empresas públicas e sociedades de economia mista, também se manifesta o professor Modesto Carvalhosa, segundo o qual para "os efeitos da presente Lei são entes descentralizados em todos os sentidos e para todos os efeitos, respondendo pela conduta corruptiva que vierem a praticar".[25]

Com finalidade meramente ilustrativa, imagine-se a hipótese em que um empregado de uma sociedade de economia mista federal, atuante na área de petróleo e gás, paga propina a agente público estrangeiro para obter informações privilegiadas sobre um determinado leilão, que tem por escopo o direito de exploração de petróleo sobre certa área. Nessa situação hipotética, não há dúvidas de que a empresa estatal poderia ser plenamente responsabilizada nos termos da LAC.

Apesar da capacidade jurídica de eventualmente praticarem atos lesivos nos termos da Lei Anticorrupção, cumpre frisar que nem toda sanção prevista no aludido diploma legal é passível de aplicação em desfavor dessas entidades, a exemplo da sanção de dissolução compulsória, uma vez que tais pessoas jurídicas não podem ser extintas por força de decisão judicial, se mostrando como requisito intransponível a necessária autorização legal.

2.2 Fundamentos constitucionais da responsabilidade objetiva de pessoas jurídicas pela prática de atos lesivos contra a Administração Pública

Com o advento da nova legislação anticorrupção e a respectiva introdução de mecanismos de responsabilização de pessoas jurídicas, alguns setores relevantes da doutrina brasileira passaram a sustentar a própria inconstitucionalidade do diploma legal, especialmente em relação à possibilidade de atribuição de responsabilidade objetiva a entes privados, na seara do direito sancionador.

Nesse sentido se manifesta Fernandes. Após tecer duras críticas ao diploma legal como um todo, sustenta ter havido, com a promulgação da LAC, afronta manifesta ao texto constitucional:

> A lei nº 12.846/2013 fere direito fundamental sobre a individualização da pena e a responsabilidade objetiva; ultrapassa a pessoa do condenado, ferindo as disposições constitucionais que asseguram tais direitos.

---

[24] PETRELLUZZI, Marco Vinicio; RIZEK JUNIOR, Rubens Naman. *Lei Anticorrupção*: origens, comentários e análise da legislação correlata. São Paulo: Saraiva, 2014. p. 55.
[25] CARVALHOSA, Modesto, *op. cit.* [livro eletrônico].

A responsabilidade objetiva é, no sistema pátrio, portanto, exceção que foi erigida contra o Estado em favor dos seus cidadãos. Não pode ser utilizada pelo estado contra o cidadão.[26]

Com base no mesmo entendimento, recentemente o Partido Social Liberal (PSL) ajuizou Ação Direta de Inconstitucionalidade,[27] no Supremo Tribunal Federal (STF), na qual questiona dispositivos da Lei nº 12.846/2013, que responsabilizam objetivamente pessoas jurídicas pela prática de atos ilícitos contra a Administração Pública.

Com todo o respeito que merece a posição destacada, discorda-se, aqui, da argumentação trazida à baila. Inicialmente, cumpre considerar que a análise sobre a constitucionalidade de um diploma legal, no atual paradigma neoconstitucionalista, deve ser pautada pela observância de alguns dos princípios de interpretação constitucional, particularmente, no contexto da Constituição brasileira, de formação nitidamente pluralística, cujas normas, por vezes, se encontram em situação de manifesto confronto. Faz-se menção, no debate em tela, a dois desses princípios: presunção de constitucionalidade das leis e unidade da Constituição.

O princípio da presunção de constitucionalidade das leis, corolário do postulado da separação dos Poderes, informa que a declaração de inconstitucionalidade de uma norma é atividade a ser exercida com ponderação e autolimitação pelo Judiciário, em razão da harmonia que deve existir com os demais poderes, devendo ser consideradas as possibilidades legítimas de interpretação pelos outros poderes. Trata-se de presunção *iuris tantum* a ser desconsiderada apenas nas hipóteses de manifesta inconstitucionalidade e quando não cabível a aplicação de outro consagrado princípio hermenêutico, a interpretação conforme.

Segundo as preclaras lições de Barroso, o princípio se traduz em duas regras de indispensável consideração pelo operador do direito:

a) Não sendo evidente a inconstitucionalidade, havendo dúvida ou a possibilidade de razoavelmente se considerar a norma como válida, deve o órgão competente abster-se da declaração de inconstitucionalidade;

b) Havendo alguma interpretação possível que permita afirmar-se a compatibilidade da norma com a constituição, em meio a outras que carreavam para ela um juízo de invalidade, deve o intérprete optar pela interpretação legitimadora, mantendo o preceito em vigor;[28]

Não se pode, portanto, sustentar a inconstitucionalidade de uma lei sem a imperativa deferência aos filtros hermenêuticos assinalados. Por certo, que a responsabilização objetiva de entes privados pela prática de corrupção e demais atos lesivos à Administração Pública não descortina hipótese de manifesta inconstitucionalidade, estando a merecer uma devida contextualização com as demais normas inseridas no texto maior e respectivas possibilidades hermenêuticas.

O outro princípio interpretativo de singular apreço ao exame proposto é o princípio da unidade da Constituição, a impor a necessária realização de uma interpretação sistêmica do texto constitucional, cujas disposições não podem ser interpretadas de forma isolada e em desconsideração ao todo normativo, afinal é marca característica de qualquer carta

---

[26] FERNANDES, Jorge Ulisses Jacoby; NASCIMENTO, Melillo Dinis do. *Lei Anticorrupção empresarial*: aspectos críticos à Lei nº 12.846/2013. Belo Horizonte: Fórum, 2014. p. 55.

[27] ADI nº 5.261/DF, Min. Rel. Marco Aurélio.

[28] BARROSO, Luís Roberto. *Interpretação e aplicação da Constituição*: fundamentos de uma dogmática constitucional transformadora. 6. ed. São Paulo: Saraiva, 2004. p. 178.

fundamental de um Estado democrático a sua elaboração como um produto dialético do confronto de crenças, interesses e aspirações distintos, quando não colidentes.

Ainda com esteio nos ensinos de Barroso, pode-se afirmar que o papel do princípio em tela "é o de reconhecer as contradições – reais ou imaginárias – que existem entre normas constitucionais e delimitar a força vinculante e o alcance de cada uma delas", concluindo-se que lhe cabe, portanto, "o papel de harmonização ou otimização das normas, na medida em que se tem de produzir um equilíbrio, sem jamais negar por completo a eficácia de qualquer delas".[29]

Em consequência, a Constituição só pode ser compreendida e interpretada correta-mente se entendida como unidade, não se devendo separar uma norma do conjunto que ela integra. Assim, em havendo conflito entre bens e valores constitucionais, propõe-se uma harmonização entre eles, impedindo o sacrifício de um bem em detrimento de outro. Consoante o magistério de Jorge Miranda,[30] deve-se buscar a coordenação entre os bens jurídicos em conflito e, não sendo possível, deve-se optar pela subordinação e não exclusão de um sobre o outro, hierarquizando e ponderando os valores constitucionais.

Com base em tais postulados é que deve ser examinado o eventual conflito existente entre, de um lado, a pessoalidade e individualização da pena, e de outro, os outros princí-pios constitucionais que orientam a atuação institucional e econômica das pessoas jurídicas privadas, a exemplo, o princípio da função social da propriedade/empresa.

De fato, a Constituição Federal assegura a observância dos princípios da pessoali-dade e individualização da pena, princípios constitucionais setoriais, conforme feliz clas-sificação proposta por Canotilho,[31] que orientam um específico conjunto de normas afetas a determinado tema previsto na Lei Maior, no caso em tela, o Direito Penal, acomodando limitações ao sancionamento de pessoas naturais, sendo precipitada a concepção de que às pessoas jurídicas se aplicam na mesma extensão e profundidade os vetores principio-lógicos ora assinalados.

Nos exatos termos da LAC, as pessoas físicas somente serão responsabilizadas por atos ilícitos na medida de sua culpabilidade, a ser apurada em processo próprio, em que sejam assegurados contraditório e ampla defesa. Percebe-se, à vista disso, que os princípios constitucionais em destaque mantêm-se inteiramente respeitados.

Em relação ao regime aplicável à responsabilização de pessoas jurídicas, o exame está a merecer algumas ponderações.

Mesmo sob a influência dos paradigmas tradicionais do Direito Administrativo Sancionador, baseada fundamentalmente na tese da responsabilidade subjetiva, a dou-trina especializada já reconhecia a dificuldade de se aplicar integralmente os postulados da culpabilidade e pessoalidade da pena às pessoas jurídicas infratoras, evidenciando a necessidade de uma verdadeira adaptação dos institutos principiais.

Sobre o tema assim se manifestou Fábio Medina Osório:

> A pessoa jurídica, dotada de personalidade jurídica criada pelo direito, não possui, natu-ralmente, vontade ou consciência, circunstância que lhe afasta do alcance da culpabilidade, pessoalidade da pena, exigências de dolo ou culpa, e mesmo individualização da sanção, nos moldes tradicionais. Tais princípios resultam ligados a uma específica capacidade humana de

---

[29] *Op. cit.*, p. 200.

[30] MIRANDA, Jorge. *Teoria do Estado e Constituição*. Rio de Janeiro: Forense, 2002. p. 452.

[31] CANOTILHO, José Joaquim Gomes. *Direito Constitucional*. 5. ed. Coimbra: Almedina, 1991. p. 119.

obrar, tendo por pressupostos atributos exclusivamente humanos, na sua evolução histórica consolidada na dogmática tradicional.[32]

Por isso, em relação à responsabilização de pessoas jurídicas, não se pode sustentar a integral aplicabilidade dos princípios em tela na mesma medida e extensão em que dispensadas às pessoas humanas. Não sem antes considerar a existência de diversos mandamentos igualmente constitucionais, que orientam e condicionam a atuação institucional das pessoas jurídicas.

É forçoso reconhecer que irradiações dos princípios antes mencionados poderão repercutir na relação jurídico-sancionatória firmada entre entes privados e o Poder Público. Entretanto, é igualmente forçoso reconhecer a incidência de outros valores constitucionais na mencionada relação, dentre os quais se destaca o princípio da função social da propriedade, do qual é corolário o princípio da função social da empresa, aptos a legitimar um novo horizonte constitucional sobre o sistema de responsabilização de pessoas jurídicas, a *responsabilidade objetiva corporativa*. Além de princípios, a Carta Magna também consagrou regras que balizam a responsabilização adequada de pessoas jurídicas.

Portanto, defende-se, no presente trabalho, a existência de fundamentos constitucionais idôneos a balizar a responsabilidade objetiva de pessoas jurídicas por atos lesivos contra a Administração Pública.

Inicialmente, aponta-se como relevante sustentáculo do sistema objetivo de responsabilidade inaugurado pela Lei Anticorrupção Empresarial o princípio da função social da empresa, que nada mais é do que uma manifestação do princípio da função social da propriedade.

Sobre a funcionalização social dos institutos mais tradicionais do Direito privado se manifesta com brilhantismo o saudoso Miguel Reale:

> Se não houve a vitória do socialismo, houve o triunfo da "socialidade", fazendo prevalecer os valores coletivos sobre os individuais, sem perda, porém, do valor fundante da pessoa humana. Por outro lado, o projeto se distingue por maior aderência à realidade contemporânea, com a necessária revisão dos direitos e deveres dos cinco principais personagens do Direito Privado tradicional: o proprietário, o contratante, o empresário, o pai de família e o testador.[33]

Nesse sentido, impõe-se uma verdadeira releitura sobre tais institutos, especialmente a propriedade e a empresa. Não é por menos que a Constituição Federal, em seu art. 170, estabeleceu que o desenvolvimento da atividade econômica encontra-se orientado a assegurar a todos existência digna, conforme os ditames da justiça social. Com base nessas diretrizes, não se discute que na nova ordem constitucional as empresas não podem ser reduzidas a meros instrumentos de auferição exclusiva de lucros aos seus proprietários, devendo concorrer para a realização do bem comum, como, por exemplo, na atuação conjunta com o Poder Público para melhor combater a corrupção.

Sobre a aludida transformação operada no regime da propriedade privada, anota José Afonso da Silva[34] que a função social se manifesta na própria configuração estrutural do direito de propriedade, podendo influir diretamente nos modos de aquisição, gozo e utilização dos bens. Por constituir o próprio fundamento jurídico da propriedade, o

---

[32] OSÓRIO, Fábio Medina. *Direito administrativo sancionador*. 3. ed. São Paulo: Revista dos Tribunais, 2009. p. 374-375.

[33] REALE, Miguel. Visão geral do projeto do código civil. *Revista dos Tribunais*, ano 87, n. 752, p. 22-30, jun. 1998.

[34] SILVA, José Afonso da. *Curso de direito constitucional positivo*. 6. ed. São Paulo: Revista dos Tribunais, 1990. p. 250-251.

princípio da função social autoriza o legislador a positivar deveres e obrigações que venham a conformar o exercício desse mesmo direito.

A função social também pode ser extraída da própria relevância da atividade empresarial na edificação da ordem social, cuja dinâmica possibilita a geração de empregos e rendas, receitas tributárias, a formação do mercado de consumo, entre outras colaborações necessárias à realização do bem-estar social. É em razão dessa singular participação social que a empresa não pode ser reduzida a um instrumento de realização de interesses meramente individuais. Sobre a atividade empresarial e sua relevância para a sociedade, assim se manifesta Fábio Konder Comparato:

> Se se quiser indicar uma instituição social que, pela sua influência, dinamismo e poder de transformação, sirva de elemento explicativo e definidor da civilização contemporânea, a escolha é indubitável: essa instituição é a empresa. É dela que depende, diretamente, a subsistência da maior parte da população ativa deste país, pela organização do trabalho assalariado. A massa salarial já equivale, no Brasil, a 60% da renda nacional. É das empresas que provém a grande maioria dos bens e serviços consumidos pelo povo, e é delas que o Estado retira a parcela maior de suas receitas fiscais. É em torno da empresa, ademais, que gravitam vários agentes econômicos não assalariados, como os investidores de capital, os fornecedores, os prestadores de serviço.[35]

Por tais motivos é que a criação e o funcionamento das empresas não se exaurem nos estreitos limites de interesses exclusivamente privados ou corporativos.

Atenta a essa realidade, a função social da empresa incorporou-se de forma definitiva ao Direito positivo brasileiro. Na seara constitucional, ela é inserida no rol dos direitos e garantias fundamentais (art. 5º, inciso XXIII), além de se apresentar como princípio estruturante da ordem econômica (art. 170, inciso III). O atual texto constitucional representa verdadeiro marco na institucionalização da função social da empresa, sobretudo por sua exposição minuciosa sobre aspectos atinentes a essa funcionalização do Direito.

A função social da empresa também se encontra presente ao longo de diversos diplomas estabelecidos no ordenamento infraconstitucional, como, por exemplo, na Lei nº 6.404/76:

> Art. 116. [...]
>
> Parágrafo único. O acionista controlador deve usar o poder com o fim de fazer a companhia realizar o seu objeto e *cumprir sua função social*, e tem deveres e responsabilidades para com os demais acionistas da empresa, os que nela trabalham e para com a comunidade em que atua, cujos direitos e interesses deve lealmente respeitar e atender (Lei nº 6.404/76, art. 116, grifo nosso).

A Lei nº 11.101/2005 também se referiu à função social da empresa:

> Art. 47. A recuperação judicial tem por objetivo viabilizar a superação da situação de crise econômico-financeira do devedor, a fim de permitir a manutenção da fonte produtora, do emprego dos trabalhadores e dos interesses dos credores, promovendo, assim, a preservação da empresa, *sua função social* e o estímulo à atividade econômica (Lei nº 11.101/2005, art. 47, grifo nosso).

---

[35] COMPARATO, Fábio Konder. A reforma da empresa. *Revista de Direito Mercantil, Industrial, Econômico e Financeiro*, São Paulo, v. 22, n. 50, p. 56-74, abr./jun. 1983.

O princípio em tela também pode ser extraído de diversas disposições estabelecidas pelo Código Civil, ao balancear o desenvolvimento da atividade econômica com importantes valores éticos e sociais presentes no princípio da boa-fé objetiva e na função social do contrato e propriedade, afastando-se do caráter individualista e patrimonialista do código anterior.

A aplicação concreta da função social da empresa se manifesta a partir de dois principais mecanismos: o *regime de incentivos* ao exercício da empresa e o *regime de condicionamentos ou vinculações* a tal exercício. O primeiro se relaciona ao subprincípio da preservação da empresa, por meio do qual se procura viabilizar a manutenção da empresa por meio de incentivos, fomentos e concessões, como, por exemplo, a concessão subsidiada de linhas de crédito por entidades financeiras oficiais, ou a positivação de um regime legal de recuperação de empresas. O segundo mecanismo fundamenta o regime de condicionamentos e limitações à atividade empresarial, como, por exemplo, a observância das normas consumeristas ou ambientais, ou, no caso em questão, a sujeição a um regime mais rígido de responsabilização pela prática de atos de corrupção, assim como a imposição de uma atuação mais proativa no combate à aludida mazela social.

Rolf Stober,[36] ao analisar o regime administrativo-econômico contemplado pelo sistema constitucional alemão, assinalou a existência de uma evolução conceitual acerca da clássica noção de *vinculação social da propriedade*, esclarecendo que o uso da propriedade passou a ser determinado no caso de numerosas outras exigências de bem comum, descortinando, por isso, uma nova ordem de vinculações, tais como, vinculação ecológica, vinculação democrática, vinculação cultural, vinculação de informação da propriedade, entre outras. Com base nas lições do jurista alemão, propõe-se a existência de uma *vinculação ética da propriedade*, a lhe impor a observância de um novo *standard* comportamental, a ser aferida sob um viés estritamente objetivo, qual seja, a compatibilidade de sua atuação institucional com um determinado padrão legalmente estabelecido, inclusive, para fins de responsabilização.

O que se almeja com a formalização desse novo sistema de responsabilização objetiva de pessoas jurídicas proposto pela Lei Anticorrupção Empresarial, aqui denominado de *responsabilidade objetiva corporativa*, é a instituição de um novo paradigma de atuação dos entes empresariais, exigindo-se deles uma atuação proativa no combate ao nefasto problema da corrupção. Aliás, não se pode esquecer que a corrupção é uma moeda composta de dois lados, o agente corrompido, em regra, integrante do setor público, e o agente corruptor, em regra, integrante do setor privado.

O que a LAC propõe é o estabelecimento de uma nova conjuntura em que ambos os setores estejam harmonizados no combate efetivo ao aludido problema social, afinal de contas a responsabilidade objetiva induz mudança comportamental das empresas, que devem passar a adotar rígidos padrões de conduta empresarial e assim minorar riscos de responsabilização, inaugurando, portanto, uma cultura de valorização de empresas que se pautam pela integridade coorporativa e lisura empresarial.

Sobre o tema, assim se manifesta Renato Oliveira Capanema:

> A nova realidade, portanto, exige, por parte das empresas, um compromisso integral de não compactuar com atos de corrupção. Diante desse cenário, em que estruturar negócios deixa de ser uma opção e torna-se um pressuposto de funcionamento e sobrevivência, ganham especial

---

[36] STOBER, Rolf. *Direito administrativo econômico geral*. Tradução António Francisco de Sousa. São Paulo: Saraiva, 2012. p. 277.

relevância questões como integridade e cooperação, temas esses que, conforme veremos, não foram esquecidos pela Lei nº 12.846/13.[37]

Pode-se afirmar, ante os argumentos ora explanados, que esse novo patamar de exigências imposto ao exercício da atividade empresarial de forma alguma afronta o modelo constitucional brasileiro. Ao contrário, corrobora-o, ao robustecer os propósitos a que se destina o princípio constitucional da função social da propriedade e seu corolário lógico, a função social da empresa, particularmente no bojo de uma Constituição que impõe que a atividade econômica seja exercida conforme os ditames da justiça social. Não se discute, considerando o atual estágio da sociedade e Estado brasileiros, que a corrupção se apresenta como um dos principais obstáculos à realização da almejada justiça social e à promoção da dignidade da pessoa humana.

André Pimentel Filho também se manifesta pela constitucionalidade do sistema de responsabilidade objetiva previsto na LAC:

> E muito embora seja uma característica geral do Direito Administrativo Sancionador, como manifestação do direito de punir condutas socialmente lesivas, a consideração do elemento volitivo do agente, de modo a se evitar sanções imerecidas e se prestigiar a razoabilidade, trata-se de exceção válida e sem qualquer mácula de inconstitucionalidade. A responsabilidade objetiva, neste caso, direcionada exclusivamente em face de pessoas jurídicas, é trazida por meio de lei formal, que tem como escopo tutelar a contento direito de repercussão social gravíssima, o direito à probidade nos negócios do estado e entre particulares e esse.[38]

Há ainda outros fundamentos de ordem constitucional a legitimar a responsabilidade objetiva de pessoas jurídicas pela prática de atos de corrupção. Invoca-se, nesse ínterim, o *princípio da moralidade administrativa*, a impor a exigência de condutas sérias, leais e probas. De maneira mais usual, utiliza-se o princípio em tela como mecanismo de vinculação à atuação da Administração Pública, entretanto, não se deve desconsiderar que o princípio em tela volta-se também à tutela da atuação do administrado quando se relaciona com o Ente Público, especialmente quando sua conduta puder repercutir na integridade do patrimônio público.

Ainda no campo da moralidade administrativa, busca-se esteio nas lições de José Guilherme Giacomuzzi,[39] para quem o mencionado princípio engloba um vetor de cunho objetivo, a exigir comportamentos positivos por parte dos atores que integram a relação jurídico-administrativa, pautando deveres de conduta hígida, transparente e leal. Com base nesse postulado, não há dúvidas de que os comportamentos da Administração e do administrado podem ser objetivamente aferidos, no sentido de se examinar a correspondência entre as respectivas atuações e o paradigma delineado pelo ordenamento jurídico, principalmente quando em questão a tutela do patrimônio público.

Outro embasamento constitucional à promulgação de leis que estabeleçam a responsabilidade administrativa de pessoas jurídicas pode ser encontrado no art. 173, parágrafo 5º da Constituição Federal, ao dispor que a lei, sem prejuízo da responsabilidade individual

---

[37] CAPANEMA, Renato de Oliveira. Inovações da Lei nº 12.846/2013. In: NASCIMENTO, Melillo Dinis (Org.). *Lei anticorrupção empresarial*: aspectos críticos à Lei nº 12.846/2013. Belo Horizonte: Fórum, 2014. p. 22.

[38] PIMENTEL FILHO, André. Comentários aos artigos 1º ao 4º da Lei Anticorrupção. In: SOUZA, Jorge Munhós de; QUEIROZ, Ronaldo Pinheiro de. *Lei Anticorrupção*. Salvador: Juspodivm, 2015. p. 345.

[39] GIACOMUZZI. José Guilherme. *A moralidade administrativa e a boa-fé da administração pública*. São Paulo: Malheiros, 2002. p. 308-309.

dos dirigentes da pessoa jurídica, estabelecerá a responsabilidade desta, sujeitando-a às punições *compatíveis* com sua natureza.

Apesar de a Constituição Federal ter firmado a responsabilidade em decorrência da culpa como regra geral ("princípio da culpabilidade"), ela teria acomodado também outra matriz de responsabilidade, a ser compatibilizada com a natureza que é inerente à realidade estrutural das pessoas jurídicas. Não há dúvidas de que o mecanismo de responsabilidade objetiva se adéqua com muito mais naturalidade e perfeição à responsabilização de pessoas jurídicas do que uma propugnada responsabilidade subjetiva, estruturada sob o exame de fenômenos anímicos e psicológicos.

Ante as razões ora expostas, conclui-se que há na Constituição Federal sólidos fundamentos jurídicos a sustentar a possibilidade e adequação da responsabilização objetiva de pessoas jurídicas, especialmente quando em consideração que tal mecanismo é inaugurado por meio de lei formal, que se encontra inserido em um contexto de comprometimento global, através da consolidação de uma séria e louvável política internacional de combate à corrupção.

2.3 Sistema legal de responsabilização de pessoas jurídicas

Com o advento da Lei nº 12.846/13, inaugura-se autêntico sistema legal de responsabilização de pessoas jurídicas, cujas disposições nem sempre se coadunam com os mecanismos tradicionais de responsabilidade já consagrados na seara do Direito empresarial.

No âmbito do Direito societário brasileiro, as hipóteses de responsabilidade são agrupadas em dois grandes grupos, conforme dispõem as várias leis societárias. Assim, fala-se em tipos de *responsabilidade ordinária*, quando estabelecida como regra geral para cada uma das espécies societárias legalmente previstas, no desenvolvimento usual de suas atividades econômicas, como, por exemplo, a responsabilidade do acionista controlador para com os demais acionistas de uma sociedade anônima.

Ao seu turno, os tipos de *responsabilidade extraordinária* são aqueles decorrentes da prática de atos ilícitos que violem as disposições de leis especiais, motivando a sujeição do ente empresarial a uma espécie de responsabilidade que ultrapassa aquela forma ordinária contemplada na legislação que conforma o modelo societário adotado, mostrando-se, portanto, excepcional ou extraordinária. Nesse contexto é que pode ser enquadrado o sistema de responsabilização de pessoas jurídicas contempladas pelo diploma legal anticorrupção.

O mencionado sistema de responsabilização pode ser ilustrado conforme o quadro a seguir descrito:

Percebe-se, portanto, que se trata de sistema estruturado sobre quatro principais pilares: os dois primeiros contemplam regras gerais de responsabilização, sendo então estabelecida a responsabilidade objetiva de pessoas jurídicas pela prática de atos lesivos à Administração Pública e, pelos mesmos atos, a responsabilidade subjetiva de pessoas físicas. Os outros dois quadrantes abrangem regras específicas a serem observadas nos casos em que os ilícitos estejam associados ao desenvolvimento de grupos societários ou operações societárias.

2.3.1 Responsabilidade objetiva de pessoas jurídicas

Estabelece a LAC que as pessoas jurídicas serão responsabilizadas objetivamente, nos âmbitos administrativo e civil, pelos atos lesivos praticados em seu interesse ou benefício exclusivo. A responsabilidade objetiva de pessoas jurídicas se apresenta como relevante vetor normativo da novel legislação, proporcionando um novo panorama na seara do Direito Administrativo Sancionador, muito embora, como já anotado, em plena harmonia com os eixos principiológicos da ordem constitucional brasileira.

Cumpre, desde já, salientar que, mesmo sob a égide do anterior paradigma de sancionamento administrativo, a exigência de um exame circunstanciado acerca da culpabilidade do infrator era afastada por relevantes vetores da doutrina administrativista pátria, admitindo-se, portanto, a responsabilização administrativa estribada numa conduta meramente voluntária, salvo expressa previsão legal que tornasse imprescindível a demonstração de dolo ou culpa. A sanção administrativa seria, em muitos casos, a consequência da verificação objetiva de uma violação e da demonstração do nexo causal entre a violação e a conduta do acusado.

Esse é o entendimento defendido por ninguém menos do que Celso Antônio Bandeira de Mello:

> O Direito propõe-se a oferecer às pessoas uma garantia de segurança, assentada na previsibilidade de que certas condutas podem ou devem ser praticadas e suscitam dados efeitos, ao passo que outras não podem sê-lo, acarretando consequências diversas, gravosas para quem nelas incorrer. Donde, é de meridiana evidência que descaberia qualificar alguém como incurso em infração quando inexista a possibilidade de prévia ciência e prévia eleição in concreto, do comportamento que o livraria da incidência na infração e, pois, na sujeição às sanções para tal caso previstas. Note-se que aqui não se está a falar de culpa ou dolo, mas de coisa diversa: meramente do animus de praticar dada conduta.
>
> É muito discutido em doutrina se basta a mera voluntariedade para configurar a existência de um ilícito administrativo sancionável, ou se haveria necessidade ao menos de culpa. Quando menos até o presente, temos entendido que basta a voluntariedade, sem prejuízo, como é claro, de a lei estabelecer exigência maior perante a figura tal ou qual.[40]

Assim também se posiciona Carvalho Filho, segundo o qual "diferentemente, porém, dos ilícitos penais, a consumação da infração administrativa não demanda a presença dos graus de culpabilidade exigidos naquela esfera. Assim, a transgressão se consuma por simples voluntariedade, ou seja, pela simples vontade de adotar o comportamento".[41]

---

[40] BANDEIRA DE MELLO, Celso Antônio. *Curso de Direito Administrativo*. 19. ed. São Paulo: Malheiros, 2009. p. 848.

[41] CARVALHO FILHO, José dos Santos, *op. cit.*, p. 136.

No esforço de desenvolver uma teoria geral da infração administrativa, Daniel Ferreira[42] lança luzes à questão, ao discorrer sobre a existência e peculiaridades de duas categorias de sanções administrativas, a objetiva e a subjetiva.

A sanção administrativa é qualificada de objetiva quando a lei impõe objetivamente uma consequência jurídica desfavorável pela simples violação da norma de conduta, isto é, o administrador deverá impor a pena, uma vez ocorrida a conduta ilícita, sem qualquer consideração de ordem subjetiva; ou então, a mesma lei determina algum parâmetro de natureza objetiva a ser considerado pela autoridade administrativa competente. Justamente em razão do seu caráter objetivo, é que tais sanções poderão ser transmissíveis a outros sujeitos que não o infrator, podendo a norma disciplinar a figura do responsável (subsidiário ou solidário).

De outro lado, tem-se a sanção administrativa subjetiva, que ocorre quando a lei dispensa, na delimitação da sanção, especial atenção à valoração pessoal do infrator, tais como a intensidade do dolo ou culpa e circunstâncias agravantes e atenuantes[43] de ordem subjetiva, a exemplo do cometimento da infração por motivo fútil ou sob a influência de violenta emoção. Por isso, quanto a esta modalidade de punição, pode-se concluir que as sanções subjetivas nunca poderão ser diretamente impostas a outro sujeito que não o infrator. Trata-se de técnica usualmente utilizada no regime de responsabilidade disciplinar de servidores públicos, como se percebe no processo administrativo disciplinar regulado pela Lei nº 8.112/90.

Em consonância com a classificação ora apresentada, o mesmo autor faz menção à existência de infrações administrativas subjetivas e objetivas, consoante haja ou não referência à participação subjetiva do agente na descrição hipotética da norma. Nesse esteio, *infração administrativa subjetiva* é aquela que, para sua configuração, a lei exige que o autor do ilícito tenha operado com dolo ou culpa, ao passo que *infração administrativa objetiva* é aquela em que não é preciso apurar-se a vontade do infrator, de forma que, havendo o resultado previsto na descrição normativa, qualquer que seja a intenção do agente, dá-se a configuração do ilícito.[44]

Exemplo manifesto de infração administrativa objetiva pode ser extraído do art. 36 da Lei nº 12.529/11, que dispõe, entre outros assuntos, sobre a prevenção e repressão administrativa às infrações contra a ordem econômica:

> Art. 36. Constituem infração da ordem econômica, *independentemente de culpa*, os atos sob qualquer forma manifestados, que tenham por objeto ou possam produzir os seguintes efeitos, ainda que não sejam alcançados:
>
> I - limitar, falsear ou de qualquer forma prejudicar a livre concorrência ou a livre iniciativa;
>
> II - dominar mercado relevante de bens ou serviços;
>
> III - aumentar arbitrariamente os lucros; e
>
> IV - exercer de forma abusiva posição dominante (Lei nº 12.529/11, art. 36, grifo nosso).

---

[42] FERREIRA, Daniel. *Teoria geral da infração administrativa a partir da Constituição Federal de 1988*. Belo Horizonte: Fórum, 2009. p. 266-273.

[43] Percebe-se que a Lei nº 12.846/13, em consonância ao regime de responsabilidade objetiva, consagrou, em seu art. 7º, um rol de circunstâncias agravantes e atenuantes de ordem exclusivamente objetiva, tais como: vantagem auferida ou pretendida pelo infrator; consumação ou não da infração; situação econômica do infrator; valor dos contratos mantidos com a Administração, etc.

[44] FERREIRA, Daniel, *op. cit.*, p. 198.

Dessa maneira, com esteio no princípio da legalidade, caberá ao Poder Legislativo, de maneira razoável e proporcional, optar entre uma ou outra forma de tipificação e sancionamento (objetivo ou subjetivo). Inclusive, sob a ótica pragmática, basta fazer uma pesquisa acerca dos ilícitos administrativos e respectivas sanções, nos mais diversos diplomas legais de caráter administrativo-sancionador, para se concluir que, no domínio da responsabilidade administrativa brasileira, nos mais diversos campos (ex.: tributário, trânsito, ambiental, urbanístico, defesa da ordem econômica, licitações e contratos, etc.), é a própria ação, na maioria dos casos, que determina a ocorrência do ilícito, pouco importando a vontade do infrator, ou a exigência de algum resultado naturalístico. Ou seja, nosso sistema de responsabilidade administrativa é predominantemente estruturado sobre a previsão de infrações e sanções objetivas.

Com esteio no profundo exame sobre esses diversos diplomas legais que contemplam infrações e sanções administrativas, Daniel Ferreira, com singular lucidez, consigna que:

> Chama-se atenção para o fato de que se aceita a tese de *culpabilidade necessária*, ou melhor, da *imprescindibilidade do tipo subjetivo*, e, por decorrência lógica, da *pessoalidade da sanção e da intransmissibilidade desta*, então será possível jogar no lixo em grande parte o Código Tributário Nacional (e as leis correlatas), bem como o Código Brasileiro de Trânsito, pelo menos. E por um simples motivo: ambos são basicamente sustentados por infrações e sanções objetivas e estas ainda quase sempre de índole real (e pecuniária).[45]

A doutrina especializada,[46] ainda filiada à tese da culpabilidade necessária, funda-se na teoria finalista da ação do Direito Penal e admite-a como plenamente extensível ao Direito Administrativo Sancionador. Nisto, *data maxima venia*, o grande equívoco dessa corrente de entendimento. Alejandro Nieto,[47] em clássica obra sobre o tema, já alertava para o fato de que a aproximação de conceitos e princípios entre o Direito Penal e o Direito Administrativo Sancionador nem sempre será possível, especialmente no que toca à culpabilidade, instituto que decorre do caráter predominantemente repressivo-punitivo do Direito Penal, a justificar maiores garantias do acusado em face do Estado. O Direito Administrativo Sancionador, ao seu turno, encontra-se vocacionado à proteção de direitos supraindividuais, descortinando natureza predominantemente preventiva, justamente por isso as infrações administrativas serão configuradas, em regra, pela mera voluntariedade da ação no descumprimento do dever normativo.

No contexto de uma sociedade de riscos, o Direito Administrativo Sancionador orienta-se a prevenir a ocorrência da conduta reprovável e a tutelar o interesse público primário, uma vez que a verificação do resultado representaria a própria ineficiência do aparato estatal. Por isso, tem-se, como regra geral, que as infrações administrativas se materializam em ações de mera conduta ou de mera desautorização da norma. Em suma, o Direito Administrativo Sancionador autoriza o sancionamento pelo descumprimento da norma, pela simples criação de um risco abstrato ao interesse público primário. Consoante anota Celso Antônio Bandeira de Mello, "a razão pela qual a lei qualifica certos comportamentos como infrações administrativas e prevê sanções para quem nelas incorra, é a de desestimular a prática daquelas condutas censuradas ou constranger ao cumprimento das obrigatórias".[48]

---

[45] FERREIRA, Daniel, *op. cit.*, p. 272.

[46] Entre outros, Fábio Medina Osório, Rafael Munhoz de Mello, Eduardo Rocha Dias e Heraldo Garcia Vitta.

[47] NIETO, Alejandro. *Derecho administrativo sancionador*. 5. ed. Madrid: Tecnos, 2012. p. 319-332.

[48] BANDEIRA DE MELLO, Celso Antônio, *op. cit.*, p. 841.

A imprescindibilidade do elemento culpabilidade se torna ainda mais questionável quando em mira a responsabilização de pessoas jurídicas, cujas ações não podem ser devidamente valoradas com espeque em elementos de ordem anímica ou psicológica, tão necessárias ao exame da conduta consoante a teoria finalista da ação. Uma vez mais, vale-se do magistério do grande mestre espanhol:

> El caso de las personas jurídicas somete, en efecto, a una dura prueba el dogma actual de la exigencia de la culpabilidad, puesto que estas personas, en cuanto que non son personas físicas, son insusceptibles de una imputación, como la culpabilidad, reservada por su propia naturaleza a los seres humanos. La consecuencia lógica de ello habría de ser la exclusión de su responsabilidad administrativa sancionadora, exactamente igual que lo sucede (o sucedía) en el Derecho Penal. Y, sin embargo, nos encontramos aquí ante un fenómeno singular: incluso los más ardientes defensores de la unidad de la potestad punitiva del Estado no se atreven a afirmar en este supuesto las últimas consecuencias de su tesis y admiten aquí una diferencia esencial, puesto que reconocen sin vacilar la capacidad de las personas jurídicas para ser sujetos activos de infracciones administrativas o, al menos y en todo caso, para ser sujetos pasivos de sus sanciones, tal como declara de forma expresa el artículo 130.1 LPAC.[49]

Não se defende na presente obra que o Direito Administrativo Sancionador estará imune aos direitos e garantias fundamentais desde há muito consagrados na seara do Direito Penal e Processual Penal, afinal muitos desses preceitos devem ser necessariamente observados, sob pena de nulidade da sanção, tais como devido processo legal, contraditório e ampla defesa, presunção de inocência, segurança jurídica, razoável duração do processo, proporcionalidade, entre outros tantos. Entretanto, considerando as particularidades e princípios do regime jurídico-administrativo, nem todos eles serão aplicáveis na mesma abrangência e intensidade em que se verifica na seara estritamente penal, especialmente quando em questão a responsabilização de pessoas jurídicas, a exemplo do dogma da culpabilidade.

É bom que se diga que mesmo os autores alinhados à tese da culpabilidade necessária já apontavam para a necessidade de uma leitura mais flexível quanto à demonstração dos elementos subjetivos da conduta, diga-se dolo ou culpa, quando em questão a responsabilização administrativa de pessoas jurídicas. Fábio Medina Osório sintetiza o raciocínio em voga da seguinte maneira:

> No plano do Direito Administrativo Sancionador, pode-se dizer que a culpabilidade é uma exigência genérica, de caráter constitucional, que limita o Estado na imposição de sanção a pessoas físicas. Não se trata de exigência que alcance também as pessoas jurídicas, com o mesmo alcance. Pode-se sinalizar que a culpabilidade das pessoas jurídicas remete à evitabilidade do fato e aos deveres de cuidado objetivos que se apresentam encadeados na relação causal. É por aí que passa a culpabilidade.

> Poder-se-ia dizer, quem sabe, como ponderamos anteriormente, que haveria uma "culpabilidade" distinta para as pessoas jurídicas. Pensamos que o mais correto seria dizer que as decisões das pessoas jurídicas podem ser valoradas à luz de critérios objetivos próprios da análise das condutas: atuou razoavelmente a pessoa jurídica, observando todos os deveres objetivos de cuidado? Tal indagação poderia expressar, no fundo, uma exigência mínima de

---

[49] NIETO, Alejandro, *op. cit.*, p. 391.

culpabilidade. Trata-se, ademais, de problema que pode ser resolvido, porque não exigiria uma valoração de um ato humano, mas sim de um ato juridicamente praticado e constituído.[50]

O entendimento anteriormente esboçado é também corroborado pelas lições trazidas à baila por Rafael Munhoz de Mello:

> Às pessoas jurídicas é estranha a ideia de dolo ou culpa *stricto sensu*, que pressupõe consciência e vontade própria de quem pratica a conduta delituosa. Ao contrário das pessoas físicas, as pessoas jurídicas não constituem um organismo físiopsíquico, um ser dotado de consciência e vontade própria. Não têm as pessoas jurídicas vida psíquica ou anímica próprias, que, estas, só os seres biológicos podem possuí-las, utilizando as palavras de Celso Antônio Bandeira de Mello. Se não tem vontade e consciência próprias, não se aplicam às pessoas jurídicas os conceitos de dolo e culpa.[51]

Depreende-se das preleções indicadas que a consagração da responsabilidade objetiva de pessoas jurídicas, nos termos em que propostos na lei em exame, ao contrário de representar ruptura abrupta com o anterior regime sancionatório de pessoas jurídicas, pode ser considerada, em verdade, como o resultado natural do processo evolutivo desse mesmo sistema jurídico. Inaugura-se, desse modo, sistemática de responsabilização mais compatível com as peculiaridades envolvidas no cometimento de infrações administrativas por pessoas jurídicas.

Não se diga tratar a responsabilidade objetiva de pessoas jurídicas por atos lesivos à Administração Pública de construção genuinamente brasileira. No âmbito das diversas convenções internacionais de combate à corrupção, a mencionada técnica de responsabilização pode ser facilmente extraída dos valores e diretrizes então delineados. Assim, na Convenção contra o suborno transnacional da OCDE restou consignado que, na hipótese de impossibilidade de sancionamento penal da pessoa jurídica, cada signatário deve assegurar que ela esteja sujeita a sanções que sejam efetivas, proporcionais e dissuasivas contra o ato de corrupção.

Sob a égide da mencionada política internacional de combate à corrupção, as mais modernas leis promulgadas no âmbito do direito comparado – e a legislação brasileira não é exceção – já contemplam a responsabilização objetiva de pessoas jurídicas por ato de corrupção. A título de exemplo, faz-se menção à atual legislação do Reino Unido, *Bribery Act 2010*, que consagra a possibilidade de responsabilização em razão da verificação do instituto da *failure of comercial organizations to prevent bribery* (falha em prevenir o suborno), dispensando a necessidade de se avaliar necessariamente os aspectos subjetivos da conduta.

2.3.1.1 Pressupostos da responsabilidade objetiva corporativa

A responsabilidade objetiva não significa, de forma alguma, a imputação arbitrária de sanção administrativa a uma pessoa jurídica que em nenhuma medida se encontra vinculada à ocorrência da infração administrativa. Alguns elementos deverão ser demonstrados a fim de que a Administração Pública possa adequadamente responsabilizar o ente jurídico acusado. Afinal, nos exatos termos da LAC, as pessoas jurídicas serão responsabilizadas

---

[50] OSÓRIO, Fábio Medina, *op. cit.*, p. 378.

[51] MELLO, Rafael Munhoz de. *Princípios constitucionais de direito administrativo sancionador:* as sanções administrativas à luz da CF/88. São Paulo: Malheiros, 2007. p. 208.

"pelos atos lesivos previstos nesta Lei praticados em seu interesse ou benefício, exclusivo ou não". Nesse mesmo sentido, se manifesta Dematté:

> E é nesse sentido que ganha destaque um importante preceito contido no artigo 2º da Lei nº 12.846/2013. Segundo o referido dispositivo, as pessoas jurídicas serão responsabilizadas objetivamente pelos atos lesivos previstos no artigo 5º e que tenham sido praticados em seu interesse ou benefício, exclusivo ou não. Este artigo — que pode ser considerado a pedra angular normativa da Lei Anticorrupção — vincula a responsabilização das pessoas jurídicas ao fato de que os atos lesivos por elas praticados tenham gerado algum benefício ou satisfeito algum interesse de tais pessoas jurídicas, seja de forma exclusiva para a infratora, seja de forma compartilhada entre ela e outros beneficiados ou interessados. A ocorrência de algum dos atos elencados no art. 5º conjugado com a promoção de um benefício ou a satisfação de um interesse da pessoa jurídica a que se pretende imputar a ilicitude do ato constituem as condições de possibilidade para a incidência da esfera de responsabilização objetiva estabelecida pela Lei nº 12.846/2013.[52]

De acordo com a legislação brasileira, para fins de imputação de responsabilidade às pessoas jurídicas, caberá à Administração Pública demonstrar, por meio de um processo administrativo dialético, a prática de qualquer das infrações elencadas no art. 5º da LAC e o nexo de causalidade entre o ilícito e a atuação direta ou indireta da pessoa jurídica. O *nexo causal* consiste na demonstração de que o ato lesivo fora praticado no interesse ou benefício, ainda que indireto, da pessoa jurídica processada. A verificação desse binômio *responsabilidade X proveito* (interesse ou benefício) é justamente o liame causal que conecta a prática da infração administrativa à atuação institucional de uma determinada pessoa jurídica.

Desse modo, exercido o ônus probatório que incumbe à Administração Processante, a pessoa jurídica acusada somente se desvencilhará da imputação se provar, de maneira inequívoca, a inocorrência do ato lesivo, ou que este não foi praticado em seu proveito ou interesse. Percebe-se, desde já, que o nexo causal representará, para fins de responsabilização administrativa, o ponto central de avaliação no curso do PAR, denotando argumento de grande valia à defesa do ente jurídico processado a demonstração das *excludentes do nexo causal*, a exemplo do caso fortuito ou fato exclusivo de terceiro. Portanto, não se trata de aceitar a responsabilidade objetiva em toda e qualquer hipótese, uma vez que a análise do nexo causal ou das suas excludentes, de maneira razoável e proporcional, é que possibilitará a plena aplicação de tal sistema de responsabilização, afastando-se, por conseguinte, o receio de que a pessoa jurídica se transforme numa espécie de seguradora universal da moralidade administrativa.

Cumpre ainda salientar que a responsabilidade objetiva traçada no bojo da Lei Anticorrupção Empresarial possui contornos próprios que não devem ser confundidos com os pressupostos clássicos e tradicionais da responsabilidade objetiva definida no Direito Civilista. Consoante as disposições do Código Civil, a imputação de responsabilidade objetiva depende da demonstração da ação ou omissão, do dano potencial ou concreto e do nexo de causalidade que deve existir entre a conduta (ação ou omissão) e o dano. Diferentemente, sob a luz do novo diploma legal, o dano não se apresenta como elemento indispensável à configuração da responsabilização, uma vez que a ocorrência efetiva do

---

[52] DEMATTÉ, Flávio Rezende. Responsabilidade solidária exige interpretação harmônica. *Revista Consultor Jurídico*, 28 mar. 2014. Disponível em: <http://www.conjur.com.br/2014-mar-28/flavio-dematte-responsabilidade-solidaria-exige-interpretacao-harmonica>. Acesso em: 23 fev. 2015.

dano se apresenta como mero exaurimento da infração administrativa, componente esse a ser avaliado quando da dosimetria da pena, nos termos dos incisos II, III e IV do art. 7º da Lei nº 12.846/13.

Inaugura-se, então, sistema de responsabilização que se rege por normas de direito público, a *responsabilidade objetiva corporativa*, afastando-se, em certa medida, do sistema de responsabilização objetiva prevista no Direito privado. A partir de tal nota distintiva é que deve ser compreendida e interpretada a nova dinâmica *publicista* de responsabilização de pessoas jurídicas. Assim também se manifesta Dal Pozzo, ao afirmar que "não será com os princípios que informam a responsabilidade objetiva do Direito Civil que será possível explicar aquela que preside a Lei nº 12.846/13".[53]

2.3.2 Corresponsabilidade entre pessoas jurídicas e físicas

Estabelece a LAC que a responsabilização da pessoa jurídica não exclui a responsabilidade individual de seus dirigentes ou administradores ou de qualquer pessoa natural, autora, coautora ou partícipe do ato ilícito. Em relação às pessoas físicas, conforme já mencionado, a lei determina que elas somente serão responsabilizadas na medida de suas respectivas culpabilidades.

Desse modo, resta inequívoco que, como decorrência do princípio da culpabilidade, se exige em relação às pessoas naturais a demonstração de dolo ou culpa *stricto sensu* para que se possa impor medida sancionadora. A incidência do princípio em tela afasta do Direito Administrativo Sancionador a responsabilidade *estritamente* objetiva de pessoas físicas. Entretanto, para configuração do ilícito não é necessário, em regra, que a atuação seja dolosa, sendo suficiente para imposição de sanção retributiva a prática de conduta delituosa em função de negligência, imprudência ou imperícia do agente.

Apesar de fazer menção à atuação das pessoas naturais ligadas às correspondentes pessoas jurídicas, a legislação em exame não se dedica à responsabilização daqueles primeiros agentes, tendo por escopo exclusivo o processamento e eventual responsabilização de pessoas jurídicas. Esse é o entendimento que se extrai da interpretação sistemática da lei em voga.

Por isso, já no art. 1º da LAC, é enunciado que a norma dispõe sobre a responsabilização de *pessoas jurídicas*. Também nos capítulos relacionados ao processo administrativo e judicial de responsabilização, somente há menção ao processamento de *pessoas jurídicas*, de forma que a responsabilização de pessoas físicas ficará a cargo de procedimentos e processos disciplinados em outros diplomas legais, como, por exemplo, a Lei de Improbidade Administrativa, ou mesmo o Código Penal.

> Art. 1º Esta Lei dispõe sobre a responsabilização objetiva administrativa e civil de *pessoas jurídicas* pela prática de atos contra a administração pública, nacional ou estrangeira.
>
> [...]
>
> Art. 8º A instauração e o julgamento de processo administrativo para apuração da responsabilidade de *pessoa jurídica* cabem à autoridade máxima de cada órgão ou entidade dos Poderes Executivo, Legislativo e Judiciário, que agirá de ofício ou mediante provocação, observados o contraditório e a ampla defesa.
>
> [...]

---

[53] DAL POZZO, Antônio Araldo Ferraz et al. *Lei Anticorrupção*: apontamentos sobre a Lei nº 12.846/2013. Belo Horizonte: Fórum, 2014. p. 23.

Art. 19. Em razão da prática de atos previstos no art. 5º desta Lei, a União, os Estados, o Distrito Federal e os Municípios, por meio das respectivas Advocacias Públicas ou órgãos de representação judicial, ou equivalentes, e o Ministério Público, poderão ajuizar ação com vistas à aplicação das seguintes sanções às *pessoas jurídicas* infratoras:

[...] (Lei nº 12.846/13, arts. 1º, 8º e 19, grifo nosso).

A responsabilização de pessoas físicas com espeque no diploma anticorrupção apenas será possível de maneira absolutamente residual, como na hipótese de desconsideração da personalidade jurídica do ente corporativo, quando os efeitos das sanções aplicadas à pessoa jurídica, destacadamente as de natureza *pecuniária* e *proibitiva*, poderão ser estendidos aos seus administradores e sócios com poderes de administração, desde que observados o contraditório e a ampla defesa.

Cumpre salientar, ainda, que o modelo legal de distribuição de responsabilidade entre pessoas físicas e jurídicas é pautado pela "teoria da autorresponsabilidade da pessoa jurídica", reconhecendo-se a absoluta independência da responsabilização de pessoas físicas que eventualmente atuem em concurso com a pessoa jurídica. Nesse sentido, restou assentado, no parágrafo 1º do art. 3º da Lei nº 12.846/13, que "a pessoa jurídica será responsabilizada independentemente da responsabilização individual das pessoas naturais referidas no *caput*".

Afasta-se, à vista disso, do modelo teórico da *dupla imputação*, que propugna que a responsabilização da pessoa jurídica estaria necessariamente vinculada à responsabilização das pessoas físicas que concorreram para a prática da infração. Aliás, foi esse o modelo adotado por muito tempo pela jurisprudência majoritária do Superior Tribunal de Justiça, ao analisar a configuração de crimes ambientais praticados por pessoas jurídicas:

> PENAL. PROCESSUAL PENAL. RECURSO ESPECIAL. CRIME AMBIENTAL. INÉPCIA DA DENÚNCIA. NÃO-INDICAÇÃO DA DATA. NÃO-OCORRÊNCIA. MINISTÉRIO PÚBLICO. INTIMAÇÃO PESSOAL. RECURSO EM SENTIDO ESTRITO. INTEMPESTIVIDADE. OCORRÊNCIA. DENÚNCIA EXCLUSIVAMENTE DA PESSOA JURÍDICA. VIOLAÇÃO DO PRINCÍPIO DA RESPONSABILIDADE SUBJETIVA. TEORIA DA *DUPLA IMPUTAÇÃO*. RECURSO PARCIALMENTE PROVIDO.
>
> [...]
>
> 4. Admite-se a responsabilidade penal da pessoa jurídica em crimes ambientais desde que haja a i*mputação simultânea* do ente moral e da pessoa física que atua em seu nome ou em seu benefício, uma vez que não se pode compreender a responsabilização do ente moral dissociada da atuação de uma pessoa física, que age com elemento subjetivo próprio.[54]

Cumpre informar, entrementes, que poucos dias após a promulgação da LAC, a Primeira Turma do Supremo Tribunal Federal já havia reconhecido que a necessidade de dupla imputação nos crimes ambientais violaria o disposto no art. 225, 3º, da Constituição Federal.[55]

Confira-se, por oportuno, o teor do Informativo nº 714 do STF:

> No mérito, anotou-se que a tese do STJ, no sentido de que a persecução penal dos entes morais somente se poderia ocorrer se houvesse, concomitantemente, a descrição e imputação de uma

---

[54] REsp nº 969.160/RJ, Rel. Min. Arnaldo Esteves Lima, Quinta Turma, DJ 31.08.2009.
[55] RE 548.818 AgR/PR, 1ª Turma, Rel. Min. ROSA WEBER, Informativo nº 714/STF.

ação humana individual, sem o que não seria admissível a responsabilização da pessoa jurídica, afrontaria o art. 225, §3º, da CF. Sublinhou-se que, ao se condicionar a imputabilidade da pessoa jurídica à da pessoa humana, estar-se-ia quase que a subordinar a responsabilização jurídico-criminal do ente moral à efetiva condenação da pessoa física. Ressaltou-se que, ainda que se concluísse que o legislador ordinário não estabelecera por completo os critérios de imputação da pessoa jurídica por crimes ambientais, não haveria como pretender transpor o paradigma de imputação das pessoas físicas aos entes coletivos.[56]

Afastando qualquer possibilidade de dúvidas, a LAC enuncia peremptoriamente que a imputação de responsabilidade à pessoa jurídica é absolutamente independente da imputação de responsabilidade das pessoas físicas que eventualmente guardem qualquer relação de concorrência para realização da infração. E não poderia ser diferente, afinal, a vinculação da responsabilização da pessoa jurídica à demonstração de culpa ou dolo das pessoas físicas envolvidas frustraria a própria razão de ser da Lei e o avançado modelo objetivista de responsabilidade corporativa então proposto.

Sobre a absoluta independência existente entre a responsabilização de pessoas físicas e jurídicas, assim enuncia Renato Capanema:

> Nem mesmo casos extremos, em que não é possível a identificação das pessoas físicas envolvidas, podem impedir o prosseguimento do processo contra a pessoa jurídica. A responsabilidade corporativa prescinde, reitera-se, da comprovação de culpabilidade ou condenação da pessoa natural, haja vista configurarem-se processos distintos e independentes.[57]

A independência das estruturas de responsabilidade é um vetor tão significativo no atual sistema punitivo, que alegações sobre o desconhecimento das condutas, não adesão ao propósito delitivo ou ausência de domínio sobre as etapas que integram a prática da infração não são suficientes para afastar a responsabilidade da pessoa jurídica. No mesmo sentido se manifesta Carvalhosa, ao afastar a aplicabilidade da teoria do domínio do fato como matéria de defesa:

> Não pode invocar em sua defesa, no devido processo penal-administrativo, que não tinha o domínio do fato, alegando que a iniciativa dos seus gestores e funcionários foi autônoma, dela não tendo qualquer interferência ou controle das iniciativas delituosas, praticadas individualmente ou por conta e risco próprios, mediante a utilização indevida dos meios existentes na pessoa jurídica.
>
> Esse tipo de defesa certamente será a mais utilizada pelas pessoas jurídicas rés, arguindo v.g., que o conselho de administração e os demais diretores não sabiam das práticas corruptivas de um determinado diretor ou funcionário e muito menos de terceiros que, sem qualquer consentimento, utilizaram abusivamente o nome dela para a prática do delito de corrupção.
>
> Importante reiterar que a objetividade da presente Lei funda-se na conduta corruptiva da própria pessoa jurídica.

---

[56] Informativo STF, ago. 2013, n. 714. Disponível em: <http://www.stf.jus.br/arquivo/informativo/documento/informativo714.htm>. Acesso em: 21 mar. 2015.

[57] CAPANEMA, Renato de Oliveira, *op. cit.*, p. 20.

Não há que se falar, portanto, em face das finalidades da presente Lei e seus efeitos, em inexistência do domínio do fato, para eximir a pessoa jurídica da prática dos delitos de corrupção, pois ela é, sempre, o sujeito ativo imediato dos delitos nela tipificados (artigo 5º).[58]

Vale mencionar que o modelo ora adotado, independência de responsabilidade entre pessoas físicas e jurídicas, encontra-se contemplado nos mais diversos diplomas legais inseridos no contexto do Direito Comparado, tais como a legislação americana, a inglesa, a chilena e a mexicana, alinhando-se, inclusive, aos modernos instrumentos legais propostos pelas convenções internacionais pertinentes, que se orientam pela necessidade do eficiente enfrentamento aos malefícios da corrupção.

2.3.3 Responsabilidade jurídica em operações societárias

Estabelece o art. 4º da Lei nº 12.846/13 que "subsiste a responsabilidade da pessoa jurídica na hipótese de alteração contratual, transformação, incorporação, fusão ou cisão societária". O dispositivo em tela põe em destaque que a realização das aludidas operações societárias não extingue a responsabilidade jurídica pelos atos cometidos por uma empresa sucedida ou adquirida. Constata-se que tais operações, em regra, estão relacionadas às hipóteses de *sucessões societárias*, guardando forte aproximação com as disposições constantes na legislação norte-americana (*FCPA*), que dispensa especial atenção aos mecanismos de *Successor Liability*.

A primeira das relacionadas operações é a mera *alteração contratual* do ente empresarial. De fato, tal previsão é totalmente desnecessária, uma vez que alterações contratuais não modificam o status da personificação jurídica do ente empresarial, que permanece o mesmo. De toda sorte, o dispositivo legal elucida que mudanças operadas no plano do contrato social, tais como alterações no quadro societário, patrimônio, administração etc., não influirão na seara de responsabilidade pela prática de atos defesos pela LAC.

De forma similar, a *transformação* também não incide sobre a identidade da sociedade, que permanece a mesma, consistindo na mudança experimentada pelo ente empresarial, que passa de um tipo de sociedade a outro distinto, como, por exemplo, a transformação de uma sociedade em nome coletivo para sociedade limitada. A transformação implica mera modificação no modo jurídico de exploração do empreendimento, tratando-se de uma forma de continuidade da sociedade, mas com uma nova roupagem jurídica, mantendo-se inalterados a pessoa jurídica, o quadro de sócios, o patrimônio, os créditos e os débitos.

Embora a transformação possa se manifestar na seara de responsabilidade dos sócios, posto que esta se rege pelo tipo societário escolhido, não chega a influir no campo da responsabilização administrativa pela prática de atos ilícitos, afinal mantém-se íntegra a anterior personalidade jurídica da sociedade transformada, motivo pelo qual a previsão legal da subsistência da responsabilidade apenas reforça algo que aconteceria naturalmente.

De acordo com a Lei nº 6.404/76, a *incorporação* é a operação pela qual uma ou mais sociedades são absorvidas por outra, que lhes sucede em todos os direitos e obrigações. Assim, a incorporação é a operação pela qual uma sociedade absorve outra, deixando a incorporada de operar, sendo sucedida em todos os seus direitos e obrigações pela incorporadora, aumentando, em razão da operação, o seu capital social na proporção do patrimônio líquido incorporado.

---

[58] CARVALHOSA, Modesto, *op. cit.* [livro eletrônico].

Outra forma de reorganização societária é a *fusão*, entendida como a operação pela qual se unem duas ou mais sociedades para formar sociedade nova, que lhes sucede em todos os direitos e obrigações. Apesar de muito similar à incorporação, desta se diferencia em função da criação de uma entidade nova, deixando de existir todas as sociedades envolvidas na operação. O capital da nova sociedade corresponderá à soma dos patrimônios líquidos das sociedades fusionadas.

Tem-se, ainda, a *cisão*, que é o desmembramento total ou parcial da sociedade, que transfere seu patrimônio para uma ou várias sociedades já existentes ou constituídas para esse fim. A cisão é total quando todo o patrimônio é transferido para outras sociedades, com a extinção da sociedade cindida. Na *cisão total*, o patrimônio da sociedade extinta poderá ser transferido para duas ou mais sociedades novas, constituídas a partir da operação societária, falando-se então em *cisão pura*, ou o mesmo patrimônio poderá ser transferido para duas ou mais sociedades já existentes, em uma operação que muito se assemelha à incorporação, e, por isso, é denominada pela doutrina de *cisão absorção*.

A par da cisão total, tem-se, ainda, a *cisão parcial*, que é a operação societária por meio da qual uma sociedade comercial tem parte substancial de seu patrimônio destacada, para constituição de uma nova sociedade ou para ser incorporada por outra já existente. Nesses casos, em que há a conservação da pessoa jurídica originária, a responsabilidade prevista em lei poderá alcançar tanto ela quanto a pessoa jurídica sucessora, uma vez que receptora de parte significativa do escopo empresarial.

A LAC trouxe regra específica de responsabilidade para os casos de *fusão* e *incorporação*, uma vez que, nessas operações, a responsabilidade da sucessora será restrita à obrigação de pagamento de multa e reparação integral do dano causado, ainda assim, até o limite do patrimônio transferido, não sendo extensíveis as demais sanções decorrentes de atos e fatos ocorridos antes da data de fusão e incorporação. Essa especificidade se justifica em razão da regra de transferência do patrimônio entre as sociedades pactuantes, uma vez que o aumento do capital social somente ocorrerá na proporção do patrimônio líquido incorporado ou fusionado.

Cumpre salientar que, se a operação societária tiver sido orquestrada com a finalidade de *simulação* ou *manifesto intuito fraudatório*, desde que devidamente comprovado, não será cabível a limitação da responsabilidade, respondendo a sociedade sucessora de forma ampla e ilimitada, inclusive, com a aplicação das demais penalidades administrativas e civis previstas em lei. A disposição em epígrafe vai ao encontro das boas práticas internacionalmente consagradas, permitindo que pessoas jurídicas que se valham de manobras societárias, a fim de se eximirem de eventual responsabilização, continuem sendo devidamente sancionadas.

Outro ponto digno de nota, considerando-se a proximidade dos temas, diz respeito à possibilidade ou não de responsabilização na hipótese de *mera aquisição de ativos*. Depreende-se que a LAC restou silente acerca da sucessão de responsabilidades nas operações de aquisição de ativos de uma pessoa jurídica por outra, de maneira que duas conclusões poderiam ser suscitadas: (i) a total inexistência de sucessão de responsabilidade nessas operações societárias ou (ii) a interpretação extensiva do disposto na LAC, de modo a possibilitar a sucessão de responsabilidade nas aquisições de ativos, aplicando-se a regra de limitação de penalidades existente para fusões e incorporações.

Sustenta-se que o melhor entendimento não deve estar balizado isoladamente em nenhuma das aludidas conclusões, mas na justa composição de ambas. Inicialmente, deve-se estabelecer como regra geral a intransmissibilidade de responsabilidade nas hipóteses de mera aquisição de ativos, justamente em razão de ausência de previsão legal. De outro lado, necessariamente haverá a transmissão de responsabilidade quando a operação é decorrente de fraude ou simulação, como, aliás, já determina o parágrafo 1º, do art. 4º, da Lei nº 12.846/13. Para as demais situações, torna-se possível fazer menção ao entendimento consagrado na jurisprudência dos tribunais americanos, onde também a lei doméstica anticorrupção é silente quanto à responsabilidade pela mera aquisição de ativos, consoante o qual poderá haver a sucessão de responsabilidades, na hipótese em que a aquisição de ativos constitui a mera transferência do negócio detido pelo comprador ao devedor, equivalendo, na prática, a uma fusão (*de facto merger*).[59]

Trata-se da doutrina da "exceção da continuidade substancial" (*substantial continuity exception*), à qual pode ser desenvolvido raciocínio semelhante na análise das operações de aquisição de ativos aqui no Brasil. Em suma, a mera aquisição de ativos não implica, como regra geral, a sucessão de responsabilidade, entretanto, se aludida operação empresarial tiver, na prática, os mesmos efeitos de uma fusão ou incorporação, a sistemática legal prevista no art. 4º da LAC tem plena aplicação.[60]

2.3.4 Responsabilidade jurídica em grupos societários

O desenvolvimento da atividade econômica no contexto do atual sistema capitalista evidencia um caráter altamente dinâmico a consolidar, por vezes, a necessidade de associação entre sociedades distintas para a consecução de seus fins, especialmente quando em mira uma mais eficiente obtenção de lucros ou a realização de grandes empreendimentos.

A forma de associação entre os atores econômicos pode se materializar das mais diversas maneiras, muitas das quais já previstas em nosso ordenamento jurídico, tais como por meio de relações societárias de controle, coligação ou consórcio.

Atento a essa realidade, o legislador contemplou expressamente mecanismo de responsabilidade jurídica de grupos societários que eventualmente venham a praticar, por qualquer de seus integrantes, algumas das infrações estipuladas no art. 5º da Lei Anticorrupção, dando azo à possibilidade de extensão dos efeitos da responsabilização administrativa a outra pessoa jurídica que não aquela diretamente ligada à consumação de infração administrativa.

Assim, restou consignado no art. 4º, parágrafo 2º, do diploma em questão que:

> As sociedades controladoras, controladas, coligadas ou, no âmbito do respectivo contrato, as consorciadas serão solidariamente responsáveis pela prática dos atos previstos nesta Lei, restringindo-se tal responsabilidade à obrigação de pagamento de multa e reparação integral do dano causado (Lei nº 12.846/13, art. 4º).

O dispositivo legal ampara a incidência de responsabilidade solidária nas hipóteses de controle, coligação e consórcio entre sociedades empresariais.

Observa-se que o sistema legal de imputação de responsabilidade gerada pela atividade empresarial sofreu profunda evolução ao longo dos tempos. Tal mudança progrediu

---

[59] PHILLIPS, Taylor. *Rethinking Sucessor Liability under FCPA and FCA*. 2014. Disponível em: <http://www.law360.com/articles/525869/rethinking-successor-liability-under-fcpa-and-fca>. Acesso em: 26 jan. 2016.

[60] De fato, a jurisprudência norte-americana reconhece quatro exceções à regra geral do "*successor non liability*" na aquisição de ativos: i) quando o adquirente assume a responsabilidade sucessória; ii) quando a operação é fraudulenta ou simulada; iii) quando a aquisição de ativos constitui mera transferência do negócio; iv) quando a aquisição equivale na prática a uma fusão. As duas primeiras hipóteses já se encontram acomodadas no ordenamento jurídico brasileiro, especialmente no caso de fraude. As outras duas hipóteses podem ser reunidas em uma só, significando que a transação é formalmente uma aquisição de ativos e materialmente uma fusão.

de acordo com a evolução das próprias formas jurídicas da empresa, na sequência dos regimes da empresa individual e da empresa societária à emergência da empresa de grupo, como forma típica de organização da grande empresa globalizada. O regime de responsabilidade desse ente plurissocietário constitui hoje a pedra de toque da regulação jurídica desta nova forma de organização empresarial, especialmente quando em tela a necessidade de implementação de uma efetiva política anticorrupção.

Apesar de todo o alvoroço que o dispositivo legal vem causando no meio jurídico e empresarial, a bem da verdade não se trata de inovação genuína da LAC, uma vez que a extensão de responsabilidade dos efeitos pecuniários de infrações aos demais entes integrantes de um grupo societário já era consagrada em nosso ordenamento jurídico, como, por exemplo, nos casos de infração administrativa à ordem econômica (Lei nº 12.529/11):

> Art. 33. Serão solidariamente responsáveis as empresas ou entidades integrantes de grupo econômico, de fato ou de direito, quando pelo menos uma delas praticar infração à ordem econômica (Lei nº 12.529/11, art. 33).

O assunto, inclusive, desde muito já era objeto de estudo pela doutrina especializada, que diferenciava as figuras do *sujeito infrator* e do *sujeito responsável* (subsidiário ou solidário), uma vez que o legislador poderia estender os efeitos da sanção administrativa a pessoas distintas do infrator, porém ligadas ao autor da conduta ou ao fato. Para tanto, distinguia as *sanções administrativas pessoais* como aquelas que recaem sobre a pessoa do infrator, a exemplo da declaração de inidoneidade ou advertência; das *sanções administrativas reais ou pecuniárias*, que recaem sobre bens, coisas ou objetos, ou pelo fato de se concretizarem por meio de quantificação monetária. De tal forma, as sanções da primeira categoria seriam intransmissíveis, afinal a própria pessoalidade da reprimenda impediria uma legítima irradiação de efeitos a terceiros, ao passo que as sanções da segunda categoria, por força de expressa previsão legal, poderiam ser transmissíveis a herdeiros ou sucessores.[61]

Sobre o assunto, assim se manifestou Heraldo Garcia Vitta:

> As penalidades reais e as pecuniárias, além de permitirem a responsabilidade e a transmissibilidade, permitem a solidariedade entre os diversos responsáveis ou autores da infração. Em todos os casos, exige-se *lei formal*, sob pena de ofensa ao ordenamento jurídico-constitucional: presunção de inocência e a dignidade da pessoa humana impedem entendimento diverso.[62]

Por opção de política legislativa, restou consignado que todos os integrantes dos grupos societários já elencados seriam garantidores do cumprimento do dever de integridade empresarial, sendo solidariamente responsáveis pela prática dos atos ilícitos legalmente estabelecidos – responsabilidade que se encontra restrita, vale ressaltar, aos efeitos patrimoniais da sanção, como o pagamento da multa e a reparação integral do dano.

A *relação de controle* se verifica nas hipóteses em que uma sociedade, dita controladora, é titular de direitos de sócio que lhe assegurem, de modo permanente, preponderância nas deliberações sociais e o poder de eleger a maioria dos administradores de uma outra

---

[61] Vide, entre outros: OLIVEIRA, Regis Fernandes de. *Infrações e sanções administrativas*. 3. ed. São Paulo: Revista dos Tribunais, 2012. p. 50-52; FERREIRA, Daniel. *Sanções administrativas*. São Paulo: Malheiros, 2001. p. 46; e VITTA, Heraldo Garcia. *A sanção no direito administrativo*. São Paulo: Malheiros, 2003. p. 121-124.

[62] VITTA, Heraldo Garcia. *A sanção no direito administrativo*. São Paulo: Malheiros, 2003. p. 124.

sociedade (controlada). A relação de controle também pode se verificar de forma indireta, situação em que o comando é exercido por meio de uma sociedade intermediária.

O poder de controle pressupõe a verificação cumulativa de dois pressupostos fáticos: i) a titularidade de direitos de sócio que correspondam à maioria dos votos nas deliberações sociais e o poder de eleição da maioria dos administradores e o ii) efetivo exercício do poder de comando sobre os órgãos da sociedade.

O agrupamento societário por meio de uma *relação de coligação* pode ser observado de duas formas distintas. No âmbito das sociedades anônimas, regidas pela Lei nº 6.404/76, a coligação se materializa quando a sociedade investidora exerce *influência significativa* sobre outra, assim entendida quando detém ou exerce o poder de participar nas decisões operacionais ou de políticas financeiras da investida, sem, entretanto, deter o poder de controle. É presumida a influência significativa quando a investidora for titular de 20% ou mais do capital votante da investida, sem controlá-la. Em relação às demais sociedades, regidas pelo Código Civil, a coligação ocorre quando uma sociedade participa com 10% ou mais do capital social de outra sociedade sem controlá-la.

Ao seu turno, a *relação de consórcio* representa a constituição de um contrato entre sociedades, sob o mesmo controle ou não, para a execução de determinado empreendimento. A conjugação das empresas se destina à realização de um empreendimento específico, que ordinariamente uma empresa isolada não deteria meios próprios para sua execução, tais como de construção de grandes obras ou a prestação de serviços complexos. Vale mencionar que, na hipótese de consórcio, a possibilidade de responsabilização solidária encontra-se restrita ao âmbito de um determinado contrato, guardando, portanto, correlação lógica e necessária com a execução do empreendimento então contemplado.

Neste ponto, realça-se, uma vez mais, a total independência do sistema de responsabilidade contemplado pela LAC em relação às demais normas de responsabilidade previstas em leis societárias. No caso específico da relação de consórcio, consta no art. 278 da Lei nº 6.404/76 que as empresas consorciadas somente se obrigam às condições previstas no respectivo contrato, respondendo cada uma por suas obrigações, sem presunção de solidariedade. A regra em epígrafe, por certo, não terá aplicação no caso do cometimento pelas consorciadas de infrações previstas no novo diploma legal.

No caso específico dos consórcios, apesar da regulação própria versada na Lei de Sociedades Anônimas, a revisão publicista do regime de responsabilidade dos entes consorciados já era realidade desde 1993, conforme previsão inserta no art. 33 da Lei nº 8.666/93, que estabelecia a responsabilidade solidária dos integrantes pelos atos praticados em consórcio, tanto na fase de licitação quanto na de execução do contrato administrativo.

Sobre o tema, aliás, já havia se manifestado Justen Filho, ao sustentar que o consórcio das Leis de Licitação é uma modalidade de consórcio da Lei de S.A., com determinantes e relevantes modificações, em especial, no que diz respeito ao sistema de responsabilidade:

> Os consorciados comparecem perante a Administração como unidade. Logo, os consorciados devem manter essa unidade, relativamente aos atos que possam gerar sua responsabilidade. Haveria contradição em adotar duas soluções diversas, variáveis conforme favorecessem ou não os consorciados. Justamente porque comparecem como unidade perante a Administração, os consorciados devem responder juridicamente como unidade. Significa a necessidade de responsabilidade solidária dos envolvidos.[63]

---

[63] JUSTEN FILHO, Marçal. *Comentários à lei de licitações e contratos administrativos*. 14. ed. São Paulo: Dialética, 2010. p. 506.

No Direito Comparado, a possibilidade de extensão de responsabilidade a integrantes de um mesmo grupo societário por atos de corrupção é uma realidade já consolidada, estando presente nos ordenamentos jurídicos de países considerados berço do capitalismo moderno, habituados às mais diversas formas de agrupamentos societários. Dessa maneira, tanto no *Foreign Corrupt Pratices Act* – FCPA (EUA) quanto no *UK Bribery Act* (Reino Unido), consagrou-se a possibilidade de responsabilização por atos de corrupção praticados no seio dessas modernas técnicas de vínculo empresarial.

O cabimento de mecanismos de aplicação de responsabilidade solidária a entes societários no bojo de uma relação de controle ou mesmo de consórcio não chega a descortinar genuína novidade no ordenamento brasileiro, que já continha diplomas legais a acomodar juridicamente a situação, a exemplo das normas de cunho consumerista, trabalhista e ambiental. A questão que verdadeiramente se coloca como objeto de necessária reflexão e prudência diz respeito à imposição de responsabilidade solidária às entidades que participem de relação de coligação.

Há vozes a sustentar que a possibilidade de responsabilização dos entes societários nas hipóteses de mera coligação poderia causar sérios entraves econômicos, em particular, com a inibição da atuação de fundos de investimentos, instituições financeiras e investidores estrangeiros. Zanon de Paula Barros sintetiza o raciocínio por meio da seguinte crítica:

> Que uma empresa controladora seja solidária na resposta por um ato ilícito de uma controlada, é razoável. Mas que empresas coligadas também sejam solidárias, não. Mesmo que tenha comprado ações em bolsa, um investidor terá responsabilidade pelo pagamento de uma multa aplicada a uma empresa que praticou o ato ilícito?[64]

Externando preocupação semelhante, o Comitê Anticorrupção e Compliance do Instituto Brasileiro de Direito Empresarial (IBRADEMP) consignou em relatório analítico do Projeto de Lei nº 6.836/2010 a seguinte observação:

> Com relação às coligadas, acreditamos que deveriam ser eliminadas do texto pois, nos termos do artigo 1.099 do código civil brasileiro e pela lei das sociedade por ações, o simples fato de participar com 10% ou mais do capital social de uma sociedade a caracteriza como coligada. Tal participação pode não caracterizar ingerência administrativa ou controle e, ainda assim, possibilitaria a responsabilização de empresas coligadas por mera conveniência.[65]

Certamente que a aplicação da versada técnica de responsabilização em relação às sociedades coligadas demandará a necessidade de construção de vias interpretativas a acomodar uma aplicação razoável e proporcional da técnica da solidariedade, sem que de tal imputação possam decorrer entraves sociais e econômicos indesejáveis.

Uma legítima opção hermenêutica pode ser extraída do direito comparado. A lei anticorrupção inglesa, *Bribery Act 2010*,[66] ao dispor sobre a possibilidade de responsabilização

---

[64] BARROS, Zanon de Paula. *Lei anticorrupção fere direito ao penalizar sociedade coligada*. Disponível em: <http://www.conjur.com.br/2014-jan-29/zanon-barros-lei-anticorrupcao-fere-direito-penalizar-sociedade-coligada>. Acesso em: 15 mar. 2016.

[65] Relatório enviado, em novembro de 2011, à Comissão Especial da Câmara dos Deputados destinada a proferir parecer ao PL nº 6.826/2010.

[66] Consta do aludido diploma legal a seguinte assertiva: "Whether or not A is a person who performs services for or on behalf of C is to be determined by reference to all the relevant circumstances and not merely by reference to the nature of the relationship between A and C".

de organizações empresariais em razão de ilícito cometido por pessoa jurídica associada, estabelece que a correspondente responsabilização não decorrerá da mera natureza da relação jurídica firmada entre os entes corporativos, havendo a necessidade da demonstração, no caso concreto, de *circunstâncias relevantes* a justificar a extensão da responsabilidade.

Incorporando a alternativa do direito alienígena como opção válida a ser manejada na seara do ordenamento doméstico, quais seriam as circunstâncias relevantes aptas a justificar a imposição de responsabilização solidária às entidades coligadas? Não há dúvidas de que o instituto em tela descortina verdadeiro conceito jurídico indeterminado, a ser melhor identificado no âmago de uma ponderação efetivamente exercida no deslinde do caso concreto, em verdadeiro juízo de adequabilidade normativa.

Integrando o conceito à experiência normativa brasileira, pode-se qualificar, por exemplo, como circunstância relevante a hipótese em que reste cabalmente demonstrado o exercício efetivo de influência significativa do parceiro investidor sobre uma determinada política financeira ou operacional da investida, e que esta estivesse diretamente relacionada com a prática do ato lesivo à Administração Pública nacional ou estrangeira.

Perceba-se que, no exemplo ora proposto, não poderia haver responsabilização da coligada quando a influência significativa fosse legalmente presumida, nos termos do art. 243 da Lei nº 6.404/76, pela mera titularidade de 20% ou mais do capital votante da investida, havendo necessidade de ser demonstrada uma efetiva situação de interesse comum nos atos de umas e de outras, por exemplo, quando o controle foi compartilhado por meio de acordo de acionistas, do qual a coligada tenha tido ativa participação.

O que almeja a Lei, com essa singular disposição, é a criação de ambiente propício à consolidação de uma cultura de integridade empresarial, no qual as próprias empresas detenham papel destacado na promoção de hígidos padrões de governança corporativa, impondo-se o advento de um novo olhar, indiscutivelmente mais exigente, sobre o dever de diligência no desenvolvimento das atividades sociais levadas a efeito pelos órgãos de administração dos entes empresariais.

2.3.5 Responsabilidade administrativa de múltiplas pessoas jurídicas e participação no processo

Conforme já mencionado, a LAC contempla sistema legal de responsabilização em que pessoas jurídicas poderão ser responsabilizadas por atos ilícitos cometidos por entes distintos, detentores de personalidade jurídica própria. Esse mecanismo de responsabilização ganha mais relevância nas atividades empresariais desenvolvidas no bojo de relações societárias de coligação, controle e consórcio, respaldando-se, inclusive, a possibilidade de imputação de responsabilidade solidária.

O Direito Administrativo Sancionador encontra-se informado por relevantes princípios de ordem constitucional, de forma que se apresenta como pressuposto lógico e jurídico da imputação de qualquer tipo de responsabilidade e respectivo sancionamento administrativo a instauração do devido processo administrativo. O art. 5º, inciso LV, da Constituição Federal ampliou o direito de defesa, assegurando aos litigantes, em processo judicial ou administrativo, e aos acusados em geral o contraditório e a ampla defesa, com os meios e recursos a ela inerentes. Assim, a aplicação de qualquer punição ou restrição de direitos só será legitimada constitucionalmente se respeitado o devido processo legal, ofertando-se à parte interessada todos os meios para a apresentação das alegações em contrário.

Nesse sentido, ainda que seja juridicamente possível a extensão de responsabilidade a uma determinada pessoa jurídica, por atos ilícitos cometidos por outras, àquela a que se quer imputar os efeitos da sanção pecuniária deve ser dada a possibilidade de apresentar suas razões de defesa. Quer-se afirmar, com isso, que a responsabilidade administrativa não poderá ser atribuída de forma automática, sem a necessária participação na relação processual do ente a que se quer infligir os efeitos da sanção administrativa colimada. Não será necessário, entretanto, que a Administração processe todas as empresas integrantes de um determinado grupo societário, mas, apenas, a empresa diretamente responsável pela prática do ato ilícito e aquelas a que se quer estender os efeitos da sanção administrativa.

Percebe-se, desse modo, que o processo administrativo sancionador compreenderá o exame de relações processuais sucessivas. Primeiramente, caberá ao ente processante demonstrar a prática de qualquer das infrações elencadas no art. 5º da LAC e o nexo de causalidade entre o ilícito e a atuação direta ou indireta da pessoa jurídica principal. Vale lembrar que o nexo causal consiste na demonstração, em termos objetivos, de que o ato lesivo fora praticado no interesse ou benefício, ainda que indireto, da pessoa jurídica processada. Imputando-se a responsabilidade em primeiro grau, abre-se a possibilidade de responsabilização em segundo grau, que se limita à extensão dos efeitos pecuniários da sanção administrativa aos demais integrantes do grupo societário, desde que, reitere-se, sejam ofertados o contraditório e a ampla defesa.

Registre-se que a participação no processo administrativo do responsável em segundo grau não se limitará a uma atuação meramente acessória ou colateral. Ao contrário, o ente responsável poderá se valer de todas as prerrogativas processuais atribuídas à defesa, tendo interesse legítimo em participar de toda instrução processual, podendo, inclusive, apresentar argumentos defensivos que deveriam ter sido deduzidos pela pessoa jurídica diretamente ligada ao suposto ato lesivo, tais como a negação da ocorrência do ilícito ou a existência de excludentes do nexo causal.

CAPÍTULO III

3 Processo administrativo sancionador

A Lei nº 12.846/13 contempla, em seu Capítulo IV, expressas disposições sobre o desenvolvimento do Processo Administrativo de Responsabilização – PAR. Traça a Lei linhas gerais de um processo administrativo de cunho punitivo, cuja pormenorização procedimental encontra-se regulamentada no bojo do Decreto Federal nº 8.420, de 18 de março de 2015.

O PAR deve ser compreendido como uma modalidade de processo administrativo sancionador ou punitivo. Nesse sentido, antes de adentrar no específico exame sobre o rito procedimental então delineado, faz-se necessário tecer breves considerações sobre o regime jurídico aplicável ao gênero processual do qual decorre a espécie em epígrafe.

3.1 Considerações iniciais

3.1.1 Noção de sanção administrativa

A ideia de sanção jurídica é inerente ao Direito na medida em que as normas jurídicas preveem reprimendas aos que desacatam seus preceitos como forma indireta de impor a sua observância pelos respectivos destinatários, haja vista que, em virtude do receio de suportar as consequências do comportamento em desacordo com a norma, espera-se que o agente evite a conduta indesejada pelo ordenamento jurídico.

As normas jurídicas são compostas por dois elementos básicos, o preceito, que constitui o modelo de comportamento a ser observado, e a sanção, que constitui um tratamento punitivo que o ordenamento jurídico dispensa aos comportamentos violadores dos preceitos antes estabelecidos. Em resumo, a sanção é a consequência de um ato ilícito.

Partindo desse conceito mais amplo de sanção jurídica, pode-se definir a sanção administrativa como a medida aflitiva imposta pela Administração Pública em função da prática de um comportamento contrário ao estabelecido pelo regime jurídico-administrativo, identificando-se no conceito de sanção administrativa três elementos básicos: (i) medida imposta pela Administração Pública; (ii) de aspecto aflitivo, com caráter negativo; (iii) em resposta ao ilícito administrativo.[67]

Cabe anotar que, diferentemente da pena do Direito Penal, a sanção administrativa não se resume a uma medida predominantemente punitiva, podendo-se apontar como

---

[67] MELLO, Rafael Munhoz de. *Op. cit.*, p. 63.

escopo maior os aspectos preventivos e pedagógicos da reprimenda administrativa, uma vez que não houvesse, de fato, punição para os que agem em desacordo com as normas jurídicas, os valores e bens tutelados pelo Direito estariam reiteradamente sujeitos aos riscos das condutas a eles ofensivas, deflagradas por indivíduos que não teriam que temer qualquer reação sancionadora do ordenamento jurídico.

3.1.2 Conceito de processo administrativo

Nas precisas linhas de José dos Santos Carvalho Filho, pode-se definir processo como a "relação jurídica integrada por algumas pessoas, que nela exercem várias atividades direcionadas para determinado fim".[68] Portanto, a ideia de processo reflete função dinâmica, em que os atos processuais se apresentam em sequência ordenada tendentes à materialização de um resultado teleológico.

O processo é normalmente qualificado como instituto inerente à jurisdição, identificado como legítimo instrumento de exercício da função jurisdicional. Entretanto, consoante as lições do professor espanhol Jesús González Pérez,[69] o conceito de processo não pode ser reduzido a um único sentido, devendo ser considerado que o processo, em sua própria natureza, pode ser observado no desenvolvimento de todas as funções estatais.

Assim, deve haver uma necessária subclassificação do processo de acordo com a função estatal básica em que o processo é desenvolvido. Se a função primordial exercida através da relação jurídica processual for a legiferante, desenvolve-se, então, o processo legislativo, cujas atividades, desenvolvidas em sequência previamente determinada, objetivam a elaboração dos diplomas normativos estabelecidos no art. 59 da Constituição Federal. Por outro lado, se a função desempenhada é a administrativa, o desenvolvimento ordenado de atos tem por escopo a prática de um ato administrativo final.

Tradicionalmente conceitua-se[70] o processo administrativo como sendo uma "série de atos, lógica e juridicamente concatenados, dispostos com o propósito de ensejar a manifestação de vontade da Administração", denotando o caminho a ser trilhado para a edição de um determinado ato administrativo.

A atual Constituição Federal dispensou singular status jurídico ao processo administrativo, ao assegurar aos litigantes a observância do contraditório e ampla defesa, com os meios e recursos a ele inerentes, e o fez, ao contrário das anteriores Constituições, com expressa menção também ao processo administrativo. Desde então, o processo administrativo não pode ser reduzido a mero instrumento de manifestação da vontade unilateral da Administração Pública. Ao contrário, representa genuína ferramenta de realização de princípios republicanos e democráticos, devendo ser entendido como uma espécie de controle dessa mesma função estatal, impondo-lhes os rigores da legalidade, moralidade, impessoalidade, entre outros, permitindo, assim, a sua sindicabilidade e controle.

Regulando o tema processo administrativo, já sob os influxos dessa nova tônica constitucional, a Lei nº 9.784/99, conhecida como Lei Geral do Processo Administrativo, sintetiza de forma brilhante a atual qualidade jurídica do rito processual, ao dispor que, nos processos administrativos, deverão ser observados critérios de atuação conforme a Lei e o Direito, representando significativo avanço na democratização do processo de tomada de decisões pela Administração Pública, adotando-se um critério mais amplo de juridicidade,

---

[68] CARVALHO FILHO, José dos Santos, *op. cit.*, p. 862.

[69] GONZÁLEZ PÉREZ, Jesús. *Derecho procesal administrativo*. Madrid: Instituto de Estudios Políticos, 1957. p. 46.

[70] FERRAZ, Sérgio; DALLARI, Adilson Abreu. *Processo administrativo*. 2. ed. São Paulo: Malheiros, 2003. p. 25.

fomentando a proteção dos direitos dos administrados, ao mesmo tempo em que preserva o melhor cumprimento das finalidades do ente estatal.

José Cretella Júnior enfatiza o atual significado do processo administrativo, qualificando-o como importante mecanismo de coibição de práticas arbitrárias por parte da Administração Pública, uma vez que o seu curso deverá ser desenvolvido de acordo com regras e princípios universalmente consagrados no Direito.[71]

Alinhado a essas premissas, adota-se o magistral conceito de processo administrativo proposto por Angélica Petian, para quem o processo administrativo consiste na:

> Relação jurídica estabelecida, na intimidade da função administrativa, entre as partes que participam do círculo de formação do ato administrativo conclusivo que dará concretude ao exercício do dever-poder estatal, instrumentalizada por uma sucessão de atos encadeados relativamente autônomos, sindicáveis pelo Poder Judiciário.[72]

Dentre os importantes elementos que compõem a definição proposta, coloca-se em realce a necessária participação daqueles que serão destinatários do ato administrativo produzido. Afinal, são eles que terão sua esfera jurídica afetada pela decisão conclusiva do processo administrativo, principalmente se tal decisão for produzida no bojo de um processo administrativo de cunho sancionador, a que se passa a fazer menção.

3.1.3 Processo administrativo sancionador

Diversas são as classificações que se pode extrair do conceito de processo administrativo, tudo a depender do ato administrativo final a que se pretende chegar com o desdobramento do trâmite processual (mera tramitação, controle, contratual, fiscal, revisional, sancionador, etc.). Por exemplo, se o ato final do processo resultar no julgamento de contas de administradores públicos, estar-se-á diante de um processo administrativo de contas. De outra forma, se o ato administrativo final almejado no curso do processo for a desconstituição ou revisão de determinado crédito tributário, vislumbrar-se-á, então, um processo administrativo fiscal. Na mesma senda, quando um dos resultados possíveis ao final do processo administrativo for a aplicação de ato administrativo punitivo, revelar-se-á típico processo administrativo sancionador.

Conforme já fora salientado, sempre que houver possibilidade de repercussão de efeitos negativos sobre a órbita de interesses de terceiros, o processo administrativo deve se curvar aos preceitos que informam o devido processo legal. Quando tais efeitos envolverem o exercício da atividade punitiva do Estado, ainda que na seara meramente administrativa, maior deverá ser a cautela a balizar o exercício dessa prerrogativa estatal. No atual regime jurídico, pode-se afirmar que o processo administrativo, com preponderante feição dialética, consiste em verdadeiro pressuposto lógico e jurídico a anteceder a aplicação de qualquer sanção administrativa.

Não se quer afirmar que o escopo principal do processo administrativo sancionador é a aplicação de sanção administrativa. A imposição de penalidade administrativa não deve ser entendida como um fim em si mesmo. Em verdade, o processo administrativo sancionador tem por finalidade maior a apuração de fatos e a recomposição da normalidade

---

[71] CRETELLA JÚNIOR, José. *Prática do processo administrativo*. São Paulo: Revista dos Tribunais, 2011. p. 61.

[72] PETIAN, Angélica. *Regime jurídico dos processos administrativos ampliativos e restritivos de direito*. São Paulo: Malheiros, 2011. p. 71.

administrativa eventualmente abalada, sendo a aplicação da sanção apenas um dos resultados possíveis. Não se pode desconsiderar, também, que é no curso de um processo administrativo sancionador que a inocência de um acusado poderá ser reconhecida, revelando-se como hábil instrumento de exercício do direito de defesa.

Aproveitando os elementos conceituais já utilizados para a definição do gênero processo administrativo, conceitua-se o processo administrativo sancionador como *uma relação jurídica estabelecida entre a Administração Pública e o particular, detendo este a prerrogativa da mais ampla participação na formação do ato administrativo conclusivo, instrumentalizada por uma sucessão ordenada de atos processuais, tendo por escopo principal a apuração de fatos e a desejável recomposição da normalidade administrativa porventura abalada, com a eventual possibilidade de aplicação de sanção administrativa.*

3.1.3.1 Princípios reitores do processo administrativo sancionador

Princípios são proposições básicas, fundamentais, típicas, que condicionam todas as estruturas e institutos subsequentes de uma determinada disciplina. São os alicerces, os preceitos capitais de um determinado ramo da ciência do Direito, surgindo como parâmetro para a interpretação e aplicação das demais normas jurídicas.

Celso Antônio Bandeira de Mello, com seu brilhantismo peculiar, conceitua e denota a importância dos princípios:

> Princípio [...] é, por definição, mandamento nuclear de um sistema, verdadeiro alicerce dele, disposição fundamental que se irradia sobre diferentes normas compondo-lhes o espírito e servindo de critério para a sua exata compreensão e inteligência exatamente por definir a lógica e a racionalidade do sistema normativo, no que lhe confere a tônica e lhe dá sentido harmônico. É o conhecimento dos princípios que preside a intelecção das diferentes partes componentes do todo unitário que há por nome sistema jurídico positivo.
>
> Violar um princípio é muito mais grave que transgredir uma norma qualquer. A desatenção ao princípio implica ofensa não apenas a um específico mandamento obrigatório, mas a todo sistema de comandos. É a mais grave forma de ilegalidade ou inconstitucionalidade, conforme o escalão do princípio atingido, porque representa insurgência contra todo o sistema, subversão de seus valores fundamentais, contumélia irremissível a seu arcabouço lógico e corrosão de sua estrutura mestra.[73]

Deve-se reconhecer que a ciência do Direito, principalmente a partir da segunda metade do século XX, passa a sustentar uma nova perspectiva em relação ao constitucionalismo, por meio da qual se defende a força normativa da Constituição e dos seus princípios reitores. A Constituição Federal de 1988 concebe a atuação do Estado, nos mais diversos campos, pautada por um regime democrático de direito. Nesse sentido foram estabelecidos relevantes princípios processuais, cujas diretrizes estão a moldar a formação do próprio regime jurídico punitivo, mesmo na seara exclusivamente administrativa. Passa-se a analisar os princípios jurídicos que presidem o Direito Administrativo Sancionador, ou seja, os vetores axiológicos que orientam, informam e condicionam as manifestações do poder punitivo exercido pela Administração Pública.

---

[73] BANDEIRA DE MELLO, Celso Antônio, *op. cit.*, p. 948-949.

3.1.3.1.1 Devido processo legal

Preceitua a Constituição Federal que "ninguém será privado da liberdade ou de seus bens sem o devido processo legal". No âmbito do Direito Processual, firmou-se o entendimento de que o devido processo legal, cuja origem costuma-se creditar à histórica Magna Carta de João Sem Terra, de 1215, se apresenta como supraprincípio norteador de todos os demais a que se deve observância no curso de uma relação processual. Desta maneira, violações aos princípios da legalidade, contraditório e ampla defesa, além de outros a que se fará menção, repercutem de maneira reflexa neste princípio matriz.

A garantia constitucional do *"due process of law"* se apresenta como cláusula mater de onde se extraem as prerrogativas essenciais ao hígido desenvolvimento do processo, tais como: direito ao processo regular; direito à citação e conhecimento do teor da acusação; direito ao contraditório e plenitude de defesa; direito à prova; direito de não ser processado com fundamentos em provas ilícitas; direito à não autoincriminação; direito a um julgamento imparcial, entre outros.

Por se tratar de princípio-base, teria sido suficiente ao legislador constituinte, no que respeita aos princípios processuais, ter se limitado à previsão do devido processo legal, cuja eficácia irradiante daria ao intérprete da lei elementos suficientes para se extrair do seu conceito todos os outros princípios dele derivados. Não foi essa, entretanto, a opção adotada, uma vez que, além da previsão ao princípio maior, estabeleceu o constituinte a expressa previsão de diversos outros princípios que dele naturalmente decorrem, tais como contraditório e ampla defesa, publicidade, isonomia etc.

Sobre a aplicação do devido processo legal no campo administrativo, é lapidar a lição da professora Lúcia Valle Figueiredo:

> Quando o texto constitucional prescreve no art. 5º, inc. LV, a obrigatoriedade do devido processo legal – e é o primeiro texto constitucional que a contém expressamente – não é por acaso. É um texto constitucional absolutamente moderno, é o texto constitucional da cidadania.
>
> Deveras, depois da declaração de direitos individuais e coletivos, traz em seu bojo o "devido processo legal" e, para que não quede dúvida, traz duas vezes. Os outros textos referiam-se à ampla defesa, mas ampla defesa no Processo Penal. Claro que o Judiciário já havia feito a aplicação para o Processo Civil, mas é a primeira vez que a cláusula do *devido processo legal* aparece em texto constitucional brasileiro, com a acepção expressa para os processos em geral, inclusive o administrativo.[74]

O princípio em tela pode ser analisado sob duas óticas distintas, porém, complementares, falando-se em devido processo legal formal (*procedural due process*) e devido processo legal substantivo (*substantive due process*).

Sob o aspecto formal, o devido processo exige a plena observância do rito processual estabelecido em lei, especialmente aquelas garantias e direitos mais sensíveis ao pleno exercício do direito de defesa. Interpretando o conceito, Fábio Medina Osório[75] preceitua que a cláusula em exame traduz uma forma de "processualização" das atividades do Poder Público, impondo a observância de procedimentos necessários à regular tramitação processual, tais como: notificação ou citação do imputado, para dar-lhe ciência da imputação em curso; abertura da possibilidade de o imputado manifestar-se a respeito do caso;

---

[74] FIGUEIREDO, Lúcia Valle. Estado de direito e devido processo legal. *Revista Diálogo Jurídico*, Salvador, n. 11, p. 4, fev. 2002.

[75] OSÓRIO, Fábio Medina, *op. cit.*, p. 163.

resolução previamente motivada por parte da autoridade competente e a existência de um órgão julgador imparcial.

Sob o aspecto substancial, o devido processo legal se apresenta como pilar de fundamentação dos postulados da razoabilidade e proporcionalidade, funcionando como mecanismo de controle das arbitrariedades do Poder Público, sendo associado, por isso, à ideia de um processo justo e à vedação de excessos, que permita ampla participação das partes e a efetiva proteção dos seus direitos. O princípio da proporcionalidade, sobre o qual se fará menção em tópico específico, tem proporcionado novo alcance do controle judicial sobre a aplicação de sanções administrativas, implicando a necessidade de uma nova leitura sobre a teoria da insindicabilidade do mérito administrativo da sanção disciplinar.

3.1.3.1.2 Contraditório e ampla defesa

Os princípios em tela derivam de expressa dicção constitucional, uma vez que, nos termos do inciso LV, art. 5º, do Texto Magno, restou assegurado, aos litigantes, em processo judicial ou administrativo, e aos acusados em geral, a observância do contraditório e ampla defesa, com os meios e recursos a ela inerentes. Vale reiterar que o cumprimento de tais mandamentos no estrito âmbito do processo administrativo decorre de louvável inovação pelo Constituinte de 1988, que entendeu relevante impor aos processos administrativos, especialmente os de caráter punitivo, que o seu desenvolvimento fosse marcado pela dialética processual.

Decorre do contraditório a noção de bilateralidade de audiência, de forma a exigir a comunicação aos interessados da existência e dos termos do processo, bem como a concessão de oportunidade para que sejam apresentadas alegações e produzidas provas em momento anterior à final decisão do processo. Identifica-se no conceito de contraditório a presença de três elementos basilares: informação, possibilidade de reação e poder de influência.

O elemento informação impõe que seja dada ciência efetiva aos interessados dos principais atos do processo, em especial aqueles que possam ensejar agravamento da situação jurídica das partes envolvidas. Não é por menos que o art. 3º, da Lei nº 9.784/99 estabeleceu como direito comezinho do administrado ter ciência da tramitação dos processos administrativos em que tenha a condição de interessado, ter vista dos autos, obter cópias de documentos neles contidos e conhecer as decisões proferidas.

A informação é justificada no sentido de oportunizar a possibilidade de reação pelo interessado, verificando-se aqui o segundo elemento do conceito, afinal, uma vez ciente da situação jurídica delineada, poderá desenvolver argumentos defensivos no sentido de desconstituí-la ou contraditá-la. Aduz-se que o contraditório, nesses casos, estará garantido ainda que concretamente não se verifique a reação, bastando que a parte tenha tido a oportunidade de reagir. Por isso é que se fala em mera possibilidade, cabendo ao interessado decidir sobre a conveniência e oportunidade de efetivamente reagir.

Ilustrando a hipótese, imagine-se um processo administrativo sancionador em que foi determinada a oitiva de uma testemunha para prestar esclarecimentos sobre certos fatos de relevância para instrução do processo. Em observância ao princípio constitucional do contraditório, a parte interessada deverá ser notificada para, querendo, participar do ato de instrução. Uma vez cumprido pela comissão o dever de informar ao interessado sobre a realização do ato de instrução, a efetiva participação ao ato estará sob o exclusivo critério do interessado, que poderá comparecer ou não. Situação similar já foi objeto de exame pelo Superior Tribunal de Justiça:

ADMINISTRATIVO. MANDADO DE SEGURANÇA. SERVIDOR PÚBLICO. POLICIAL RODOVIÁRIO FEDERAL. CASSAÇÃO DE APOSENTADORIA. COMISSÃO PROCESSANTE. LEI Nº 4.878/65. INAPLICABILIDADE. FUNÇÕES DA COMISSÃO. JULGAMENTO POR AUTORIDADE DIFERENTE. SUSPENSÃO DO PAD DURANTE PRAZO DE TRÂMITE DO PROCESSO PENAL. DESCABIMENTO. INDEPENDÊNCIA DAS INSTÂNCIAS. DEPOIMENTO PESSOAL. AUSÊNCIA. CULPA EXCLUSIVA DO SERVIDOR. PROSSEGUIMENTO DO PAD. LEGALIDADE. RELATÓRIO FINAL. INTIMAÇÃO. AUSÊNCIA DE PREVISÃO LEGAL. PROVAS. NULIDADE. INEXISTÊNCIA. PROPORCIONALIDADE E RAZOABILIDADE DA PENALIDADE. DESCABIMENTO. ATO VINCULADO.

[...]

4. A Comissão Processante diligenciou no sentido de colher o depoimento pessoal do impetrante, o qual somente não se realizou pelo seu não comparecimento, por duas vezes, sendo que na segunda, o depoimento havia sido marcado para Teixeira de Freitas/BA, conforme solicitação do próprio impetrante, o qual, todavia, não compareceu à audiência. Assim, correto o procedimento da Comissão em dar seguimento ao processo administrativo, haja vista que não poderia ficar aguardando indefinidamente pela disposição do impetrante em prestar o seu depoimento. [...].[76]

O entendimento defendido quanto ao alcance da possibilidade de reação encontra ressonância também na doutrina especializada. Reis, nesse sentido, aduz que:

O acusado, se o desejar, a tudo poderá estar presente, pessoalmente ou por intermédio de seu procurador. A sua presença não é, porém, obrigatória, nem invalida o depoimento, se ausente, desde que para o evento tenha sido notificado adequadamente. A ausência da notificação, esta sim, é que viciará o ato.[77]

Além da informação e possibilidade de reação, exige-se que essa reação, no caso concreto, tenha real poder de influenciar o convencimento da autoridade julgadora (terceiro elemento da tríade anteriormente descrita), ou seja, haverá a necessidade de que os argumentos sustentados pelo interessado sejam objeto de efetivo exame e ponderação por parte da Administração Processante, ainda que seja para externar motivada discordância do quanto deduzido. Não é por menos que a Lei Federal de Processo Administrativo, em seu art. 3º, dispõe ser assegurada ao administrado a formulação de alegações e a apresentação de documentos antes da decisão, os quais serão objeto de consideração pelo órgão competente.

Ou seja, ainda que manifestamente improcedentes, as alegações apresentadas pelo administrado devem ser necessariamente objeto de exame e avaliação por parte da Administração, cujos fundamentos decisórios devem estar contemplados na motivação do ato administrativo proferido.

Ao seu turno, ampla defesa traduz a liberdade inerente ao indivíduo de, em defesa de seus interesses, alegar fatos e propor provas, abrindo espaço para que o litigante exerça, sem qualquer restrição, seu direito de defesa. Possibilita-se, dessa maneira, ao administrado o manejo de todos os instrumentos e mecanismos dispostos no ordenamento jurídico

---

[76] Mandado de Segurança nº 18.090/DF, Rel. Min. Humberto Martins.
[77] REIS, Palhares Moreira. *Processo Disciplinar*. 2. ed. Brasília: Consulex, 1999. p. 145.

voltados à efetiva materialização do ato de defesa, afinal o direito de defender-se é essencial a todo e qualquer Estado que se pretenda minimamente democrático.

A Magna Carta faz alusão não ao "simples direito de defesa" do administrado, mas sim à ampla defesa, com os meios e recursos a ela inerentes. O preceito de ampla defesa reflete a evolução histórica e legislativa que reforça tal princípio e denota elaboração acurada para melhor assegurar sua observância. Significa, nesses termos, que a possibilidade de rebater acusações, alegações, argumentos, interpretações jurídicas, para evitar sanções ou prejuízos, não pode ser concedida de maneira restrita.[78]

Extrai-se daí a necessidade de se observar, na relação particular-administração, a plena igualdade de condições na construção e desenvolvimento do processo, conferindo-se aos atores processuais "paridade de armas", de modo que a defesa seja dotada das mesmas capacidades e poderes instrutórios empregados pela parte acusadora, a Administração. As oportunidades dentro do processo (de falar, contraditar, requerer e participar das provas etc.) devem ser exatamente simétricas, seja para quem ocupa posição idêntica dentro do processo (dois acusados, por exemplo), seja para os que ostentam posições contrárias (acusado e administração).

3.1.3.1.3 Proporcionalidade

O fundamento maior do princípio da proporcionalidade é a necessidade de controle dos atos estatais abusivos, seja qual for a sua natureza. O fim a que se destina é exatamente o de conter atos, decisões e condutas de agentes públicos que ultrapassem os limites adequados, com vistas aos objetivos colimados pela Administração, ou até mesmo pelos poderes representativos do Estado. Significa, segundo Carvalho Filho, que o "Poder Público, quando intervém nas atividades sob seu controle, deve atuar porque a situação reclama realmente a intervenção, e esta deve processar-se com equilíbrio, sem excessos e proporcionalmente ao fim a ser atingido".[79]

Bonavides[80] informa que o princípio da proporcionalidade deita-se em raízes antigas, tendo sido redescoberto nos últimos duzentos anos, com aplicação clássica e tradicional no Direito Administrativo francês, alemão e suíço.

Indiscutivelmente, o desenvolvimento do princípio da proporcionalidade encontra-se imbricado com a evolução dos direitos humanos e do Estado de Direito. Em ilustrada obra sobre o tema, Willis Santiago[81] informa como marco histórico do princípio da proporcionalidade a Magna Carta inglesa de 1215, onde restou consignado que um homem livre não devia ser punido por um delito, senão na medida da gravidade desse mesmo delito.

Inicialmente, a ideia de proporcionalidade estava ligada apenas ao Direito Penal, ganhando maior expressão com o pensamento de Cesare Beccaria,[82] que em sua obra prima, *Dos Delitos e das Penas*, assentou que as penas deveriam ser aplicadas de forma proporcional ao delito cometido, de forma que os meios escolhidos deveriam ser os mais eficazes e, ao mesmo tempo, o menos cruel ao acusado. A partir do século XIX, o princípio passa a ser desenvolvido na seara do Direito Administrativo, especialmente no estudo sobre limites ao

---

[78] MEDAUAR, Odete. *A processualidade no direito administrativo*. São Paulo: Revista dos Tribunais, 1993. p. 53.

[79] CARVALHO FILHO, José dos Santos, *op. cit.*, p. 33.

[80] BONAVIDES, Paulo. *Curso de Direito Constitucional*. 24. ed. São Paulo: Malheiros, 2009. p. 398.

[81] GUERRA FILHO, Willis Santiago. *Teoria processual da Constituição*. São Paulo: Celso Bastos / Instituto Brasileiro de Direito Constitucional, 2000. p. 44-45.

[82] BECCARIA, Cesare. *Dos delitos e das penas*. Ridendo Castigat Mores. p. 30. Edição eletrônica. Disponível em: <www.jahr.org>. Acesso em: out. 2001.

exercício do poder de polícia, sobretudo no Direito francês e alemão, constitucionalizando-se no Direito europeu, com o fim da Segunda Guerra Mundial, inicialmente na Alemanha.

O princípio da proporcionalidade se desdobra em outros três subprincípios: (i) a *adequação*, impondo que a medida adotada para realização do interesse público deve ser apropriada à persecução dos fins a ela subjacentes; (ii) *a necessidade*, colocando em tônica o direito do administrado a menor desvantagem possível; (iii) *proporcionalidade em sentido estrito*, devendo-se inquirir o justo equacionamento entre meios e fins, de forma a avaliar se o meio utilizado é proporcional ou não ao fim colimado.

Apesar do mencionado princípio não se apresentar de forma expressa e específica no texto constitucional brasileiro, reconhece-se sua existência como norma implícita da Carta Maior, noção que se infere de outros princípios que lhe são afins, dentre os quais se acentua o princípio da igualdade, do devido processo legal (em sua acepção substantiva), da razoável duração do processo e da representação proporcional.

Vale mencionar que o critério de proporcionalidade se transformou em regra jurídica, por força do art. 2º da Lei nº 9.784/99, impondo ainda à Administração Pública obediência à observância, no âmbito dos processos administrativos, dos critérios de adequação entre meios e fins, vedada a imposição de obrigações, restrições e sanções em medida superior àquelas estritamente necessárias ao atendimento do interesse público.

No âmbito específico do processo administrativo disciplinar federal, estipula o art. 128 da Lei nº 8.112/90 que a autoridade competente, no momento de aplicação das penalidades disciplinares, deverá observar "a natureza e a gravidade da infração cometida, os danos que dela provierem para o serviço público, as circunstâncias agravantes ou atenuantes e os antecedentes funcionais". Tal disposição legal é reconhecida pela doutrina e jurisprudência como fundamento do princípio da proporcionalidade em matéria disciplinar.

No bojo da LAC, o princípio da proporcionalidade pode ser extraído da regra prevista no art. 6º, segundo o qual as sanções serão aplicadas de acordo com as peculiaridades do caso concreto e com a gravidade e natureza das infrações, revelando a necessidade de ponderação e equilíbrio quando da aplicação das penalidades então elencadas.

Sobre o tema, aliás, José Armando da Costa adverte que:

> a desobediência ao plano dosimétrico traçado pelas normas disciplinares não apenas afeta a justiça em sua expressão axiológica, como também estiola o finalismo perseguido pelo poder disciplinar, a saber: a normalidade do serviço público", concluindo que "a punição desproporcional não configura apenas afronta de ordem moral, como também desacato à ordem jurídica constituída.[83]

O princípio da proporcionalidade vem operando verdadeira revolução em relação ao princípio da insindicabilidade do mérito administrativo, ao permitir que o Poder Judiciário adentre na intimidade do ato administrativo punitivo para se manifestar quanto à adequação ou não da medida aflitiva imposta. Em verdade, segundo sustentado no âmbito da jurisprudência pátria, não estaria havendo, de fato, controle sobre o mérito do ato administrativo, mas genuíno controle de legalidade, uma vez que a sanção administrativa desproporcional deveria ser compreendida como escancarada situação de ilegalidade.

ADMINISTRATIVO. MANDADO DE SEGURANÇA. AGENTE ADMINISTRATIVA DO MINISTÉRIO DA FAZENDA. PERCEPÇÃO INDEVIDA DE DIÁRIAS. VALORES

---

[83] COSTA, José Armando da. *Direito disciplinar*: temas substantivos e processuais. Belo Horizonte: Fórum, 2008. p. 8.

NÃO VULTOSOS. DEVOLUÇÃO ESPONTÂNEA DE PARTE DOS VALORES. PENA DE DEMISSÃO. DESPROPORCIONALIDADE CONFIGURADA. SEGURANÇA CONCEDIDA.

1. Trata-se de mandado de segurança atacando ato do Ministro de Estado da Fazenda consistente na demissão da impetrante do cargo de Agente Administrativa do Quadro de Pessoal do Ministério da Fazenda, em razão do recebimento indevido de diárias de viagem.

2. Sustenta a impetrante que a pena de demissão é desproporcional, eis que não atende ao disposto no art. 128 da Lei nº 8.112/90 (*"Na aplicação das penalidades serão consideradas a natureza e a gravidade da infração cometida, os danos que dela provierem para o serviço público, as circunstâncias agravantes ou atenuantes e os antecedentes funcionais"*), especialmente porque (i) contava com trinta e um anos de serviço público, sem jamais ter sofrido qualquer registro desabonador de sua conduta; (ii) é muito baixo o prejuízo suportado pelo Erário; e (iii) houve devolução de modo espontâneo de parte dos valores, ainda que no curso do processo administrativo disciplinar.

3. Conforme o parecer do Ministério Público Federal, não houve observância do art. 128 da Lei nº 8.112/90, pois, "[...] *embora diante dos fatos apurados no procedimento administrativo disciplinar pudesse haver ensejo à aplicação de uma punição (necessidade), a sanção aplicada à demandante no processo administrativo não foi adequada à situação, uma vez que o ato imputado à impetrante e que teria causado dano ao erário público, prejuízo de valor não vultoso [...]. Hipótese em que se mostra desproporcional a aplicação da pena de demissão a ora impetrante, que exercia o cargo de Agente Administrativa do Quadro de Pessoal do Ministério da Fazenda, com mais de trinta anos de serviço e sem antecedentes disciplinares"*.

4. Segurança concedida.[84]

Percebe-se, portanto, que o princípio em tela, realça o aspecto teleológico da sanção administrativa, agindo como um limite à discrição na avaliação dos motivos determinantes, exigindo, ainda, que sejam eles adequados, compatíveis e proporcionais, de modo que o ato punitivo atenda à sua finalidade pública específica. Considerando a sua qualidade de princípio constitucional, bem como seu amparo legal nos diplomas incidentes sobre o processo administrativo sancionador, conclui-se que tal instrumento normativo possui plena aptidão para acautelar, do arbítrio do poder, os cidadãos que se submetem aos procedimentos correcionais do Estado.

3.1.3.1.4 Impessoalidade

O princípio da impessoalidade preconiza que o administrador deve sempre agir em busca do alcance de um interesse público. Sua atuação deve estar imune a qualquer tipo de interesse particular, seja em prejuízo de outrem ou em benefício próprio ou alheio, fazendo com que a condução de qualquer rito ou procedimento levado a efeito pela Administração seja pautada pela imparcialidade e objetividade.

O princípio da impessoalidade na seara do processo administrativo impõe um especial dever de imparcialidade a reger o comportamento das autoridades administrativas inseridas nas principais instâncias de competência do processo, tais como autoridade instauradora, comissão processante e autoridade julgadora, de forma a garantir, irrestritamente, julgamento independente e desinteressado do feito acusatório administrativo.

---

[84] MS nº 19.991/DF. Rel. Min. Mauro Campbel Marques.

Trazendo à baila um caso concreto de violação ao princípio da impessoalidade, o STJ já teve a oportunidade de declarar a nulidade de processo administrativo sancionador, em que o denunciante funcionou, posteriormente, como autoridade julgadora:

> ADMINISTRATIVO. PROCESSO DISCIPLINAR ORIUNDO DE DENÚNCIAS DE DEPUTADO ESTADUAL QUE POSTERIORMENTE ATUA COMO AUTORIDADE JULGADORA. INTERESSE DIRETO EVIDENCIADO. OFENSA AO PRINCÍPIO DA IMPARCIALIDADE. ARTIGO 18 DA LEI Nº 9.784/1999. OCORRÊNCIA.
>
> 1. O Processo Administrativo Disciplinar se sujeita a rigorosas exigências legais e se rege por princípios jurídicos que condicionam a sua validade, dentre as quais a da isenção dos agentes públicos que nele tem atuação.
>
> 2. Uma vez demonstrado o interesse da autoridade julgadora na condução do processo administrativo e no seu resultado, seja interesse direto, seja o interesse indireto, o fato do denunciante ter julgado os denunciados configura uma ofensa ao princípio da imparcialidade, caracterizando vício insanável no ato administrativo objeto da impetração.
>
> 3. Procurador federal que opina no sentido da nulidade do processo administrativo, e posteriormente é designado para presidir a Comissão instaurada para apurar os mesmos fatos e indiciados, resulta na contrariedade ao postulado da imparcialidade da Administração Pública.
>
> 4. Segurança concedida.[85]

No curso do processo, mesmo a Administração atuando como parte e como juiz, deverá atuar de forma a assegurar igualdade de direitos de postulação e de defesa ao administrado. A impessoalidade justifica a estrita observância às regras atinentes aos impedimentos e suspeições das autoridades públicas que participam do processo, especialmente aquelas estabelecidas nos arts. 18 a 21 da Lei nº 9.784/99, de aplicação subsidiária ao processo administrativo sancionador previsto na Lei nº 12.846/2013, devendo ser, prioritariamente, coibida pelo ordenamento jurídico toda atuação processual que seja deliberadamente desenvolvida no sentido de prejudicar ou beneficiar indevidamente os sujeitos do processo.

3.1.3.1.5 Formalismo moderado

Esse princípio prescreve que são dispensados ritos sacramentais e formas rígidas para o regular desenvolvimento do processo administrativo sancionador, bastando, nos termos do art. 2º da Lei nº 9.784/99, a adoção de formas simples e suficientes para propiciar adequado grau de certeza, segurança e respeito aos direitos dos administrados e das formalidades essenciais à garantia dos direitos dos administrados.

Consoante o preceito, faz-se mister pontuar a distinção entre *formalidades essenciais* e *formalidades não essenciais*, considerando-se as primeiras como aquelas estabelecidas no sentido de assegurar a circunscrita reverência aos ditames do contraditório e ampla defesa, núcleo duro do Direito Processual punitivo, ao passo que todas as demais formalidades são consideradas não essenciais, podendo ser aproveitadas desde que atendida a finalidade original do ato.

Suponha-se que, por descuido da comissão processante, não tenha havido notificação da pessoa jurídica acusada para participar de ato de oitiva de testemunha; inobstante a falha verificada no ato de comunicação processual, houve de fato a presença da interessada,

---

[85] STJ – MS nº 14.959/DF, Rel. Min. Haroldo Rodrigues.

que nada alegou e, ainda, participou ativamente do ato de instrução processual. Indaga-se: a afronta à forma estabelecida em lei trouxe de fato prejuízos ao exercício de defesa? A resposta negativa se impõe, de modo que nenhuma nulidade deve ser declarada. Aqui vale a máxima de que não há nulidade sem prejuízo (*"pas de nulitté sans grief"*).

Odete Medauar[86] leciona que o princípio do formalismo moderado "se traduz na exigência de interpretação flexível e razoável quanto a formas, para evitar que estas sejam vistas como um fim em si mesmas, desligadas das verdadeiras finalidades do processo". O princípio em tela representa, na seara do processo administrativo, a aplicação do consagrado princípio processual da instrumentalidade das formas, conforme determina o art. 244 do Código de Processo Civil, tendo consolidada aceitação na jurisprudência dos Tribunais Superiores:

> RMS. ADMINISTRATIVO – PROCESSUAL CIVIL – FISCAL DE TRIBUTOS – PROCESSO ADMINISTRATIVO DISCIPLINAR – EXTRAPOLAÇÃO DO PRAZO PARA APRESENTAÇÃO DO RELATÓRIO FINAL – NULIDADE DO PROCESSO – NÃO OCORRÊNCIA – PRESCRIÇÃO PUNITIVA AFASTADA – CONJUGAÇÃO DOS PRINCÍPIOS DA RAZOABILIDADE E INSTRUMENTALIDADE DAS FORMAS.
>
> 1. O princípio da instrumentalidade das formas, no âmbito administrativo, veda o raciocínio simplista e exageradamente positivista. A solução está no formalismo moderado, afinal as formas têm por objeto gerar segurança e previsibilidade e só nesta medida devem ser preservadas. A liberdade absoluta impossibilitaria a sequência natural do processo. Sem regras estabelecidas para o tempo, o lugar e o modo de sua prática. Com isso, o processo jamais chegaria ao fim. A garantia da correta outorga da tutela jurisdicional está, precisamente, no conhecimento prévio do caminho a ser percorrido por aquele que busca a solução para uma situação conflituosa. Neste raciocínio, resta evidenciada a preocupação com os resultados e não com formas pré-estabelecidas e engessadas com o passar dos tempos.
>
> 2. Neste contexto, despicienda a tentativa de anular todo o processo com base na existência de nulidade tida como insanável. A dilação do prazo para entrega do prazo final, em um dia, se deu por conta da complexidade do processo em testilha, oportunidade em que devem ser conjugados os princípios da razoabilidade e instrumentalidade das formas.
>
> 3. Ademais, restando afastada a prescrição punitiva, não há que se falar em nulidade do processo administrativo, afinal a extrapolação do prazo para a conclusão do processo administrativo não gera qualquer consequência para a validade do mesmo, podendo importar, porém, em responsabilidade dos membros da comissão.[87]

Conclui-se que a instrumentalidade das formas busca aproveitar o ato supostamente viciado, permitindo-se a geração dos seus efeitos, ainda que se reconheça a existência do desrespeito à forma legal. O primordial é verificar se o desrespeito à forma legal para a prática do ato afastou-o de sua finalidade, além de verificar se o descompasso entre o ato como foi praticado e como deveria ser praticado causou algum prejuízo ao interessado. Assim, não havendo prejuízo à parte, em especial ofensa ao contraditório e à ampla defesa, tampouco haverá prejuízo ao próprio processo, que não é um fim em si mesmo.

---

[86] MEDAUAR, Odete. *Direito administrativo moderno*. 13. ed. São Paulo: Revista dos Tribunais, 2009. p. 173.

[87] STJ – RMS nº 8.005/SC, Rel. Min. Gilson Dip.

3.1.3.1.6 Motivação

O dever de motivação se apresenta como corolário lógico de um dos princípios estruturantes do Estado brasileiro, o princípio republicano, impondo aos seus órgãos e agentes o compromisso de prestar contas em relação aos seus atos e decisões. Expressões do princípio republicano encontram-se difundidas ao longo de todo o texto constitucional. Nesse sentido, já no catálogo de direitos fundamentais, arrolado no art. 5º, assegura-se a todos o direito de receber dos órgãos públicos informações de seu interesse particular, ou de interesse coletivo ou geral, sob pena de responsabilidade.

Ao tratar da organização do Estado, determina que a Administração Pública de qualquer dos Poderes dos Entes Federativos constituídos obedecerá, entre outros princípios regentes, ao princípio da publicidade. Afastando qualquer dúvida que pudesse existir em relação ao dever de motivação, o art. 93, inciso X, da norma constitucional, prescreve que as decisões administrativas dos tribunais, inclusive as disciplinares, deverão ser motivadas. O preceito em tela, apesar de inserido no capítulo que versa sobre a organização do Poder Judiciário, por ser uma das expressões do princípio em tela, indiscutivelmente, se aplica aos demais poderes.

A motivação tem por finalidade atestar o acerto, a imparcialidade e a lisura da decisão proferida, permitindo o controle do ato, não só pelas partes interessadas, mas também, em uma perspectiva mais ampla, por toda a sociedade. Nesse sentido, a motivação pode ser identificada como um mecanismo de legitimação política de todo o processo de tomada de decisão. Apesar de ser um fundamento de caráter geral a pautar toda a atuação da Administração Pública, o dever de motivação se apresenta de maneira mais resoluta quando essa atuação puder repercutir na órbita de interesses de terceiros, com ainda mais vigor, quando se tratar de aplicação de medidas de cunho punitivo.

Na seara punitiva da administração, aliás, Daniel Ferreira postula que "sem a fiel observância do princípio da motivação não há como se conceber o devido processo e a válida imposição de qualquer sanção, porque se torna fugidia ao acusado a possibilidade material de efetivamente conhecer os fatos ou atos que lhe são imputados, objetivando sua idônea contestação".[88]

Nesse espeque, o art. 50 da Lei nº 9.784/99 impõe de forma categórica que os atos administrativos deverão ser motivados quando imponham ou agravem deveres, encargos e sanções. A motivação, especialmente no bojo de um processo administrativo sancionador, não deve se limitar à demonstração do resultado obtido e indicação de eventual penalidade. Indo além, a fundamentação do ato administrativo sancionador deve ser explícita, clara e congruente na indicação de todos os fatos relevantes e fundamentos jurídicos que foram determinantes na tomada de decisão, inclusive, em atenção também ao princípio do contraditório, com o exame circunstanciado de todos os argumentos fáticos e jurídicos deduzidos na peça de defesa.

A motivação se apresenta como instrumento de transparência, despontando como o principal fator de controle do processo administrativo sancionador, não apenas na seara do controle interno, rendendo ensejo também ao controle social e jurisdicional do ato administrativo exarado. A inexistência da motivação ou sua inadequação maculam o processo e possibilitam a declaração da nulidade processual pela própria Administração ou pelo Poder Judiciário.

---

[88] FERREIRA, Daniel. *Sanções administrativas*. São Paulo: Malheiros, 2001. p. 193.

ADMINISTRATIVO. PROCESSUAL CIVIL. PROCESSO ADMINISTRATIVO DISCIPLINAR. NULIDADES. NÃO CARACTERIZADAS. CONTROLE JURISDICIONAL. POSSIBILIDADE. ART. 18 DA LEI Nº 10.683/03 C. C. O ART. 4º DO DECRETO Nº 5.480/05. CONTROLADORIA-GERAL DA UNIÃO. COMPETENTE PARA INSTAURAR OU AVOCAR PROCESSOS ADMINISTRATIVOS DISCIPLINARES E APLICAR SANÇÕES DE DEMISSÃO DE CARGO PÚBLICO E DESTITUIÇÃO DE CARGO COMISSIONADO. PRECEDENTES. MANDADO DE SEGURANÇA. LEI EM TESE. VEDAÇÃO. SÚMULA Nº 266 DO SUPREMO TRIBUNAL FEDERAL. DEMISSÃO DECORRENTE DE ATO DE IMPROBIDADE ADMINISTRATIVA NÃO EXPRESSAMENTE TIPIFICADO NA LEI Nº 8.492/1992. PROCESSO JUDICIAL PRÉVIO PARA APLICAÇÃO DA PENA DE DEMISSÃO. DESNECESSIDADE. PREPONDERÂNCIA DA LEI Nº 8.112/90. SUPOSTA NULIDADE DO PROCESSO ADMINISTRATIVO DISCIPLINAR. AUSÊNCIA DE COMPROVAÇÃO DE PREJUÍZO AO IMPETRANTE. PRINCÍPIO *PAS DE NULLITÉ SANS GRIEF.* DANO AO ERÁRIO. DESONESTIDADE, DESLEALDADE E MÁ-FÉ DO AGENTE. INEXISTENTES. IMPROBIDADE ADMINISTRATIVA. NÃO CARACTERIZADA. SEGURANÇA CONCEDIDA. AGRAVO REGIMENTAL PREJUDICADO.

1. No caso de demissão imposta a servidor público submetido a processo administrativo disciplinar, não há falar em juízo de conveniência e oportunidade da Administração, visando restringir a atuação do Poder Judiciário à análise dos aspectos formais do processo disciplinar. Nessas circunstâncias, o controle jurisdicional é amplo, no sentido de verificar se há motivação para o ato demissório, pois trata-se de providência necessária à correta observância dos aludidos postulados.[89]

Cumpre salientar que a motivação não se restringe apenas à fase de julgamento do processo, devendo se fazer presente no desenvolvimento de todas as fases processuais em que decisões relevantes são tomadas, como, por exemplo, no caso de indeferimento de provas postuladas pela defesa, ou no caso de concessão de alguma medida cautelar administrativa. Nesse sentido, também se manifesta Cláudio Rozza:

> É de se observar que, no desenvolvimento do processo, se põe a olho nu como o poder retido pela autoridade se expõe. Daí a importância de se verificar a corrente das decisões que vão sendo tomadas até o ato de decisão final que culmina na dicção unilateral do Estado, no exercício da competência, que pode resultar em sanção administrativa.[90]

Reforçando a importância do dever de motivação, inclusive quanto ao zelo pela qualidade técnica da fundamentação do ato administrativo sancionador, a LAC estabelece, em seu art. 6º, parágrafo 1º, que a aplicação das sanções previstas será precedida da manifestação jurídica elaborada pela Advocacia Pública ou pelo órgão de assistência jurídica. Cumpre salientar que a autoridade julgadora poderá acolher como sua a análise então exarada, por meio da técnica denominada de *remissão não contextual*, em que a motivação se encontra em documento diverso do ato de julgamento proferido, consoante também estabelecido no art. 50, da Lei nº 9.784/99.

3.1.3.1.7 Segurança jurídica

Trata-se de um vetor que impõe o respeito aos direitos adquiridos, ao devido processo legal e à tendencial irrevogabilidade dos atos administrativos, ensejando, desta maneira,

---

[89] STJ – MS nº 13.520/DF, rel. Min. Laurita Vaz.

[90] ROZZA, Cláudio. *Processo administrativo disciplinar & ampla defesa.* 3. ed. Curitiba: Juruá, 2012. p. 71.

imposição de limites à atuação do Poder Público na produção de seus atos, afinal o Direito é um instrumento de certeza e precisão, sendo destinado à promoção da paz social e estabilização das relações jurídicas.

No âmbito do processo administrativo, o princípio em tela reclama uma atuação administrativa pautada pela transparência, previsibilidade, cooperação e boa-fé, vedando-se comportamentos temerários, desleais e arbitrários por parte do ente processante. Tanto é assim que a Lei nº 9.784/99 determina que atos administrativos que deixem de aplicar jurisprudência firmada sobre questão ou que discrepem de pareceres, laudos e relatórios oficiais devem ser devidamente motivados.

O princípio da segurança jurídica encontra-se expressamente consagrado no bojo do art. 2º da Lei Geral de Processo Administrativo, cujos reflexos se irradiam por meio de diversos outros dispositivos previstos no mesmo diploma legal, assim, por exemplo, no art. 54, ao dispor que "o direito de a Administração anular os atos administrativos de que decorram efeitos favoráveis para os destinatários decai em cinco anos, contados da data em que foram praticados, salvo comprovada má-fé". O axioma em exame tem dentre suas múltiplas finalidades a definição das relações jurídicas e a vedação ao comportamento contraditório, dele decorrendo, por exemplo, a regra da prescritibilidade das infrações administrativas, conforme determina, aliás, o art. 25 da LAC.

O postulado versado, apesar de vincular mais diretamente a Administração Pública, também opera seus efeitos em relação ao administrado, cujo comportamento no âmbito do processo deverá ser pautado pelos deveres de lisura, seriedade e correção, vedando-se também a ele a prática de comportamentos desleais, insidiosos e contraditórios. Afinal, nem mesmo o direito de defesa pode ser exercido de maneira abusiva.

3.1.3.1.8 Razoável duração do processo

Nos termos da Constituição Federal, art. 5º, inciso LXXVIII, a todos, no âmbito judicial e administrativo, são assegurados a razoável duração do processo e os meios que garantam a celeridade de sua tramitação. O preceito em tela decorre de uma direta manifestação do princípio da eficiência na seara do Direito Processual, impondo-se ao Ente Estatal maior empenho na gestão dos procedimentos que compõem a marcha processual. O múnus da razoável duração do processo também se encontra relacionado ao princípio da segurança jurídica, uma vez que é por meio do processo que se produzem elementos aptos a gerar a formação de um potencial convencimento sobre determinada ordem de fatos, permitindo a estabilização de relações jurídicas e a consolidação de um senso de confiança e segurança jurídica.

O princípio em exame descortina singular relevância no campo do processo administrativo de responsabilização de sociedades empresariais, uma vez que a mera possibilidade de suportar a imputação da prática de atos de corrupção, com a eventual aplicação de gravosas penalidades pecuniárias, poderá gerar danos imediatos à imagem do ente perante a sociedade e ao mercado, principalmente em relação àquelas sociedades de capital aberto que negociam suas ações em bolsas de valores.

Por isso é que ao processo administrativo sancionador deve ser estabelecido marco temporal razoável para o seu início, desenvolvimento e conclusão. Nesse sentido, restou consignado, no art. 10, parágrafos 3º e 4º, da LAC, que a comissão deverá concluir o processo no prazo de 180 dias, a contar da publicação da portaria de instauração. E, muito embora não se trate de prazo fatal, uma vez que a prorrogação do processo é juridicamente viável, o próprio diploma legal determinou que o ato de dilação temporal se faça por meio de ato fundamentado da autoridade instauradora, que deverá expor as razões de fato e direito que justifiquem o diferimento do curso processual. De igual modo deverá agir o presidente da comissão processante quando formalizar solicitação de prorrogação do prazo, externando os fundamentos que legitimam seu pleito.

3.2 Fontes normativas subsidiárias do PAR

As fases e procedimentos que compõem o PAR encontram-se discriminadas ao longo dos dispositivos insertos na Lei nº 12.846/13, assim como, no âmbito da União, no Decreto Federal nº 8.420/15. Entretanto, os aludidos diplomas normativos não exaurem inteiramente todas as nuances e possibilidades que podem surgir no curso do processo administrativo sancionador. Assim, sempre que houver lacunas sobre determinados atos processuais ou procedimentos, deve-se buscar esteio na aplicação analógica e subsidiária de outros diplomas legais, especialmente aqueles de natureza iminentemente processual, a exemplo da Lei nº 9.784/99, Lei nº 8.112/90, Lei nº 8.429/92, Código de Processo Penal, Código de Processo Civil, entre outros.

Ilustrativamente, pode-se fazer menção às regras de suspeição e impedimento dos membros que compõem a comissão processante. Não há no bojo da LAC regras específicas sobre as hipóteses que possam macular a imparcialidade dos aludidos agentes. Nesse caso, será plenamente possível a aplicação subsidiária das disposições insertas nos arts. 18 a 21 da Lei nº 9.784/99, bem como os arts. 134 e 135 do Código de Processo Civil. Aliás, sobre o tema, o art. 15 do atual Código de Processo Civil (Lei nº 13.105 de 16 de março de 2015) esclarece que, na ausência de normas que regulem processos eleitorais, trabalhistas ou administrativos, as disposições deste Código lhes serão aplicadas supletiva e subsidiariamente.

Por fim, cumpre salientar que a aplicação subsidiária de outros diplomas legais ao PAR deve observar o preenchimento cumulativo de dois requisitos: *lacuna legislativa* e *compatibilidade* da norma supletiva às regras e princípios que regem o processo administrativo sancionador. Assim, não haverá possibilidade de se valer do recurso analógico sempre que a LAC contemplar regra expressa sobre a matéria ou quando houver inadequação da norma à natureza e dinâmica do PAR.

CAPÍTULO IV

4 Processo Administrativo de Responsabilização – PAR

Superada a análise sobre alguns aspectos relevantes pertinentes ao regime jurídico do processo administrativo sancionador, especialmente o exame acerca dos respectivos princípios reitores, adentra-se no específico estudo do processo administrativo inaugurado por meio do Capítulo IV da Lei nº 12.846/13, o denominado Processo Administrativo de Responsabilização – PAR.

A norma em epígrafe trouxe importantes regras procedimentais sobre o desenvolvimento do processo administrativo em suas três principais fases – instauração, instrução e julgamento, de modo que se passa a pormenorizar as principais nuances do rito processual legalmente estabelecido.

4.1 Fases do Processo Administrativo de Responsabilização

É inerente à formatação de todo o processo administrativo que o seu curso se dê ao longo de três essenciais fases. O rito processual de responsabilização contempla uma fase de inauguração, uma de desenvolvimento e uma de conclusão. Dessa maneira, o processo se materializa e se desenvolve através das fases de instauração, instrução e julgamento, com a produção, ao final, de um ato administrativo conclusivo, de teor absolutório ou condenatório.

Para cada uma das mencionadas fases, a norma estabelece regras de competência direcionadas a determinadas autoridades que estarão responsáveis pela condução de um conjunto de procedimentos. Assim é que a fase de instauração encontra-se sob a responsabilidade da *autoridade instauradora*, a fase de instrução encontra-se concentrada aos cuidados da *comissão processante*, ao passo que o julgamento sob o crivo da *autoridade julgadora*. Nos termos da LAC, eventualmente a competência para instauração e julgamento poderá ser exercida de forma cumulativa pela mesma autoridade pública.

A instauração do PAR somente se legitima quando existem elementos mínimos de autoria e materialidade a justificar a inauguração do feito processual. Com base nesses elementos informadores deverá a autoridade instauradora exercer juízo sobre a admissibilidade da instauração do processo, que se formaliza por meio de uma portaria de instauração, a ser publicada nos meios oficiais de comunicação, por exemplo, na esfera federal, no Diário Oficial da União. É também na fase de instauração que se constitui a comissão processante.

A fase de apuração é a aquela onde se desenvolve não apenas a instrução probatória, mas também aquela em que o exercício do contraditório e da ampla defesa é realizado de forma mais intensa. Trata-se da fase propriamente dialética do processo, permitindo-se a ativa participação das pessoas jurídicas envolvidas. É nessa fase que a pessoa jurídica é notificada a apresentar defesa escrita, preliminar ou final, bem como é produzido o documento que contempla a convicção definitiva da comissão processante sobre os fatos apurados, por meio do relatório final, que dispõe de maneira conclusiva sobre a condenação ou absolvição dos entes processados.

Em conclusão, tem-se a fase de julgamento, em que a autoridade julgadora, cotejando os elementos de prova coletados com os argumentos defensivos então exarados, forma sua convicção de acordo com a livre apreciação das provas, em atendimento ao princípio do livre convencimento motivado, que na seara administrativa ganha um *plus*, uma vez que o julgamento, em regra, deverá acatar as conclusões manifestadas no relatório final, salvo se contrárias às provas dos autos. Com o julgamento encerra-se o processo administrativo sancionador, salvo expressa previsão legal de interposição de recurso administrativo.

4.2 Antecedentes do processo

Antes de se iniciar o estudo sobre o processo administrativo propriamente dito, faz-se necessário tecer breves considerações sobre questões relacionadas a alguns momentos anteriores à factual instauração do PAR. A fase pré-processual contempla o exame de algumas situações relevantes que poderão repercutir e condicionar a própria condução do processo administrativo sancionador superveniente, tais como a ciência da administração sobre a ocorrência do ato ilícito, o exercício do denominado juízo de admissibilidade e a adoção de procedimentos investigativos necessários à coleta de elementos de autoria e materialidade indispensáveis à instauração do PAR.

4.2.1 Ciência do ato ilícito

Diversos são os meios pelos quais a Administração Pública toma ciência da suposta ocorrência de atos a ela lesivos. No próprio exercício da atividade de controle interno, a Administração pode se deparar com a existência de elementos materiais a indicar a ocorrência da prática de algumas das infrações elencadas no art. 5º da LAC, como, por exemplo, o cometimento de fraudes no curso de um certame licitatório. Diante do conhecimento dos indícios da infração administrativa, deve o agente público encaminhar a devida representação funcional ao órgão competente para apuração do feito.

A ciência das aludidas infrações tem sido constantemente verificada pela atuação de órgãos especializados no combate à corrupção e na atividade policial, tais como CGU, TCU, MPF e DPF. Também nesses casos cabe aos agentes públicos correspondentes encaminhar peças de informação, tais como relatórios de auditorias ou de inquéritos policiais, ao órgão com competência para o processamento do feito, nos termos do art. 8º da LAC.

Ao lado das peças informativas produzidas pelos próprios agentes estatais, elementos indicativos da ocorrência de ilícitos administrativos podem ser fornecidos através dos mais diversos mecanismos de controle social, tais como denúncias fornecidas por entidades privadas (ex.: associações e fundações), cidadãos, ou mesmo, como usualmente tem acontecido, por meio de matérias investigativas produzidas por veículos de comunicação social.

Ao tomar ciência dos elementos indicativos da ocorrência de infrações administrativas, à Administração Pública, orientada que está pelos princípios da legalidade, impessoalidade, moralidade, publicidade e eficiência, nos termos do art. 37 da CF, se impõe o dever de apuração dos fatos apontados, que poderá ser formalizado, a depender da consistência dos elementos de autoria e materialidade, por meio de procedimentos investigativos, tais como averiguações preliminares ou sindicâncias, ou por meio de procedimento contraditório propriamente dito, tal como o PAR.

4.2.1.1 Denúncia anônima

Em relação às peças informativas produzidas pela própria sociedade, cabe abrir um sucinto parêntese em relação à legitimidade do uso de denúncias anônimas a fundamentar a instauração de Processo Administrativo de Responsabilização.

A polêmica sobre a viabilidade jurídica da denúncia anônima a fundamentar a instauração de processo administrativo de caráter punitivo costuma ser atribuída ao veto constitucional ao anonimato, nos termos em que enunciado pelo art. 5º, inciso IV, da CF, de forma a impedir a consumação de abusos no exercício da liberdade de manifestação do pensamento e na formulação de denúncias apócrifas, pois, ao se exigir a identificação do seu autor, estar-se-ia garantindo, em situações de abuso de direito, a possibilidade de responsabilização, tanto na seara cível quanto na seara criminal, do autor da denúncia infundada. Ao não permitir o anonimato, quis o legislador constituinte impedir abusos cometidos no exercício da liberdade de manifestação do pensamento.

Com base em tais postulados, na doutrina há quem defenda que somente denúncias formalizadas por escrito, que contenham a identificação e o endereço dos denunciantes e que veiculem fatos que configurem, pelo menos em tese, evidente infração administrativa ou penal, possam constituir objeto de apuração em processo administrativo sancionador.[91]

Entretanto, não se pode desconsiderar que denúncias anônimas podem indicar a existência de veementes indícios da ocorrência de atos lesivos à Administração Pública, que se rege também, entre outros princípios, pelo princípio da moralidade administrativa e eficiência. Nesse sentido, considerando a formação plural da nossa Magna Carta, é indiscutível que as situações de delações anônimas, veiculando a imputação de gravosas práticas delituosas, faz instaurar situação de conflito de normas constitucionais, a ser sopesada por meio da técnica da ponderação de interesses.

O Supremo Tribunal Federal já teve a oportunidade de se manifestar sobre a situação de tensão dialética entre os mencionados valores igualmente protegidos pelo ordenamento constitucional. Na aplicação da técnica da ponderação entre princípios constitucionais, o colendo tribunal assentou:

> (a) os escritos anônimos não podem justificar, só por si, desde que isoladamente considerados, a imediata instauração da *"persecutio criminis"*, eis que peças apócrifas não podem ser incorporadas, formalmente, ao processo, salvo quando tais documentos forem produzidos pelo acusado, ou, ainda, quando constituírem, eles próprios, o corpo de delito.

> (b) nada impede, contudo, que o Poder Público, provocado por delação anônima ("disque-denúncia", p. ex), adote medidas informais destinadas a apurar, previamente, em averiguação sumária, com prudência e discrição, a possível ocorrência de eventual situação de ilicitude penal, desde que o faça com o objetivo de conferir a verossimilhança dos fatos nela denunciados, em ordem a promover, então, em caso positivo, a formal instauração da *"persecutio*

---

[91] COSTA, José Armando da. *Teoria e prática do processo administrativo disciplinar*. 2. ed. Rio de Janeiro: Forense, 1981. p. 190-192.

criminis", mantendo-se, assim, completa desvinculação desse procedimento estatal em relação às peças apócrifas.[92]

Nos termos do entendimento consagrado na Corte maior, conclui-se que, muito embora o processo administrativo sancionador não possa decorrer diretamente de uma denúncia anônima, nada impede que a própria Administração colete novas informações sobre os fatos denunciados, por meio, por exemplo, de uma investigação preliminar ou sindicância investigativa, a partir das quais poderá determinar a instauração do processo, que nesse caso não decorrerá da denúncia anônima pura e simples, mas dos procedimentos investigativos que corroboraram o teor da peça apócrifa.

A Controladoria-Geral da União, na qualidade de órgão central do sistema federal de correição, conforme preceitua o art. 18 da Lei nº 10.683/03, com o objetivo de uniformizar o entendimento de órgãos e unidades integrantes do aludido sistema, já teve oportunidade de exarar enunciado sobre a forma de utilização de denúncias anônimas para fins de processo punitivo:

> Enunciado CGU nº 03. Delação anônima. Instauração. *A delação anônima é apta a deflagrar apuração preliminar no âmbito da Administração Pública, devendo ser colhidos outros elementos que a comprovem.*[93]

Esse entendimento, aliás, atende o quanto determinado pela Convenção das Nações Unidas contra a Corrupção, cujo art. 13, item 2, dispõe que:

> Cada Estado Parte adotará medidas apropriadas para garantir que o público tenha conhecimento dos órgãos pertinentes de luta contra a corrupção mencionados na presente Convenção, e facilitará o acesso a tais órgãos, quando proceder, *para a denúncia, inclusive anônima*, de quaisquer incidentes que possam ser considerados constitutivos de um delito qualificado de acordo com a presente Convenção (grifo nosso).

Consoante já afirmado para os fins do presente trabalho, defende-se a estatura constitucional das convenções internacionais sobre o combate à corrupção, por se tratar de espécie de tratado internacional de direitos humanos, nos termos da cláusula de abertura prevista no art. 5º, parágrafo 2º, da Constituição Federal. Nesse sentido, a admissibilidade da denúncia anônima, no sentido de subsidiar o desenvolvimento do processo administrativo punitivo, observadas as ponderações elencadas, possui expressa guarida no ordenamento jurídico brasileiro.

4.2.2 Juízo de admissibilidade

Encaminhadas as peças informativas sobre a suposta ocorrência do ilícito administrativo à autoridade competente para instauração do PAR, deve ela exercer análise preliminar sobre o teor do material coletado, no sentido de verificar a existência de elementos mínimos

---

[92] STF – Inquérito nº 1.957/PR, Min. Rel. Carlos Velloso (Voto do Ministro Celso de Mello).

[93] Publicado no DOU de 05.05.2011, Seção 01, pág. 22 (grifo nosso).

de autoria e materialidade suficientes a justificar a instauração do feito acusatório. Essa diligência preliminar em que a autoridade instauradora coteja os elementos existentes e os pondera à vista da necessidade e utilidade da instauração do processo administrativo é reconhecida como juízo de admissibilidade.

O juízo de admissibilidade se apresenta como manifestação instrumental do princípio da eficiência na seara pré-processual, a exigir que os processos administrativos, notadamente os de caráter punitivo, somente sejam inaugurados quando já existirem indicativos suficientes a embasar uma convicção meramente preliminar sobre a ocorrência do ilícito e a sua respectiva autoria, de modo que o custoso processo administrativo não seja banalmente utilizado como procedimento de viés predominantemente investigativo.

Essa providência preambular deve ser entendida como um valioso instrumento a ser exercido pela autoridade instauradora, que lhe permite filtrar as informações existentes na peça de denúncia ou representação, no sentido de verificar quais os elementos já existentes de autoria e materialidade, e delimitar o preciso escopo do processo superveniente. O processo sancionador não pode ser instaurado como um cheque em branco a ser preenchido gradativamente no curso da instrução processual. Nesse sentido, o juízo de admissibilidade define, ainda que sumariamente, o objeto imediato de apuração a ser exercido no curso do processo.

No exercício do juízo de admissibilidade, a autoridade instauradora pode se deparar com três principais situações, a depender do nível de detalhamento e precisão da peça informativa.

Inicialmente, pode ela se deparar com denúncias ou representações sem indicações mínimas de autoria e materialidade e sequer eventual possibilidade e plausibilidade de futura obtenção. Nesta hipótese, deverá a autoridade instauradora determinar o imediato arquivamento da exordial. No outro extremo, pode a autoridade competente receber material que lhe proporcione ciência precisa sobre a cabal existência de indícios de autoria e materialidade, revelando condições apropriadas para determinar a imediata instauração do processo sancionador. Por fim, e muito comum na práxis administrativa, a autoridade pode se deparar com peça de informação cujo teor não pode ser descartável de plano, mas, de outra forma, não se encontra satisfatoriamente instruída para fins de imediata instauração do processo acusatório.

O Decreto Federal nº 8.420/15, ao versar sobre o juízo de admissibilidade, contemplou as hipóteses elencadas, dispondo que:

> Art. 4º. A autoridade competente para instauração do PAR, ao tomar ciência da possível ocorrência de ato lesivo à administração pública federal, em sede de juízo de admissibilidade e mediante despacho fundamentado, decidirá:
>
> I – pela abertura de investigação preliminar;
>
> II – pela instauração do PAR; ou
>
> III – pelo arquivamento da matéria.

Quando verificada situação similar àquela derradeiramente exposta, o juízo de admissibilidade deve ser pautado pela utilização de algumas ferramentas investigativas, a fim de amparar a relevante decisão a ser exarada pela autoridade instauradora. Dessa maneira, sempre que se descortine zona cinzenta sobre a existência ou não de indícios da infração administrativa a justificar a instauração da sede contraditória, o juízo de admissibilidade deverá dispor de instrumentos preliminares que visam coletar informações internas e externas para subsidiar a tomada de decisão da autoridade instauradora.

Esses instrumentos preliminares, de cunho investigativo, deverão ser manuseados em caráter sigiloso e inquisitorial, orientados à confirmação da existência de indícios de materialidade da infração e provável autoria. Conforme enunciado pelo aludido decreto regulamentador, esse instrumento foi denominado de "investigação preliminar", ao qual se fará específica menção.

No plano ideal, a atividade investigativa a ser realizada no curso do juízo de admissibilidade deve buscar um mínimo esclarecimento sobre a ocorrência ou não da infração e respectiva autoria, de modo que a determinação pela instauração do feito já se encontre pautada numa convicção preliminar sobre tais elementos, competindo à comissão processante, autoridade responsável pela condução da segunda fase do processo, apenas a apuração das condicionantes do cometimento do fato em cotejamento com as razões apresentadas pela defesa. Fala-se em convicção preliminar, uma vez que não caberá à autoridade instauradora se manifestar conclusivamente sobre o mérito da apuração, que somente deverá ser realizado ao final do processo, já na fase de julgamento, quando efetivamente exercido o direito de defesa. Em contrário, estar-se-ia havendo manifesta violação ao devido processo legal, em razão de nítido pré-julgamento.

4.2.3 Investigação preliminar

Conforme já mencionado, o PAR somente poderá ser instaurado quando já carreados elementos mínimos de autoria e materialidade a fundamentar a inauguração da seara processual contraditória. Quando ainda inexistentes tais elementos, muito embora a peça de denúncia ou representação, pela plausibilidade das informações externadas, não possa ser de plano desconsiderada, inicia-se o desenvolvimento de uma fase investigativa e inquisitorial a anteceder o processo, cujo escopo se destina à coleta de maiores indícios da ocorrência de atos lesivos à Administração nacional e estrangeira.

No âmbito federal, nos termos do art. 4º, do Decreto Federal nº 8.420/15, esse meio sumário de coleta de informações a subsidiar a tomada de decisão da autoridade instauradora restou denominado de *investigação preliminar*. O instrumento investigativo em tela pode ser qualificado quanto à sua natureza jurídica como uma espécie de sindicância administrativa, conforme classificação tradicional utilizada pela doutrina administrativista pátria, entendida como uma fase preliminar à instauração do processo administrativo, haja ou não indiciados conhecidos, orientada à coleta de elementos indiciários de autoria e materialidade, podendo ser comparado, nos seus devidos termos, ao inquérito policial que se realiza antes do processo penal.[94]

A prévia investigação de irregularidades mediante procedimentos sindicantes, além de corroborar os ditames da eficiência administrativa e economia processual, em razão da indiscutível serventia do maior esclarecimento dos fatos por meio da coleta de elementos informativos, necessários à caracterização de autoria e materialidade dos atos lesivos à Administração, também concorre para a preservação da imagem das pessoas jurídicas investigadas, pois pode evitar a instauração precipitada do PAR, sem que se tenha instruído a acusação inicial com um conhecimento mais satisfatório dos fatos pertinentes às supostas transgressões apuradas.

---

[94] DI PIETRO, Maria Sylvia Zanella. *Direito administrativo*. 20. ed. São Paulo: Atlas, 2007. p. 593.

Duas são as consequência imediatas decorrentes do maior refinamento aplicado ao juízo de admissibilidade por meio de uma investigação preliminar bem conduzida: primeiramente, evitam-se instaurações desnecessárias e inócuas do custoso PAR, com o posterior arquivamento da peça acusatória inicial; ao seu turno, havendo de fato a existência de elementos probatórios mínimos, proporciona-se à comissão processante uma maior delimitação do rumo apuratório a ser seguido, facilitando em grande medida as atividades de instrução processual a serem realizadas.

Nos termos do regulamento federal mencionado, a investigação preliminar terá caráter sigiloso e não punitivo e será destinada à apuração de indícios de materialidade de atos lesivos à Administração Pública federal. Em razão do seu caráter meramente investigativo e não punitivo, o procedimento em tela não será informado pelas garantias do contraditório e ampla defesa, uma vez que não tem a aptidão para formação do ato administrativo punitivo em desfavor de pessoas físicas ou jurídicas.

A jurisprudência do Superior Tribunal de Justiça, inclusive, já se consolidou no sentido de que procedimentos investigativos dessa natureza não reclamam a observância de garantia de defesa ao investigado por não constituir processo, cujo termo final possa resultar a aplicação de qualquer sanção administrativa, ostentando natureza de procedimento puramente investigativo.[95]

Apesar do caráter inquisitorial do procedimento em epígrafe, dispensando, portanto, notificação, acesso aos autos, ou prestação de esclarecimentos às pessoas jurídicas investigadas, nada impede, quando houver interesse e não decorrer prejuízos aos propósitos da investigação em curso, que os investigados sejam notificados a prestarem informações e esclarecimentos sobre situações que se mostrem relevantes à elucidação dos fatos.

Ainda sobre o caráter sigiloso da investigação preliminar, cumpre mencionar que nem mesmo com recurso aos mecanismos de acesso à informação pública insertos na Lei nº 12.527/11, Lei de Acesso à Informação, a sigilosidade inerente ao procedimento inquisitivo poderá ser eliminada em favor dos investigados, uma vez que, com fulcro na ressalva presente na parte final do inciso XXXIII do art. 5º da Constituição Federal, a Lei excepcionou da ampla acessibilidade algumas informações que extrapolam o objetivo de controle social participativo da atuação da Administração. Nesse sentido, restou consignado no diploma legal em epígrafe:

> Art. 23. São consideradas imprescindíveis à segurança da sociedade ou do Estado e, portanto, passíveis de classificação as informações cuja divulgação ou acesso irrestrito possam:
>
> [...]
>
> VIII - comprometer atividades de inteligência, bem como de investigação ou fiscalização em andamento, relacionadas com a prevenção ou repressão de infrações (Lei nº 12.527/11, art. 23).

Dessa maneira, o pleno acesso aos autos da investigação preliminar somente serão disponibilizados aos interessados quando sua ciência não mais puder comprometer a utilidade da atividade investigativa, resguardando-se, ainda assim, as informações protegidas

---

[95] Nesse sentido vide RMS nº 8.990/RS, Min. Rel. Vicente Leal, julgado em 27.06.2000, cuja ementa consignou: "A sindicância administrativa é meio sumário de investigação das irregularidades funcionais cometidas, desprovida de procedimento formal e do contraditório, dispensado a defesa do indiciado, a descrição pormenorizada dos fatos apurados e a publicação do procedimento".

por outros tipos de sigilo, como aquelas relacionadas à intimidade e à privacidade de pessoas naturais.

O regulamento federal esboçou algumas normas relacionadas ao rito da investigação preliminar, dispondo, nesse sentido, que será conduzida por comissão composta por dois ou mais servidores efetivos, estáveis ou não, cujo prazo para conclusão não excederá sessenta dias, admitida a prorrogação por meio de solicitação justificada do presidente da comissão à autoridade instauradora, que decidirá de forma fundamentada. Concluída a investigação, serão enviadas à autoridade competente as peças de informação obtidas, acompanhadas de relatório conclusivo acerca da existência de indícios de autoria e materialidade de atos lesivos à Administração Pública federal, para tomada de decisão sobre a instauração do PAR.

Apesar de delineadas tais disposições sobre o rito da investigação preliminar, não se pode esquecer que tal procedimento preserva sua natureza jurídica de mera sindicância administrativa, cuja inobservância às formalidades estabelecidas nem sempre culminará na nulidade do processo superveniente. Vale-se, novamente, das lições há muito consagradas na doutrina tradicional do Direito Administrativo:

> Sindicância administrativa é o meio sumário de apuração e elucidação de irregularidades no serviço para subsequente instauração de processo de punição ao infrator. Pode ser iniciada com ou sem sindicado, bastando que haja indicação de falta a apurar. Não tem procedimento formal, nem exigência de comissão sindicante, podendo realizar-se por um ou mais funcionários designados pela autoridade competente. Dispensa defesa do sindicado e publicidade no seu procedimento, por se tratar de simples expediente de apuração ou verificação de irregularidade, e não base para punição, equiparável ao inquérito policial em relação ao processo penal.[96]

Portanto, cumpre consignar que eventuais vícios verificados no curso do procedimento investigativo não necessariamente estarão aptos a macular a higidez do processo sancionador superveniente, se este for consumado com irrestrito respeito às garantias decorrentes do devido processo legal, do contraditório e da ampla defesa, uma vez que eventuais irregularidades poderão ser plenamente convalidadas no curso do processo dialético.

É firme o posicionamento do Superior Tribunal de Justiça no sentido de que, por ser a sindicância procedimento dispensável, com finalidade de apurar fatos que embasem posterior processo disciplinar, a análise de eventuais irregularidades nela existentes resta superada com a instauração do processo administrativo disciplinar:

> Em sobrevindo a instauração de processo administrativo disciplinar, resta superada a alegada violação de ampla defesa e de quaisquer outras nulidades porventura invocáveis no âmbito da sindicância, mero procedimento prévio, que não se confunde com o processo administrativo disciplinar, dispensável, se existentes elementos para a instauração do processo administrativo disciplinar.[97]

---

[96] MEIRELLES, Hely Lopes et al. *Direito administrativo brasileiro*. 37. ed. São Paulo: Malheiros, 2011. p. 705.

[97] RMS 12.827/MG, Min. Rel. Hamilton Carvalhido, julgado em 25.11.2003.

Por fim, vale salientar que a instauração da investigação preliminar não é obrigatória quando já existentes elementos comprobatórios mínimos de autoria e materialidade a sustentar a instauração do PAR. Seria uma violação à própria noção de eficiência administrativa tornar impreterível a instauração do procedimento investigativo, quando não verificada materialmente sua necessidade ou utilidade. Nesse sentido, também o STJ assentou que "a sindicância constitui mero procedimento preparatório do processo administrativo disciplinar, sendo, portanto, dispensável quando já existam elementos suficientes a justificar a instauração do processo".[98]

---

[98] MS nº 9.212/DF, Min. Rel. Gilson Dipp, julgado em 11.05.2005.

CAPÍTULO V

5 Instauração do processo

Superado o exercício do juízo de admissibilidade, existindo os elementos suficientes de autoria e materialidade, adentra-se na fase processual, iniciando-se o curso do processo administrativo propriamente dito. Conforme já anunciado, o PAR é inaugurado pela fase de instauração, que consiste na mais sucinta das fases processuais, por meio da qual se constitui a comissão processante e, ato contínuo, publica-se a portaria de instauração do processo.

A instauração do processo administrativo é uma fase estritamente pontual, que se materializa por meio da publicação da portaria inaugural elaborada pela autoridade competente, designando-se, no mesmo ato, os integrantes da comissão processante. A instauração do processo se aperfeiçoa com a publicação da portaria inicial, momento em que o processo se considera efetivamente instaurado e se estabelece o início da contagem do prazo em que ele deverá ser concluído. Outro importante efeito da instauração do PAR, nos termos do parágrafo único do art. 25 da LAC, é a interrupção do prazo prescricional, de forma que, instaurado o processo, inicia-se nova contagem do lapso temporal necessário à consumação da prescrição.

Com a publicação da portaria inaugural do PAR, presume-se a ciência da instauração do processo por parte das empresas envolvidas, não havendo obrigatoriedade de notificação delas no sentido de informar a mera instauração do processo. Nos termos do art. 11 da LAC, as pessoas jurídicas processadas somente serão intimadas posteriormente para apresentação de defesa escrita. Entretanto, nada impede que haja a formalização de notificação inicial para fins de que a pessoa jurídica acusada possa acompanhar o processo desde seu nascedouro, medida esta, aliás, que se faz necessária sempre que as informações constantes da portaria de instauração não permitirem identificar apropriadamente o ente processado.

5.1 Autoridade instauradora

A Lei nº 12.846/13 consagrou regra expressa em relação à autoridade competente para instauração do Processo Administrativo de Responsabilização. Nesse diapasão, estipulou que a instauração do processo administrativo para apuração da responsabilidade de pessoa jurídica cabe à autoridade máxima de cada órgão ou entidade dos Poderes Executivo, Legislativo e Judiciário.

A legislação inova ao trazer regra expressa de competência instauradora não apenas em relação aos órgãos integrantes da Administração direta, contemplando, inclusive, as entidades que compõem a estrutura da Administração indireta, tais como autarquias, fundações, empresas públicas e sociedades de economia mista.

No plano do Poder Executivo Federal, quanto aos órgãos integrantes da Administração direta, a autoridade máxima mencionada não deve ser entendida, de forma alguma, como o Presidente da República, sob pena de se inviabilizar, por ausência de condições materiais e humanas, a apuração de atos lesivos à Administração Pública, bem como prejudicar a realização de todos os relevantes misteres afetos à competência do chefe maior da República brasileira, nos termos do art. 84 da CF.

O Presidente, nesse sentido, acumula as funções de Chefe de Estado e Chefe de Governo, conferindo-lhe a Constituição um amplo leque de atribuições no plano da alta direção do Estado, nas relações internacionais e no plano da Administração Federal, de forma que seria desarrazoado supor que a autoridade maior do Executivo Federal deteria competência exclusiva para a instauração de Processo Administrativo de Responsabilização de pessoas jurídicas por irregularidades ocorridas no âmbito dos mais diversos órgãos integrantes do Executivo Federal.

A própria redação do dispositivo legal afasta essa possibilidade hermenêutica ao fazer menção à autoridade máxima de cada órgão da Administração direta. Ao indicar a existência de uma autoridade máxima vinculada a uma determinada unidade organizativa, afasta-se a precipitada conclusão de que a competência para instauração do PAR estaria sob responsabilidade da autoridade presidencial.

Dessa maneira, no âmbito da organização superior da Administração federal, conclui-se que são os Ministros de Estado e autoridades correlatas os detentores da competência para instauração do processo. Afinal, nos termos do texto constitucional, são eles os auxiliares diretos do Presidente da República na direção superior da Administração Federal. A tese aqui defendida se aplica por analogia aos Estados e Municípios, de forma que a competência para instauração do PAR, no âmbito da Administração direta, vincula-se ao feixe de competências a ser exercido por secretários estaduais e municipais.

Já no plano da Administração indireta, não há margens para dúvidas. Considerando o próprio arcabouço teórico sob o qual se estriba a técnica da *descentralização administrativa*, por meio da qual são criadas entidades dotadas de personalidade jurídica e competências próprias, a autoridade máxima de cada um desses entes deterá competência para instauração do processo, mesmo aqueles regidos predominantemente pelo Direito Público, tais como autarquias e fundações públicas. Assim, por exemplo, num determinado ato lesivo praticado por uma pessoa jurídica em desfavor da Fundação Nacional do Índio – FUNAI, fundação pública vinculada ao Ministério da Justiça, a competência para instauração do PAR deverá ser exercida, em regra, pela presidência da citada instituição, e não pelo Ministro de Estado da Justiça.

Ainda no plano do Poder Executivo Federal, foi consagrada regra especial de competência destinada à Controladoria-Geral da União, detendo o aludido órgão competência concorrente para instaurar processos administrativos de responsabilização de pessoas jurídicas ou determinar a avocação daqueles processos já instaurados. Cumpre salientar que essa peculiar competência se aplica no âmbito de todo o Executivo Federal, abrangendo não só os órgãos da Administração direta, mas também as entidades integrantes da Administração indireta, inclusive aquelas regidas predominantemente por normas de Direito Privado, tais como empresas públicas e sociedades de economia mista.

Mesmo sob o anterior marco legal, a jurisprudência do STJ já havia reconhecido a legitimidade da atuação desse órgão superior da Administração Federal para conduzir processos sancionadores voltados à apuração de irregularidades em licitações e contratos administrativos ou infrações funcionais verificadas no âmbito de outros órgãos administrativos e, até mesmo, em entidades privadas da Administração indireta:

> PROCESSO ADMINISTRATIVO. CORRUPÇÃO DE SERVIDORES PÚBLICOS IMPUTADA A EMPREITEIRA DE OBRAS PÚBLICAS. DECLARAÇÃO DE INIDONEIDADE PARA CONTRATAR COM O PODER PÚBLICO.
>
> 1. *Competência concorrente para a prática do ato.*
>
> O Ministro de Estado Chefe da Controladoria-Geral da União tem competência concorrente para instaurar processo administrativo relacionado à defesa do patrimônio público e ao combate à corrupção.
>
> 2. *Declaração de inidoneidade.*
>
> A declaração de inidoneidade imputada à impetrante resulta de condutas difusas de corrupção praticadas ao longo de três anos (*presentes a servidores públicos: passagens aéreas, estadas em hotéis, refeições a servidores públicos*).
>
> 3. *Razoabilidade e proporcionalidade da punição.*
>
> A promiscuidade de servidores públicos com empresas cujas obras devem fiscalizar constitui um método sórdido de cooptação, de difícil apuração. Sempre que esta for constatada, deve ser severamente punida porque a lealdade que deve haver entre os servidores e a Administração Pública é substituída pela lealdade dos servidores para com a empresa que lhes dá vantagens. Ordem denegada, insubsistência da medida liminar, prejudicado o agravo regimental.[99]

Essa distinta competência se justifica pelo fato de ser a CGU, nos termos do art. 17 da Lei nº 10.683/03, órgão de assistência direta e imediata do Presidente da República no desempenho de suas atribuições quanto aos assuntos e providências que, no âmbito do Poder Executivo Federal, sejam atinentes à defesa do patrimônio público, ao controle interno, à auditoria pública, à correição, à prevenção e ao combate à corrupção, às atividades de ouvidoria e ao incremento da transparência da gestão no âmbito da Administração Pública federal.

A competência concorrente outorgada à CGU deve ser pautada sob a base da mais estrita excepcionalidade, devendo ser observados alguns critérios mínimos, razoáveis e

---

[99] STJ – MS nº 19.269/DF, Min. Rel. Ari Pargendler, julgado em 14.05.2014. Vide também o teor da decisão proferida no AgRg no MS nº 14.123/DF, Rel. Min. Mauro Campbel Marques, cuja ementa informa: ADMINISTRATIVO. MANDADO DE SEGURANÇA. ATO DO MINISTRO DE ESTADO DO CONTROLE E DA TRANSPARÊNCIA. DEMISSÃO POR JUSTA CAUSA DE EMPREGADO DA CAIXA ECONÔMICA FEDERAL. COMPETÊNCIA DAQUELE ÓRGÃO PARA AVOCAR E INSTAURAR PROCESSOS ADMINISTRATIVOS VISANDO À APLICAÇÃO DE PENALIDADE A TODOS OS SERVIDORES DA ADMINISTRAÇÃO PÚBLICA FEDERAL. REQUISITO DO *FUMUS BONI IURIS* NÃO COMPROVADO. LIMINAR INDEFERIDA.
1. A concessão de liminar em mandado de segurança pressupõe a coexistência do *fumus boni iuris* e do *periculum in mora*, conforme preconiza o art. 7º, II, da Lei nº 1.533/51.
2. No caso dos autos, não restou demonstrado, de forma inequívoca, a relevância do direito invocado, na medida em que a Controladoria-Geral da União possui competência institucional e legal para instaurar ou avocar processos administrativos e aplicar sanções disciplinares a todos os servidores da Administração Pública Federal. Por sua vez, cabe ao Ministro de Estado do Controle e da Transparência julgá-los, nas hipóteses de demissão, suspensão superior a trinta dias, cassação de aposentadoria e destituição de cargo. Tal é a inteligência dos arts. 18 da Lei nº 10.683/2003 e 4º do Decreto nº 5.480/2005. Precedente da Primeira Seção: AGMS 14.073/DF, da relatoria do Ministro Teori Albino Zavascki, DJe de 06.04.2009.
3. Agravo regimental não provido.

proporcionais, a legitimar a superação da regra de competência primária da autoridade máxima de cada órgão ou entidade, afastando-se, inclusive, dessa maneira, o risco de banalização da atuação do relevante órgão federal de controle para apuração de fatos, perante os quais o órgão ou entidade originário detivesse amplas condições para o processamento do feito. Corroborando a tese ora defendida, o art. 13 do Decreto Federal nº 8.420/15 estabeleceu alguns parâmetros a balizar a atuação da CGU:

> Art. 13. A Controladoria-Geral da União possui, no âmbito do Poder Executivo Federal, competência:
>
> I – concorrente para instaurar e julgar o PAR; e
>
> II – exclusiva para avocar os processos instaurados para exame de sua regularidade ou para corrigir-lhes o andamento.
>
> §1º A Controladoria-Geral da União poderá exercer, a qualquer tempo, a competência concorrente prevista no inciso I do caput, se presente quaisquer das seguintes circunstâncias:
>
> I – caracterização de omissão da autoridade originariamente competente;
>
> II – inexistência de condições objetivas para sua realização no órgão ou entidade de origem;
>
> III – complexidade, repercussão ou relevância da matéria;
>
> IV – valor dos contratos mantidos pela pessoa jurídica com o órgão ou entidade atingida; ou
>
> V – apuração que envolva atos e fatos relacionados a mais de um órgão ou entidade da administração pública federal;

Também à Controladoria-Geral da União foi atribuída outra regra de competência, de caráter exclusivo, competindo-lhe a instauração do PAR que tenha por objeto a apuração dos atos ilícitos previstos na LAC, praticados contra a Administração Pública estrangeira. O exercício dessa destacada competência extraterritorial pela CGU decorre do papel por ela exercido no âmbito dos principais fóruns e organismos internacionais de combate à corrupção dos quais o Estado brasileiro participe, uma vez que compete à CGU, por meio de sua Secretaria de Transparência e Prevenção da Corrupção e Informações Estratégicas, acompanhar a implementação das convenções e compromissos internacionais assumidos pelo Brasil, que tenham como objeto a prevenção e o combate à corrupção.

Na seara dos demais Poderes da República, diga-se Legislativo e Judiciário, a competência para instauração do PAR estará inserida no feixe de competências a ser exercido pelas respectivas autoridades máximas. Por exemplo, no âmbito do Poder Judiciário, o ato de instauração será exercido pela presidência de cada um dos tribunais brasileiros, ao passo que, no âmbito do Poder Legislativo, tal competência será exercida pela presidência das suas respectivas mesas diretoras.

A competência administrativa deve ser entendida como um feixe de atribuições e poderes fixados por lei, destinados a um órgão ou agente público para o desempenho da função administrativa. Em regra, a competência administrativa é destinada em caráter fixo e irrenunciável, afinal de contas, ao passo em que revela a existência de uma prerrogativa legal, representa, ao mesmo tempo, um dever de atuar, sendo inaceitável a escusa da autoridade competente no cumprimento do respectivo múnus funcional. Entretanto, considerando a diversidade de situações e necessidades envolvidas no exercício da função administrativa, podem surgir situações a justificar a eventual possibilidade de alteração da competência.

A Lei nº 9.784/99 determina, em seu art. 11, que a competência é irrenunciável e será exercida pelos órgãos administrativos a que foi atribuída como própria. Não obstante, em função do caráter dinâmico inerente ao desenvolvimento da atividade administrativa, comtemplou o mesmo diploma legal, como excepcional hipótese de alterabilidade de competência, a possibilidade de delegação e avocação.

Em razão de expressa disposição legal, nos termos do art. 8º, parágrafo 1º, da LAC, a competência para instauração do processo administrativo de apuração de responsabilidade de pessoas jurídicas poderá ser delegada, sendo vedada, entretanto, a subdelegação. Assim, a autoridade competente poderá, por meio de ato administrativo formal, transferir parte de sua competência a outra autoridade, dentro da respectiva unidade administrativa, para o exercício inerente às competências legais atribuídas à autoridade instauradora.

Não se deve deduzir que a competência delegada deverá ser exercida pela autoridade imediatamente subordinada à autoridade máxima do órgão ou entidade. A escolha da autoridade delegada, nos termos do art. 12 da Lei nº 9.784/99, de aplicação subsidiária ao PAR, será exercida por meio de critério de conveniência e oportunidade da autoridade delegante, pautando-se a sua opção por circunstâncias de índole técnica, social, econômica, jurídica ou territorial.

No mesmo sentido entende José dos Santos Carvalho Filho:

> O motivo básico, sem qualquer dúvida, consiste na valoração de conveniência e oportunidade que o agente delegante faz ao momento da delegação. Há, pois, nessa avaliação inegável exercício do poder discricionário do administrador, o qual todavia, deve guardar congruência com a finalidade do ato, vale dizer, o atendimento do interesse público.[100]

Ilustrando a situação, no âmbito da CGU, por exemplo, a competência para instauração do processo não necessariamente deverá ser delegada pelo Ministro ao Secretário-Executivo, podendo, por razões de ordem técnica, ser delegada diretamente ao Corregedor-Geral da União, autoridade pública que não se encontra imediatamente subordinada ao Ministro-Chefe da CGU.

Outro relevante aspecto ainda relacionado à possibilidade de delegação de competência é que, mesmo após a formalização do ato de delegação, a autoridade delegante continua competente para instauração do PAR. Nesse sentido, aliás, leciona o jurista lusitano Marcelo Caetano, dispondo que "o fato do delegante ter permitido ao delegado o exercício dos poderes não o priva destes: o delegante continua a ser competente cumulativamente com o delegado".[101] Assim, ainda que tenha havido delegação de competência para outra autoridade, a autoridade máxima de órgão ou entidade preserva a respectiva competência para instauração do feito.

Quanto à possibilidade de avocação de competência, o art. 15 da Lei nº 9.784/99 restringiu significativamente a possibilidade de avocar, só a permitindo em caráter excepcional e por motivos relevantes, devidamente justificados. Talvez por isso a LAC tenha limitado a possibilidade de avocação de processos já instaurados, no âmbito do Executivo Federal, à competência exclusiva da Controladoria-Geral da União, para exame de sua regularidade ou para lhes corrigir o andamento, inclusive promovendo a aplicação da penalidade administrativa cabível.

---

[100] CARVALHO FILHO, José dos Santos. *Processo administrativo federal*: comentários à Lei nº 9.784/99. 5. ed. São Paulo: Atlas, 2013. p. 126.

[101] CAETANO, Marcelo. *Manual de direito administrativo*. 9. ed. Coimbra: Coimbra Editora, 1972. p. 140.

5.1.1 Demais competências da autoridade instauradora

Em relação à atuação da autoridade instauradora, usualmente coloca-se em evidência as atividades estritamente relacionadas ao ato de instauração do processo, como a publicação da portaria inaugural e a designação da comissão processante. Entretanto, ao longo de todo o curso processual, a autoridade instauradora desenvolve outros atributos de distinta significância para o processo administrativo como um todo.

Tais essenciais atributos são decorrentes da supervisão técnica sobre o processo a ser exercida pela autoridade instauradora durante o desenrolar do rito processual. Importante salientar que a supervisão técnica de forma alguma deve ser confundida com ingerência ou manipulação indevida do processo. Qualquer atuação nesse sentido tornaria o processo nulo por ofensa ao devido processo legal e ao dever de imparcialidade a pautar a atuação da autoridade instauradora.

A *supervisão técnica* consiste em procedimento orientado ao controle de legalidade e forma do processo administrativo, tratando-se de procedimento de cunho preventivo, por meio do qual a autoridade instauradora toma as cautelas necessárias à preservação da higidez do processo em curso, revelando-se como genuíno ato de saneamento processual. A supervisão técnica contempla também alguns atos relacionados a eventuais interfaces entre os atores internos e externos da apuração em curso, permitindo entre eles comunicação e interação.

Ao longo do exercício da supervisão técnica do processo, veda-se, de forma absoluta, que a autoridade instauradora adentre no mérito das atribuições a serem exercidas pelos demais atores processuais. Por exemplo, não poderá a autoridade instauradora indicar à comissão processante quais as provas a serem produzidas ou quais as conclusões a serem formadas no bojo do relatório final.

As atividades que compõem o exercício da supervisão técnica encontram-se previstas ao longo dos dispositivos que regem o curso do PAR, nos termos da Lei Anticorrupção Empresarial. Passa-se a analisar alguns dos principais encargos realizados pela autoridade instauradora no exercício da supracitada supervisão técnica.

A LAC confere à autoridade instauradora o dever de controlar o prazo legalmente concedido à conclusão da apuração. Dessa maneira, o art. 10, em seu parágrafo 4º, estabelece que o prazo poderá ser prorrogado mediante ato fundamentado da autoridade instauradora. Ao impor o dever de motivação do ato de prorrogação, a lei incumbe à mencionada autoridade o dever de fiscalizar e monitorar a plausibilidade do lapso temporal dispendido pela comissão para instrução do feito. O dever em tela coaduna-se com o princípio constitucional da razoável duração do processo.

O art. 12 do diploma legal em epígrafe determina que o processo administrativo, uma vez produzido o relatório final, será remetido à autoridade instauradora, para julgamento. Nos casos em que não houver cumulação de competências para instaurar e julgar, ou seja, quando cada um desses atos for exercido por agentes públicos distintos, muito comum na hipótese de delegação de competência, a autoridade instauradora poderá exercer juízo sobre a legalidade e regularidade formal do processo e, em havendo vícios insanáveis, determinar a nulidade do processo com o refazimento dos atos maculados. Repita-se, nessa hipótese não poderá a autoridade instauradora adentrar no mérito das conclusões exaradas pela comissão processante, restringindo-se o exame aos aspectos meramente formais do processo respectivo.

Em relação à materialização da supervisão técnica como ato de interface entre atores internos e externos do processo, coloca-se como exemplo a concessão de medidas cautelares administrativas. Nesse sentido, estabelece o parágrafo 2º do art. 10 da LAC que "a comissão poderá, cautelarmente, propor à autoridade instauradora que suspenda os efeitos do ato ou processo objeto da investigação". Percebe-se, portanto, que a concessão de medida cautelar administrativa, por depender de maior orquestração e interação entre agentes e órgãos distintos, deverá ser concentrada na seara de competência da autoridade instauradora, que deverá adotar as medidas necessárias para realização do ato processual. Cumpre alertar que o juízo sobre o cabimento ou não da medida cautelar deverá ser exercido, como não poderia deixar de ser, pela autoridade competente pela fase de instrução do processo, no caso, a comissão processante, competindo à autoridade instauradora reunir e organizar as condições necessárias para a exitosa realização da medida instrutória.

Conclui-se, portanto, diante de todos esses dispositivos legais que lastreiam a atuação da autoridade instauradora, que o feixe de competências por ela exercido vai muito além da mera publicação da portaria de inauguração e designação da comissão processante, permeando todo o ínterim processual, sem desconsiderar as relevantes atribuições também exercidas no período pré-processual, como todas as incumbências atinentes ao juízo de admissibilidade.

5.2 Ato de instauração do processo

O ato de instauração do processo é executado por meio de uma portaria inaugural, instrumento por meio do qual a autoridade instauradora formaliza a abertura do PAR. É também por meio da publicação da portaria de instauração que se constitui a comissão processante, com a indicação dos seus membros, e se estabelecem os limites do raio apuratório a ser observado. Uma vez instaurado o processo, inicia-se, também, a contagem do prazo em que ele deverá ser concluído.

5.2.1 Forma e conteúdo

A portaria de instauração do processo administrativo de responsabilização de pessoas jurídicas se revela como ato processual de imperativa verificação, uma vez que essa peça inicial pode ser equiparada a um instrumento de mandato a lastrear a atuação da comissão processante na apuração dos supostos ilícitos, de forma que os integrantes da comissão somente devem praticar atos processuais se operados dentro do lapso temporal então estabelecido, com maior vigor, em relação aos atos processuais associados ao exercício do direito de defesa. Nesse sentido, a peça inicial do processo sancionador deve contemplar a observância de alguns requisitos formais essenciais.

A portaria instauradora deverá amparar a constatação dos seguintes elementos: a) autoridade instauradora; b) qualificação da pessoa jurídica processada; c) indicação dos membros da comissão processante, com a indicação, se houver, do respectivo presidente; d) definição, ainda que sucinta, do alcance da apuração, podendo-se reportar ao número de um anterior processo administrativo; e) prazo alusivo à conclusão dos trabalhos.

Conforme já mencionado, a portaria inaugural delimita o raio de abrangência da apuração a ser realizada, devendo-se constar, portanto, a indicação das supostas irregularidades e a menção aos fatos conexos que eventualmente sejam descortinados ao longo do processo. A delimitação do raio acusatório do processo se justifica por uma necessidade de segurança jurídica no sentido de possibilitar à defesa uma noção mínima sobre o teor das imputações articuladas, além de pautar a atividade instrutória a ser realizada pelos membros da comissão, de forma que o processo não seja iniciado como instrumento de investigação genérica para apuração de toda sorte de fatos atrelados ao desenvolvimento das atividades sociais levadas a efeito por determinada pessoa jurídica. Não se deve instaurar processo administrativo sancionador para somente depois verificar os motivos determinantes de sua inauguração.

Apesar dessa necessária delimitação factual do processo administrativo, cumpre salientar que a menção aos fatos objeto de apuração deve ser indicada de forma sucinta, não havendo necessidade de constar descrição minuciosa sobre os fatos supostamente ilícitos, podendo a aludida menção recair sobre a narração sumária dos fatos relacionados a anteriores processos ou documentos. Vai nesse sentido, aliás, a jurisprudência da nossa mais alta Corte:

> Não se exige, na portaria de instauração do processo disciplinar, descrição detalhada dos fatos investigados, sendo considerada suficiente a delimitação do objeto do processo pela referência a categorias de atos possivelmente relacionados a irregularidades.[102]

A jurisprudência consolidada do Superior Tribunal de Justiça também se inclina ao entendimento de que a portaria de instauração do processo sancionador prescinde de minuciosa descrição dos fatos imputados, sendo certo que a exposição pormenorizada dos acontecimentos somente se mostra necessária quando do posterior exercício do direito de defesa:

> Conforme inúmeros precedentes da Corte, basta que a Portaria seja suficientemente redigida, sem que dela conste, necessariamente, perfeita identificação do fato imputado, o que deverá se dar posteriormente, na fase de apuração.[103]

A portaria de instauração, ao contemplar também os fatos conexos no seu raio de alcance, possibilita à comissão processante estender suas atividades instrutórias à apuração de outras condutas eventualmente desconhecidas à época da inauguração da sede processual, desde que guardem significativa relação de conexão com o objeto inicial do processo e não tragam prejuízos à apuração em curso ou à celeridade processual.

A concepção de ilícitos administrativos conexos pode ser extraída, com recurso à técnica da analogia, da regra prevista nos arts. 76 e 77 do Código de Processo Penal, de forma que se pode identificar a relação de conexão nas seguintes hipóteses: coautoria; quando uma infração é cometida para facilitar ou ocultar outras; quando a prova de uma infração ou de qualquer de suas circunstâncias elementares influir na prova de outra; e nas hipóteses de infração continuada.

Ainda quanto ao aspecto formal da portaria de instauração, vale salientar que o processo administrativo sancionador é regido pelo princípio do formalismo moderado, de forma que, mesmo que eventualmente constada alguma irregularidade no bojo da peça inaugural, a nulidade somente deverá ser decretada se demonstrado que o vício efetivamente repercutiu de forma prejudicial no exercício do direito de defesa. Assim, ainda que inobservadas as formalidades previstas em lei, em não havendo prejuízos palpáveis ao direito de defesa, deve-se reconhecer a possibilidade de convalidação da portaria inaugural. Esse entendimento encontra-se albergado na jurisprudência do STJ:

---

[102] RMS nº 25.105/DF. Rel. Min. Joaquim Barbosa, julgado em 23.05.2006.
[103] MS nº 6.799/DF. Rel. Min. José Arnaldo da Fonseca.

Aplicável o princípio do *"pas de nullité sans grief"*, pois a nulidade de ato processual exige a respectiva comprovação de prejuízo. *In casu*, a servidora teve pleno conhecimento dos motivos ensejadores da instauração do processo disciplinar. Houve, também, farta comprovação do respeito aos princípios constitucionais do devido processo legal, contraditório e ampla defesa, ocasião em que a indiciada pôde apresentar defesa escrita e produzir provas.[104]

Dessa forma, mesmo que verificada uma suposta omissão no ato de instauração do processo, como, por exemplo, a ausência de identificação dos fatos ensejadores da apuração, a posterior citação da pessoa jurídica, possibilitando-lhe o mais amplo acesso aos autos do processo para elaboração da defesa escrita, revelaria o pleno e irrefutável conhecimento das acusações que lhe foram imputadas, afastando, por aquele motivo, qualquer alegação relativa à ofensa ao devido processo legal e à ampla defesa.

5.2.2 Publicidade da portaria de instauração

Diferentemente do que costuma acontecer no bojo de um Processo Administrativo Disciplinar – PAD, em que a publicação do ato de instauração pode ser realizada em um mero boletim interno, estando atendido o princípio da publicidade, uma vez que o PAD volta-se à apuração da ocorrência de ilícitos funcionais, supostamente cometidos por servidores públicos, no âmbito do PAR, por se tratar de processo voltado à apuração de infrações imputadas a pessoas privadas, não integrantes da estrutura interna da Administração Pública, a presunção de ciência do início do curso processual somente se verificará com a publicação da portaria de instauração em meios de divulgação oficial dos atos do poder público, tal como o Diário Oficial da União, quando se tratar de processo a ser instaurado na esfera federal.

Aliás, essa já tem sido a prática adotada pelos mais diversos Entes Federativos quando da apuração de infrações cometidas na seara de licitações públicas e contratos administrativos.

5.3 Prazos: contagem e prorrogação

Nos termos do parágrafo 3º do art. 10 da LAC, a comissão deverá concluir o processo no prazo de 180 dias contados da data de publicação do ato que a instituir. Consoante a dicção legal, conclui-se que o início do prazo passa a operar imediatamente após a publicação da portaria de instauração do PAR, no diário oficial da respectiva Administração Processante.

Delimitado o início do prazo em que o PAR deve ser concluído, cumpre definir a forma de contagem do prazo legalmente estabelecido. A LAC não contemplou regra expressa sobre a forma de contagem do curso temporal, de forma que se deve buscar em outros diplomas, por meio da analogia, regra que possa preencher a aludida lacuna legal. Nesse espeque, busca-se amparo nas disposições constantes da Lei Geral de Processo Administrativo Federal, a Lei nº 9.784/99, que assim disciplina a matéria:

> Art. 66. Os prazos começam a correr a partir da data da cientificação oficial, excluindo-se da contagem o dia do começo e incluindo-se o do vencimento.

---

[104] MS nº 8.834/DF. Rel. Min. Gilson Dipp, julgado em 09.04.2003.

§1º Considera-se prorrogado o prazo até o primeiro dia útil seguinte se o vencimento cair em dia em que não houver expediente ou este for encerrado antes da hora normal.

§2º Os prazos expressos em dias contam-se de modo contínuo.

Nos termos dessa Lei, na contagem do prazo, deve-se excluir o dia do começo e incluir o dia do vencimento. Tal regra se coaduna perfeitamente com aquela também prevista no art. 184, do Código de Processo Civil, de forma que, exemplificando a situação, se a publicação oficial ocorrer no dia 1º.02.2013, o termo inicial da contagem se dará no dia 02.02.2013; sendo o prazo de 180 dias corridos, terá seu termo final em 31.07.2013.

Vale consignar que a norma contemplou uma hipótese de prorrogação automática do prazo, a ocorrer quando o prazo se encerrar em dia em que não houver expediente ou este for encerrado antes da hora normal, de forma que deverá ser considerado como termo final o primeiro dia útil seguinte.

A LAC contempla a possibilidade de prorrogação do prazo inicialmente concedido, dispondo, no art. 10, parágrafo 3º, que o prazo previsto "poderá ser prorrogado, mediante ato fundamentado da autoridade instauradora". Ao exigir expressa motivação do ato de prorrogação, permite-se inferir que a dilação temporal da portaria de instauração não ocorrerá de forma automática, dependendo o diferimento de expressa exposição dos seus motivos determinantes. Ao impor a necessidade de motivação do ato de prorrogação do processo, a LAC estabelece rito processual compatível com o princípio da razoável duração do processo, nos termos do inciso LXXVIII, art. 5º, da CF, compelindo a Administração Pública a conduzir a marcha processual com a máxima presteza possível, sem que, para tanto, sejam inobservadas as demais garantias processuais, especialmente, contraditório e ampla defesa.

Uma vez que a razoabilidade da duração do processo não pode ser mensurada de maneira apriorística, deverá ser aferida a partir de cada caso concreto e, ainda assim, mediante o estrito estabelecimento de critérios objetivos. É justamente nessa direção que se fundamenta o dever de motivação do ato de prorrogação, expor justificadamente quais as razões, de índole objetiva, que concorrem para a necessidade de dilação do marco temporal originariamente estabelecido. Nelson Nery Junior, pautando-se em decisões proferidas pelo Tribunal Europeu de Direitos Humanos, elenca alguns parâmetros a serem observados pela autoridade administrativa competente na motivação do ato de prorrogação do prazo:

> Esses critérios objetivos são: a natureza do processo e a complexidade da causa; b) o comportamento das partes e seus procuradores; c) a atividade das autoridades judiciárias e administrativas competentes; d) a fixação legal de prazos para a prática de atos processuais que assegure efetivamente o direito ao contraditório e ampla defesa.[105]

Consoante a pertinente inovação legislativa, a prorrogação do PAR deve ser objeto de pedido formulado pela comissão processante, acompanhado por justificativa razoável e pautada em critérios objetivos, dirigido à autoridade instauradora para expressa manifestação posterior, a ser exarada nos autos do processo. Recomenda-se que o pedido em tela seja encaminhado à autoridade competente antes do encerramento do prazo originário,

---

[105] NERY JUNIOR, Nelson. *Princípios do processo na Constituição Federal*: processo civil, penal e administrativo. 10. ed. São Paulo: Revista dos Tribunais, 2010. p. 320.

a fim de que não haja interrupção entre o ato de instauração e prorrogação do processo, afinal de contas, toda atuação da comissão processante, com relevância para o processo administrativo, deve ser realizada com lastro em ato delegante, no caso em tela, a portaria de instauração/prorrogação, emitido por autoridade competente.

Apesar de todo o respeito que deve ser dispensado ao princípio da razoável duração do processo, o legislador não estabeleceu limites quantitativos ao ato de prorrogação do prazo, de forma que, existindo motivos razoáveis e proporcionais a justificar a dilação do ínterim processual, este seguirá seu curso, tendo como limite fatal, apenas, a culminação do prazo prescricional. O STJ, analisando a hipótese de não conclusão do processo administrativo disciplinar no prazo legalmente estabelecido, cuja *ratio decidendi* aplica-se inteiramente ao PAR, se posicionou da seguinte maneira:

> Esta Colenda Corte já firmou entendimento no sentido de que a extrapolação do prazo para a conclusão do processo administrativo-disciplinar não consubstancia nulidade susceptível de invalidar o procedimento.[106]

No mesmo sentido também se manifestou o STF, restando consignado no voto do Ministro Relator a seguinte assertiva:

> De outra parte, não há falar-se em nulidade do inquérito administrativo, por não haver sido concluído no prazo previsto no art. 152 da Lei nº 8.112/90, posto não apenas inexistir cominação legal nesse sentido, mas também tratar-se de circunstância que não prejudicou o impetrante.[107]

Assim, desde que devidamente fundamentada a delonga pela autoridade instauradora, razões estas que deverão expressamente constar dos autos do processo administrativo, poderão ser formalizadas tantas prorrogações quantas se fizerem necessárias à absoluta elucidação dos fatos. Vale reforçar uma vez mais que o limite insuperável à continuidade da apuração, para fins de responsabilização administrativa, é a consumação do instituto da prescrição, nos termos em que definida no art. 25 da Lei nº 12.846/13.

5.4 Apuração conjunta de infrações administrativas praticadas no âmbito de licitações e contratos administrativos

A Lei Anticorrupção Empresarial, ao elencar o rol de atos lesivos à Administração Pública, contemplou item específico de infrações estritamente relacionadas ao curso de licitações e contratos administrativos:

> Art. 5º Constituem atos lesivos à administração pública, nacional ou estrangeira, para os fins desta Lei, todos aqueles praticados pelas pessoas jurídicas mencionadas no parágrafo único do art. 1º, que atentem contra o patrimônio público nacional ou estrangeiro, contra princípios da administração pública ou contra os compromissos internacionais assumidos pelo Brasil, assim definidos:
>
> [...]

---

[106] MS nº 7.962/DF. Rel. Min. Vicente Leal, julgado em 12.06.2002.
[107] MS nº 22.656/SC. Rel. Min. Ilmar Galvão, julgado em 30.06.1997.

IV - no tocante a licitações e contratos:

a) frustrar ou fraudar, mediante ajuste, combinação ou qualquer outro expediente, o caráter competitivo de procedimento licitatório público;

b) impedir, perturbar ou fraudar a realização de qualquer ato de procedimento licitatório público;

c) afastar ou procurar afastar licitante, por meio de fraude ou oferecimento de vantagem de qualquer tipo;

d) fraudar licitação pública ou contrato dela decorrente;

e) criar, de modo fraudulento ou irregular, pessoa jurídica para participar de licitação pública ou celebrar contrato administrativo;

f) obter vantagem ou benefício indevido, de modo fraudulento, de modificações ou prorrogações de contratos celebrados com a administração pública, sem autorização em lei, no ato convocatório da licitação pública ou nos respectivos instrumentos contratuais; ou

g) manipular ou fraudar o equilíbrio econômico-financeiro dos contratos celebrados com a administração pública;

[...]

Ao seu turno, o legislador brasileiro já havia tipificado no ordenamento brasileiro, por meio dos diversos diplomas reitores do sistema de contratações públicas, rol de condutas violadoras a licitações e contratos administrativos, algumas, de forma similar àquelas previstas no corpo da LAC, inclusive, ainda que de forma insuficiente, fixando normas sobre o processo administrativo sancionador correspondente:

Art. 87. Pela inexecução total ou parcial do contrato a Administração poderá, garantida a prévia defesa, aplicar ao contratado as seguintes sanções:

I - advertência;

II - multa, na forma prevista no instrumento convocatório ou no contrato;

III - suspensão temporária de participação em licitação e impedimento de contratar com a Administração, por prazo não superior a 2 (dois) anos;

IV - declaração de inidoneidade para licitar ou contratar com a Administração Pública enquanto perdurarem os motivos determinantes da punição ou até que seja promovida a reabilitação perante a própria autoridade que aplicou a penalidade, que será concedida sempre que o contratado ressarcir a Administração pelos prejuízos resultantes e após decorrido o prazo da sanção aplicada com base no inciso anterior.

§1º Se a multa aplicada for superior ao valor da garantia prestada, além da perda desta, responderá o contratado pela sua diferença, que será descontada dos pagamentos eventualmente devidos pela Administração ou cobrada judicialmente.

§2º As sanções previstas nos incisos I, III e IV deste artigo poderão ser aplicadas juntamente com a do inciso II, facultada a defesa prévia do interessado, no respectivo processo, no prazo de 5 (cinco) dias úteis.

§3º A sanção estabelecida no inciso IV deste artigo é de competência exclusiva do Ministro de Estado, do Secretário Estadual ou Municipal, conforme o caso, facultada a defesa do interessado no respectivo processo, no prazo de 10 (dez) dias da abertura de vista, podendo a reabilitação ser requerida após 2 (dois) anos de sua aplicação.

CAPÍTULO V | 103

Art. 88. As sanções previstas nos incisos III e IV do artigo anterior poderão também ser aplicadas às empresas ou aos profissionais que, em razão dos contratos regidos por esta Lei:

I - tenham sofrido condenação definitiva por praticarem, por meios dolosos, fraude fiscal no recolhimento de quaisquer tributos;

II - tenham praticado atos ilícitos visando a frustrar os objetivos da licitação;

III - demonstrem não possuir idoneidade para contratar com a Administração em virtude de atos ilícitos praticados. (Lei nº 8.666/93, arts. 87 e 88).

Art. 7º Quem, convocado dentro do prazo de validade da sua proposta, não celebrar o contrato, deixar de entregar ou apresentar documentação falsa exigida para o certame, ensejar o retardamento da execução de seu objeto, não mantiver a proposta, falhar ou fraudar na execução do contrato, comportar-se de modo inidôneo ou cometer fraude fiscal, ficará impedido de licitar e contratar com a União, Estados, Distrito Federal ou Municípios e será descredenciado no Sicaf, ou nos sistemas de cadastramento de fornecedores a que se refere o inciso XIV do art. 4º desta Lei, pelo prazo de até 5 (cinco) anos, sem prejuízo das multas previstas em edital e no contrato e das demais cominações legais. (Lei nº 10.520/02, art. 7º).

Art. 47. Ficará impedido de licitar e contratar com a União, Estados, Distrito Federal ou Municípios, pelo prazo de até 5 (cinco) anos, sem prejuízo das multas previstas no instrumento convocatório e no contrato, bem como das demais cominações legais, o licitante que:

I - convocado dentro do prazo de validade da sua proposta não celebrar o contrato, inclusive nas hipóteses previstas no parágrafo único do art. 40 e no art. 41 desta Lei;

II - deixar de entregar a documentação exigida para o certame ou apresentar documento falso;

III - ensejar o retardamento da execução ou da entrega do objeto da licitação sem motivo justificado;

IV - não mantiver a proposta, salvo se em decorrência de fato superveniente, devidamente justificado;

V - fraudar a licitação ou praticar atos fraudulentos na execução do contrato;

VI - comportar-se de modo inidôneo ou cometer fraude fiscal; ou

VII - der causa à inexecução total ou parcial do contrato.

§1º A aplicação da sanção de que trata o caput deste artigo implicará ainda o descredenciamento do licitante, pelo prazo estabelecido no caput deste artigo, dos sistemas de cadastramento dos entes federativos que compõem a Autoridade Pública Olímpica.

§2º As sanções administrativas, criminais e demais regras previstas no Capítulo IV da Lei nº 8.666, de 21 de junho de 1993, aplicam-se às licitações e aos contratos regidos por esta Lei (Lei nº 12.462/11, art. 47).

Considerando o nexo existente entre as condutas tipificadas nos mais diversos diplomas legais, a partir dos quais, entretanto, atribuiu-se a possibilidade de aplicação de sanções administrativas distintas, enfrenta-se a questão acerca da viabilidade jurídica da apuração conjunta das aludidas infrações no bojo de um único processo administrativo, com a eventual aplicação cumulativa das sanções indicadas.

Indaga-se, dessa maneira, se seria possível, por exemplo, no curso de um único processo administrativo, a aplicação de multa sobre o faturamento bruto da empresa, a publicação extraordinária da decisão condenatória e a declaração de inidoneidade para licitar e contratar com a Administração Pública.

Apesar de não haver expressado dispositivo tratando da questão suscitada, a própria LAC albergou algumas disposições que tendem a corroborar linha interpretativa que se arrima na viabilidade jurídica da apuração conjunta e da eventual aplicação cumulativa de sanções administrativas estatuídas em diplomas diversos.

A primeira dessas disposições encontra-se assentada na redação do art. 30 da Lei nº 12.846/13:

> Art. 30. A aplicação das sanções previstas nesta Lei não afeta os processos de responsabilização e aplicação de penalidades decorrentes de:
>
> [...]
>
> II - atos ilícitos alcançados pela Lei nº 8.666, de 21 de junho de 1993, ou outras normas de licitações e contratos da administração pública, inclusive no tocante ao Regime Diferenciado de Contratações Públicas – RDC instituído pela Lei nº 12.462, de 4 de agosto de 2011.

Ao dispor que o emprego das sanções administrativas e civis ali previstas não afetará os processos de responsabilização e aplicação de penalidades decorrentes dos atos ilícitos alcançados por leis reguladoras de licitações e contratos administrativos, identifica-se certa independência entre as medidas aflitivas estabelecidas nos diplomas anticorrupção e licitatório, não havendo fundamentos jurídicos aptos a justificar uma eventual relação de consunção entre as diversas infrações administrativas, de modo a impor categórica vedação à aplicação cumulativa de sanções administrativas, em decorrência da absorção de um ilícito por outro.

Poder-se-ia imaginar que, com a aplicação de sanções administrativas diversas decorrentes do descumprimento de um mesmo dever jurídico, estar-se-ia materializando manifesta afronta ao princípio do *"non bis in idem"*, que veda a possibilidade de uma pessoa ser responsabilizada mais de uma vez pela mesma conduta. Entretanto, com base na acurada lição de Alejandro Nieto,[108] depreende-se que não restará materializada afronta ao *non bis in idem* diante de uma dualidade de sanções, ainda que se tratasse dos mesmos atos ofensivos, sempre que as medidas aflitivas decorrerem de leis diversas que estejam protegendo bens jurídicos distintos.

Extrai-se da doutrina do catedrático espanhol a existência de alguns pressupostos lógicos e jurídicos à caracterização do *bis in idem* na seara do concurso de infrações administrativas, são eles: i) a *identidade subjetiva*, devendo-se verificar se se trata do mesmo sujeito passivo; ii) *identidade objetiva*, de forma que sejam os mesmos fatos em apuração; e iii) *identidade normativa*, impondo-se que a norma violada seja exatamente a mesma.[109]

Ainda que seja defensável, em certa medida, a impossibilidade de múltipla e reiterada manifestação sancionadora da Administração Pública, a doutrina brasileira também

---

[108] NIETO, Alejandro, *op. cit.*, p. 475.

[109] Este parece ser também o entendimento da professora uruguaia Susana Lorenzo, ao sustentar não haver violação ao postulado em epígrafe sempre que houver previsão normativa, expressa ou tácita, atribuindo competência para tanto à Administração Pública: LORENZO, Susana. *Sanciones administrativas*. Montevideo: Julio César Faira, 1996. p. 113.

alberga a possibilidade de aplicação cumulativa de sanções administrativas por um mesmo fato. Nesse sentido se manifesta a doutrina de Rafael Munhoz de Mello:

> O princípio do *non bis in idem*, por outro lado, não veda ao legislador a possibilidade de atribuir mais de uma sanção a uma mesma conduta. Foi afirmado acima que a sanção que atende ao princípio da proporcionalidade é a prevista no ordenamento jurídico: o legislador, observadas as normas constitucionais, define as medidas sancionadoras adequadas e proporcionais para cada situação de fato. Se estabelece a lei formal múltiplas sanções para uma mesma conduta, são elas adequadas e proporcionais, não sendo sua aplicação ofensiva ao princípio do non *bis in idem*.[110]

Consoante anteriormente explanado, a aplicação cumulativa de sanções administrativas distintas em razão da prática de uma mesma conduta violadora é juridicamente exequível, desde que, em observância ao princípio da legalidade, exista expressa disposição legal definindo adequadamente a competência sancionadora da Administração Pública. Entende-se que o legislador, ao positivar esse cenário de cumulatividade das sanções administrativas previstas na LAC e demais leis licitatórias, agiu de forma razoável e proporcional, orientando-se pelos princípios da legalidade e moralidade, não havendo elementos suficientes a evidenciar que o exercício dessa função legislativa tenha sido empregado de maneira leviana ou excessiva. Eventual excesso somente poderá ocorrer quando da aplicação da norma ao caso concreto, situação em que o Poder Judiciário poderá exercer amplo controle de legalidade sobre a atuação administrativa.

Uma vez afirmada a viabilidade jurídica da aplicação cumulativa de sanções administrativas distintas em face da inobservância de um mesmo dever jurídico, volta-se a indagar se seria possível que a respectiva apuração dessas infrações fosse realizada no bojo de um único processo administrativo sancionador, na situação em exame, o PAR.

Conforme já mencionado, o processo administrativo punitivo é regido, dentre outros princípios, pelo princípio da instrumentalidade das formas, ou formalismo moderado, e pelo princípio da razoável duração do processo, como corolário lógico do princípio da eficiência. Nesse sentido, o processo não deve ser entendido como um fim em si mesmo, mas como instrumento da efetiva realização do Direito. Assim, desde que garantido o devido processo legal, com todos os seus consectários jurídicos, principalmente, contraditório e ampla defesa, deve-se reconhecer o caráter meramente instrumental do processo, de forma que as infrações administrativas, ainda que previstas em leis diversas, poderão ser apuradas no bojo de um único processo administrativo.

Aliás, cumpre informar que o rito processual estabelecido na LAC é muito mais detalhado, benéfico e garantista ao acusado do que aquele parcamente delineado na Lei de Licitações. Em termos de regras processuais, a Lei nº 8.666/93 se limita a garantir, nos termos do art. 87, prévia defesa ao acusado, por meio escrito, a ser apresentada no prazo de 10 dias, e a estabelecer regra de competência para aplicação da sanção de declaração de inidoneidade. Nada mais é proposto em termos de processo administrativo sancionador.

Em sendo observado o rito processual da LAC (que, em linhas gerais, traça regras mais claras sobre instauração, instrução e julgamento, amplia o prazo para apresentação de defesa para 30 dias, torna obrigatória emissão de parecer jurídico prévio a anteceder a aplicação das sanções e, ainda, contempla mecanismos de dosimetria da pena), não há

---

[110] MELLO, Rafael Munhoz de, *op. cit.*, p. 212.

que se falar em prejuízo para a defesa, afastando-se, por tal motivo, a possibilidade de declaração de nulidade do processo correspondente. Afinal, de acordo com o princípio geral norteador das nulidades em processo administrativo, *pas de nullité sans grief*, ou seja, não há nulidade sem demonstração inequívoca dos prejuízos suportados.

Uma vez mais busca-se amparo nas disposições da Lei nº 12.846/13, que, apesar de não tratar do assunto de forma direta, fornece substrato hermenêutico hábil à construção de um sentido normativo que acomode a possibilidade de apuração das infrações administrativas estabelecidas em leis diversas em um único processo. Nesse sentido, possui destacada importância a redação do art. 17 da norma em destaque:

> Art. 17. A administração pública poderá também celebrar acordo de leniência com a pessoa jurídica responsável por atos e fatos investigados previstos em normas de licitações e contratos administrativos com vistas à isenção ou à atenuação das sanções restritivas ou impeditivas ao direito de licitar e contratar.

Ao permitir que o acordo de leniência estabelecido no curso do PAR pudesse também englobar a apuração da prática dos ilícitos previstos nos diplomas legais licitatórios, com possibilidade, inclusive, de atenuação ou mesmo isenção das sanções administrativas ali previstas, tais como suspensão temporária e declaração de inidoneidade, torna-se perceptível que o próprio legislador idealizara a pragmática necessidade de aproximação de procedimentos e processos administrativos que tenham por escopo a coibição de atos lesivos à Administração Pública.

Esse, aliás, é o entendimento de Maria Sylvia Zanella Di Pietro,[111] para quem o legislador infraconstitucional teria aproximado, por meio dos arts. 17 e 30 da Lei nº 12.846/13, as apurações de ilícitos administrativos previstos na Lei Anticorrupção e Lei Geral de Licitações, de modo que seria plenamente possível a apuração conjunta de tais ilícitos, ainda que relacionados aos mesmos fatos, desde que para a aplicação de sanções administrativas distintas, a exemplo da aplicação cumulativa de multa sobre o faturamento bruto e declaração de inidoneidade.

Harmonizando-se com a aludida *mens legislatoris*, ao regulamentar o diploma legal em epígrafe, o Chefe do Poder Executivo Federal inclinou-se à adoção do patamar processual já indicado, dispondo expressamente, no art. 12 do Decreto nº 8.420/15, sobre a possibilidade de apuração conjunta de infrações em um único processo administrativo:

> Art. 12. Os atos previstos como infrações administrativas à Lei nº 8.666, de 21 de junho de 1993, ou a outras normas de licitações e contratos da administração pública, que também sejam tipificados como atos lesivos na Lei nº 12.846, de 2013, serão apurados e julgados conjuntamente, nos mesmos autos, aplicando-se o rito procedimental previsto neste Capítulo.
>
> §1º Concluída a apuração de que trata o caput e havendo autoridades distintas competentes para julgamento, o processo será encaminhado primeiramente àquela de nível mais elevado, para que julgue no âmbito de sua competência, tendo precedência o julgamento pelo Ministro de Estado competente.
>
> §2º Para fins do disposto no caput deste artigo, o chefe da unidade responsável no órgão ou entidade pela gestão de licitações e contratos deve comunicar à autoridade prevista no

---

[111] DI PIETRO, Maria Sylvia Zanella. In: SEMINÁRIO SOBRE A LEI ANTICORRUPÇÃO, 2015, Brasília. Fundação Procurador Pedro Jorge de Melo e Silva. Palestra. 02 set. 2015

art. 3º deste Decreto sobre eventuais fatos que configurem atos lesivos previstos no art. 5º da Lei nº 12.846, de 2013.

Dessa maneira, sempre que se verificar que a conduta violadora às normas de licitações e contratos também se encontra tipificada no art. 5º da LAC, a autoridade responsável pela gestão de licitações e contratos no âmbito dos respectivos órgãos e entidades deverá dar ciência à autoridade com competência para instauração do PAR, para que adote as medidas necessárias à apuração dos fatos. Conforme já salientado, ao final do processo, em havendo elementos de autoria e materialidade suficientes à condenação da pessoa jurídica processada, o ato de julgamento poderá culminar na aplicação de sanções administrativas previstas em ambos os diplomas legais, Anticorrupção e Licitatório.

CAPÍTULO VI

6 Instrução processual

Instaurado o processo administrativo de responsabilização, uma vez constituída a comissão processante, inaugura-se a fase propriamente contraditória do feito processual, a fase de instrução, por meio da qual haverá a coleta dos elementos probatórios necessários à formação do entendimento conclusivo sobre os fatos apurados, seja para absolver ou condenar o ente jurídico processado.

6.1 Autoridade competente

Conforme já pontuado, o processo administrativo se desenvolve através de fases processuais distintas (instauração, instrução e julgamento). Para cada uma dessas fases, a lei processual estabeleceu a atuação predominante de uma determinada autoridade administrativa competente. A fase de instrução é conduzida por um órgão colegiado, a comissão processante, designada *ab initio* pela autoridade instauradora.

6.1.1 Estrutura da comissão

O art. 10 da LAC discorreu sobre a composição da comissão processante ao estabelecer que "o processo administrativo para apuração da responsabilidade de pessoa jurídica será conduzido por comissão designada pela autoridade instauradora e composta por dois ou mais servidores estáveis".

Diferentemente do que estatuído em outros diplomas legais, como, por exemplo, o art. 149 da Lei nº 8.112/90, a LAC não determinou quantitativo fixo de integrantes a compor a comissão processante, limitando-se a indicar composição mínima de dois servidores, de forma que, a depender da complexidade dos fatos em apuração, poder-se-á designar quantitativo superior de membros, acima, inclusive, do trino usualmente estabelecido na seara do PAD.

A Lei contemplou, ainda, um requisito de cunho funcional, de caráter obrigatório, cuja inobservância poderá ensejar a nulidade de toda a instrução processual, a estabilidade.[112] O requisito em voga se apresenta como mecanismo idealizado a conferir maior

---

[112] "EMENTA. MANDADO DE SEGURANÇA. SERVIDOR PÚBLICO CIVIL. PROCESSO ADMINISTRATIVO DISCIPLINAR. MÉRITO ADMINISTRATIVO. REAPRECIAÇÃO. LEGALIDADE. SANÇÃO DISCIPLINAR.

autonomia e independência na atuação dos membros da comissão, blinda-os, *ex lege*, contra eventuais pressões capazes de alterar o equilíbrio na tomada de decisão.

A estabilidade, nos termos do art. 41 da CF, somente se verifica em relação aos ocupantes de cargos de provimento efetivo após cumprido o prazo do estágio probatório. Afasta-se, por essa regra, a possibilidade de servidores nomeados exclusivamente para cargos em comissão, demissíveis *ad nutum*, comporem os quadros da comissão processante. Nada impede, porém, que servidores efetivos, também ocupantes de cargo em comissão, venham a integrar os quadros da comissão.

A jurisprudência majoritária tem entendido que o atributo da estabilidade deve ser verificado em relação ao tempo de serviço público em um determinado ente federativo, não devendo ser mensurado em referência ao tempo no cargo público atualmente exercido pelo servidor efetivo:

> O *caput* do art. 149 da Lei nº 8112/90, ao estabelecer que a Comissão de Inquérito deve ser composta de três servidores estáveis, a fim de assegurar maior imparcialidade na instrução, fez referência a servidores que tenham garantido a sua permanência no serviço público após a sua nomeação em virtude de aprovação em concurso público, nos termos do art. 41 da atual Carta Magna, ou seja, que tenham garantido a estabilidade no serviço público, e não no cargo ocupado à época de sua designação para compor a comissão processante.[113]

Verificado o preenchimento do requisito da estabilidade, na ausência de disposição legal que restrinja o campo de escolha da autoridade competente para formação da comissão, conclui-se que não há obrigatoriedade de serem os integrantes da comissão todos pertencentes ao mesmo órgão de lotação. A interpretação que se pode extrair da redação legal é a de que a Lei deixou à autoridade instauradora margem de escolha dentro de um universo a priori não definido, mas definível (servidores estáveis do respectivo ente federativo). Nesse sentido, aliás, a jurisprudência do STF:

> Entende-se que, para os efeitos do art. 143 da Lei nº 8.112/1990, insere-se na competência da autoridade responsável pela instauração do processo a indicação de integrantes da comissão disciplinar, ainda que um deles integre o quadro de um outro órgão da administração federal, desde que essa indicação tenha tido a anuência do órgão de origem do servidor.[114]

Uma questão que pode chamar a atenção dos mais atentos está relacionada ao fato de que o PAR poderá também ser instaurado no âmbito das entidades integrantes da administração pública indireta, inclusive aquelas regidas predominantemente por normas de Direito Privado, tais como empresas públicas e sociedades de economia mista. Uma vez que seus quadros funcionais são compostos, em regra, por empregados públicos regidos pela CLT, como o requisito da estabilidade poderá ser atendido?

APLICAÇÃO. ASPECTO DISCRICIONÁRIO. INEXISTÊNCIA. COMISSÃO DISCIPLINAR. INTEGRANTE. SERVIDOR PÚBLICO NÃO ESTÁVEL. NULIDADE.
[...]
III - É nulo o processo administrativo disciplinar cuja comissão processante é integrada por servidor não estável (Lei nº 8.112/90, art. 149, caput). Ordem concedida. (MS Nº 12.636 – DF, 2007/0031419-4, Relator: Ministro Felix Fischer, Terceira Turma, Data Julgamento: 27.08.2008, Data Publicação: 23.09.2008).

[113] STJ – MS nº 17.583/DF. Rel. Min. Mauro Campbell Marques, julgado em 12.09.2012.

[114] RMS nº 25.105/DF. Rel. Min. Joaquim Barbosa, julgado em 23.05.2006.

O requisito da estabilidade somente poderá ser exigido de servidores efetivos da Administração direta, ou, no caso da Administração indireta, apenas em relação aos entes regidos por normas de Direito Público, tais como autarquias e fundações. Dessa maneira, em se tratando de empresas públicas e sociedades de economia mista, não há dúvidas de que a comissão a ser designada para condução do PAR deverá ser composta por seus respectivos empregados públicos.

Ao regulamentar o dispositivo legal que versa sobre a composição da comissão, o Chefe do Executivo Federal apresentou interessante alternativa hermenêutica para a formação da comissão no âmbito das aludidas entidades da Administração federal:

> Art. 5º [...]
>
> §1º Em entidades da administração pública federal cujos quadros funcionais não sejam formados por servidores efetivos, a comissão a que se refere o caput deste artigo será composta por dois ou mais empregados públicos, preferencialmente, com no mínimo três anos de tempo de serviço na entidade (Decreto nº 8.420/15, art. 5º).

Percebe-se que o regulamento federal, por meio de analogia ao regime estatutário, se valeu do lapso temporal necessário à aquisição da estabilidade no serviço público, nos termos do art. 41 da CF. Entretanto, por não haver determinação legal nesse sentido, a regra delineada deve ter aplicação meramente facultativa, uma vez que a inobservância do marco temporal sugerido não poderá inquinar de nulidade o ato constitutivo da comissão. Não é por menos que a própria redação do dispositivo em tela empregou a palavra *preferencialmente*.

6.1.2 Independência e imparcialidade da comissão

Muito embora a comissão seja designada pela autoridade instauradora, a quem compete, inclusive, escolher os seus membros, é absolutamente inaceitável que essa mesma autoridade administrativa, ou quaisquer outras, venham a interferir nos trabalhos da comissão, que é o órgão natural para apuração e processamento dos atos lesivos praticados por pessoas jurídicas. A comissão processante deve ser entendida, nesse sentido, como órgão autônomo e independente, não estando subordinada a qualquer outro órgão ou autoridade da Administração Pública.

A proeminente posição da comissão dentro da estrutura orgânica da Administração se justifica no ideal de que o exercício da competência administrativa sancionatória não pode ficar subordinado ao alvitre da autoridade administrativa superior, que no caso do PAR não poderá interferir diretamente na coleta de provas nem na elaboração do libelo acusatório ou absolutório.

Ainda que a autoridade instauradora possa exercer *supervisão técnica* sobre o desenvolvimento do curso processual, tal atribuição, conforme já pontuado, não autoriza indevida ingerência no mérito das atividades instrutórias e na formação da convicção externada no relatório final, tratando-se de atividade que se restringe ao controle meramente formal do rito procedimental.

Sobre o relacionamento funcional alvorecido entre a autoridade instauradora e a comissão processante, é pertinente o alerta externado por Antonio Carlos Alencar Carvalho:

Mas o ofício instrutório deve ser desempenhado com autonomia pela comissão acima dos interesses da autoridade administrativa superior instauradora, inclusive com a possibilidade de, se for o caso, até contrariar a expectativa, implicitamente manifestada às vezes em conversas diretas e reuniões, ou por intermédio de chefes intermediários, do hierarca maior quanto à punição do servidor, de tal modo que deve ser respeitada até as últimas consequências, e assegurada sempre a total independência do trio nomeado para exercer suas atribuições de coleta de provas e de opinar pela responsabilidade disciplinar ou inocência do acusado, ao abrigo da pressão de corregedorias e instâncias administrativas superiores.[115]

Tamanha a relevância do atributo da independência e isenção da comissão processante, que o STF chegou a consignar que a atuação desse colegiado não se vincula, nem mesmo, aos entendimentos averbados por órgãos de controle externo ou interno:

> Inexiste sobreposição de atribuições entre as atividades exercidas pela Controladoria-Geral da União, pelo Tribunal de Contas da União e por comissão condutora de processo administrativo disciplinar. Os primeiros órgãos são responsáveis pelo controle – respectivamente, interno e externo – das contas dos administradores e pela defesa do patrimônio público, consoante revelam os artigos 17 a 20 da Lei nº 10.683, de 28 de maio de 2003, e 71, inciso II, da Carta Federal. A comissão disciplinar visa à apuração de possível falta funcional, a teor dos artigos 148 e 149 da Lei nº 8.112/90.[116]

De modo similar ao que ocorre na relação travada entre a comissão processante e a autoridade instauradora, a atuação dos órgãos de controle, externo ou interno, somente poderá recair sobre o exame da legalidade dos procedimentos levados a efeito pelo órgão colegiado.

Como não poderia deixar de ser, o tema também foi objeto de atenção na instância regulamentadora, cujo art. 6º, do Decreto Federal nº 8.420/15, reverenciou regra expressa sobre a atuação autônoma do colegiado processante:

> Art. 6º A Comissão a que se refere o art. 5º exercerá suas atividades com *independência e imparcialidade*, assegurado o sigilo, sempre que necessário à elucidação do fato e à preservação da imagem dos envolvidos, ou quando exigido pelo interesse da administração pública, garantido o direito à ampla defesa e ao contraditório.

Quanto à desejada imparcialidade inerente aos membros da comissão processante, devem-se observar normas processuais que fixam hipóteses de suspeição e impedimento. Em razão de sua integral aplicabilidade ao PAR, vislumbra-se a indispensável observância das regras contidas nos arts. 18 a 20 da Lei nº 9.784/99.

> Art. 18. É impedido de atuar em processo administrativo o servidor ou autoridade que:
>
> I - tenha interesse direto ou indireto na matéria;

---

[115] CARVALHO, Antonio Carlos Alencar. *Manual de processo administrativa disciplinar e sindicância*: à luz da jurisprudência dos tribunais e da casuística da Administração Pública. 2. ed. Belo Horizonte: Fórum, 2011. p. 322.

[116] STF – RMS nº 29.912/DF. Rel. Min. Marco Aurélio Mello, julgado em 17.04.2012.

II - tenha participado ou venha a participar como perito, testemunha ou representante, ou se tais situações ocorrem quanto ao cônjuge, companheiro ou parente e afins até o terceiro grau;

III - esteja litigando judicial ou administrativamente com o interessado ou respectivo cônjuge ou companheiro.

Art. 19. A autoridade ou servidor que incorrer em impedimento deve comunicar o fato à autoridade competente, abstendo-se de atuar.

Parágrafo único. A omissão do dever de comunicar o impedimento constitui falta grave, para efeitos disciplinares.

Art. 20. Pode ser arguida a suspeição de autoridade ou servidor que tenha amizade íntima ou inimizade notória com algum dos interessados ou com os respectivos cônjuges, companheiros, parentes e afins até o terceiro grau.

O regime de suspeições e impedimentos abrange circunstâncias de ordem legal, envolvendo a participação das diversas autoridades administrativas com poder de influência no ínterim processual, com vistas a oferecer garantias de imparcialidade aos administrados. O *impedimento* deriva de situação objetiva, originando presunção absoluta de parcialidade, não admitindo, por isso, produção de prova em contrário. Já a *suspeição* decorre de situação subjetiva a revelar presunção relativa de parcialidade, motivo pelo qual admite prova em contrário.

Ainda no campo da atuação independente da comissão, cumpre consignar que a ela devem ser fornecidas as condições materiais necessárias à célere elucidação do feito, tais como espaço físico apto a sua instalação e ao desenvolvimento das atividades instrutórias e todos os demais instrumentos orçamentários e funcionais que sejam justificadamente demandados pelo órgão colegiado. Não há dúvidas de que o não fornecimento da estrutura material exigida para realização da instrução processual maculará por inanição a almejada independência do comitê processante.

6.2 Instrução do processo e observância do contraditório e ampla defesa

A fase de instrução processual também tem por escopo fundamental, além do fornecimento à autoridade administrativa competente dos insumos necessários à formação do seu convencimento, conferir legitimidade democrática ao processo administrativo, uma vez que, justamente nesta fase processual, será oportunizado ao particular participar efetivamente da condução bilateral do curso processual, bem como externar suas razões defensivas.

O jurista paranaense Manoel de Oliveira Franco Sobrinho,[117] ainda na década de 70 do século passado, postulava veementemente no sentido de que o direito de defesa não seria concretamente realizável sem a efetiva possibilidade de participação do administrado na produção da prova. Afinal, a instrução do processo não deve ser entendida como atividade de interesse exclusivo da Administração Processante, devendo ser conduzida de maneira bilateral, no sentido de que a decisão final seja construída por meio de um mecanismo dialético de produção da verdade dos autos.

---

[117] SOBRINHO, Manoel de Oliveira Franco. *A prova administrativa*. São Paulo: Saraiva, 1973. p. 92.

Mesmo que a concreta participação na instrução probatória nem sempre possa se verificar, afinal o próprio ente processado pode quedar-se inerte, por sua própria opção, ao longo do curso processual, torna-se obrigatório à administração lançar mão dos meios necessários para que seja efetivamente oportunizado ao interessado requerer provas e se manifestar sobre aquelas já produzidas.

Consoante o afirmado dever jurídico que recai sobre a Administração Pública, o legislador processual albergou diversos mecanismos voltados a oportunizar ao interessado a demonstração de sua inocência. A ele é permitido, isto posto, juntar aos autos documentos, indicar e inquerir testemunhas, requerer a realização de perícias sobre matérias de conteúdo técnico, além de outras diligências que se fizerem necessárias. Faculta-se ao acusado a mais ampla possibilidade de proposição de provas, cujos únicos limites recaem sobre a licitude, a necessidade, a pertinência e a boa-fé do pleito aventado.

6.2.1 Comunicação dos atos processuais

Em razão do caráter dialético do PAR e tendo em vista a necessidade de se oportunizar-se o efetivo acompanhamento da marcha processual, os vários atos emanados pelas autoridades administrativas atuantes no processo, especialmente aqueles relacionados ao exercício do direito de defesa, devem ser adequadamente comunicados às partes interessadas.

No âmbito do PAR, as comunicações processuais são realizadas por dois principais instrumentos: a citação e a intimação.

A *citação* é o ato de comunicação processual por meio do qual se dá ciência ao acusado sobre a instauração do processo, oportunizando-o a apresentação de defesa escrita, bem como a possibilidade de especificação das provas que eventualmente pretenda produzir. Embora não haja na LAC nem em seu decreto regulamentador o teor do mandado de citação, é recomendável que constem no aludido documento mínimas informações processuais, tais como a informação da instauração do PAR; o nome e o cargo da autoridade instauradora, bem como dos membros que integram a comissão processante; o local e horário em que poderá ser obtida vista e cópia do processo; local e prazo para apresentação de defesa escrita, bem como especificação de provas; e descrição sucinta da infração imputada.

Já a *intimação* tem por finalidade comunicar a realização de todos os outros atos processuais relevantes que tenham sido ou venham a ser praticados no curso do processo, tais como a comunicação da oitiva de uma testemunha antes arrolada ou a especificação de prazo para apresentação de alegações finais.

Na seara do processo administrativo, tem plena aplicação o *princípio da ciência efetiva*, de maneira que a comunicação processual será válida sempre que o instrumento empregado for apto à finalidade proposta. Nesse sentido, aliás, encontra-se o art. 26, parágrafo 3º, da Lei nº 9.784/99, ao dispor que a intimação pode ser efetuada por qualquer outro meio que assegure a certeza da ciência do interessado. O princípio ora mencionado, nítido corolário do princípio do formalismo moderado, restou expressamente albergado no art. 7º, do Decreto Federal nº 8.420/15:

> Art. 7º As intimações serão feitas por meio eletrônico, via postal ou por *qualquer outro meio que assegure a ciência da pessoa jurídica acusada*, cujo prazo para apresentação de defesa será contado a partir da data da cientificação oficial, observado o disposto no Capítulo XVI da Lei nº 9.784, de 29 de janeiro de 1999 (Decreto nº 8.420/15, art. 7º, grifo nosso).

Em se tratando de pessoa jurídica estrangeira que não possua sede, filial ou representação no território brasileiro e sendo desconhecida sua representação no exterior, nos termos do parágrafo 3º, do supracitado dispositivo, restando frustrado o ato de comunicação processual nos termos em que previsto no regulamento federal, esse ato poderá ser realizado por meio de edital publicado na imprensa oficial e no sítio eletrônico do órgão ou entidade responsável pela condução do PAR.

Ainda em relação à efetivação dos atos de comunicação processual, sempre que houver lacuna no âmbito da LAC ou do seu decreto regulamentador, deve-se buscar esteio, por meio de analogia, em outras normas de natureza processual, especialmente, a Lei nº 9.784/99. A título de exemplo, não consta da LAC o interregno mínimo a ser observado entre o ato comunicação processual e a produção de uma prova testemunhal, de forma que se entende plenamente possível a aplicação do prazo mínimo de três dias úteis previstos no art. 26 do mencionado diploma processual.

6.2.2 Acompanhamento do processo

A pessoa jurídica processada poderá acompanhar o desenvolvimento do PAR por meio de seus representantes legais ou por procuradores devidamente constituídos, sendo-lhe assegurado amplo acesso aos autos, observando-se, entretanto, o sigilo legal necessário à elucidação do feito e à preservação da imagem dos envolvidos.

Quanto à vista dos autos, nos termos do decreto regulamentador, deverá ser sempre fornecida, inobstante seja vedada a retirada dos autos da repartição, de forma que o acesso aos autos será realizado na sede da comissão processante, dentro do horário assinalado no bojo do ato de citação. Embora a vista dos autos seja restrita ao âmbito da repartição, poderá o interessado requerer, sempre que entender necessário, cópia integral dos autos que compõem o PAR.

6.2.3 Requerimento por novas provas

Inicialmente, cumpre informar que o processo administrativo idealizado nos termos da Lei nº 12.846/13 seria aquele processo em que as provas já estariam pré-constituídas desde a sua instauração, de forma que não haveria, em princípio, necessidade de instrução probatória, cabendo ao processado, por meio de sua peça defensiva, apresentar argumentos de justificação ou de desconstituição dos elementos probatórios já coligidos.

Tanto é verdade, que não há no bojo do mencionado diploma legal, à exceção das medidas cautelares administrativas, dispositivos que efetivamente regulem a fase de instrução probatória, limitando-se a informar a constituição da comissão processante e a posterior possibilidade de manifestação do ente processado, por meio de defesa escrita a ser ofertada no prazo de 30 dias a contar da intimação.

Diante da enunciada lacuna legislativa, bem como em decorrência de uma necessidade de ordem pragmática, uma vez que nem sempre os autos estarão suficientemente instruídos com elementos probatórios aptos à tomada de decisão final, demandando-se, por vezes, a realização de atos de instrução processual, deve-se buscar esteio na aplicação subsidiária de outros diplomas processuais que versem de maneira mais satisfatória sobre o assunto, a exemplo da Lei nº 9.784/99.

Ainda que a LAC não verse sobre a atuação da pessoa jurídica processada na produção de provas, considerando o caráter dialético do processo e o respeito ao devido processo legal, especialmente na fase de instrução probatória, poderá o interessado requerer a produção de provas que entender necessárias à elucidação do feito. Nesse sentido, aliás, o art. 38 da Lei nº 9.784/99:

> Art. 38. O interessado poderá, na fase de instrução e antes da tomada de decisão, juntar documentos e pareceres, requerer diligências e perícias, bem como aduzir alegações referentes à matéria objeto do processo.

Dessa maneira, não há dúvidas de que, ainda que existentes provas já constituídas quando da instauração do processo, a partir de requerimento fundamentado da defesa, ou, mesmo, de ofício por decisão da comissão, a Administração Processante possa determinar a reabertura da coleta de material probatório.

Tal possibilidade, como não poderia deixar de ser, foi expressamente consagrada no bojo do decreto regulamentador da LAC, Decreto Federal nº 8.420/15, cujo *caput* do art. 5º estabeleceu que a comissão intimará a pessoa jurídica processada para, no prazo de 30 dias, apresentar defesa escrita e "especificar eventuais provas que pretende produzir".

A par desse relevante direito a ser exercido pela pessoa jurídica acusada, cumpre salientar que não existem direitos de caráter absoluto, nem mesmo os direitos de índole fundamental, de forma que poderá haver limitação justificada ao exercício do direito de requerer provas. Embora não conste de forma expressa na LAC, o indeferimento motivado de provas encontra-se disciplinado em diversos diplomas legais de aplicação subsidiária ao PAR:

> Art. 156. [...]
>
> §1º O presidente da comissão poderá denegar pedidos considerados impertinentes, meramente protelatórios, ou de nenhum interesse para o esclarecimento dos fatos (Lei nº 8.112/90, art. 156).
>
> Art. 38. [...]
>
> [...]
>
> §2º Somente poderão ser recusadas, mediante decisão fundamentada, as provas propostas pelos interessados quando sejam ilícitas, impertinentes, desnecessárias ou protelatórias (Lei nº 9.784/99, art. 38).

Em consonância com a redação dos diplomas legais elencados, a doutrina especializada sustenta haver quatro possibilidades legítimas de recusa de provas por parte da Administração Processante: provas ilícitas, impertinentes, desnecessárias ou protelatórias.

A prova é *ilícita* quando obtida em desconformidade com a lei ou com os princípios constitucionais. Prova *impertinente* é aquela que não guarde qualquer relação de pertinência com o assunto apurado nos autos do processo, sendo totalmente alheia ao escopo apuratório então fixado. A prova é *desnecessária* quando não apresentar a mínima utilidade prática para o desfecho da apuração, assim, por exemplo, quando o fato já se encontra provado por outros substanciais elementos probatórios. Por fim, prova *protelatória* é aquela de que se vale o interessado para fins meramente procrastinatórios, atuando em sentido contrário à razoável duração do processo, revelando, nesse sentido, atuação inquinada de manifesta má-fé processual.[118]

---

[118] CARVALHO FILHO, José dos Santos. *Processo administrativo federal*: comentários à Lei nº 9.784/99. 5. ed. São Paulo: Atlas, 2013. p. 200-205.

A possibilidade de denegação de pedido de produção de provas no bojo do processo administrativo sancionador encontra-se consagrada em remansosa jurisprudência dos tribunais superiores:

> O indeferimento de pedido de produção de provas, por si só, não se caracteriza como cerceamento de defesa, principalmente se a parte faz solicitação aleatória, desprovida de qualquer esclarecimento. A Constituição Federal de 1988, em seu art. 5º, LV, garante aos litigantes em maneira geral o direito à ampla defesa, compreendendo-se nesse conceito, dentre os seus vários desdobramentos, o direito da parte à produção de provas para corroborar suas alegações. Mas esse direito não é absoluto, ou seja, é necessário que a parte demonstre a necessidade de se produzir a prova, bem como deduza o pedido no momento adequado.[119]

Nesse esteio, adotando a tese delineada, o Decreto Federal nº 8.420/15, no parágrafo 3º, do art. 5º, estipulou que "serão recusadas, mediante decisão fundamentada, as provas propostas pela pessoa jurídica que se mostrem ilícitas, impertinentes, desnecessárias, protelatórias ou intempestivas".

Ainda que seja juridicamente viável o indeferimento de provas, cumpre alertar que tal prerrogativa deve ser exercida de forma cautelosa e satisfatoriamente motivada, com a precisa indicação dos fundamentos que revelem ser a prova requerida ilícita, impertinente, desnecessária ou meramente protelatória. Dúvidas quanto ao cabimento ou não da produção probatória devem ser sempre sopesadas em favor do seu deferimento.

Averbe-se que o princípio da motivação, conforme já destacado, é figura de representação do viés democrático no âmbito da Administração Pública, pois exige que as decisões que afetem os administrados sejam devidamente justificadas, a fim de que se possa, inclusive, realizar o controle dos atos perpetrados. Sob a égide do Estado Democrático de Direito, prescindir de fundamentação idônea em sede de decisão administrativa em processo de cunho punitivo constitui afronta de natureza grave, pois, a um só tempo, macula a cidadania, fundamento da República (CF, art. 1º, inciso II) e os princípios constitucionais do processo (CF, art. 5º, incisos LIV e LV).

Ademais, a motivação constitui, em certa medida, consectário lógico da legalidade administrativa, tendo em vista que, se a Administração só pode atuar nos termos da Lei, é imprescindível que seus atos sejam devidamente fundamentados, sob pena de tornar inócua a exigência do sobredito princípio.

6.3 Produção probatória

Como todo processo administrativo sancionador, o PAR se desenvolve tendo por objeto a produção de elementos que proporcionem o estabelecimento de uma prudente e amadurecida percepção sobre os fatos que no curso processual se busca conhecer. Esse processo encontra-se vinculado ao princípio da verdade real, de forma que se deve implementar todos os meios e instrumentos necessários à mais precisa elucidação dos eventos, circunstâncias e conjunturas que se mostrem relevantes.

Para além do caráter meramente punitivo, o processo tem por escopo maior não a responsabilização do ente jurídico, mas, antes de tudo, orientar-se a mais fiel apuração dos fatos. Ou seja, o PAR tem por objeto imediato o deslinde de uma determinada situação

---

[119] STJ – MS nº 7.834/DF. Rel. Min. Felix Fischer, julgado em 13.03.2002.

fática, e só de forma mediata a punição de pessoas jurídicas. Nesse sentido, a prova é o cerne, o âmago do processo, que somente pode ser decidido de acordo com os elementos probatórios que foram efetivamente carreados aos autos.

O julgamento deve ser lastreado nas provas coletadas nos autos do processo, denotando verdadeira garantia fundamental do particular acusado em face do arbítrio das autoridades administrativas, as quais deverão motivar os atos decisórios com fundamento exclusivo em elementos objetivos produzidos no curso do rito processual, assegurando-se a possibilidade de participação e fiscalização por parte da defesa, conferindo, dessa maneira, legitimidade e transparência à atividade punitiva da Administração Processante. A produção de provas não se limita à transmissão de convicção apenas à autoridade julgadora, devendo ir além, pois o ato de provar deve proporcionar a convicção da substância ou verdade dos fatos a todo aquele que se depare com os autos do processo.

Justamente por se vincular ao ditame da verdade real na apuração dos atos lesivos pela Administração Pública, admite-se a utilização de todos os meios de prova admitidos em nosso ordenamento jurídico, compreendendo, também, os moralmente legítimos, ainda que não estejam estabelecidos na lei processual. Sobre o tema se manifesta com lucidez José Armando da Costa:

> Essa abertura a todos os meios comprobatórios é uma consequência natural e lógica do princípio processual disciplinar que sacramenta o predomínio da verdade substancial sobre a formal. Se o inarredável compromisso da processualística disciplinar é com a veracidade das ocorrências funcionais, não poderá o Direito Processual Disciplinar, de modo apriorístico, rechaçar esse ou aquele meio de comprovação dos fatos.[120]

Os processualistas[121] tradicionalmente indicam a existência de quatro etapas a compor o procedimento de produção de provas no processo. A fase de *proposição* é aquela na qual as provas são trazidas à baila pela Administração ou requeridas pela defesa no momento oportuno. A fase de *admissão* revela o momento no qual as provas requeridas pela defesa serão deferidas ou não pela comissão processante. Conforme já salientado, poderão ser motivadamente indeferidas as provas ilícitas, impertinentes ou desnecessárias. A fase de *produção* compreende os atos processuais destinados à integração aos autos do processo das provas propostas e admitidas. Por fim, tem-se a fase de *valoração*, por meio da qual a Administração Pública, pautada num juízo de persuasão racional ou livre convencimento motivado, apreciará cada uma das provas produzidas, conferindo-lhes o valor que entender pertinente. No bojo do PAR, a fase de valoração será exercida em dois momentos distintos: pela comissão processante quando da elaboração do relatório final e pela autoridade julgadora quando do efetivo julgamento do feito.

A par da ausência de normas específicas sobre a instrução probatória no corpo da LAC, a comissão processante poderá se valer, no que couber, além das regras estabelecidas em diplomas administrativistas, tais como a Lei nº 9.784/99 ou Lei nº 8.112/90, das disposições constantes do Título VII, do Código de Processo Penal, que trata da produção de diversas espécies probatórias, tais como prova pericial; confissão; prova testemunhal; prova documental; prova indiciária; prova ilícita, busca e apreensão, etc.

---

[120] COSTA, José Armando da. *Processo administrativo disciplinar*: teoria e prática. 6. ed. Rio de Janeiro: Forense, 2010. p. 96.

[121] DIDIER JR., Fredie. *Curso de direito processual civil*: direito probatório, decisão judicial, cumprimento e liquidação da sentença e coisa julgada. Salvador: Juspodivm, 2007. p. 22-23.

Questão de destacada importância no cenário de produção de provas diz respeito à repartição do ônus probatório. Em razão do princípio da presunção de inocência, caberá à Administração provar a existência do fato imputado e a sua autoria, a tipicidade da conduta e a existência de circunstâncias agravantes. A dúvida, consoante o mesmo princípio, favorecerá a pessoa jurídica processada, uma vez que a condenação somente é possível diante de provas que indiscutivelmente infirmem a presunção da inocência. Ainda assim, não se deve supor que à defesa não recairá nenhum tipo de ônus probatório. Embora não haja o dever legal de provar sua inocência, recai sobre a defesa a responsabilidade de provar suas alegações, nesse sentido, aliás, o art. 36 da Lei nº 9.784/99, assim como o art. 156 do CPP. Portanto, à defesa incumbirá a prova das eventuais causas excludentes do nexo causal e as circunstâncias atenuantes e minorantes que tenha alegado.

6.3.1 Aspectos polêmicos relacionados à produção de provas

Conforme já delineado, a produção de provas no bojo do PAR será pautada pelas normas processuais já consagradas no ordenamento jurídico pátrio, admitindo-se a produção de todos os meios probatórios já admitidos em Direito, ou seja, as provas típicas, bem como a produção de todas as outras provas que se mostrem moralmente legítimas, ainda que não estabelecidas expressamente por diplomas processuais, as chamadas provas atípicas.

Foge ao escopo da presente obra realizar o detalhamento procedimental de todos os meios de prova passíveis de utilização no bojo do PAR, afinal, sobre o tema, diversas são as obras que tratam satisfatoriamente sobre o assunto. Inclusive no âmbito da própria jurisprudência já se encontram assentadas as diretrizes basilares dos respectivos meios probatórios. Nesse sentido, o presente estudo contemplará recorte temático, cuja abordagem recairá sobre o exame das principais polêmicas relacionadas ao tema produção probatória.

6.3.1.1 Prova emprestada

Entende-se por prova emprestada o mecanismo de instrução processual por meio do qual uma determinada prova produzida no bojo de um processo ou procedimento é transladada aos autos de processo distinto, passando a compor o seu respectivo acervo probatório. O instituto em tela pode ser extraído de alguns princípios constitucionais de natureza processual, tais como o princípio da verdade material, da economia e celeridade processual e da segurança jurídica.

É inegável que a grande valia da prova emprestada reside na economia processual que proporciona, tendo em vista que se evita a repetição desnecessária da produção de prova de idêntico conteúdo, a qual tende a ser demasiado lenta e dispendiosa. Nesse esteio, a economia processual decorrente da utilização da prova também importa em incremento de eficiência, na medida em que garante a obtenção do mesmo resultado útil, em menor período de tempo, em consonância com a garantia constitucional da duração razoável do processo, inserida na Carta Magna pela EC nº 45/04.

A aplicação da técnica da prova emprestada não requer identidade de natureza jurídica entre os processos e procedimentos comunicantes, de forma que a comunhão de provas poderá ser implementada entre processos instaurados em distintas searas de apuração. Dessa maneira, uma prova produzida no bojo de um processo penal pode ser perfeitamente aproveitada no bojo de um processo administrativo ou civil.

Existe significativa polêmica a respeito dos requisitos necessários à formalização do aproveitamento recíproco de provas em processos distintos. Apontam-se como requisitos necessários ao empréstimo das provas a identidade de fato probando, a observância dos requisitos formais de produção probatória no bojo do processo de origem e a possibilidade de contraditar as provas juntadas aos autos do segundo processo.

Discorda-se do entendimento defendido por alguns processualistas[122] no sentido de que se apresenta como requisito essencial ao aproveitamento da prova emprestada que esta tenha sido produzida em processo formado entre as mesmas partes, de forma que a prova não poderia gerar efeitos contra quem não tenha participado da prova no processo originário.

Como tema afeto ao desenvolvimento da instrução processual, a técnica da prova emprestada tem por finalidade a demonstração de fatos, uma vez que os processos irão se comunicar, não em razão da identidade de partes, mas em razão da identidade do fato probando, aspecto de ordem objetiva. Cumpre salientar que o princípio do contraditório seguirá imaculado, afinal, independentemente de ter participado ou não do primeiro processo, necessariamente será oportunizado à parte a quem a prova emprestada possa prejudicar o direito de contraditá-la no segundo processo. Sobre a contenda o Órgão Especial do STJ assim se manifestou:

> Em vista das reconhecidas vantagens da prova emprestada no processo civil, é recomendável que essa seja utilizada sempre que possível, desde que se mantenha hígida a garantia do contraditório. No entanto, ao contrário do que pretendem os embargantes, a prova emprestada não pode se restringir a processos em que figurem partes idênticas, sob pena de se reduzir excessivamente sua aplicabilidade, sem justificativa razoável para tanto.
>
> Independentemente de haver identidade de partes, o contraditório é o requisito primordial para o aproveitamento da prova emprestada. Portanto, assegurado às partes o contraditório sobre a prova, isto é, o direito de se insurgir contra a prova e de refutá-la adequadamente, afigura-se válido o empréstimo.[123]

No mesmo sentido o órgão plenário do Supremo Tribunal Federal:

> Dados obtidos em interceptação de comunicações telefônicas, judicialmente autorizadas para produção de prova em investigação criminal ou em instrução processual penal, bem como documentos colhidos na mesma investigação, podem ser usados em procedimento administrativo disciplinar, contra a mesma ou as mesmas pessoas em relação às quais foram colhidos, ou contra outros servidores cujos supostos ilícitos teriam despontado à colheita dessas provas.[124]

---

[122] Assim se manifestam Grinover, Fernandes e Gomes Filho: "Por isso mesmo, o primeiro requisito constitucional de admissibilidade da prova emprestada é o de ter sido produzida em processo formado entre as mesmas partes ou, ao menos, em processo em que tenha figurado como parte aquele contra quem se pretenda fazer valer a prova. Isso porque o princípio constitucional do contraditório exige que a prova emprestada somente possa ter valia se produzida, no primeiro processo, perante quem suportará seus efeitos no segundo, com possibilidade de ter contado, naquele, com todos os meios possíveis de contrariá-la" (GRINOVER, Ada Pellegrini; FERNANDES, Antônio Scarance; GOMES FILHO, Antônio Magalhães. *As nulidades do processo penal*. 8. ed. São Paulo: Revista dos Tribunais, 2004. p. 147-148).

[123] STJ – Embargos de Divergência em REsp. nº 617.428/SP, Rel. Min. Nancy Andrighi, julgado em 26.08.2010.

[124] STF – Seg. Quest. Ord. em Inquérito nº 2424/RJ, Rel. Min. César Peluso, julgado em 26.03.2010.

Quanto à valoração da prova emprestada há autores que sustentam sua aplicabilidade limitada ou mesmo a sua inaplicabilidade. Mirabete[125] sustenta ser insuficiente a prova emprestada, por si só, para fundamentar juridicamente uma condenação. Em sentido ainda mais crítico quanto à efetiva utilização de prova emprestada se posiciona José Armando da Costa:

> A prova emprestada – que parece definir-se como sendo aquela que é produzida num processo e aproveitada por outro – não desfruta, contudo, dos status jurídico processual de prova. Já que os princípios constitucionais do devido processo legal e do juízo natural descartam tal dedução. Sabe-se que o processo (penal ou disciplinar), por ser tangido pelo princípio da verdade material, se destina a transportar a verdade dos fatos. Mas isso, sem arranhar as garantias processuais que foram urdidas historicamente pelo homem através dos duros e passados tempos.
>
> [...]
>
> Por outro lado, destaque-se que nada obsta a que, como dizem os doutrinadores do direito penal, "as partes enriqueçam suas alegações com provas de outros processos". Contudo, deve-se levar em conta que, no processo receptor, a prova emprestada vale apenas como mero fato.[126]

Com todo respeito aos autores mencionados, diverge-se aqui do entendimento externado, uma vez que, não existindo hierarquia entre as provas, afinal o Direito Processual pátrio adotou o sistema de apreciação das provas denominado de *livre convencimento motivado ou persuasão racional*, uma prova emprestada pode ser tão importante quanto qualquer outra, não havendo fundamento jurídico apto a desprestigiá-la de maneira apriorística. Sobre o sistema de apreciação de provas adotado no Direito pátrio, vale destacar festejado trecho da Exposição de Motivos do Código de Processo Penal:

> O projeto abandonou radicalmente o sistema chamado da certeza legal. Atribui ao juiz a faculdade de iniciativa de provas complementares ou supletivas, quer no curso da instrução criminal, quer a final, antes de proferir a sentença. Não serão atendíveis as restrições à prova estabelecidas pela lei civil, salvo quanto ao estado das pessoas; nem é prefixada uma hierarquia de provas; na livre apreciação destas, o juiz formará, honesta e lealmente, a sua convicção. A própria confissão do acusado não constitui, fatalmente, prova plena de sua culpabilidade. Todas as provas são relativas; nenhuma delas terá, *ex vi legis*, valor decisivo, ou necessariamente maior prestígio que outra. Se é certo que o juiz fica adstrito às provas constantes dos autos, não é menos certo que não fica subordinado a nenhum critério apriorístico no apurar, através delas, a verdade material [...].

A própria jurisprudência dos tribunais superiores vem reiteradamente admitindo a efetiva utilização de provas produzidas em processo distinto, seja qual for a sua natureza. Sobre o tema, assim se manifestou o plenário do Supremo Tribunal Federal, admitindo a utilização em processo administrativo sancionador de provas produzidas, inclusive, no curso de inquérito policial:

---

[125] MIRABETE, Júlio Fabbrini. *Processo penal*. 15. ed. São Paulo: Atlas, 2004. p. 257.
[126] COSTA, José Armando da, *op. cit.*, p. 105.

EMENTA: PROVA EMPRESTADA. Penal. Interceptação telefônica. Documentos. Autorização judicial e produção para fim de investigação criminal. Suspeita de delitos cometidos por autoridades e agentes públicos. Dados obtidos em inquérito policial. Uso em procedimento administrativo disciplinar, contra outros servidores, cujos eventuais ilícitos administrativos teriam despontado à colheita dessa prova. Admissibilidade. Resposta afirmativa a questão de ordem. Inteligência do art. 5º, inc. XII, da CF, e do art. 1º da Lei federal nº 9.296/96. Precedentes. Voto vencido. Dados obtidos em interceptação de comunicações telefônicas, judicialmente autorizadas para produção de prova em investigação criminal ou em instrução processual penal, bem como documentos colhidos na mesma investigação, podem ser usados em procedimento administrativo disciplinar, contra a mesma ou as mesmas pessoas em relação às quais foram colhidos, ou contra outros servidores cujos supostos ilícitos teriam despontado à colheita dessas provas.[127]

No mesmo sentido a remansosa jurisprudência do Superior Tribunal de Justiça:

Essa Corte Superior tem firme entendimento de que é possível a utilização de provas emprestadas de inquérito policial e processo criminal na instrução de processo disciplinar, desde que assegurado o contraditório e a ampla defesa como ocorrido nos autos. Nesse sentido, confiram-se: MS 16.122/DF, Rel. Min. Castro Meira, Primeira Seção, DJe de 24.05.2011; MS 15.825/DF, Rel. Min. Herman Benjamin, Primeira Seção, DJe 19.05.2011; MS 17.534/DF, Rel. Min. Humberto Martins, Primeira Seção, DJe 20.03.2014; e 14.501/DF, Rel. Min. Marco Aurélio Bellizze, Terceira Seção, DJe 08.04.2014.[128]

Conclui-se, portanto, que nada obsta que a Administração Pública faça juntar aos autos do processo administrativo de responsabilização de pessoas jurídicas elementos probatórios coligidos em outros feitos administrativos ou judiciais, com vista a provar fatos para os fins do processo sancionador em curso, desde que seja oportunizado ao ente jurídico processado o exercício do contraditório e ampla defesa.

Quanto ao exercício do contraditório e ampla defesa, não há necessidade de que tal exercício seja estritamente observado já no processo ou procedimento de origem, afinal, nada impede que provas produzidas no curso de procedimentos inquisitivos, a exemplo do inquérito policial, também possam ser utilizadas no bojo do PAR. Na verdade, a observância ou não do contraditório e ampla defesa no âmbito do processo de origem irá influenciar na natureza jurídica do ato de recepção da prova no processo receptor. Dessa maneira, se no curso do processo de origem, por exemplo, foi produzida uma prova testemunhal de difícil repetição, cuja produção contou com a efetiva participação do acusado, no processo receptor a prova emprestada conservará sua natureza intrínseca de prova testemunhal. Quando não houver o exercício do contraditório no processo de origem, valerá a prova emprestada ao processo de destino como prova documental.

Com clareza, assim também se manifesta Marcos Salles Teixeira:

Assim sendo, tendo sido devidamente ofertado o contraditório ao mesmo interessado, esta prova emprestada é integralmente válida no processo de destino, trazendo para ele todo o seu valor como elemento formador de convicção e mantendo a força e o condão intrínsecos à sua natureza. Com isto, quer se dizer que o valor apriorístico de cada tipo de prova se translada

---

[127] STF – Pet 3683 QO / MG, Rel. Min. César Peluso, julgado em 13.08.2008.
[128] STJ – MS 15907 / DF, Rel. Min. Benedito Gonçalves, julgado em 14.05.2014.

também, não tendo seu valor probante reduzido à mera cópia documental juntada. Tem-se que, por exemplo, provas emprestadas decorrentes de uma oitiva de testemunha compromissada, de um laudo de perito, etc., mantêm seus respectivos valores probantes que lhes são inerentes, dentro da consagrada livre valoração da prova. Estas provas emprestadas trazem para o processo de destino o mesmo valor que possuem no processo em que efetivamente foram realizadas, qual seja, de serem a materialização (na busca da verdade material), em elemento jurídicamente válido, de atos concretos realizados naqueles autos (uma oitiva, uma perícia, etc.).[129]

Em ambas as hipóteses, observância ou não observância do contraditório no processo de origem, uma vez acostada a prova emprestada aos autos do processo administrativo, inarredavelmente dever-se-á oportunizar ao interessado o direito de manifestar-se sobre o elemento probatório coligido. Ou seja, sempre que uma prova emprestada for utilizada no bojo do processo administrativo sancionador, ainda que essa prova tenha sido produzida com observância do contraditório no processo originário, a parte processada deverá tomar ciência do seu aproveitamento, sendo-lhe oportunizado o direito de se insurgir contra a prova e refutá-la adequadamente.

Vale destacar que o entendimento ora defendido, quanto ao cabimento, extensão e livre valoração da prova emprestada, foi consagrado de maneira expressa na redação do atual Código de Processo Civil, Lei nº 13.105/15, dispondo, em seu art. 372, que "o juiz poderá admitir a utilização de prova produzida em outro processo, atribuindo-lhe o valor que considerar adequado, observado o contraditório".

6.3.1.2 Provas sigilosas

A cultura jurídica brasileira, sob forte influência do rol de direitos fundamentais consagrados na Constituição Federal, se consolidou no sentido de criar restrições à produção de provas que pudessem vulnerar a garantia de inviolabilidade da intimidade, privacidade, imagem e honra das pessoas. Do próprio texto constitucional extraem-se regras expressas acerca da sigilosidade de algumas informações, tais como aquelas relacionadas ao teor de comunicações telegráficas e telefônicas, ou, em outros casos, regras implícitas de sigilo, assim, por exemplo, as informações fiscais e bancárias. Nesse sentido, o ordenamento jurídico pátrio regulamentou no plano legal a proteção a esses relevantes valores: sigilo das comunicações telefônicas (Lei nº 9.296/1996); sigilo fiscal (Lei Complementar nº 105/2001); sigilo bancário (Lei Complementar nº 105/2001).

Apesar de se tratar de direitos e garantias de estatura constitucional, esses não se revestem de caráter absoluto, de forma que, em situações de conflito de valores igualmente constitucionais, tornar-se-á recomendável a ponderação de interesses, por meio do qual se desvelará um princípio de convivência de liberdades públicas, a legitimar, ainda que excepcionalmente, a adoção de medidas restritivas das prerrogativas individuais e coletivas. A festejada Lei de Acesso à Informação, Lei nº 12.527/11, atenta aos eventuais conflitos valorativos inerentes a uma Constituição dialética e plural, contemplou a possibilidade de afastamento excepcional de cláusulas preservadoras da intimidade e privacidade:

---

[129] TEIXEIRA, Marcos Salles. *Anotações sobre processo administrativo disciplinar*. 2013. p. 697-698. Disponível em: <http://www.cgu.gov.br/Publicacoes/GuiaPAD/Outros-Arquivos/RFB-AnotacoesSobrePAD.pdf>. Acesso em: 29 ago. 2014.

Art. 31. O tratamento das informações pessoais deve ser feito de forma transparente e com respeito à intimidade, vida privada, honra e imagem das pessoas, bem como às liberdades e garantias individuais.

[...]

§4º A restrição de acesso à informação relativa à vida privada, honra e imagem de pessoa não poderá ser invocada com o intuito de prejudicar processo de apuração de irregularidades em que o titular das informações estiver envolvido, bem como em ações voltadas para a recuperação de fatos históricos de maior relevância (Lei nº 12.527/11, art. 31).

Percebe-se, desde já, que o mencionado dispositivo legal cotejou o hipotético conflito entre o direito à intimidade e privacidade de um lado, e, de outro, a indisponibilidade do interesse público, estabelecendo que a restrição de acesso às informações de ordem privada não poderá ser invocada com o intuito de prejudicar o eventual processo de apuração de irregularidades. É justamente nesse contexto que se verifica o estudo sobre a admissibilidade de provas sigilosas no bojo do PAR, dispensando-se especial atenção aos aspectos legais e jurisprudenciais de produção de provas protegidas por sigilo bancário, fiscal e de comunicações telefônicas.

6.3.1.2.1 Sigilo bancário

A Constituição brasileira assegura expressamente apenas a inviolabilidade do sigilo da correspondência e das comunicações telegráficas, de dados e das comunicações telefônicas. Percebe-se que o texto constitucional não contemplou expressamente em sua redação normativa o termo *sigilo bancário*. Entretanto, prevalece no campo doutrinário e jurisprudencial majoritário o entendimento de que tal sigilo estaria implicitamente contido na redação do dispositivo constitucional, configurando o sigilo bancário como uma espécie de sigilo de dados, esse sim taxativamente previsto no art. 5º da Constituição Federal.

> Além de outras normas, a Carta Magna resguardou o direito ao sigilo bancário quando garantiu a inviolabilidade do sigilo de dados. O constituinte utilizou-se, apropriadamente para um texto de caráter geral e abstrato, a expressão sigilo de dados (gênero) com o fim de proteger o sigilo bancário (espécie).[130]

Embora o sigilo bancário possa ser sustentado como direito fundamental a ser observado, em especial, pelos representantes do Poder Público, no plano legal, em complementação ao texto constitucional, foi promulgada a Lei Complementar nº 105/2001, que, ao estabelecer como regra geral o sigilo de informações bancárias, acolheu hipóteses excepcionais em que tais informações poderiam ser legitimamente acessadas para fins de esclarecimento de determinadas situações. Sobre a necessidade de existência de um marco legal a regular o tema, se manifestou com singular sinceridade Sacha Calmon:

> [...] não pode a ordem jurídica de um país razoavelmente civilizado fazer do sigilo bancário um baluarte em prol da impunidade, a favorecer proxenetas, lenões, bicheiros, corruptos,

---

[130] QUEZADO, Paulo; LIMA, Rogério. *Sigilo bancário*. São Paulo: Dialética, 2002. p. 32.

contrabandistas e sonegadores de tributos. O que cumpre ser feito é uma legislação cuidadosa que permita a manutenção dos princípios da privacidade e do sigilo de dados, sem torná-los bastiões de criminalidade. De resto, reza a sabedoria popular que quem não deve não teme.[131]

Inicialmente, cumpre informar que as informações protegidas por sigilo bancário não são apenas aquelas que se encontram sob a posse de bancos, indo além, uma vez que, segundo o conceito estabelecido na Lei Complementar nº 105, de 10 de janeiro de 2001, as instituições financeiras podem ser bancos, distribuidoras de valores mobiliários, corretoras de câmbio e de valores mobiliários; sociedades de crédito; financiamento e investimentos; sociedade de crédito imobiliário; administradores de cartões de crédito; sociedades de arrendamento mercantil; administradoras de mercado de balcão organizado; cooperativas de créditos; associações de poupança e empréstimo; bolsas de valores e de mercadorias e futuros; entidades de liquidação e compensação; e outras sociedades que, em razão da natureza de suas operações, assim venham a ser consideradas pelo Conselho Monetário Nacional.

Nos termos da LC nº 105/2001 o acesso a tais informações para fins de apuração de atos ilícitos será sempre dependente de manifesta autorização judicial, muito embora, em algumas situações, o pedido poderá ser formulado por meio de mera petição dirigida à autoridade judiciária competente, sem necessidade de instauração de processo judicial específico, desde que em curso um determinado processo administrativo sancionador.

Nos termos do art. 1º, parágrafo 4º, da LC nº 105/01, a quebra de sigilo bancário poderá ser decretada quando necessária para apuração de ocorrência de qualquer ilícito, em qualquer fase do inquérito ou do processo judicial, em especial quando relacionada à prática de alguns crimes, tais como crimes contra a Administração Pública ou cometidos por organizações criminosas. Nessa primeira hipótese, a quebra do sigilo bancário demandaria a instauração de inquérito ou processo judicial, de natureza penal, como na maioria dos casos, ou mesmo de natureza civil, como na hipótese de apuração de ato de improbidade administrativa.[132] Percebe-se que, nesse caso, a instauração de um processo administrativo sancionador não seria suficiente, por si só, para fundamentar o acesso às informações sigilosas. Nada impede, entretanto, que a obtenção de eventuais provas produzidas no bojo de processo judicial, ou mesmo inquérito policial, seja formalizada pelo mecanismo da prova emprestada.

A outra hipótese legal de quebra de sigilo bancário tem especial relevância à instrução do PAR. Nos termos do parágrafo 1º do art. 3º da lei complementar em exame, dependem de prévia autorização do Poder Judiciário a prestação de informações e o fornecimento de documentos sigilosos solicitados por comissão de inquérito administrativo destinada a apurar responsabilidade de servidor público por infração praticada no exercício de suas atribuições, ou que tenha relação com as atribuições do cargo em que se encontre investido.

---

[131] COELHO, Sacha Calmon Navarro. *Caderno de pesquisa tributária*. São Paulo: Resenha Tributária, 1993. v. 18, p. 100.

[132] Nesse sentido o STJ: "PROCESSUAL CIVIL E ADMINISTRATIVO. AGRAVO REGIMENTAL NO AGRAVO EM RECURSO ESPECIAL. QUEBRA DE SIGILO BANCÁRIO. DECISÃO JUDICIAL FUNDADA EM INDÍCIOS DE ATO DE IMPROBIDADE. REEXAME DE PROVAS. SÚMULA 7/STJ.
1. A jurisprudência desta Corte Superior é firme no sentido de que a existência de indícios de improbidade administrativa – constatados pelas instâncias ordinárias na espécie – torna possível a decretação da quebra de sigilo bancário.
2. Diante desse contexto, para o enfrentamento da controvérsia seria necessário o reexame de provas, que é vedado pela Súmula 7 do STJ. Precedentes.
3. Agravo regimental a que se nega provimento" (AgRg no AGRAVO EM RECURSO ESPECIAL Nº 354.881/SP, Rel. Min. Og Fernandes).

Percebe-se que, nessa hipótese, não haverá necessidade de existência de inquérito policial ou processo judicial em curso a fim de justificar a obtenção da informação sigilosa, que será formalizada por meio de mera petição fundamentada dirigida à autoridade judiciária competente. Ou seja, nos termos da Lei em epígrafe, um processo administrativo sancionador seria suficiente para justificar o pedido de informação perante o Poder Judiciário.

Vale ressaltar que o dispositivo legal não está a autorizar, por meio de processo administrativo, o acesso judicial às informações bancárias dos entes privados envolvidos no ato de corrupção, mas o acesso de informações bancárias de agentes públicos, que eventualmente tenham se valido do cargo público para obtenção de vantagem indevida. Como a Lei Anticorrupção tipificou como lesivo à Administração, no inciso I, do art. 5º, o ato de dar vantagem indevida a agente público torna indiscutível o valor probatório de informações bancárias que demonstrem o pagamento de propina.[133]

Muito embora o PAR tenha por finalidade imediata a apuração de responsabilidade de pessoas jurídicas, nada impede que o material probatório ali coligido seja também aproveitado para fins de responsabilização de servidor público, a ser elucidada no bojo de um específico processo administrativo disciplinar. Em função dessa possibilidade, encontra-se atendido o preceito legal, uma vez que, nessas situações, o PAR estará destinado, ainda que indiretamente, à apuração de responsabilidade do servidor público por infração praticada no exercício de suas atribuições, ou que tenha relação com as atribuições do cargo em que se encontre investido.[134]

Verificando a comissão processante a necessidade de acessar informações bancárias de agentes públicos, para fins de demonstrar, por exemplo, pagamento de propina efetuado por sociedade empresária, deverá encaminhar a solicitação à autoridade instauradora, que por meio do órgão de assessoramento jurídico competente formulará pedido fundamentado

---

[133] Confira-se a jurisprudência do STJ: "RECURSO ORDINÁRIO. MANDADO DE SEGURANÇA. PROCESSO ADMINISTRATIVO DISCIPLINAR. MAGISTRADO. APLICAÇÃO DE PENA DE DISPONIBILIDADE COM VENCIMENTOS
PROPORCIONAIS AO TEMPO DE SERVIÇO. NULIDADES AFASTADAS. SINDICÂNCIA. DESNECESSIDADE DE CONTRADITÓRIO E AMPLA DEFESA. VOTAÇÃO SECRETA. DESCABIMENTO.
[...]
4. A determinação de quebra de sigilo bancário, nos autos de processo administrativo disciplinar, não incorre em ilegalidade se determinada pela autoridade judiciária competente. Da mesma forma, não há nulidade do processo administrativo se a pena de disponibilidade é aplicada com base em provas que, caso desconsiderada a gravação telefônica, seriam suficientes para embasá-la.
[...]
8. Recurso Improvido" (RMS nº 11.708/PR, Rel. Min. Maria Thereza de Assis Moura).

[134] O raciocínio esboçado se justifica principalmente quando em mente que já se reconhece a possibilidade de obtenção da quebra do sigilo bancário, na seara administrativa, muito embora com a indispensável autorização judicial, por meio, inclusive, de procedimento de cunho meramente investigativo, a exemplo de sindicâncias investigativas, desde que instauradas com a finalidade de apuração de ilícitos funcionais. Nesse sentido, a Controladoria-Geral da União, na qualidade de órgão central do sistema federal de correição, tratou de normatizar o assunto, por meio da Portaria CGU nº 335:
Art. 16. A *sindicância patrimonial* constitui procedimento investigativo, de caráter sigiloso e não-punitivo, destinado a apurar indícios de enriquecimento ilícito por parte de agente público federal, a partir da verificação de incompatibilidade patrimonial com seus recursos e disponibilidades, e será iniciada mediante determinação do Ministro de Estado do Controle e da Transparência, do Secretário-Executivo da Controladoria-Geral da União, do Corregedor-Geral ou dos Corregedores-Gerais Adjuntos;
[...]
Art. 18. Para a instrução do procedimento, a comissão efetuará as diligências necessárias à elucidação do fato, ouvirá o sindicado e as eventuais testemunhas, carreará para os autos a prova documental existente e solicitará, se necessário, o afastamento de sigilos e a realização de perícias.
[...]
§2º A solicitação de *afastamento de sigilo bancário* deve ser encaminhada à Advocacia-Geral da União, com as informações e documentos necessários para o exame de seu cabimento (grifo nosso).

à autoridade judicial competente. Após a obtenção das informações pertinentes, deverá o órgão colegiado providenciar o envio de representação à instância disciplinar para fins de instauração ou instrução do feito correcional.

Cumpre frisar que a produção originária, no âmbito do PAR, de prova protegida por sigilo bancário somente deve ser proposta em casos absolutamente essenciais e indispensáveis. A uma, considerando que não se deve banalizar os procedimentos probatórios que causem restrições a direitos fundamentais. A duas, em razão da complexidade e morosidade da produção da prova na seara judicial a causar reflexos no célere deslinde do processo administrativo. Por fim, vale reiterar que a obtenção de informações bancárias pode ser legitimamente fornecida por meio dos usuais mecanismos de compartilhamento de provas. Assim, por exemplo, se estiver em curso inquérito policial ou processo judicial em que já houvera sido decretada a quebra do sigilo bancário, deve a comissão diligenciar à autoridade competente a pertinente autorização para o fornecimento de prova emprestada.

Uma vez obtido o acesso às informações bancárias pretendidas, os membros da comissão devem dispensar o máximo de atenção ao seu trato, afinal transferem-se a eles não só os dados bancários solicitados, mas também a responsabilidade de não divulgá-los indevidamente, já que a obrigação de preservar o sigilo é transferida para o agente recebedor dos dados, sob pena de responsabilidade. Nesse sentido, a própria LC nº 105/01 contemplou mandamento expresso:

> Art. 11. O servidor público que utilizar ou viabilizar a utilização de qualquer informação obtida em decorrência da quebra de sigilo de que trata esta Lei Complementar responde pessoal e diretamente pelos danos decorrentes, sem prejuízo da responsabilidade objetiva da entidade pública, quando comprovado que o servidor agiu de acordo com orientação oficial.

Por fim, cabe destacar que as restrições à obtenção de informações bancárias se relacionam estritamente à movimentação financeira de valores de ordem privada. Nesse sentido, em consonância com os princípios constitucionais da moralidade administrativa, publicidade e transparência, não há que se falar em sigilo bancário por instituições financeiras executoras de política creditícia e financeira do governo, na movimentação e repasses de verbas de natureza pública. A proteção de dados de que cogita o inciso XII do art. 5º da Constituição Federal não alcança a hipótese, uma vez que o sigilo bancário apenas obstaculiza o fornecimento de informações de terceiros.

Sobre o tema consta paradigmático precedente do Supremo Tribunal Federal, onde restou assentado pelo órgão plenário o entendimento de que o sigilo bancário não estaria apto a englobar informações relacionadas à aplicação de recursos públicos. Tratava-se do julgamento do Mandado de Segurança nº 21.729/DF, cuja relatoria para o acórdão foi atribuída ao Ministro Neri da Silveira:

> EMENTA: - Mandado de Segurança. Sigilo bancário. Instituição financeira executora de política creditícia e financeira do Governo Federal. Legitimidade do Ministério Público para requisitar informações e documentos destinados a instruir procedimentos administrativos de sua competência. 2. Solicitação de informações, pelo Ministério Público Federal ao Banco do Brasil S/A, sobre concessão de empréstimos, subsidiados pelo Tesouro Nacional, com base em plano de governo, a empresas do setor sucroalcooleiro. 3. Alegação do Banco impetrante de não poder informar os beneficiários dos aludidos empréstimos, por estarem protegidos pelo sigilo bancário, previsto no art. 38 da Lei nº 4.595/1964, e, ainda, ao entendimento de que dirigente do Banco do Brasil S/A não é autoridade, para efeito do art. 8º, da LC nº 75/1993. 4.

O poder de investigação do Estado é dirigido a coibir atividades afrontosas à ordem jurídica e a garantia do sigilo bancário não se estende às atividades ilícitas. A ordem jurídica confere explicitamente poderes amplos de investigação ao Ministério Público - art. 129, incisos VI, VIII, da Constituição Federal, e art. 8º, incisos II e IV, e §2º, da Lei Complementar nº 75/1993. 5. Não cabe ao Banco do Brasil negar, ao Ministério Público, informações sobre nomes de beneficiários de empréstimos concedidos pela instituição, com recursos subsidiados pelo erário federal, sob invocação do sigilo bancário, em se tratando de requisição de informações e documentos para instruir procedimento administrativo instaurado em defesa do patrimônio público. Princípio da publicidade, ut art. 37 da Constituição. 6. No caso concreto, os empréstimos concedidos eram verdadeiros financiamentos públicos, porquanto o Banco do Brasil os realizou na condição de executor da política creditícia e financeira do Governo Federal, que deliberou sobre sua concessão e ainda se comprometeu a proceder à equalização da taxa de juros, sob a forma de subvenção econômica ao setor produtivo, de acordo com a Lei nº 8.427/1992. 7. Mandado de segurança indeferido.[135]

Pela clareza com que abordou o assunto, vale registrar as doutas linhas do voto condutor exarado pelo Ministro Neri da Silveira:

Ora, entendo que não cabe chegar ao ponto de afirmar que mera referência ao nome de quem teria sido beneficiado ou contratante, em um determinado empréstimo subsidiado pelo erário federal, em razão de um plano de Governo, constituiria matéria encoberta pelo sigilo bancário.

Em primeiro lugar, se se trata de operação em que há dinheiro público, a publicidade deve ser nota característica dessa operação. Não há razão, portanto, para o banco não dizer quem são os beneficiados por esses empréstimos. Se o Governo Federal está atuando, por intermédio do banco do Brasil, na execução de plano de amparo a um setor de produção, compreendo que, acerca dessas operações do Banco, com recursos do tesouro Nacional, não pode lograr procedência a negativa de informações, com a invocação do sigilo bancário.

Com efeito, o sigilo bancário não pode englobar esse tipo de informação, em se cuidando de aplicação de recursos públicos. Pretender o Ministério Público saber se já houve contratos, que são os contratantes, a data de sua celebração, a edição do Diário Oficial em que estão publicados esses contratos, tudo isso não há de ficar, sob o manto do sigilo bancário, se se cogita de transações subsidiadas com recursos do erário.

No mesmo sentido se posicionou a jurisprudência da Terceira Seção do Superior Tribunal de Justiça:

ADMINISTRATIVO. PROCESSO DISCIPLINAR. PENA DE DEMISSÃO. REGULARIDADE. QUEBRA DE SIGILO BANCÁRIO. CONTA DE SUPRIMENTO DE FUNDOS. LICITUDE DA PROVA. CERCEAMENTO DE DEFESA. INOCORRÊNCIA. USO DE PROVA EMPRESTADA. INDEPENDÊNCIA DAS INSTÂNCIAS ADMINISTRATIVA E PENAL.

1 - Não se cogita de violação de sigilo bancário quando a autarquia titular, por meio de agente de seus quadros investido de poderes para tanto, requisita a emissão de extratos bancários

---

[135] STF – MS nº 21.729/DF, Redator p/ o acórdão Min. Neri da Silveira, julgado em 05.10.95.

de conta tipo "B", cuja titularidade é da unidade gestora, ou seja, o órgão da Administração, e não do servidor, nem tampouco quando há o consentimento expresso do titular.

[...]

5 - Ordem denegada.[136]

Desse modo, afasta-se a possibilidade de instituições financeiras, quando na gestão de recursos públicos, negarem acesso às informações necessárias à instrução do processo sob a alegação de sigilo bancário, que não deve prosperar numa seara em que prevalecem os ditames da publicidade e transparência, nos exatos termos do art. 37, *caput*, e art. 70, ambos da Carta Magna. Assim sendo, a própria Administração Processante poderá requisitar diretamente tais informações, sem necessidade da chancela do Poder Judiciário.

Em reforço ao quanto alegado, vale fazer menção a recente julgado do Supremo Tribunal Federal, que assentou a competência de órgão de índole administrativa, no caso o Tribunal de Contas da União, a requisitar diretamente, sem necessidade de intervenção do Poder Judiciário, informações bancárias relacionadas a operações realizadas entre o Banco Nacional de Desenvolvimento Econômico – BNDES e determinado grupo empresarial, na gestão de verba pública vinculada à atividade de fomento econômico.

Afirmou-se, na oportunidade, que não se estaria diante de requisição para a obtenção de informações de terceiros, mas de informações das próprias instituições, que contrataram com terceiros com o emprego de recursos de origem pública, consignando-se, ao final, que, sem prejuízo da necessidade de tutela da privacidade e dos seus consectários lógicos – o sigilo bancário e empresarial –, "as exigências do presente momento histórico compeliriam à adoção de uma política de governança corporativa responsável no âmbito dos grupos econômicos, o que impediria uma visão pueril de irresponsável ampliação do alcance da tutela ao sigilo bancário e empresarial".[137]

6.3.1.2.2 Sigilo fiscal

O sigilo fiscal decorre de interpretação sobre a norma constitucional que assegura a inviolabilidade da intimidade e privacidade das pessoas. Da mesma maneira que o sigilo bancário, o sigilo fiscal também é relativo, podendo os dados protegidos ser acessados sob os termos e condições estabelecidas em lei, afinal, à luz do princípio da convivência de liberdades públicas, o interesse público deverá prevalecer em detrimento do interesse meramente particular, ainda assim, observados alguns limites.

No plano legal, o dever de se manter sigilo sobre as informações fiscais dos contribuintes extrai-se do art. 198 do CTN, prevendo o dispositivo ser vedada a divulgação por parte da fazenda pública ou de seus servidores de informação obtida em razão do ofício sobre a situação econômica ou financeira do sujeito passivo ou de terceiros e sobre a natureza e o estado de seus negócios e atividades.

Nada obstante, apesar do *caput* do art. 198 do CTN encartar o dever de sigilo como regra geral em relação às informações fiscais dos contribuintes, positivando o caráter relativo do aludido direito individual face ao interesse público, o parágrafo primeiro do dispositivo em tela, cuja redação foi dada pela Lei Complementar nº 104, de 10.01.2001,

---

[136] STJ – MS nº 10.292/DF, Rel. Min. Paulo Gallotti, julgado em 22.08.2007.
[137] STF – MS nº 33.340/DF, rel. Min. Luiz Fux, julgado em 26.05.2015.

contemplou reduzido rol de exceções à sigilosidade dos dados fiscais, dentre as quais se destaca aquela prevista em seu inciso II:

> Art. 198. Sem prejuízo do disposto na legislação criminal, é vedada a divulgação, por parte da Fazenda Pública ou de seus servidores, de informação obtida em razão do ofício sobre a situação econômica ou financeira do sujeito passivo ou de terceiros e sobre a natureza e o estado de seus negócios ou atividades.
>
> §1º Excetuam-se do disposto neste artigo, além dos casos previstos no art. 199, os seguintes:
>
> II – solicitações de autoridade administrativa no interesse da Administração Pública, desde que seja comprovada a instauração regular de processo administrativo, no órgão ou na entidade respectiva, com o objetivo de investigar o sujeito passivo a que se refere a informação, por prática de infração administrativa.

Nos termos do dispositivo legal, o acesso à informação sigilosa demandará o atendimento cumulativo dos seguintes requisitos: solicitação à autoridade fiscal por outra autoridade administrativa no interesse da Administração Pública; comprovação de regular processo administrativo; que o processo tenha por escopo a apuração da prática de infração administrativa por um determinado sujeito passivo. Percebe-se que, diferentemente do acesso aos dados protegidos por sigilo bancário, na seara tributária, observados os requisitos legais, não há necessidade de intervenção do Poder Judiciário para fins de disponibilização das informações requeridas. Ou seja, a coleta de informações fiscais da pessoa jurídica processada ocorrerá no estrito âmbito administrativo. O tema, aliás, já se encontra consolidado na jurisprudência do STJ:

> b) Quanto ao sigilo fiscal, ao que se tem, foram emitidos mandados de procedimento, ao contrário do afirmado. Consoante o art. 198, §1º, II, do CTN, com a redação dada pela LC nº 104/2001, desde que instaurado processo administrativo, com o objetivo de investigar o servidor pela prática de infração administrativa, os dados fiscais podem ser divulgados, de forma fundamentada e reservada, como ocorreu *in casu*.[138]

Não há dúvidas de que a instauração do PAR atende de forma satisfatória aos requisitos elencados na legislação tributária, porquanto se trata de processo administrativo inaugurado com a finalidade de apurar a prática de atos lesivos à Administração Pública. Sendo assim, entendendo a comissão pela pertinência da coleta de dados fiscais da pessoa jurídica processada, diligenciará diretamente à autoridade fiscal competente o acesso a tais informações.

Cumpre informar que a condicionante legal de haver no órgão solicitante processo administrativo instaurado com a finalidade de apurar infração administrativa deve ser entendida de forma ampla, contemplando, portanto, tanto os processos em sentido estrito, em que são observados contraditório e ampla defesa, como também os procedimentos de índole meramente investigativa, a exemplo de sindicâncias. Nesse ínterim, também a investigação preliminar prevista no art. 4º do Decreto Federal nº 8.420/99 se apresenta como instrumento hábil ao acesso às informações fiscais. Na esfera federal, o assunto já foi objeto de análise em parecer proferido pela Procuradoria-Geral da Fazenda Nacional, saneando

---

[138] STJ – MS nº 12.660/DF, Rel. Min. Marilza Maynard (Desembargadora convocada do TJ/SE), julgado em 13.08.2014.

dúvida da Secretaria da Receita Federal acerca da possibilidade jurídica de fornecimento de informações fiscais solicitadas no curso de sindicância administrativa:

> Muito embora sustentemos a necessidade de interpretar restritivamente as exceções ao sigilo fiscal, contidas no art. 198, do CTN, acreditamos que a expressão 'processo' empregada em seu §1º, II, abrange tanto o processo em sentido estrito quanto o procedimento formalmente instaurado. [...]. Percebe-se, dessa forma, que o art. 198, §1º, inciso II, do Código Tributário Nacional, exige, para que seja possível a liberação do dever de sigilo fiscal, apenas que o processo ou procedimento administrativo esteja regularmente instaurado por autoridade administrativa competente, tenha objeto lícito e finalidade pública. [...]. Na hipótese ora em análise, teremos então satisfeitos todos os requisitos exigidos pela legislação em comento para que possa ser quebrado o sigilo fiscal do investigado, sendo as informações sigilosas requisitadas pela sindicância patrimonial essenciais para a apuração dos fatos sob investigação [...].[139]

Na mesma esteira se consolidou o entendimento da Controladoria-Geral da União sobre o assunto. Assim, na qualidade de órgão central do sistema federal de correição e no exercício de sua competência normativa, por meio da Portaria CGU nº 335, de 30.05.2006, ao tratar da sindicância patrimonial, procedimento de natureza investigativa, regulamentou a possibilidade de afastamento do sigilo fiscal.[140]

Cabe, ainda, ressaltar as mesmas observações antes tecidas em relação à produção de provas protegidas por sigilo bancário, de forma que o intercâmbio de informações fiscais somente deve ser solicitado quando realmente indispensável e essencial à apuração do feito, sendo plenamente possível a obtenção dessas informações por meio da técnica da prova emprestada. Frise-se também que junto com as informações fornecidas transfere-se o respectivo dever de sigilo, de forma que a divulgação ou vazamento indevido poderá sujeitar os membros da comissão à responsabilidade administrativa, civil e penal.

6.3.1.2.3 Sigilo telefônico

A Constituição Federal, ao firmar como regra a inviolabilidade das comunicações telefônicas, excepcionou-a de maneira bem restrita, permitindo a quebra do sigilo telefônico "por ordem judicial, nas hipóteses e na forma que a lei estabelecer, para fins de investigação criminal ou instrução processual penal". Regulamentando o dispositivo constitucional, foi promulgada a Lei nº 9.296, de 24.07.1996, a qual prescreveu, já no seu art. 1º, que a interceptação de comunicações telefônicas estaria restrita à produção de provas no curso de investigação criminal ou em instrução processual penal, a depender de autorização de autoridade judiciária competente, sob o estrito segredo de justiça. A legislação especial contemplou, ainda assim, outros requisitos cumulativos a justificar o deferimento do pedido: haver indícios razoáveis de autoria ou participação na infração penal; a prova não poder ser feita por outros meios disponíveis; e o fato investigado constituir infração penal punível com pena de reclusão.

---

[139] Parecer PGFN/CDI nº 1.433/2006.

[140] Art. 18. Para a instrução do procedimento, a comissão efetuará as diligências necessárias à elucidação do fato, ouvirá o sindicado e as eventuais testemunhas, carreará para os autos a prova documental existente e solicitará, se necessário, o afastamento de sigilos e a realização de perícias.
§1º As consultas, requisições de informações e documentos necessários à instrução da sindicância, quando dirigidas à Secretaria da Receita Federal do Ministério da Fazenda, deverão ser feitas por intermédio dos Corregedores-Gerais Adjuntos, observado o dever da comissão de, após a transferência, assegurar a preservação do sigilo fiscal.

Diante do cenário delineado, urge o enfrentamento de polêmica questão: uma vez produzida a prova sigilosa na instância criminal, poderia ela ser aproveitada para fins de instrução em processo não criminal? De maneira ainda mais específica: poderia a prova produzida ser emprestada à seara meramente administrativa, para fins de responsabilização de pessoas jurídicas como no caso do PAR? São essas as questões que ora se busca enfrentar.

No âmbito doutrinário, verifica-se a existência de entendimentos em ambos os sentidos, ou seja, pela procedência ou não da utilização da interceptação telefônica por meio de prova emprestada em processo não criminal.

Sustentam alguns renomados autores que as normas indicadas teriam limitado, de modo intransponível, a admissibilidade do acesso à informação sigilosa às hipóteses de investigação e instrução processual penal, de modo que estaria vedado o empréstimo da prova ali produzida a qualquer outro processo que não detivesse natureza penal.

> Estando em jogo liberdades constitucionais (direito à intimidade frente a outros direitos e interesses), procurou o constituinte, desde logo, demarcar o âmbito de prevalência de outro interesse (criminal), em detrimento da intimidade. Mesmo assim, não é qualquer crime que admite a intercepção. Essa escolha, fundada na proporcionalidade, não pode ser desviada na praxe forense. Em conclusão, a prova colhida por interceptação telefônica no âmbito penal não pode ser 'emprestada' (ou utilizada) para qualquer outro processo vinculado a outros ramos do direito. [...] Urge respeito à vontade do constituinte (fins criminais). Ao permitir a interceptação, como quebra que é do sigilo das comunicações, somente para fins criminais, já fazia o uso da ponderação e proporcionalidade, que agora não pode ser ampliada na prática.[141]

Apesar da coesão do entendimento doutrinário esboçado, filia-se a presente obra à corrente doutrinária que admite a utilização da prova produzida na instância criminal em outros processos de natureza distinta, desde que observado o procedimento legalmente estabelecido na fase de produção probatória.

> As opiniões dividem-se, mas, de nossa parte, pensamos ser possível o transporte da prova. O valor constitucionalmente protegido pela vedação das interceptações telefônicas é a intimidade. Rompida esta, licitamente, em face do permissivo constitucional, nada mais resta a preservar. Seria uma demasia negar-se a recepção da prova assim obtida, sob a alegação de que estaria obliquamente vulnerado o comando constitucional. Ainda aqui, mais uma vez, deve prevalecer a lógica do razoável.

> Nessa linha de interpretação, cuidados especiais devem ser tomados para evitar que o processo penal sirva exclusivamente como meio oblíquo para legitimar a prova no processo civil. Se o juiz perceber que esse foi o único objetivo da ação penal, não deverá admitir a prova na causa cível.[142]

A questão do aproveitamento da prova decorrente de intercepção telefônica deve ser examinada sob duas perspectivas distintas, porém complementares; uma relacionada ao momento de *produção* da prova e outra pertinente à sua respectiva *utilização* processual.

---

[141] GOMES, Luiz Flávio. Finalidade da interceptação telefônica e a questão da prova emprestada. *Repertório IOB de Jurisprudência*, São Paulo, n. 4, p. 75, fev. 2019.

[142] GRINOVER, Ada Pellegrini; FERNANDES, Antônio Scarance; GOMES FILHO, Antônio Magalhães. *As nulidades do processo penal*. 8. ed. São Paulo: Revista dos Tribunais, 2004. p. 234-235.

Em relação ao primeiro momento, o da produção, deve haver a aplicação integral do mandamento constitucional e a norma legal dela decorrente, que limitam o instrumento da interceptação telefônica à seara estritamente criminal, e, ainda assim, quando relacionada à prática de crimes mais gravosos.

Entretanto, em relação à efetiva utilização dos dados probatórios decorrentes de uma interceptação telefônica licitamente obtida, a análise deve ser feita sob ângulo distinto. Não há que se falar, nessas hipóteses, em violação oblíqua à intimidade e privacidade do acusado, sendo insustentável supor a ocorrência de nova ruptura da inviolabilidade pessoal das comunicações telefônicas do acusado, descortinando-se, apenas, uma mera repercussão jurídico-probatória de fatos anteriormente demonstrados no bojo de um processo criminal. A Constituição Federal proíbe categoricamente a produção de provas por meios ilícitos, e não o eventual empréstimo de uma prova licitamente colhida para fins de instrução em processo distinto.

Dito de outro modo, no momento da produção da prova, devem ser observados todos os parâmetros e limitações estabelecidos pela Constituição e lei de regência, de forma que somente no juízo criminal poderá a interceptação ser autorizada com a finalidade de instrução probatória. Uma vez produzida a prova, que se reveste de forma documental, cujo conteúdo abrange a gravação da conversa em forma escrita, adentra-se na seara do seu respectivo uso processual, cujas normas e princípios processuais estão por autorizar o seu compartilhamento para fins de instrução em outros processos, mesmo aqueles de natureza não penal.

Verifica-se a existência de jurisprudência consolidada no âmbito do Supremo Tribunal Federal admitindo o uso de provas decorrentes de interceptação telefônica na seara do processo administrativo sancionador. Destaca-se julgado cuja ementa consignou o seguinte entendimento:

> Prova licitamente obtida por meio de interceptação telefônica realizada com autorização judicial para instruir investigação criminal pode ser utilizada em processo administrativo disciplinar.[143]

Em outro julgado, submetida a questão ao exame do órgão pleno do Pretório Excelso, uma vez mais acatou-se a viabilidade jurídica da utilização da prova obtida por meio de interceptação telefônica em processo de índole administrativa. Pela relevância e clareza dos fundamentos então aduzidos, pede-se licença para reproduzir trecho do magistral voto da lavra do Ministro Relator, Cezar Peluso:

> Dito de maneira mais direta, não posso conceber como insultuoso à Constituição nem à lei o entendimento de que a prova oriunda de interceptação lícita, autorizada e realizada em procedimento criminal, trate-se de inquérito ou processo-crime, contra certa pessoa, na condição de suspeito, indiciado ou réu, pode ser-lhe oposta, na esfera competente, pelo mesmo Estado, encarnado por órgão administrativo ou judiciário a que esteja o agente submisso, como prova do mesmíssimo ato, visto agora sob a qualificação jurídica de ilícito administrativo.[144]

---

[143] STF – RMS nº 24.194/DF, Rel. Min. Luiz Fux, julgado em 13.09.2011.

[144] STF – Segunda questão de ordem em Inquérito nº 2.424/RJ, Rel. Min. Cezar Peluso: EMENTA: PROVA EMPRESTADA. Penal. Interceptação telefônica. Documentos. Autorização judicial e produção para fim de investigação criminal. Suspeita de delitos cometidos por autoridades e agentes públicos. Dados obtidos em inquérito policial. Uso em procedimento administrativo disciplinar, contra outros servidores, cujos eventuais ilícitos administrativos teriam

Na mesma direção se encontra a remansosa jurisprudência do STJ, admitindo o uso pleno de prova resultante de interceptação telefônica em processo administrativo, desde que licitamente produzida e devidamente autorizada pelo juízo criminal:

> ADMINISTRATIVO – MANDADO DE SEGURANÇA – PROCESSO ADMINISTRATIVO DISCIPLINAR – UTILIZAÇÃO DE PROVA EMPRESTADA DE PROCEDIMENTO CRIMINAL – INTERCEPTAÇÃO TELEFÔNICA – AUTORIZAÇÃO E CONTROLE JUDICIAL – PROVA ADMITIDA – PENA DE DEMISSÃO – CONCLUSÃO DA COMISSÃO BASEADA NA PRODUÇÃO DE VÁRIAS PROVAS – SEGURANÇA DENEGADA.
>
> 1. *A jurisprudência desta Corte pacificou-se no sentido de considerar possível se utilizar, no processo administrativo disciplinar, interceptação telefônica emprestada de procedimento penal, desde que devidamente autorizada pelo juízo criminal.*
>
> 2. Não há desproporcionalidade excessivamente gravosa a justificar a intervenção do Poder Judiciário quanto ao resultado do Processo Administrativo Disciplinar originário, em que a autoridade administrativa concluiu pelo devido enquadramento dos fatos e aplicação da pena de demissão, nos moldes previstos pelo estatuto jurídico dos policiais civis da União.
>
> 3. Segurança denegada.[145]

Ante o exposto, em havendo interesse para fins de instrução probatória do PAR, deverá a comissão processante diligenciar junto ao juízo criminal competente a devida autorização de compartilhamento de provas. Nada obstante, deverá oportunizar ao ente jurídico processado a mais ampla manifestação sobre o conteúdo do material probatório acostado aos autos, em observância ao princípio do contraditório.

6.3.1.3 Prova indiciária

Nos termos do art. 239 do Código de Processo Penal, o indício é a circunstância conhecida e provada que, tendo relação com o fato, autoriza, por indução, concluir-se a existência de outra ou outras circunstâncias. O indício permite a indução da existência de um fato desconhecido pela existência de um fato conhecido, supondo-se que deva ser verdadeiro para o caso concreto aquilo que costuma ser para a maior parte dos casos nos quais ele acontece.

Assim, através de um fato devidamente provado, que não constitui elemento da infração, o julgador pode, com supedâneo nas suas experiências empíricas, concluir pela ocorrência de circunstância relevante para o enquadramento da conduta. Em suma, na prova indiciária, parte-se do fato conhecido (indício), e por intermédio de uma análise indutiva-dedutiva, chega-se à compreensão de um fato desconhecido (fato probando). Sobre a dinâmica do raciocínio jurídico extraído de uma prova indiciária, destaca-se a elucidativa lição de Santos Cabral:

---

despontado à colheita dessa prova. Admissibilidade. Resposta afirmativa a questão de ordem. Inteligência do art. 5º, inc. XII, da CF, e do art. 1º da Lei federal nº 9.296/96. Precedentes. Voto vencido. Dados obtidos em interceptação de comunicações telefônicas, judicialmente autorizadas para produção de prova em investigação criminal ou em instrução processual penal, bem como documentos colhidos na mesma investigação, podem ser usados em procedimento administrativo disciplinar, contra a mesma ou as mesmas pessoas em relação às quais foram colhidos, ou contra outros servidores cujos supostos ilícitos teriam despontado à colheita dessas provas.

[145] STJ – MS nº 16.146/DF, Rel. Min. Eliana Calmon, julgado em 22.05.2013 (grifo nosso).

Na prova indiciária, mais do que em qualquer outra, intervêm a inteligência e a lógica do juiz. A prova indiciária pressupõe um facto, demonstrado através de uma prova directa, ao qual se associa uma regra da ciência, uma máxima da experiência ou uma regra de sentido comum. Este facto indiciante permite a elaboração de um facto-consequência em virtude de uma ligação racional e lógica (v.g., a prova directa – impressão digital – colocada no objecto furtado permite presumir que o seu autor está relacionado com o furto; da mesma forma, o sémen do suspeito na vítima de violação).[146]

Por se tratar a prova indiciária de uma prova indireta, por meio da qual a ligação entre indício e fato probando é extraída de um raciocínio indutivo-dedutivo, sendo por essência uma prova de probabilidade, por muito tempo, especialmente na seara do processo criminal, tal modalidade probatória restou desprestigiada na seara da ciência processual, especialmente em função do apego ferrenho à concepção de que uma condenação somente poderia advir da certeza absoluta do juiz a respeito dos fatos.

Hodiernamente, no campo do Direito, já se admite que a verdade real, que não deve ser confundida com o *princípio da verdade é real*, é algo inatingível, uma vez que a prova, por mais precisa e idônea que seja, jamais poderá proporcionar a estrita reconstituição do evento pretérito, se contentando o processo, portanto, com a verdade suficientemente constante dos autos, entendida como aquela que mais possivelmente se aproxima da verdade real, concorrendo, dessa maneira, para a formação do convencimento dos sujeitos do processo. Dito de forma mais direta: já se reconhece que, no bojo do processo, toda prova produzida será sempre uma prova de probabilidade, de forma que não há fundamentos jurídicos suficientes a afastar, a priori, a legitimidade da prova indiciária.[147]

Considerando que o conceito de "verdade" é inatingível, o processo, como mecanismo dialético que é, busca aproximar-se o máximo possível do que realmente ocorreu. Se, em face de tudo o que foi produzido e debatido durante o contraditório, a autoridade julgadora atingir determinado grau de certeza que lhe dê segurança para condenar, ainda que com base exclusiva em prova indiciária, assim deverá proceder.

A função meramente persuasiva de todos os meios de provas admitidos em direito, assim como o sistema do livre convencimento motivado ou persuasão racional, consolida o entendimento de que os indícios, como meio de prova que são, podem conduzir à formação de uma certeza processual. Nesse sentido, aliás, vem se manifestando o Supremo Tribunal Federal.

> Indícios e presunções, analisados à luz do princípio do livre convencimento, quando fortes, seguros, indutivos e não contrariados por contraindícios ou por prova direta, podem autorizar o juízo de culpa do agente.[148]

---

[146] CABRAL, José Antônio Henriques Santos. Prova indiciária e as novas formas de criminalidade. *Julgar*, n. 17, 2012. Disponível em: <http://www.stj.pt/ficheiros/estudos/provaindiciarianovasformascriminalidade.pdf>. Acesso em: 10 set. 2014.

[147] DIDIER JR., Fredie, *op. cit.*, p. 22.

[148] STF – AP nº 481, Rel. Min. Dias Toffoli, Tribunal Pleno, julgado em 08.09.2014. Em idêntico sentido: HC nº 83.542, Relator: Min. Sepúlveda Pertence, Primeira Turma, julgado em 09.03.2004; HC nº 83.348, Relator: Min. Joaquim Barbosa, Primeira Turma, julgado em 21.10.2003.

Com fundamento em decisão proferida pela Suprema Corte espanhola,[149] cuja didática é digna de aplausos, pode-se concluir que a prova indiciária é suficiente para determinar a demonstração do fato punível sempre que reunidos os seguintes requisitos: *i) de caráter formal:* a) que na decisão se expressem os fatos que servirão de fundamento à inferência; b) exposição circunstanciada acerca do raciocínio através do qual, partindo de indícios, se chegou à convicção da verificação do fato punível; *ii) de caráter material:* a) os indícios devem estar plenamente comprovados, através de prova direta; b) devem ser plurais, ou, sendo único, deve possuir especial força probante; c) devem ser contemporâneos do fato que se pretendam provar; d) sendo vários os indícios devem estar inter-relacionados, de modo que se reforcem mutuamente; *iii) do juízo de inferência:* a) que seja razoável, isto é, que não seja arbitrário, absurdo ou infundado, e que responda às regras da lógica e da experiência; b) que dos fatos-base comprovados flua, como conclusão natural, o elemento que se pretende provar, existindo entre ambos um nexo preciso e direto.

A utilidade da prova indiciária descortina significativa relevância quando em mira a apuração e repressão da ilicitude dita contemporânea, assim entendidas aquelas relacionadas a infrações de natureza econômica, financeira ou administrativa, cuja execução ocorre em contexto associativo, tão usual na prática de atos de corrupção, e envolver, por vezes, a participação de grupos de pessoas ou entidades empresariais, a exemplo dos ilícitos previstos no texto da LAC.

Atenta a essa realidade, a jurisprudência brasileira tem ressaltado a relevância e pertinência da recepção no processo das provas indiciárias. Como exemplo de julgado paradigmático nesse sentido, muito embora não se desconheça a existência e validade de inúmeros outros julgados anteriores no mesmo sentido, seja pelo valor jurídico quanto pelo valor histórico, social e político, faz-se menção ao julgamento da Ação Penal nº 470 (popularmente conhecida como ação do "mensalão"), julgada pelo pleno do STF, tendo por escopo a apuração de uma série de ilícitos, a qual resultou na condenação de diversos "figurões" do cenário político brasileiro.

No bojo da supracitada ação penal, consagrou-se de uma vez por todas a juridicidade da prova indiciária para fins de condenação pela prática de ilícitos, que por sua natureza torna difícil ou quase impossível a produção de provas diretas. Pela clareza dos argumentos aduzidos, faz-se menção a trecho do voto exarado pelo ilustrado Ministro Luiz Fux:

> Isso é especialmente importante em contextos associativos, no qual os crimes ou infrações administrativas são praticados por muitos indivíduos consorciados, nos quais é incomum que se assinem documentos que contenham os propósitos da associação, e nem sempre se logra filmar ou gravar os acusados no ato de cometimento do crime. Fato notório, e *notoria non egent probatione*, todo contexto de associação pressupõe ajustes e acordos que são realizados a portas fechadas.
>
> Neste sentido, por exemplo, a doutrina norte-americana estabeleceu a tese do "paralelismo consciente" para a prática de cartel. Isso porque normalmente não se assina um "contrato de cartel", basta que se provem circunstâncias indiciárias, como a presença simultânea dos acusados em um local e a subida simultânea de preços, v. g., Portanto, a conclusão pela ilicitude e pela condenação decorre de um conjunto de indícios que apontem que a subida de preços foi fruto de uma conduta concertada.
>
> No mesmo diapasão é a prova dos crimes e infrações no mercado de capitais. São as circunstâncias concretas, mesmo indiciárias, que permitirão a conclusão pela condenação.

---

[149] Acórdão do Tribunal Supremo de Espanha nº 392/2006, de 06 de abril de 2006.

Na investigação de *insider trading* (uso de informação privilegiada e secreta antes da divulgação ao mercado de fato relevante): a baixa liquidez das ações; a frequência com que são negociadas; ser o acusado um neófito em operações de bolsa; as ligações de parentesco e amizade existentes entre os acusados e aqueles que tinham contato com a informação privilegiada; todas estas e outras são indícios que, em conjunto, permitem conclusão segura a respeito da ilicitude da operação.[150]

Não há dúvidas, portanto, que no bojo do PAR, cujos ilícitos arrolados no art. 5º, da Lei nº 12.846/13, estão inseridos nessa ordem de ilicitude contemporânea, as provas indiciárias preencherão destacado papel no âmbito da instrução do processo administrativo, sem se descuidar, entretanto, de todos os demais valores constitucionais e legais relacionados ao exercício do contraditório e da ampla defesa.

6.3.1.4 Prova ilícita

Nos termos em que estabelecido no art. 5º, inciso LVI, da Constituição Federal, "são inadmissíveis, no processo, as provas obtidas por meios ilícitos". Ao não qualificar a espécie de processo sobre o qual incidirá a vedação constitucional, deve-se entender que ela se aplica a todos os tipos de processos, inclusive os processos de índole administrativa. Afastando quaisquer dúvidas eventualmente existentes, o legislador infraconstitucional contemplou de forma expressa a vedação ao uso de provas ilícitas no bojo do processo administrativo, e assim o fez no art. 30 da Lei nº 9.784/99.[151]

Embora a LAC não preveja expressamente essa vedação probatória, e nem haveria tal necessidade, afinal as normas constitucionais definidoras de direitos e garantias fundamentais têm aplicação imediata, o regulamento federal cuidou de afastar a admissibilidade de provas ilícitas no âmbito do PAR, prevendo, em seu art. 5º, parágrafo 3º, que a comissão processante deverá recusar motivadamente a aludida espécie probatória.

Consoante lição doutrinária, a prova inadmissível ou proibida é gênero do qual são espécies as provas ilícitas e as provas ilegítimas. As *provas ilícitas* são aquelas que violam disposições de direito material ou princípios constitucionais materiais (ex.: interceptação telefônica realizada sem autorização judicial), ao passo que as *provas ilegítimas* são as que violam, na sua produção, regras processuais ou princípios constitucionais de índole processual (ex.: laudo pericial subscrito por pessoa sem a formação técnica requerida). Apesar da distinção de ordem doutrinária, cumpre salientar que a norma constitucional não fez referência distintiva entre provas ilícitas e ilegítimas, de forma que, em ambos os casos, uma vez detectado o vício na prova, deve a Administração determinar o seu imediato desentranhamento.

A disciplina legal a respeito da vedação de utilização processual de provas ilícitas encontra-se prevista no art. 157 do Código de Processo Penal, que, em razão do diálogo das fontes, também se aplica ao processo administrativo sancionador, de que é espécie o PAR.

> Art. 157. São inadmissíveis, devendo ser desentranhadas do processo, as provas ilícitas, assim entendidas as obtidas em violação a normas constitucionais ou legais.

---

[150] STF – Ação Penal nº 470, Rel. Min. Joaquim Barbosa, julgado em 04.09.2015.
[151] Art. 30. São inadmissíveis no processo administrativo as provas obtidas por meios ilícitos.

§1º São também inadmissíveis as provas derivadas das ilícitas, salvo quando não evidenciado o nexo de causalidade entre umas e outras, ou quando as derivadas puderem ser obtidas por uma fonte independente das primeiras.

§2º Considera-se fonte independente aquela que por si só, seguindo os trâmites típicos e de praxe, próprios da investigação ou instrução criminal, seria capaz de conduzir ao fato objeto da prova.

§3º Preclusa a decisão de desentranhamento da prova declarada inadmissível, esta será inutilizada por decisão judicial, facultado às partes acompanhar o incidente.

Da leitura do dispositivo legal é possível depreender que as provas ilícitas são inadmissíveis, não se podendo extrair delas eficácia probatória naturalmente existente nas demais espécies probatórias. A disposição supramencionada descortina, ainda, a positivação de algumas correntes teóricas aplicáveis ao tema, a que se faz breve exposição.

A principal teoria expressamente contemplada na legislação processual penal é a "teoria dos frutos da árvore envenenada" ("fruits of the poisonous tree"), originária da jurisprudência da Suprema Corte norte-americana,[152] segundo a qual a prova ilícita produzida tem o condão de contaminar todas as demais provas que sejam dela diretamente decorrentes. Fala-se, dessa maneira, em prova ilícita por derivação, cuja mácula se verifica desde o seu nascedouro, ainda que formalmente perfeita. Assim, por exemplo, a busca e apreensão de documentos que comprovem o pagamento de propina a servidores públicos, decorrentes de interceptação telefônica sem autorização judicial ou depoimento mediante tortura.

Dessa maneira, as provas derivadas da ilícita sofrem o mesmo tratamento processual da prova originária, tornando-se inaptas à produção de efeitos probatórios, devendo, portanto, ser desentranhadas dos autos do processo administrativo.

Apesar de legalmente prevista, a teoria dos frutos da árvore envenenada não deve ser compreendida como de aplicação absoluta, sem possibilidades de ponderações, afinal cuidou o próprio legislador processual de estabelecer algumas limitações a sua ampla aplicação. Foram igualmente positivadas as seguintes limitações: *limitação da fonte independente; limitação da descoberta inevitável; e limitação da conexão atenuada.*

A limitação da prova absolutamente independente decorre do fato de que a prova ilícita contamina apenas aquelas outras que lhe são diretamente vinculadas. A identificação de uma suposta prova ilícita não implica necessariamente a nulidade absoluta de todo o processo, uma vez que, não havendo nexo de causalidade entre a prova ilícita e as demais, o sistema de contaminação não se efetiva, mantendo-se, nessa esteira, íntegros os elementos probatórios coligidos, aptos, isto posto, a certificar a autoria e materialidade delituosa.

Mesmo antes da alteração legislativa, esse já era o entendimento do STF:

EMENTA: HABEAS CORPUS. DENÚNCIA. RECEBIMENTO. BUSCA E APREENSÃO REALIZADA EM DESACORDO COM A DETERMINAÇÃO JUDICIAL. EXISTÊNCIA DE PROVA AUTÔNOMA. Evidenciada a existência de prova autônoma, descabe a pretensão de anular a decisão de recebimento da denúncia, sob a alegação ter sido o mandado de busca e

---

[152] United States Supreme Court – Silverthorne Lumber Co. v. U.S. – 251 U.S. 385 (1920) – Justice Holmes, julgado em 26.01.1920.

apreensão cumprido em desacordo com a determinação judicial de que os policiais se fizessem acompanhar de duas testemunhas. Ordem concedida.[153]

Pela limitação da descoberta inevitável, reconhece-se a higidez de prova derivada apenas circunstancialmente da ilícita, uma vez que seria inevitavelmente produzida, em razão de atos de investigação ou instrução já em curso quando da recepção da nova prova. Na descoberta inevitável, o nexo de causalidade entre a prova ilícita e a prova derivada existe, mas não é decisivo, pois a prova discutida, mesmo que a ilicitude não tivesse ocorrido, ainda assim, ela seria produzida sob os rigores da lei. Busca-se, com essa limitação à teoria dos frutos da árvore envenenada, impedir a contaminação de provas derivadas, sempre que o seu descobrimento fosse inelutável, afinal a inevitabilidade da descoberta implica o reconhecimento de que não haveria proveito real da violação legal perpetrada. Nesse sentido, a jurisprudência do Supremo Tribunal Federal:

> À guisa de mera argumentação, mesmo que se pudesse reputar a prova produzida como ilícita e as demais, ilícitas por derivação, nos termos da teoria dos frutos da árvore venenosa (fruit of the poisonous tree), é certo que, ainda assim, melhor sorte não assistiria à defesa. É que, na hipótese, não há que se falar em prova ilícita por derivação. Nos termos da teoria da descoberta inevitável, construída pela Suprema Corte norte-americana no caso Nix x Williams (1984), o curso normal das investigações conduziria a elementos informativos que vinculariam os pacientes ao fato investigado. Bases desse entendimento que parecem ter encontrado guarida no ordenamento jurídico pátrio com o advento da Lei nº 11.690/2008, que deu nova redação ao art. 157 do CPP, em especial o seu §2º.[154]

A título de exemplo, poder-se-ia afastar a ilicitude de prova testemunhal cuja testemunha foi descoberta por razão de uma escuta telefônica precária, se essa mesma pessoa já tivesse sido indicada por várias outras testemunhas já ouvidas no processo. Verifica-se que, mesmo se não tivesse ocorrido a intercepção ilícita, a comissão processante deteria os meios necessários à produção da prova testemunhal.

Por fim, a prova derivada da ilícita poderá ser aproveitada sempre que o vínculo entre elas for tão tênue ou superficial que acabe por afastar qualquer resquício de contaminação. Ou seja, a ausência de vínculo não é absoluta, entretanto, é tão irrelevante que se deve preservar a licitude da prova, falando-se, então, em contaminação expurgada, conexão atenuada ou vício diluído.

Embora seja possível recaírem temperamentos à aplicação da teoria dos frutos da árvore envenenada, recomenda-se não se valer das mencionadas técnicas de limitação de forma banalizada ou exagerada, de forma a levar o aproveitamento da prova derivada da ilícita em quase todas as situações. A regra é que as provas ilícitas e todas as outras dela derivadas se mostram imprestáveis aos fins do devido processo administrativo, se impondo à Administração Processante, quando do eventual aproveitamento probatório, o dever de demonstrar, de maneira inequívoca, que a flexibilização da ilicitude por derivação se enquadra em uma das hipóteses previstas em lei.

Outro assunto que nesse contexto se põe em voga diz respeito à aplicação do princípio da proporcionalidade no contexto da admissão de provas ilícitas no processo.

---

[153] STF – HC nº 84.679/MS, Rel. Min. Marco Aurélio, julgado em 09.11.2004.
[154] STF – HC nº 91.867/PA, Rel. Min. Gilmar Mendes, julgado em 24.04.2012.

Na seara do processo penal já se tem admitido a utilização excepcional de provas ilícitas a partir da ponderação axiológica dos direitos em jogo no processo, especialmente quando em conta a possível condenação de um inocente. Dessa maneira, a prova ilícita poderia ser utilizada quando em favor da inocência, afastando-se a limitação na utilização da prova, ainda que produzida ao arrepio da lei, sempre que produzida com o escopo de inibir uma eventual condenação descabida.

Sobre o tema assim se manifesta Ada Pellegrini Grinover:

> Aliás, não deixa de ser, em última análise, manifestação do princípio da proporcionalidade, a posição praticamente unânime que reconhece a possibilidade de utilização, no processo penal, da Prova Favorável ao Acusado, ainda que colhida com infringência de direitos fundamentais. Trata-se da aplicação do direito de defesa, também constitucionalmente assegurado, e de forma prioritária no processo penal, informado pelo princípio do favor rei.[155]

Denota-se, então, que sempre que for possível ao acusado demonstrar sua inocência através de uma prova obtida ilicitamente, certamente ela poderá ser utilizada no processo, uma vez que, no mencionado conflito de valores constitucionais, vedação do uso de provas ilícitas e liberdade, deverá ser dada preponderância ao princípio libertário. Trata-se de nítida aplicação do princípio da proporcionalidade em benefício da defesa.

Embora seja quase unânime na doutrina e jurisprudência o aproveitamento de provas ilícitas para fins de demonstração da inocência do acusado, o mesmo não se pode afirmar quando a ponderação de interesses é feita para favorecer a acusação, falando-se, então, em prova ilícita *pro societate*. A doutrina pátria está longe do consenso sobre a viabilidade jurídica da aplicação do princípio da proporcionalidade nessa situação. Pela inaplicabilidade da ponderação assim se manifestam Nestor Távora e Rosmar Antonni:

> Entendemos que o princípio da proporcionalidade deve ser invocado, na sua essência, para preservar os interesses do acusado. [...]. Na ponderação axiológica, a violação legal para produção probatória, quando estritamente necessária, só se justifica para a manutenção do estado de inocência. Sabe-se, contudo, que já se tem invocado o princípio em exame para tutelar os interesses da acusação (*pro societate*). A nosso ver, é uma contradição em termos, pois se é sabido que algumas modalidades de atividade criminosa exigem um aparato de produção mais eficiente, como a realização de interceptação telefônica, quebra de sigilos, a infiltração de agentes etc., estas ferramentas devem ser utilizadas nos estritos limites da lei. Não se justifica a quebra de garantias constitucionais, num Estado fora da lei, na busca do combate ao crime.[156]

Com a devida vênia ao argumento exposto, não se pode restringir a possibilidade de aplicação do princípio da proporcionalidade no uso de provas ilícitas apenas quando em favor do réu, em especial, quando em consideração a apuração da prática de ilícitos levados a efeito pelas atuais organizações criminosas, estruturadas em sólidas bases empresariais, que se valem dos mais arbitrários mecanismos para se furtarem dos rigores da

---

[155] GRINOVER, Ada Pelegrini. *Novas tendências do direito processual*: de acordo com a Constituição de 1988. 2. ed. São Paulo: Forense. 1990. p. 62.

[156] TÁVORA, Nestor; ALENCAR, Rosmar Rodrigues. Curso de direito processual penal. 6. ed. rev., amp. e atual. Salvador: Juspodivm, 2011. p. 372.

lei, gozando de proveitosa impunidade, em muito decorrente da extremamente penosa tarefa de obtenção de provas nesses casos.

Atento a essa realidade contemporânea, o posicionamento favorável à aplicação do princípio da proporcionalidade em favor da acusação já ecoa nos mais respeitáveis setores da doutrina e jurisprudência. Colaciona-se, nesse sentido, a lúcida observação proposta pelo genial José Carlos Barbosa Moreira:

> São esses, os peritos em atividades sofisticamente anti-sociais, lesivas não apenas do patrimônio privado, ou de qualquer outro direito individual, mas de relevantes interesses da coletividade; são esses – os grandes sonegadores de impostos, os sequestradores profissionais, os artífices de audaciosas fraudes financeiras, os aventureiros bafejados pela proteção ou pela conveniência de administradores corruptos – que com maior probabilidade se beneficiarão (e, em certos casos, já se terão beneficiado), por exemplo, da aplicação mecânica e indiscriminada, quando não ostensivamente contrária à respectiva *ratio*, das regras sobre provas obtidas por meios ilícitos. A exacerbação do "garantismo" conduz aí a resultados incompatíveis com uma política criminal que leve em contas as necessidades mais prementes da atual conjuntura.[157]

Vale colacionar também trecho da ementa de importante julgado levado a efeito pela sexta turma do Superior Tribunal de Justiça que aborda o tema nos seguintes termos:

> Razoável, portanto, o afastamento do caráter absoluto das regras de exclusão da prova "em razão de seu alargamento ter o condão de produzir um quadro de impunidade, tendo em vista que, em alguns casos, toda a persecução penal restará obstada pelo simples fato de que o conhecimento inicial da infração se deu por meios ilícitos".[158]

Scarance Fernandes,[159] ao abordar a tese da proporcionalidade *pro societate*, postula que "não se trata, contudo, de ser o princípio invocado a favor ou contra o acusado, mas de se verificar, em cada situação concreta, se a restrição imposta é necessária, adequada e justificável em face do valor que se protege".

Tal ordem de ponderação ganha especial relevo na apuração dos ilícitos administrativos previstos na Lei nº 12.846/13, a envolver a atuação de nefastas organizações empresariais que se valem do seu poderio econômico e político (afinal, nos grandes esquemas de corrupção, tais entidades chegam a contar com a efetiva colaboração de agentes públicos, inclusive das mais altas patentes dos três Poderes do Estado brasileiro) para permanecer em remansosa impunidade. A aplicação intransigente da vedação proposta pode produzir injustiças gritantes, que sob o argumento de um direito individual ferem-se de morte os relevantes interesses de toda a sociedade. Não se pode esquecer, ainda, que ao lado dos direitos individuais, a Constituição consagrou também relevantes valores morais e sociais, tais como a moralidade administrativa e a justiça social.

Conclui-se, assim, que o princípio da proporcionalidade deve ser aplicado para abrandar a vedação de provas obtidas por meios ilícitos seja em benefício do réu, seja em benefício da acusação, por força inclusive do princípio constitucional de paridade de

---

[157] MOREIRA, José Carlos Barbosa. A justiça e nós. In: MOREIRA, José Carlos Barbosa. *Temas de direito processual*. São Paulo: Saraiva, 1997. p. 6 (sexta série).

[158] STJ – HC nº 148.178/PR, Rel. Min. Rogério Schietti Cruz, julgado em 19.11.2013.

[159] FERNANDES, Antônio Scarance. *Processo penal constitucional*. 4. ed. São Paulo: Revista dos Tribunais, 2005. p. 95.

armas. Entretanto, no contexto da aplicação do princípio da proporcionalidade *pro societate*, somente se admitirá a utilização da prova obtida em hipóteses de excepcional gravidade, e ainda assim mediante circunstanciada motivação da autoridade processual competente.

6.4 Encerramento da coleta de provas

O encerramento da coleta de provas revela que a comissão processante coligiu aos autos do processo administrativo material probatório necessário e suficiente à formação de sua convicção sobre os fatos em apuração. A instrução probatória, por questões de instrumentalidade substancial, economia processual e duração razoável, não se destina à coleta de todos os atos de prova de que se poderia cogitar, mas apenas daqueles que, sob o crivo do contraditório, se mostrem satisfatórios à demonstração de fatos e circunstâncias relevantes à elucidação do feito. Nesse sentido, tendo em mãos sólido conjunto probatório, pode a comissão, inclusive, dispensar motivadamente a obtenção de determinada prova complementar já requerida e ainda não produzida, e determinar o prosseguimento do curso processual.

Diante do conjunto probatório acostado aos autos, cabe à comissão a livre apreciação das provas produzidas, cuja análise conclusiva somente se aperfeiçoará após o exame de todos os argumentos fáticos e jurídicos suscitados na peça defensiva. Dessa maneira, embora possa a comissão se manifestar sobre a adequação e suficiência das provas coletadas, a valoração final que sobre elas recairá somente será juridicamente viável após o circunstanciado enfrentamento dos argumentos defensivos.

CAPÍTULO VII

7 Defesa

O PAR, como todo processo administrativo de cunho sancionador, se desenvolve de maneira dialética, de forma que o ato final a ser proferido deve contar com a ativa colaboração da pessoa jurídica acusada, ou, ao menos, com a efetiva oportunidade ao exercício desse direito.

Com efeito, o art. 5º, inciso LV, da Constituição Federal, determina que, aos litigantes em processo judicial ou administrativo, e aos acusados em geral, são assegurados o contraditório e a ampla defesa. Vale destacar que a norma constitucional não se restringiu a salvaguardar um simples direito de defesa aos que se encontrem no polo passivo de um processo punitivo. Diferentemente, fez menção ao exercício qualificado do direito de defesa, a *ampla defesa*, de forma que, por meio da peça defensiva, assegura-se ao acusado a possibilidade de trazer ao processo todos os elementos que se façam necessários ao esclarecimento dos fatos em apuração.

A Lei Anticorrupção brasileira estabeleceu que no âmbito do processo administrativo para apuração de responsabilidade deverá ser concedido à pessoa jurídica acusada o prazo de 30 dias para apresentação de defesa escrita. Apesar de a mencionada norma ter sido bastante sucinta ao dispor sobre o exercício do direito de defesa, isso não significa que se trata de procedimento de menor importância. Ao contrário, a fase de defesa se apresenta como um dos momentos cruciais do processo, de maneira que se passa a discorrer sobre alguns dos relevantes aspectos pertinentes ao tema.

7.1 Extensão do direito de defesa

O princípio do contraditório em seu sentido substancial impõe que, além da possibilidade de reação a ser ofertada ao acusado, que se materializa por meio da apresentação da peça de defesa escrita, seja também observado o poder de influência das alegações então deduzidas. Muito embora não se possa garantir a deferência de todas as razões defensivas exaradas, deve-se garantir que serão elas efetivamente examinadas pelas autoridades administrativas competentes, de forma que a convicção final exposta nos autos seja balizada nas considerações levantadas pela defesa, ainda que seja em discordância aos fundamentos ora arguidos.

Cumpre frisar que o conteúdo do direito de defesa não se resume à mera protocolização da defesa escrita, indo muito além, afinal deve-se garantir ao ente processado a mais ampla exposição de suas justificativas, a defesa da legalidade e legitimidade dos atos praticados, a demonstração de sua integral inocência ou a menor gravidade dos atos que lhe são imputados. O exercício do direito de defesa será dimensionado pela substância e alcance das acusações formuladas, possibilitando-se ao acusado, além da peça defensiva, a oportunidade de requerer provas; arguir suspeições e impedimentos; travar diálogo direto com os membros da comissão (com especificação de local, dia e horário); a obtenção de cópias integrais dos autos do processo; etc.

O direito de defesa ampla repele as decisões arbitrárias e as punições injustas aplicadas pelo Estado, determinando que os julgamentos sejam proferidos por meio de processo em que a pessoa jurídica acusada possa conhecer os fatos e provas articuladas em peça acusatória, expor suas razões, sustentar interpretação diversa do quadro fático-probatório e requerer a produção de provas e contraprovas que se mostrem necessárias. Pressupõe-se que o ato decisório final, exarado por autoridade competente e imparcial, seja embasado nos elementos constantes aos autos do processo, cujas alegações defensórias estejam devidamente sopesadas.

Nesse sentido, poderão ser abordadas na defesa escrita tanto as questões formais quanto as questões de mérito propriamente ditas. Como modalidade de *defesa formal* ou *indireta* poderão ser discutidos aspectos relacionados, por exemplo, à superveniência do prazo prescricional; irretroatividade da lei punitiva; alegações de incompetência, suspeição ou impedimento de autoridades administrativas; falhas insanáveis no curso do procedimento, etc. Já na *defesa de mérito* ou *direta*, a pessoa jurídica processada enfrentará diretamente os pontos determinantes da apuração de responsabilidade, procurando demonstrar sua inocência ou a menor gravidade da conduta que lhe fora imputada.

Cumpre salientar, ainda, que a proposição das peças defensivas previstas no PAR deve ser entendida como o exercício de um direito e não o cumprimento de uma obrigação. Vale consignar que o contraditório restará plenamente atendido com a mera *possibilidade de reação* facultada ao acusado. Ou seja, a Administração Processante deve efetivamente oportunizar ao ente processado a apresentação de suas razões, entretanto, estará sob o exclusivo crivo do acusado a concreta apresentação da peça defensiva. Trata-se, portanto, de um *ônus processual*, de forma que o interessado não está obrigado a exarar suas alegações, opção que pode retratar, inclusive, estratégia de defesa.

A conclusão é a mesma quando verificada a revelia do acusado. À Administração Pública se impõe o dever de notificar o interessado para acompanhamento do processo, entretanto, poderá ele optar por se manter inerte ao longo de todo o curso processual. Percebe-se que no PAR, diferentemente da opção legislativa adotada, por exemplo, no processo administrativo disciplinar federal (Lei nº 8.112/90), não se consagrou a figura do *defensor dativo*, estabelecido para apresentação de defesa escrita do servidor revel, de maneira que o rito processual terá seguimento independentemente da concreta manifestação do acusado, desde que, reitere-se, ao ente processado seja efetivamente facultado o exercício do direito de defesa.

7.2 Defesa escrita

Ao versar sobre a apresentação de defesa escrita pela pessoa jurídica processada, a LAC adotou a seguinte redação:

> Art. 11. No processo administrativo para apuração de responsabilidade, será concedido à pessoa jurídica prazo de 30 (trinta) dias para defesa, contados a partir da intimação (Lei nº 12.846/15, art. 11).

Da leitura do dispositivo legal em tela, depreende-se que o legislador idealizou um processo administrativo cujas provas já estariam pré-constituídas quando da instauração do processo. Isso explica, conforme já salientado, a ausência de disposições acerca da instrução processual, bem como a omissão em relação à possibilidade de requerimento de produção de provas a ser exercido pelo ente jurídico acusado. Inobstante a falta de regras minuciosas sobre o exercício do direito de defesa, não se deve desconsiderar que os princípios constitucionais que regem o processo administrativo punitivo, especialmente contraditório e ampla defesa, impõem a observância de esforço hermenêutico que acomode a efetiva faculdade de trazer à baila as mais legítimas razões defensivas.

Conquanto seja juridicamente possível que as provas que evidenciam a prática de atos lesivos já se encontrem produzidas *ab initio*, e que a pessoa jurídica acusada não possua condições de apresentar contraprovas hábeis, concentrando sua atuação defensiva na idealizada peça escrita, impensável não levar em consideração que na grande maioria dos casos o ente jurídico processado poderá demonstrar legítimo interesse processual na produção de outras provas que possam lastrear suas alegações.

Dessa maneira, deve-se dar ao art. 11 da LAC interpretação que contemple ambas as situações, ou seja, quando, de fato, todo material probatório já se encontra pré-constituído, não demonstrando o acusado fundamentos que justifiquem a reabertura da instrução processual, assim como nas hipóteses em que restou atestada a necessidade de produção de novas provas e contraprovas. Nesse espeque, o texto legal deve abranger solução hermenêutica que conforme a defesa escrita entendida ora como defesa final, ora como a mera exposição de manifestação prévia e pedido pela produção de provas.

Essa foi, aliás, a opção adotada no Decreto Federal nº 8.420/15. Restou consignado no regulamento federal, no *caput* do seu art. 5º, que, depois de instaurado o PAR, a comissão processante intimará a pessoa jurídica para, no prazo de trinta dias, apresentar defesa escrita e *especificar eventuais provas que pretende produzir*. Já o parágrafo 2º do mesmo dispositivo informa que, na hipótese de deferimento de pedido de produção de novas provas julgadas indispensáveis pela comissão, deverá ser facultado à pessoa jurídica processada prazo para apresentação de suas alegações finais.

O regulamento federal, nesse espeque, abriga leitura ampla sobre o conteúdo e extensão da defesa escrita prevista na LAC, de forma que deve ser entendida como gênero a contemplar três modalidades defensivas: *defesa escrita em sentido estrito*, quando as provas já se encontram pré-constituídas e o acusado não revela interesse na produção de novas provas; *defesa prévia*, quando apesar das provas já existentes, houver necessidade da produção de outras; *alegações finais*, a serem sempre oportunizadas após a produção de provas que não constavam inicialmente nos autos do processo.

Não se pode sustentar que o regulamento federal incorreu em crise de legalidade, indo além do que previsto em lei, afinal o normativo em questão encontra-se em plena consonância com o devido processo legal, de que são corolários o contraditório e ampla defesa. Assim, se o normativo infralegal encontra guarida na Lei Maior, não há que se falar em ilegalidade.

Em relação ao conteúdo da defesa escrita em sentido estrito, poderá ele abordar de forma ampla, conforme já salientado, todas as questões que se façam necessárias ao exercício do direito de defesa, questões de fato e de direito, questões formais e de mérito. Enfim, poderão ser deduzidos todos os argumentos e considerações que possam influenciar a marcha e solução do processo.

7.2.1 Defesa prévia

A defesa prévia terá cabimento quando for necessária a inauguração da instrução probatória a pedido da pessoa jurídica processada. Conforme já apontado, nos termos do regulamento federal, após a instauração do PAR, o ente acusado será intimado para apresentar sua defesa e, ato contínuo, especificar as provas que pretende produzir.

Por meio da defesa prévia a parte interessada deverá formular, desde já, as razões defensivas que contemplem aspectos preliminares e de mérito. Entretanto, considerando a eventual possibilidade de demonstração de novos fatos ou circunstâncias relevantes então desconhecidas, não será possível o imediato esgotamento de todas as alegações de interesse para defesa, principalmente quando relacionadas ao resultado da produção das provas propostas, de forma que a sustentação integral dos argumentos defensórios ficará a cargo de outra peça defensiva, as alegações finais.

Não se deve concluir pela menor relevância jurídica da defesa prévia para fins do desenvolvimento do PAR. A princípio cabe à parte acusada deduzir todas as suas alegações já nesse momento processual. Entretanto, não se deve desconsiderar que em sendo produzidas novas informações no bojo do processo, em observância à própria dialética processual que informa o contraditório, deverá ser oportunizado ao acusado uma nova chance de manifestação sobre os elementos posteriormente coligidos aos autos.

Percebe-se, portanto, que a qualificação jurídica de defesa prévia somente se destinará às defesas escritas inicialmente ofertadas, quando, de fato, houver o deferimento por novas provas ou contraprovas, de forma que não acostados novos elementos aos autos do processo, caberá à pessoa jurídica processada a dedução de todas as suas razões defensivas, já naquela etapa do processo administrativo.

Não se quer com isso afirmar que o exercício do direito de defesa estaria à mercê do entendimento do colegiado processante a respeito da pertinência ou não da produção de novas provas. Embora esse órgão administrativo detenha a competência para decidir sobre a abertura ou não da instrução do processo, cabendo, por exemplo, indeferir as provas ilícitas, desnecessárias ou meramente protelatórias, a sua decisão deverá ser satisfatoriamente motivada, de modo que o indeferimento injustificado da produção de provas acarretará, ineludivelmente, manifesto cerceamento de defesa e, portanto, a nulidade do processo administrativo.

Cumpre alertar, a propósito, que a comissão processante somente deverá indeferir o pedido de provas quando a sua impertinência, desnecessidade ou ilegalidade forem manifestas, não podendo desconsiderar que sempre que houver dúvida sobre o cabimento ou não do deferimento da produção de outras provas, deverá ela ser interpretada em favor da defesa, permitindo-se, portanto, a imediata produção probatória.

7.2.2 Alegações finais

As alegações finais encontram-se expressamente previstas no art. 44 da Lei nº 9.784/99, Lei Geral do Processo Administrativo Federal, que dispõe que "encerrada a instrução, o interessado terá o direito de manifestar-se no prazo máximo de 10 dias, salvo se outro prazo for legalmente fixado". Por se tratar de norma geral de processo administrativo, tem aplicação subsidiária no PAR. Conforme já apontado, foi essa, inclusive, a opção contemplada no regulamento federal:

> Art. 5º. [...]
>
> §2º Na hipótese de deferimento de pedido de produção de novas provas ou de juntada de provas julgadas indispensáveis pela comissão, a pessoa jurídica poderá apresentar alegações

finais no prazo de dez dias, contado da data do deferimento ou da intimação de juntada das provas pela comissão (Decreto nº 8.420/15, art. 5º).

O contraditório é o vetor principiológico responsável pela formatação dialética dos processos administrativos de natureza sancionadora, impondo que seja facultado à pessoa jurídica processada o direito de se manifestar sobre novos elementos juntados aos autos do processo. Assim, sempre que novos componentes probatórios forem considerados no deslinde da apuração, seja em razão de atuação oficiosa do colegiado processante, seja em razão de requerimento do próprio acusado, permitir-se-á nova oportunidade de diálogo processual. Nisso consiste, sobremaneira, a dinâmica do contraditório: a cada nova informação, uma nova oportunidade de reação.

7.3 Prazo para apresentação das peças defensivas

O art. 11 da Lei nº 12.846/13 estabelece o prazo de 30 (trinta) dias para apresentação de defesa (tanto a defesa escrita quanto a defesa prévia), contados a partir da intimação. Ao seu turno o Decreto Federal nº 8.420/15 prevê o prazo de 10 (dez) dias para se opor as alegações finais, contados da data do deferimento ou da intimação de juntada das provas pela comissão. Em regra, esses prazos são fatais e devem ser estritamente observados, entretanto, as peculiaridades do caso concreto poderão impor, em razão de um juízo de proporcionalidade, a flexibilização da observância irrestrita do prazo legalmente concedido.

Sobre o tema obtempera José dos Santos Carvalho Filho:

> O prazo deve atender efetivamente ao fim a que se destina, o que obriga o administrador a agir dentro dos parâmetros da razoabilidade e proporcionalidade. Se a instrução for longa, substancial e complexa, ilegal será a fixação de prazo extremamente pequena, pois que se tal ocorrer haverá inegável vulneração ao intuito legal de permitir ao interessado o exercício de seu direito ao contraditório. Assim, em havendo tal desproporção, pode o interessado requerer a ampliação do prazo ou, não atendido, interpor recurso à autoridade superior.[160]

Muito embora a própria LAC estabeleça prazo certo e determinado para o arrazoado, não dispondo de forma expressa sobre a prorrogação do lapso temporal, deve-se entender plenamente possível a prorrogação sempre que a complexidade do caso concreto revelar que o direito de defesa somente será possível se deferida a dilação de prazo requerida. Nesse sentido concorre também o princípio do formalismo moderado, de maneira que o rigor de regras formais poderá ser atenuado ante a necessidade de se assegurar o exercício do direito de defesa.

Assim, diante de casos concretos que revelem cenário de abstrusa elucidação, seja em razão da matéria discutida, seja em razão da elevada quantidade de pessoas jurídicas processadas, a comissão poderá, motivadamente, outorgar dilação do prazo para a apresentação das respectivas peças de defesa.

7.4 Cerceamento do direito de defesa

Vale reiterar que indevidas investidas por parte da Administração Processante ao regular exercício do direito de defesa, sempre que causarem concretos prejuízos à pessoa

---

[160] CARVALHO FILHO, José dos Santos, *op. cit.*, p. 216.

jurídica acusada, poderão ensejar a declaração administrativa ou judicial de nulidade do processo. Nesse sentido, deve cercar-se da mais escorreita atenção quando em exame legítimos pleitos formulados pela defesa, em especial quando voltados à demonstração de sua inocência ou a menor gravidade da conduta eventualmente imputada.

Sobre o tema, José Armando da Costa alerta que:

> Qualquer ataque ao legítimo dimensionamento do direito de defesa é o bastante para motivar a anulação do processo ou procedimento e, consequentemente, tornar absolutamente nulas as punições disciplinares que neles tenha se escorado. Deve-se, portanto, cumprir fielmente as diretrizes oriundas dessa franquia constitucional.[161]

Cumpre frisar, entretanto, que, inobstante o valor indiscutivelmente constitucional do regular exercício do direito de defesa, cumpre ao interessado comprovar efetivo prejuízo para caracterização do cerceamento de defesa, afinal o cerceamento de defesa é um fato e, em decorrência do sistema legal de distribuição do ônus probatório, quem o alega deve demonstrar o efetivo dano imposto ao direito de defender-se, não se admitindo, de forma alguma, a sua mera presunção.

---

[161] COSTA, José Armando da, *op. cit.*, p. 120.

CAPÍTULO VIII

8 Relatório final

8.1 Conceito e finalidade

Nos termos do parágrafo 3º, do art. 10, da LAC, a comissão processante deverá, ao final da fase processual que lhe fora atribuída, apresentar relatório final sobre os fatos apurados e eventual responsabilidade da pessoa jurídica processada, sugerindo de forma motivada as sanções a serem aplicadas.

Nesse contexto, o relatório final se apresenta como relevante ato processual, por meio do qual será externada a convicção final do colegiado acerca de todos os fatos relevantes objetos da apuração em curso, com expressa menção aos aspectos e circunstâncias que se apresentem como substanciais ao deslinde do feito. Trata-se de peça essencial a indicar o resumo das principais peças processuais e a menção aos elementos de prova coligidos aos autos. A doutrina especializada atribui a esse distinto ato processual três principais funções: *informativa; opinativa; e conclusiva*.[162]

O relatório final é *peça informativa*, pois é por meio dele que se promoverá minuciosa referência de tudo quanto apurado a respeito dos fatos descritos no processo administrativo, contendo o resumo das principais peças processuais, especialmente os elementos probatórios produzidos e os argumentos defensivos suscitados. Nesse sentido, a peça em espeque fornecerá as informações necessárias à exata compreensão do processo pela autoridade julgadora. Afinal não se pode desconsiderar que o julgamento será proferido por autoridade administrativa que certamente desconhece, em grande medida, a estrutura e extensão dos fatos apurados, não tendo ela participado da primordial fase de instrução do processo, por onde se é dado a conhecer de maneira mais íntima as relevantes nuances da coleta e exame do material probatório produzido nos autos.

O relatório final descortina, ainda, notável *função opinativa*, pois justamente em razão do imediato contato com a fase de coletas de provas e com o exercício do direito de defesa, legitima-se o comitê processante a influir decisivamente na formação do convencimento da autoridade julgadora, fornecendo-lhe, além das informações de ordem objetiva a respeito da apuração, suas próprias impressões e convicções sobre o mérito do processo, sugerindo, à vista disso, a correta tipificação legal das condutas efetivamente praticadas, além das sanções que lhe pareçam mais adequadas. A função opinativa no bojo do PAR é tão

---

[162] COSTA, José Armando, *op. cit.*, p. 261.

premente que, conforme se verá, vinculará relativamente a autoridade julgadora quando da prolação do ato de julgamento.

Revela também o relatório final *função conclusiva*, uma vez que esse documento denotará o parecer conclusivo da comissão acerca da absolvição ou condenação do ente jurídico processado. Nesse sentido, o mencionado ato processual será sempre conclusivo, ainda que sobressaiam dúvidas a respeito da prática ou não do ato lesivo à Administração Pública, afinal, nesta fase do processo, a dúvida porventura remanescente deve ser interpretada em favor do acusado, em observância ao princípio da presunção de inocência, consubstanciado na máxima do *"in dubio pro reo"*.

8.2 Requisitos e elementos essenciais do relatório final

Por consistir o relatório em peça capital ao ato de julgamento, deve o órgão colegiado elaborar peça que seja lógica e juridicamente concatenada, de modo a permitir à autoridade julgadora a exata compreensão dos fatos apurados, a gravidade e natureza da infração, além de todas as peculiaridades relevantes do caso concreto que devam ser consideradas no julgamento do feito.

Nesse sentido, o relatório final deverá conter, em linhas gerais, três partes estruturais:

A primeira é a *parte descritiva*, consistindo no relato histórico do processo, com a indicação das peças informativas que deram origem à instauração do processo administrativo, a conter breve suma da atuação da comissão processante e da defesa, além da narração dos principais atos praticados durante a marcha processual. A razão de ser da parte descritiva do processo é demonstrar que a comissão adquiriu pleno conhecimento do feito em que deve se manifestar.

A segunda é a *parte analítica*, em que a comissão externará seu exame sobre o desenvolvimento da apuração, por isso deverá enfrentar todas as questões de fato e de direito que sejam imprescindíveis à solução do feito, externando os porquês do seu entendimento. É nesta etapa, também, que deverá ser elaborada análise circunstanciada dos argumentos suscitados na defesa escrita, sob pena de nulidade. A parte analítica do relatório é a que melhor sintetiza o princípio da motivação na fase de instrução do processo, incumbindo à comissão manifestar de forma clara a razão de ser do seu convencimento (*ratio decidendi*).

Por derradeiro, como consectário lógico da parte analítica, tem-se a *parte conclusiva*, em que a comissão revelará sua convicção final a respeito da responsabilização ou não do ente processado, com a sugestão da sanção administrativa que lhe pareça mais adequada. É também neste momento que deverá ser evidenciado o escorreito juízo de dosimetria da penalidade indicada.

A ausência de qualquer uma das partes estruturais indicadas poderá justificar a declaração de nulidade do relatório final, especialmente quando a omissão ou defeito recair sobre as partes analítica e conclusiva.

Além do conteúdo estrutural mencionado, o relatório final poderá contemplar assuntos colaterais, tais como recomendações relacionadas a medidas administrativas e gerenciais a serem adotadas com o propósito de evitar futuras ocorrências de fatos da mesma natureza no órgão ou entidade da Administração Pública lesionada; eventuais encaminhamentos necessários, a exemplo de informações encaminhadas ao Ministério Público, Departamento de Polícia Federal, Advocacia-Geral da União, Tribunais de Contas, etc.; e demais ocorrências de procedimentos incidentes, tais como o desmembramento do processo administrativo ou existência de processos ou procedimentos conexos (judiciais ou administrativos).

8.2.1 Relatório final e análise circunstanciada da defesa escrita

Uma das marcas fundamentais do Direito Processual Administrativo pós Constituição Federal de 1988, notadamente em relação aos processos administrativos de índole sancionatória, diz respeito a sua necessária vinculação ao devido processo legal, tendo por consectário primordial o princípio do contraditório.

Já foi dito que um dos elementos estruturantes do contraditório se relaciona ao *poder de influência* que deve ser atribuído às razões defensivas, de modo que todos os argumentos de fato e de direito suscitados na peça defensiva devam ser levados em consideração pela comissão quando da elaboração do relatório final. Não se quer afirmar que as razões de defesa deverão ser sempre acatadas; diferentemente, quer-se afirmar que todas elas deverão ser objeto de exame e manifestação pelo órgão colegiado, ainda que seja para, motivadamente, afastar ou indeferir as alegações propostas.

Nesse espeque, a ausência de manifestação expressa acerca dos argumentos deduzidos pelo ente processado em sua peça de defesa escrita descortinará afronta direta e imediata ao ordenamento constitucional, por mácula indisfarçável à dialética processual inerente aos processos marcados pelo crivo do contraditório e pela observância da condução bilateral do processo sancionador.

Nesse sentido, aliás, impõe o art. 3º, da Lei nº 9.784/99, aplicável subsidiariamente ao PAR:

> Art. 3º. O administrado tem os seguintes direitos perante a Administração, sem prejuízos de outros que lhe sejam assegurados:
>
> [...]
>
> III – formular alegações e apresentar documentos antes da decisão, *os quais serão objeto de consideração pelo órgão competente* (grifo nosso).

De fato, compete ao colegiado processante proceder, quando da confecção do relatório final, ao exaustivo exame das alegações deduzidas pelo ente jurídico acusado, sob pena de cerceamento de defesa. A ausência de análise da defesa administrativa implicaria, também, violação ao princípio da motivação, uma vez que se impõe à Administração o dever de justificar os atos processuais produzidos que sejam diretamente relacionados ao exercício do direito de defesa, apontando-lhes os fundamentos de fato e de direito, assim como a correlação lógica entre os eventos e situações que deu por existentes e a providência tomada, especialmente nos casos em que o referido aclaramento seja necessário para aferir-se a consonância das conclusões exaradas com os fundamentos que lhe serviram de arrimo.

8.2.2 Relatório final e dosimetria da pena

A atividade punitiva da Administração Pública deverá ser exercida dentro de parâmetros estritamente razoáveis, de forma que a sanção administrativa eventualmente aplicada ao particular revele-se necessária, adequada e proporcional, devendo existir uma ponderada correlação entre o ilícito administrativo e a penalidade aplicada. Embora as sanções administrativas sejam efetivamente cominadas pela autoridade julgadora, caberá à comissão processante, no âmbito do relatório conclusivo, sugerir a penalidade cabível. É essa, aliás, a expressa disposição do parágrafo 3º, do art. 10, da LAC.

O mencionado dispositivo legal não se limita a impor à comissão uma singela recomendação da sanção administrativa, ao contrário, determina o dever de sugerir *de forma motivada as sanções a serem aplicadas.* Ao exigir a expressa motivação da penalidade administrativa proposta, o legislador alça à categoria de formalidade essencial a detalhada exposição dos parâmetros de dosimetria da pena. Nesse sentido, sob pena de nulidade, o relatório final deverá necessariamente contemplar tópico específico a respeito dos argumentos que justificam a proporcionalidade da sanção aventada.

A aplicação do princípio da proporcionalidade ao processo administrativo encontra expressa menção no *caput* do art. 2º da Lei nº 9.784/99, assim como no inciso VI, do parágrafo único, do mesmo dispositivo, preceituando a observância de "adequação entre meios e fins, vedada a imposição de obrigações, restrições e sanções em medida superior àquelas estritamente necessárias ao atendimento do interesse público". Não bastasse a indiscutível aplicabilidade do dispositivo citado ao PAR, a Lei nº 12.846/13 estabelece critério próprio de delimitação da pena a ser observado pela comissão quando da elaboração do relatório final. Tal critério encontra-se insculpido no parágrafo 1º, do art. 6º, da LAC:

> Art. 6º [...]
>
> [...]
>
> §1º. As sanções serão aplicadas fundamentadamente, isolada ou cumulativamente, de acordo com as peculiaridades do caso concreto e com a gravidade e natureza das infrações.

O dispositivo em destaque consagra, de forma expressa, o cabimento do princípio da proporcionalidade na seara do PAR, por isso a extrema importância de o relatório conclusivo contemplar de maneira satisfatória o juízo de dosimetria da pena que pautou o entendimento da comissão a respeito da apuração. Não se deve esquecer, também, que o princípio da proporcionalidade provocou profunda alteração na seara da tradicional doutrina da insindicabilidade do mérito administrativo, permitindo-se o advento de um controle jurisdicional mais extenso acerca da legalidade (em sentido amplo) do ato administrativo sancionador:

> EMENTA: ADMINISTRATIVO. PROCESSO ADMINISTRATIVO DISCIPLINAR. NULIDADE. DESPROPORCIONALIDADE DA DEMISSÃO.
>
> – Num contexto em que a prática de atos tidos por ilícitos teve natureza eventual e deu-se num momento em que, razoavelmente, não se deveria exigir conduta diversa do agente, a aplicação da penalidade administrativa capital apresenta-se desmedida.
>
> – Por força do princípio da legalidade, o uso regular do poder disciplinar da administração pública deve observar o que dispõe o ordenamento. Isso não significa, entretanto, que tal uso deva se ater à letra fria da lei. Para que seja legítimo, o emprego do poder disciplinar deve considerar não apenas a exegese gramatical de determinados artigos, tomados isoladamente, mas a inteligência de todo o ordenamento em que está inserido. Por outras palavras, a interpretação deve ser, no mínimo, sistemática.
>
> – A aplicação de sanções em medida superior àquelas estritamente necessárias ao atendimento do interesse público, como se verificou no caso, é manifestamente ilegal (art. 2º, parágrafo único, inciso VI, da Lei nº 9.784/1999). A lei não ampara o afastamento dos princípios da razoabilidade e da proporcionalidade quando da aplicação da medida sancionadora.
>
> Segurança concedida.[163]

---

[163] STJ – MS nº 18.023/DF, 1ª Seção, Rel. Min. César Asfor Rocha, julgado em 09.05.2012.

Dessa maneira, deve o colegiado apurador empregar os mais diligentes esforços na formulação do relatório conclusivo, de modo a demonstrar que o fator diretivo do estabelecimento da penalidade administrativa sugerida fora desenvolvido em consonância com as peculiaridades e circunstâncias relevantes do caso concreto. Para tanto, deverá se manifestar sobre os elementos de dosimetria da pena estabelecidos no art. 7º da LAC, tais como gravidade da infração, vantagem auferida ou pretendida; consumação ou não da infração; grau da lesão; cooperação da pessoa jurídica para a apuração das infrações; entre outros.

8.3 Caráter relativamente vinculante do relatório final

Já foi dito que uma das funções do relatório final é a opinativa, uma vez que a comissão processante sugere à autoridade julgadora o acatamento integral de sua própria convicção formada ao longo da apuração, de forma que haja plena confluência entre o entendimento do colegiado apurador e aqueloutro a ser externado posteriormente pela autoridade julgadora. Na seara do processo administrativo sancionador, o caráter opinativo do relatório conclusivo, entretanto, assume feição totalmente diferenciada das usuais peças processuais de índole meramente sugestiva, a exemplo da emissão de pareceres jurídicos exarados ao longo do processo, uma vez que será ele vinculante à autoridade administrativa, ressalvada a hipótese em que a peça conclusiva contrariar as provas insertas nos autos do processo.

Esse efeito especialíssimo atribuído às conclusões do órgão colegiado deve-se à própria natureza da atividade então desenvolvida, afinal atribuiu-se à comissão processante a responsabilidade pela condução da mais relevante fase processual, a fase de instrução, oportunizando-se a ela o contato direto com a produção das provas determinantes, as peculiaridades e circunstâncias do caso concreto, assim como as razões defensivas então deduzidas. Percebe-se, portanto, que a função instrutória do processo administrativo sancionador, desenvolvida pelos integrantes da comissão processante, vai muito além de uma tímida coleta de provas e prolação da conclusão final, permitindo-lhe adentrar na intimidade da apuração levada a efeito e, por isso, melhor valorar e aquilatar o material probatório e defensivo coligido aos autos.

A concepção esboçada é tão explícita que chegou a ser expressamente consagrada em uma das notórias espécies de processo administrativo sancionador, o processo administrativo disciplinar ou funcional. Assim, o art. 168 da Lei nº 8.112/90, que regula o regime disciplinar dos servidores públicos da União, de indiscutível aplicação subsidiária ao PAR, contemplou a regra do caráter relativamente vinculante do relatório final:

> Art. 168. O julgamento acatará o relatório da comissão, salvo quando contrário às provas dos autos.
>
> Parágrafo único. Quando o relatório da comissão contrariar as provas dos autos, a autoridade julgadora poderá, motivadamente, agravar a penalidade proposta, abrandá-la ou isentar o servidor de responsabilidade.

No mesmo sentido se encontra a jurisprudência de nossos tribunais superiores. Assim, colaciona-se excerto de voto proferido no Mandado de Segurança nº 7077/DF, Rel. Ministro Edson Vidigal, julgado em 25.04.2001 pela Terceira Seção do colendo Superior Tribunal de Justiça:

[...] Assim é que, ao concluir pelo não acatamento do que proposto pela Comissão, deveria a autoridade demonstrar sua discordância, delineando, não apenas os motivos que levaram ao seu convencimento, como também em que o relatório oferecido contraditava as provas dos autos. Não o fazendo, e deixando de considerar as circunstâncias atenuantes previstas em lei – e expressamente reconhecidas pela Comissão – a decisão atacada peca, no mínimo, por falta de motivação e fundamentação [...].[164]

Apesar desta regra não se encontrar expressamente disposta no corpo da Lei nº 12.846/13, pugna-se pela plena possibilidade de aplicação subsidiária do art. 168 da Lei nº 8.112/90 ao PAR. Não por menos, tal regra foi contemplada no bojo do Decreto nº 8.420/15, nos exatos termos do parágrafo 6º, do art. 9º, consignando-se que eventual decisão contrária ao relatório da comissão "deverá ser fundamentada com base nas provas produzidas no PAR".

Vale reiterar que o efeito vinculativo do relatório final deve ser entendido em termos relativos, uma vez que poderá ser desconstituído pelas próprias provas juntadas aos autos, de forma que a autoridade julgadora poderá agravar ou abrandar a sanção administrativa proposta, ou mesmo isentar a pessoa jurídica de responsabilidade, sempre que demonstrar que o relatório da comissão processante contrariou as provas dos autos.

8.4 Encaminhamentos e providências complementares do relatório

Uma vez encerrada a instrução do PAR e elaborado o relatório final, sempre que o ato lesivo repercutir em outras órbitas de interesse, poderá a comissão encaminhar cópias do relatório e peças pertinentes a outros órgãos e autoridades competentes, por exemplo, ao Departamento de Polícia Federal, quando houver indícios do cometimento de crime, à Advocacia-Geral da União, para efeito de recomposição do patrimônio público lesado, ou mesmo aos órgãos de fiscalização tributária nos casos de sonegação de tributos.

Um desses encaminhamentos, inclusive, se torna obrigatório por força da própria LAC, nos termos do seu art. 15. Nos termos da redação do diploma legal impôs-se à comissão, após a conclusão do procedimento administrativo, o dever de dar ciência do relatório ao Ministério Público, para apuração de eventuais delitos.

Sobre a exata compreensão da norma insculpida no art. 15 da LAC, defende-se que, muito embora a redação do dispositivo legal preconize que "a comissão designada para apuração da responsabilidade da pessoa jurídica, após a conclusão do procedimento administrativo, dará ciência ao Ministério Público de sua existência, para a apuração de eventuais delitos", não se deve empregar ao texto o entendimento de que somente após a conclusão do PAR caberá à comissão dar ciência ao órgão ministerial.

A menção textual que se faz à "conclusão do procedimento administrativo" deve ser interpretada no sentido de encerramento da fase de instrução, com a elaboração do respectivo relatório final, momento em que a comissão chega, de fato, a uma conclusão sobre a apuração. Entender de maneira diversa representaria violação à própria lógica do PAR, uma vez que a comissão somente tem legitimidade para atuar no processo na fase de instrução, ao final da qual a comissão é dissolvida de pleno direito, não detendo mais prerrogativas processuais. A fase propriamente dita de conclusão do procedimento

---

[164] STJ – MS nº 7077/DF, Rel. Ministro Edson Vidigal, julgado em 25.04.2001.

administrativo estaria a cargo de outra autoridade administrativa, a autoridade julgadora, sequer mencionada na redação legal em análise.

No mesmo sentido se manifestam Santos, Bertoncini e Custódio Filho:

> Em que pese a referência legal a que tal conhecimento se dará após a conclusão do processo administrativo, se deve interpretar a norma no sentido de extrair dela um comando para que, sempre que a comissão processante concluir pela presença de indícios de crime ou improbidade administrativa deverá enviar comunicação ao Ministério Público para providências no âmbito de sua competência.[165]

---

[165] SANTOS, José Anacleto Abduch; BERTONCINI, Mateus; CUSTÓDIO FILHO, Ubirajara. *Comentários à Lei nº 12.846/2013*: Lei Anticorrupção. São Paulo: Revista dos Tribunais, 2014. p. 229.

CAPÍTULO IX

9 Dos atos lesivos à Administração Pública nacional e estrangeira

9.1 A infração administrativa

Na seara do Direito Administrativo Sancionador, dois institutos assumem especial relevância no arcabouço teórico e pragmático da matéria: *infração administrativa* e *sanção administrativa*. São temas, pois, que se encontram intrinsecamente relacionados, sendo entendidos como as duas partes estruturais da norma administrativa sancionadora, que consiste em prever o descumprimento injustificado de uma norma administrativa, para a qual se impõe a aplicação da medida punitiva, cuja imposição será decidida por autoridade competente no exercício da função administrativa.

Detém-se, a partir de agora, especial atenção à parte descritiva da norma sancionadora, a infração administrativa, deixando para outro momento o exame sobre a sanção administrativa.

Adotando o critério analítico-formal de conceituação, pode-se definir a infração administrativa como um padrão de comportamento, omissivo ou comissivo, vedado pela lei e cuja inobservância comina na possibilidade de aplicação, pela autoridade administrativa competente, de uma correspondente penalidade. Trata-se, pois, da descrição de comportamento típico e antijurídico que enseja a aplicação, no exercício da função administrativa, de uma sanção de igual natureza.

Em relação à tipicidade administrativa,[166] a qual se denomina no presente trabalho de *enquadramento administrativo*, para melhor compreensão de sua singular extensão, cabe tecer algumas breves considerações.

Para que o Estado possa impor pena administrativa, urge, em razão do atual regime constitucional, que a conduta vedada e a respectiva sanção estejam previamente estabelecidas em lei formal, afinal torna-se necessário que o agente tenha consciência da reprovabilidade de sua conduta e da sanção que lhe será imposta pela prática do ato. Entretanto, é o nível de detalhamento da conduta vedada que costuma ser um dos principais diferenciais entre a "tipicidade penal" e a "tipicidade administrativa".

No âmbito do Direito Penal, em razão das peculiaridades que envolvem a sua natureza punitiva – que em grande parte irá recair sobre o mais precioso bem da pessoa humana (sua própria liberdade) –, sua dogmática consolidou-se em torno do postulado da *legalidade estrita* ou *tipicidade cerrada*. Justamente pela possibilidade de cominação de penas

---

[166] Há autores que considerando as particularidades do Direito Administrativo Sancionador chegam a postular pela própria atipicidade da norma administrativa. Nesse sentido: COSTA, José Armando da Costa, *op. cit.*, p. 66-68.

privativas de liberdade é que os ilícitos penais são descritos de forma individualizada e precisa, tanto no aspecto objetivo (descrição da conduta) quanto no aspecto subjetivo (seara do ânimo), impondo, ainda, que haja entre o tipo penal e a conduta do agente a mais absoluta correspondência.

Já o Direito Administrativo Sancionador diferencia-se consideravelmente dos postulados da tutela penal e, fazendo contraposição ao conceito de tipicidade penal, sua sistemática punitiva se estrutura ao redor do conceito de *enquadramento administrativo*. Afinal, trata-se de ramo afeto ao Direito Administrativo, que mesmo em sua seara sancionadora volta-se sempre à preservação do interesse público primário.

O enquadramento administrativo, ao invés de lançar mão de processo criterioso para a elaboração de tipos cerrados em que todos os aspectos relevantes da conduta devem estar presentes no texto legal, é elaborado através de hipóteses configuradoras de faltas administrativas, concebidas propositadamente em termos amplos, por meio de *conceitos jurídicos indeterminados*, para abranger um maior número de situações decorrentes da complexa e multifacetária realidade da atividade administrativa. Tomando como exemplo o próprio rol de infrações contemplado na LAC, qual seria a exata definição e extensão do ilícito de "fraudar licitação pública ou contrato dela decorrente", ou, ainda, "dificultar atividade de investigação ou fiscalização de órgãos, entidades ou agentes públicos"?

Sobre o caráter peculiar da tipificação administrativa, com propriedade se posiciona Marcelo Madureira Prates:

> [...] ao contrário da reserva legal rígida vigente no domínio penal, a exigir que a lei defina, ela mesma e por completo, a descrição das condutas ilícitas e a sanção aplicável a cada uma delas, no direito administrativo sancionador, maxime quando esteja em causa o exercício de poder sancionador no plano das relações administrativas especiais, tende-se a interpretar de maneira mais flexível a regra da reserva legal, admitindo-se que a lei em sentido formal apenas inicie a regulação substantiva da matéria, por meio da fixação (1) das condutas puníveis, ainda que de modo aberto e genérico, permitindo posteriores preenchimentos ("normas sancionadoras em branco"); e (2) das espécies e dos limites das sanções aplicáveis. Portanto, a descrição definitiva e pormenorizada das infrações administrativas e a fixação específica das sanções administrativas relativamente a cada ilícito poderiam ser legitimamente remetidas para o poder regulamentar.[167]

Essa peculiaridade do enquadramento administrativo propicia, de outro lado, campo irrecusável para aplicação concreta do princípio da proporcionalidade, uma vez que impõe que o aplicador da norma analise da forma mais minuciosa possível o caso concreto, em todas as suas particularidades e condicionantes relevantes, antes de enquadrá-lo em uma das hipóteses generalistas do texto legal.

9.2 Abrangência dos atos lesivos à Administração Pública

Nos termos do art. 5º da Lei Anticorrupção Empresarial, constituem atos lesivos à Administração Pública, nacional e estrangeira, todos aqueles atos praticados pelas pessoas jurídicas elencadas em seu art. 1º, que atentem contra o patrimônio público, contra princípios

---

[167] PRATES, Marcelo Madureira. *Sanção administrativa geral*: anatomia e autonomia. Coimbra: Almedina, 2005. p. 107.

da Administração ou contra os compromissos internacionais assumidos pelo Estado brasileiro, enquadráveis em um dos incisos que integram o rol de infrações então descrito.

Percebe-se, desde já, que o legislador indicou de forma expressa quais são os bens e valores jurídicos tutelados pela norma em questão: (i) o patrimônio público nacional e estrangeiro; (ii) os princípios que regem a Administração Pública; e (iii) os compromissos internacionais assumidos pelo Brasil. Trata-se indubitavelmente de bens jurídicos de cunho transindividual, uma vez que a titularidade desses bens encontra-se disseminada de forma difusa nos mais diversos setores da comunidade brasileira e, inclusive, internacional.

Com a finalidade de tutelar efetivamente os bens jurídicos delineados, o legislador lançou mão de rol de condutas que podem ensejar a aplicação das sanções administrativas e civis legalmente estabelecidas; são elas:

> I - prometer, oferecer ou dar, direta ou indiretamente, vantagem indevida a agente público, ou a terceira pessoa a ele relacionada;

> II - comprovadamente, financiar, custear, patrocinar ou de qualquer modo subvencionar a prática dos atos ilícitos previstos nesta Lei;

> III - comprovadamente, utilizar-se de interposta pessoa física ou jurídica para ocultar ou dissimular seus reais interesses ou a identidade dos beneficiários dos atos praticados;

> IV - no tocante a licitações e contratos:

> a) frustrar ou fraudar, mediante ajuste, combinação ou qualquer outro expediente, o caráter competitivo de procedimento licitatório público;

> b) impedir, perturbar ou fraudar a realização de qualquer ato de procedimento licitatório público;

> c) afastar ou procurar afastar licitante, por meio de fraude ou oferecimento de vantagem de qualquer tipo;

> d) fraudar licitação pública ou contrato dela decorrente;

> e) criar, de modo fraudulento ou irregular, pessoa jurídica para participar de licitação pública ou celebrar contrato administrativo;

> f) obter vantagem ou benefício indevido, de modo fraudulento, de modificações ou prorrogações de contratos celebrados com a administração pública, sem autorização em lei, no ato convocatório da licitação pública ou nos respectivos instrumentos contratuais; ou

> g) manipular ou fraudar o equilíbrio econômico-financeiro dos contratos celebrados com a administração pública;

> V - dificultar atividade de investigação ou fiscalização de órgãos, entidades ou agentes públicos, ou intervir em sua atuação, inclusive no âmbito das agências reguladoras e dos órgãos de fiscalização do sistema financeiro nacional.

A leitura das condutas ora elencadas permite inferir que os atos lesivos à Administração Pública podem ser divididos em dois grandes grupos: o primeiro, relacionado aos atos de corrupção em geral; e o segundo, correlato a atos de corrupção que tenham conexão pertinente com licitações e contratos administrativos.

Uma primeira questão a suscitar debates está relacionada à qualidade do rol de infrações legalmente estabelecido, se exaustivo, *numerus clausus*, ou meramente exemplificativo. Defende-se a tese de que se trata de rol taxativo de infrações, uma vez que o próprio texto legal lança mão de expressão que afasta interpretação em sentido contrário.

Diz a LAC que são considerados lesivos os atos "assim definidos" em seu art. 5º. O regime jurídico dos processos administrativos restritivos de direitos impõe a observância de interpretação igualmente restritiva dos seus institutos. Quisesse o legislador fazer o uso de rol exemplificativo, poderia ter lançado mão de redação que comportasse tal entendimento, a exemplo da Lei de Improbidade Administrativa, que ao apresentar o rol de infrações utilizou a expressão "notadamente".

Outra questão de relevo associa-se ao entendimento de que o enquadramento da conduta em um dos ilícitos arrolados deve guardar correlação lógica com os bens e valores jurídicos versados no *caput* do aludido artigo, de forma que este servirá de preceito legitimador da aferição do caráter ilícito da conduta. Onde não for possível demonstrar a manifesta afronta aos valores ali tutelados, não se poderá sustentar a racionalidade e cabimento do enquadramento administrativo proposto. Impõe-se, nesse sentido, a incumbência de se evidenciar que a conduta viola, de alguma forma, o patrimônio público nacional ou estrangeiro, os princípios que regem a Administração Pública, ou os compromissos internacionais assumidos pelo Brasil.

Ao seu turno, esse mesmo conjunto de valores legalmente tutelados fundamentará a possibilidade de uma leitura globalizante do enquadramento dos fatos às correspondentes hipóteses infracionais. Assim, muito embora os ilícitos tenham sido elencados em rol taxativo, *numerus clausus*, verifica-se a existência de um vetor normativo, que se extrai do próprio dispositivo em tela, que permitirá uma maior abrangência da subsunção dos fatos à norma, e esse raciocínio se fundamenta na própria redação do preceito legal, uma vez que, nos termos do *caput*, do art. 5º, da LAC, constituem atos lesivos à Administração Pública *todos aqueles atos* praticados por pessoas jurídicas que *atentem contra* o patrimônio público, contra princípios da Administração ou contra os compromissos internacionais assumidos pelo Estado brasileiro.

É justamente na compatibilização lógico-normativa entre o texto do *caput*, de teor abrangente (todos os atos que atentem contra determinados bens e valores), e a redação legal dos ilícitos elencados ao longo dos incisos correspondentes, que se pode fundamentar uma maior extensão do enquadramento legal a ser operado em face dos fatos em apuração. O entendimento esboçado é reforçado pelas lições de Marcelo Caetano,[168] para quem, na seara do Direito Administrativo Sancionador, os tipos descritos em lei devem ser entendidos como preceitos indicativos, normas de orientação, que funcionam como padrão ao intérprete, porquanto o que individualiza a infração é o dever infringido ou a proibição violada, de maneira que nem sempre haverá absoluta correspondência entre a hipótese prevista na lei e o fato cometido pelo agente.

O raciocínio em voga revela ainda maior pertinência quando levado em consideração o caráter altamente dinâmico e volátil do desenvolvimento do comportamento corruptivo, principalmente quando promovido através das complexas estruturas de organização e competências inerentes a algumas pessoas jurídicas, a abarcar um extenso rol de práticas e condutas que somente o caso concreto poderá melhor precisar.

Não se quer, de forma alguma, defender que essa peculiar forma de interpretação e aplicação do ilícito administrativo signifique carta em branco ao ente processante para enquadrar a conduta ao tipo legal. A aludida atuação administrativa restará sempre limitada pelas peculiaridades e circunstâncias do caso concreto, além da necessária obediência ao princípio da proporcionalidade, de maneira que o enquadramento proposto se insira no

---

[168] CAETANO, Marcelo. *Princípios fundamentais do direito administrativo*. Rio de Janeiro: Forense, 1977. p. 396-397.

ponto de equilíbrio entre a *vedação da proteção insuficiente* e a *proibição de excessos*, impondo-se ao ente processante o ônus de uma fundamentação substancial, racional e criteriosa.

Curva-se, nessa senda, ao estudo elaborado pelo professor Flávio Henrique Unes Pereira,[169] cujas conclusões sustentam a plena aplicação da *Teoria da Adequabilidade Normativa*, de autoria do jurista alemão Klaus Günther, à atividade sancionadora da Administração Pública, de modo que, no juízo de aplicação das normas, o julgador estará sempre vinculado a todas as peculiaridades que o caso concreto apresente, com vistas a adotar a decisão que se mostre adequada para o desfecho do processo administrativo sancionador, inexistindo, nesse sentido, espaço para escolhas a partir de um juízo genuinamente discricionário.

9.2.1 Dos atos lesivos em espécie

Conforme anteriormente destacado, muito embora seja possível a realização de uma leitura globalizante em relação ao enquadramento dos fatos às normas, sempre levando em consideração as peculiaridades e circunstâncias que envolvem o caso concreto, passa-se a analisar, ainda que de forma concisa, algumas das possíveis condutas objeto de coibição pela LAC.

9.2.1.1 Dos atos de corrupção em geral

9.2.1.1.1 Prometer, oferecer ou dar, direta ou indiretamente, vantagem indevida a agente público, ou a terceira pessoa a ele relacionada

Trata-se de figura correlata ao crime de corrupção ativa prevista no Código Penal. O ato lesivo consiste em prometer, oferecer ou dar, direta ou indiretamente, vantagem indevida a agente público ou terceiro a ele relacionado.

A infração administrativa em tela detém caráter formal, uma vez que o simples fato de prometer, oferecer ou dar já é suficiente para a configuração do enquadramento administrativo, independentemente de qualquer interferência efetiva na conduta do agente público. Aliás, como relevante nota distintiva do tipo penal, não se requer para configuração da infração administrativa a demonstração da finalidade especial de conseguir do agente público a prática, omissão ou retardamento de ofício, restando objetivamente presumida a finalidade de influir em ato a ser praticado pelo agente público.

Percebe-se que o ilícito administrativo vai além das condutas tradicionalmente tipificadas na seara penal, que não abrange a conduta de *dar* vantagem indevida. A propósito, um dos principais argumentos defensivos de réus em processo de responsabilização criminal por corrupção ativa consistia na tese de que a simples entrega de vantagem ilícita quando solicitada por servidor público não configuraria crime, ao contrário, tratar-se-ia de situação em que o particular estaria na condição de vítima secundária do crime de corrupção passiva.

Felizmente, tal entendimento não pode prosperar na seara da Lei Anticorrupção Empresarial, que impõe a observância de condutas mais rígidas no que tange aos preceitos da integridade corporativa. Esse distinto patamar de comprometimento com a ética e moralidade decorre, inclusive, de aspiração que vem estabelecida no bojo de relevantes tratados internacionais.

---

[169] PEREIRA, Flávio Henrique Unes. *Sanções disciplinares*: o alcance do controle jurisdicional. Belo Horizonte: Fórum, 2007.

Essa maior extensão do ilícito em tela encontra esteio na Convenção das Nações Unidas contra a Corrupção, que, em seu art. 15, ao tratar do suborno aos funcionários públicos, preceitua que cada Estado adotará as medidas legislativas que sejam necessárias para qualificar como delito a promessa, o oferecimento ou a concessão a um funcionário público, de forma direta ou indireta, de um benefício indevido que redunde em seu próprio proveito ou no de outra pessoa ou entidade, com o fim de que tal funcionário atue ou se abstenha de atuar no cumprimento de suas funções oficiais.

Em relação ao conceito de vantagem indevida, cumpre consignar que o ilícito não se resume a vantagens de índole apenas econômica, abrangendo, portanto, vantagem de qualquer espécie, ainda que não financeiras ou materiais. Essa vantagem indevida pode, também, restar configurada ainda que de forma apenas indireta, a exemplo da benesse a ser usufruída não pelo agente público, mas por terceiro por ele indicado. Não por menos, o enquadramento administrativo faz menção ao fato de a vantagem indevida poder ser ofertada a terceira pessoa relacionada ao agente público.

9.2.1.1.2 Comprovadamente, financiar, custear, patrocinar ou de qualquer modo subvencionar a prática dos atos ilícitos previstos nesta Lei

Trata-se de mais um ilícito administrativo que decorre diretamente do arcabouço normativo delineado pelos diversos tratados internacionais de combate à corrupção, que propõe a responsabilização de todos os atores envolvidos na prática do ato corruptível, enquadrando, também, as demais formas de cumplicidade, participação ou intermediação.

Nesse rumo, a Convenção da OCDE de Combate à Corrupção de Funcionários Públicos Estrangeiros em Transações Comerciais Internacionais estabelece, já no seu art. 1º, que cada Estado Parte deverá tomar todas as medidas necessárias à tipificação de condutas que consistam na *cumplicidade*, inclusive por *incitamento*, *auxílio* ou *encorajamento* da prática do ato de corrupção.

A Convenção das Nações Unidas contra a Corrupção também enfrenta o tema ao dispor, em seu art. 27, que:

> Cada Estado Parte adotará medidas legislativas e de outras índoles que sejam necessárias para qualificar como delito, em conformidade com sua legislação interna, qualquer forma de participação, seja ela como cúmplice, colaborador ou instigador de um delito qualificado de acordo com a presente Convenção.

Não há dúvidas, portanto, que aquele que comprovadamente financiar, custear, patrocinar ou de qualquer modo subvencionar a prática de ato ilícito estará personificando *participação qualificada*, ensejando, por si só, independentemente da materialização do ato lesivo subsidiado, a configuração de uma nova infração administrativa, autônoma e, portanto, passível de responsabilização administrativa.

9.2.1.1.3 Comprovadamente, utilizar-se de interposta pessoa física ou jurídica para ocultar ou dissimular seus reais interesses ou a identidade dos beneficiários dos atos praticados

A hipótese normativa compreende a responsabilização da pessoa jurídica decorrente da participação de terceiros na prática do ato de corrupção. Nos termos da LAC, a atuação desses terceiros dar-se-á da forma mais ampla possível, englobando qualquer pessoa, física ou jurídica, que aja em nome ou em benefício do ente jurídico, a exemplo de representantes, despachantes, consultores, advogados, contadores ou lobistas, desde que intervenham na prática do ato ilícito.

Tal dispositivo permitirá a responsabilização de pessoas jurídicas por atos de corrupção de terceiros que agem em seu nome e interesse. Trata-se de inovação a ser celebrada, afinal não são poucos os casos de corrupção em que pessoas jurídicas se valem de interpostas pessoas com a finalidade exclusiva de se furtarem de eventual responsabilização.

A fim de ilustrar a pertinência da aludida disposição na repressão a atos lesivos, faz-se menção a recente escândalo de corrupção na história do município de São Paulo, conhecido como "Máfia do ISS", em que cerca de 410 construtoras pagavam elevadas propinas a auditores fiscais do município para reduzir o valor do imposto sobre serviços e de licenças de habitação pagos na conclusão de obras de grande porte. Nesse caso concreto, um dos principais argumentos defensivos das empresas envolvidas se fundava no fato de que a propina foi efetivamente paga por despachantes, sem o seu conhecimento, muito embora por tais serviços tenham sido pagas elevadas quantias em dinheiro, por vezes superiores aos respectivos custos do recolhimento tributário.

Pode-se fazer menção, também, ao recente escândalo político envolvendo o desvio de verbas da Petrobras, relacionadas à operação "Lava Jato" da Polícia Federal. Na mencionada investigação restou esclarecido que empreiteiras beneficiadas por atos de corrupção se valiam da subcontratação de outras pessoas jurídicas, geralmente empresas de consultoria, para que essas realizassem o pagamento de propina a servidores públicos e políticos do primeiro escalão de alguns dos principais partidos políticos do Brasil.

Essa distinta previsão da Lei Anticorrupção brasileira se coaduna com os demais diplomas anticorrupção estrangeiros, que também preveem mecanismos nesse sentido. Assim, por exemplo, no Direito norte-americano, diversos são os casos de sanções aplicadas a empresas por violação ao *Foreign Corrupt Pratices Act – FCPA*, direta ou indiretamente relacionados à participação de terceiros e intermediários. Carlos Ayres faz menção a relevante caso relacionado à aplicação da legislação americana:

> O caso envolvendo a Internacional Business Machines ("IBM") é ilustrativo. Na década de 1990, a subsidiária da IBM na Argentina ("IBM-Argentina") assinou um contrato milionário com o Banco de la Nación Argentina ("BNA"), instituição financeira controlada pelo governo daquele país, para implementação de sistemas de informática. Em paralelo a IBM-Argentina subcontratou a empresa CCR para prestar serviços referentes ao contrato com o BNA. Parte dos valores pagos à CCR teriam sido transferidos para contas de diversos diretores do BNA e a IBM-Argentina contabilizou os pagamentos realizados à CCR como "despesas com subcontratado". A *U.S. Securities & Exchange Commission* ("SEC"), a Comissão de Valores Mobiliários ("CVM") norte-americana, entendeu que os registros contábeis da IBM-Argentina refletiam de forma imprecisa e incompleta a natureza das transações, tendo sua matriz nos Estados

Unidos sido sancionada por violações aos dispositivos contábeis do FCPA, em decorrência de atos de sua subsidiária.[170]

A responsabilização de pessoas jurídicas por ato de interposta pessoa será possível tanto em relação aos atos de corrupção em que as primeiras tenham efetiva ciência da ilicitude da conduta levada a efeito quanto em relação às hipóteses de ciência meramente potencial do ilícito, podendo ser responsabilizadas em decorrência da alta probabilidade de que o ato lesivo à Administração seja cometido pelo terceiro ou intermediário, rendendo enseja, dessa maneira, à aplicação da *teoria da cegueira deliberada*, de forma a responsabilizar o agente que se coloca, intencionalmente, em estado de desconhecimento ou ignorância, para não conhecer detalhadamente as circunstâncias fáticas de uma situação altamente suspeita.

Não há dúvidas que o dispositivo em comento propiciará a inauguração de um ambiente mais rígido e diligente quando do estabelecimento de associações empresariais ou profissionais, impondo que as pessoas jurídicas tomem as devidas precauções para garantir a estipulação de parcerias apropriadas e idôneas. Sob os auspícios da LAC o relacionamento com terceiros deverá estar balizado em autêntico procedimento de *due diligence anticorrupção*, em que reste evidenciada a adoção de mecanismos que demonstrem que a empresa somente firmou parcerias após prudente análise dos fatores de riscos atinentes à transação, tais como o nível de relacionamento do parceiro com agentes públicos e políticos, histórico de envolvimento em casos de corrupção, capacidade técnica e experiência, remuneração, etc.

O dispositivo em tela revela também, em seu segundo núcleo de ações, a ocultação ou dissimulação da identidade dos beneficiários dos atos praticados, infração administrativa correlata ao crime de lavagem ou ocultação de bens, direitos e valores, que se materializa, em especial, por meio de "laranjas" ou "testas-de-ferro", figura consistente no encobrimento, seja através de pessoas físicas ou jurídicas, da ação dos verdadeiros responsáveis pelos negócios ilícitos geradores de vantagens indevidas. O enquadramento administrativo se presta, ainda, à coibição da utilização de "empresas de fachadas" na prática dos atos de corrupção, a exemplo da emissão inidônea de notas fiscais.

9.2.1.1.4 Dificultar atividade de investigação ou fiscalização de órgãos, entidades ou agentes públicos ou intervir em sua atuação, inclusive no âmbito das agências reguladoras e dos órgãos de fiscalização do sistema financeiro nacional

O ato lesivo em questão se materializa no embaraço ou obstrução indevida da atividade investigativa e fiscalizatória levada a efeito pelo Estado por meio de seus agentes e órgãos administrativos ou de persecução. Tal ilícito pode ser realizado tanto de forma direta, *dificultar atividade de investigação e fiscalização*, a exemplo da destruição ou falseamento de provas, como também de forma indireta, *intervir em sua atuação*, a exemplo da tentativa ou efetivo suborno de servidores para que não desempenhem suas funções investigativas ou fiscalizatórias, ou mesmo se valer de prestígio e contatos políticos a pretexto de influir

---

[170] AYRES, Carlos Henrique da Silva. Utilização de terceiros e operações de fusões e aquisições no âmbito do Foreing Corrupt Pratices Act: riscos e necessidade da due diligence anticorrupção. In: DEL DEBBIO, Alessandra; MAEDA, Bruno Carneiro; AYRES, Carlos Henrique da Silva (Coord.). *Temas de anticorrupção e compliance*. Rio de Janeiro: Elsevier, 2013. p. 208.

em ato praticado por agente público no exercício da função, situação muito comum no cenário político brasileiro.

Em certa medida esse ilícito administrativo em muito se assemelha com alguns ilícitos tipificados no bojo do Código Penal brasileiro, especialmente aqueles relacionados aos crimes contra a administração da justiça, a exemplo do falso testemunho ou falsa perícia; coação no curso do processo; fraude processual ou favorecimento real.

A infração administrativa em comento está, ainda, em plena harmonia com disposições que se encontram expressas em tratados internacionais, que buscam coibir atos ilegítimos de perturbação e embaraço à investigação e apuração dos atos de corrupção. Nesse sentido, por exemplo, encontra-se o art. 25 da Convenção das Nações Unidas contra a Corrupção:

> Cada Estado Parte adotará as medidas legislativas e de outras índoles que sejam necessárias para qualificar como delito, quando cometidos intencionalmente:
>
> a) O uso da força física, ameaças ou intimidação, ou a promessa, o oferecimento ou a concessão de um benefício indevido para induzir uma pessoa a prestar falso testemunho ou a atrapalhar a prestação de testemunho ou a apartação de provas em processos relacionados com a prática dos delitos qualificados de acordo com essa Convenção;
>
> b) O uso da força física, ameaças ou intimidação para atrapalhar o cumprimento das funções oficiais de um funcionário da justiça ou dos serviços encarregados de fazer cumprir-se a lei em relação com a prática dos delitos qualificados de acordo com a presente Convenção. Nada do previsto no presente Artigo menosprezará a legislação interna dos Estados Partes que disponham de legislação que proteja a outras categorias de funcionários públicos.

Quanto à extensão do ato lesivo, muito embora a leitura fria do dispositivo legal possa levar a crer que sua configuração ocorrerá indistintamente em relação a qualquer atuação investigativa ou fiscalizatória dos órgãos e entidades que integram a Administração Pública, defende-se interpretação mais restritiva no sentido de que essa atuação esteja estritamente relacionada à apuração dos demais delitos previstos na própria Lei Anticorrupção, ou à atuação de órgãos de controle e combate à corrupção.

Fundamenta-se o entendimento supra sob as seguintes razões: A uma, pela necessidade de interpretação sistemática do dispositivo, que se encontra inserido num microssistema jurídico que busca coibir atos de corrupção, e não a tutela em geral da atuação investigativa e fiscalizatória de órgãos e entidades públicas. A duas, pelo risco de banalização do instrumento legal e aplicação desarrazoada de sanções gravíssimas, desconsiderando que as mais diversas normas que regem a atividade fiscalizatória da Administração já estabelecem a possibilidade de aplicação de penalidades próprias em situações de embaraço, fraude ou resistência à fiscalização, a exemplo do art. 201 da Consolidação das Leis Trabalhistas, que prevê a aplicação de multas administrativas em razão de investidas contrárias à fiscalização do trabalho.

A interpretação restritiva do dispositivo em exame também parece ser feita por Santos, Bertoncini e Custódio Filho, que assim se manifestam:

> O ato lesivo de obstrução de investigação ou fiscalização do poder público deve ser compreendido como um delito praticado pela pessoa jurídica, com a finalidade de garantir a impunidade de todos aqueles envolvidos no cometimento de atos de corrupção contra a administração pública nacional ou estrangeira. Esse delito volta-se a garantir a impunidade

e, consequentemente, os ganhos e benefícios ilícitos advindos dos atos lesivos dos incs. I a IV do art. 5º.[171]

Por fim, cumpre salientar que o enquadramento da conduta da pessoa jurídica à hipótese normativa demandará especial esforço argumentativo do aplicador da lei no sentido de bem delimitar o legítimo exercício do direito de defesa e da não autoincriminação daquelas condutas ardilosas e tomadas de má-fé pela pessoa jurídica, de forma que haverá a necessidade de demonstração de elementos probatórios substanciais que respaldem a imputação de responsabilidade. Em igual sentido, se manifesta Modesto Carvalhosa:

> [...] o tipo instituído no inciso V do art. 5º deve ser entendido como delito de fraude processual e de criação de entraves para a apuração dos delitos corruptivos e não de obrigação de prestar colaboração. Restringe-se o preceito tipológico do inciso V à destruição de provas, ao aliciamento e suborno de testemunhas, ao falseamento de documentos e a toda espécie de fraude processual.
>
> Nunca deve ser entendido o dispositivo (art. 5, V) como delito de não colaboração, ou seja, de não prestar depoimento contra si mesmo e de não oferecer todos os meios para sua própria incriminação, o que seria uma aberração jurídica.[172]

Percebe-se, dessa maneira, que recairá sobre o ente processante especial ônus probatório, no sentido de comprovar a efetiva existência de ardis e mecanismos fraudulentos, principalmente perante um ordenamento jurídico que presume a boa-fé de todos e consagra a essencialidade do direito de defesa. Esse mesmo ordenamento estabelece que ninguém é obrigado a produzir provas contra si, de maneira que a colaboração pode até ser recompensada, mas a sua ausência, por esse só fato, jamais poderá ensejar a punição do acusado.

9.2.1.2 Dos atos de corrupção em licitações e contratos

O legislador houve por bem reservar tópico específico de irregularidades inerentes ao desenvolvimento de licitações e contratos administrativos. A preocupação legislativa decorre da infeliz realidade inerente ao cenário brasileiro de contratações públicas, reconhecendo neste o meio ambiente mais propício e usual à ocorrência de atos de corrupção, uma vez que, por trás dos contratos que lastreiam a realização de obras, compras, serviços e alienações, encontram-se reservadas grandes somas de dinheiro.

A promiscuidade do ambiente das licitações e contratações públicas não é uma marca exclusiva do regime jurídico-administrativo-contratual doméstico, uma vez que também em solos estrangeiros o ambiente de contratações estatais descortina contexto favorável aos flagelos da corrupção, especialmente naqueles países em que se constata a falta de um marco legal satisfatório e sistemas institucionais de integridade e controle. Não por acaso, a Convenção das Nações Unidas contra a Corrupção contemplou disposição específica sobre o relevante tema, assim versando:

> Artigo 9
>
> Contratação pública e gestão da fazenda pública

---

[171] SANTOS, José Anacleto Abduch; BERTONCINI, Mateus; CUSTÓDIO FILHO, Ubirajara, *op. cit.*, p. 148.

[172] CARVALHOSA, Modesto, *op. cit.* [livro eletrônico].

CAPÍTULO IX | 167

1. Cada Estado Parte, em conformidade com os princípios fundamentais de seu ordenamento jurídico, adotará as medidas necessárias para estabelecer sistemas apropriados de contratação pública, baseados na transparência, na competência e em critérios objetivos de adoção de decisões, que sejam eficazes, entre outras coisas, para prevenir a corrupção. Esses sistemas, em cuja aplicação se poderá ter em conta valores mínimos apropriados, deverão abordar, entre outras coisas:

a) A difusão pública de informação relativa a procedimentos de contratação pública e contratos, incluída informação sobre licitações e informação pertinente ou oportuna sobre a adjudicação de contratos, a fim de que os licitadores potenciais disponham de tempo suficiente para preparar e apresentar suas ofertas;

b) A formulação prévia das condições de participação, incluídos critérios de seleção e adjudicação e regras de licitação, assim como sua publicação;

c) A aplicação de critérios objetivos e predeterminados para a adoção de decisões sobre a contratação pública a fim de facilitar a posterior verificação da aplicação correta das regras ou procedimentos;

d) Um mecanismo eficaz de exame interno, incluindo um sistema eficaz de apelação, para garantir recursos e soluções legais no caso de não se respeitarem as regras ou os procedimentos estabelecidos conforme o presente parágrafo;

e) Quando proceda, a adoção de medidas para regulamentar as questões relativas ao pessoal encarregado da contratação pública, em particular declarações de interesse relativo de determinadas contratações públicas, procedimentos de pré-seleção e requisitos de capacitação.

A legislação brasileira sobre licitações e contratos contempla a maior parte dos requisitos necessários para que a contratação de bens e serviços se faça em obediência aos princípios da moralidade administrativa e igualdade de oportunidades, de forma que a violação a tais preceitos, além da eventual responsabilização prevista no regime próprio, passa a ser passível de responsabilização no sistema punitivo inaugurado na LAC, que contempla ilícitos ínsitos ao desenvolvimento de licitações e contratos.

Ao fazer menção, no inciso IV, do art. 5º, da Lei nº 12.846/13, sobre a existência de atos lesivos "no tocante a licitações e contratos", cumpre consignar que o termo 'contratos' deve ser interpretado como gênero, do qual o contrato administrativo, conforme previsto no Capítulo III, da Lei nº 8.666/93, é apenas uma de suas espécies, de maneira que as infrações legais ora previstas também abarcarão as ilegalidades verificadas no bojo de instrumentos congêneres celebrados por órgãos e entidades da Administração, a exemplo de contratos de gestão, termos de parcerias e convênios. O quanto afirmado não chega a violar o postulado de interpretação restritiva de normas do regime jurídico sancionador, mas, antes de tudo, consiste em legítima interpretação sistemática da intercessão normativa verificada entre o regime legal de licitações e contratos e a Lei Anticorrupção.

Conforme já explanado, o sistema previsto na LAC não se encerra na responsabilização de pessoas jurídicas exclusivamente empresariais, mas, indo além, alcança também pessoas jurídicas integrantes do terceiro setor, a exemplo de ONGs e OSCIPs, sempre que envolvidas em atos de corrupção. Em regra, a relação jurídica firmada entre essas pessoas jurídicas privadas com órgãos e entidades administrativos não é formalizada por meio de contratos administrativos "*stricto sensu*", mas através de expedientes assemelhados, genuínos meios de formalização da relação jurídica firmada entre os entes públicos e privados. Nessa direção concorre, aliás, o teor do art. 116, da Lei nº 8.666/93, ao consignar que "aplicam-se as disposições desta Lei, no que couber, aos convênios, acordos, ajustes, e outros instrumentos congêneres celebrados por órgãos e entidades da Administração", de que são exemplos contratos de repasse, contratos de gestão, termos de parceria, termos de colaboração ou de fomento, entre outros.

Não são raros os escândalos de corrupção praticados por entes do chamado terceiro setor, que se valem das aludidas espécies negociais para lesarem o patrimônio público. Por isso que a interpretação fechada apenas nas relações decorrentes de contratos administrativos *"stricto sensu"* atentaria contra o próprio escopo da LAC, que visa coibir a prática de atos de corrupção realizados por pessoas jurídicas amplamente consideradas, consoante a abrangência estabelecida no parágrafo único, do art. 1º, do diploma legal.

9.2.1.2.1 Frustrar ou fraudar, mediante ajuste, combinação ou qualquer outro expediente, o caráter competitivo de procedimento licitatório público

O procedimento licitatório visa selecionar a proposta mais vantajosa para a Administração Pública, e de igual modo propiciar tratamento isonômico a todos os interessados, servindo como fator de eficiência e moralidade nos negócios administrativos. O caráter competitivo da licitação é, portanto, o resultado que se extrai da harmonização entre a vantajosidade da proposta e a igualdade de condições entre os participantes do certame.

Esse aspecto é tão caro ao desenvolvimento da licitação que o próprio legislador, no inciso I, parágrafo 1º, do art. 3º, da Lei nº 8.666/93, vedou terminantemente aos agentes públicos responsáveis pela condução do procedimento a admissão, previsão, inclusão ou tolerância de cláusulas ou condições que comprometessem, restringissem ou frustrassem o seu caráter competitivo, assim como o estabelecimento de preferências ou distinções em razão da naturalidade, da sede ou domicílio dos licitantes ou de qualquer outra circunstância impertinente ou irrelevante para o específico objeto do contrato.

Nesses termos, um dos principais atentados ao espírito que sustenta a legislação licitatória consiste na reunião indecorosa entre empresas para o fim de ajustarem aos seus exclusivos interesses o destino da licitação, direcionando indevidamente o seu objeto a um dos membros do "sórdido clube". Mina-se a um só tempo os valores basilares da licitação: a competitividade e a igualdade.

O dispositivo legal em comento visa coibir a odiosa prática da "cartelização" do procedimento licitatório, infelizmente tão comum no cenário brasileiro, especialmente quando em jogo a realização de grandes obras públicas. O ajuste ou combinação entre os diversos licitantes tem por finalidade frustrar ou fraudar o caráter competitivo da licitação, se aperfeiçoando tanto pela conduta que impede a disputa ao longo do procedimento quanto àquela que, por meios ardilosos, simula a ocorrência de uma suposta competição entre os particulares.

A consumação do ato lesivo independe da demonstração da obtenção de proveito econômico por parte dos integrantes do cartel ou prejuízos suportados pela Administração Pública, bastando, para tanto, que se demonstre que o ajuste, a combinação ou qualquer outro expediente excluiu algum outro participante ou preordenou o resultado do certame licitatório.

9.2.1.2.2 Impedir, perturbar ou fraudar a realização de qualquer ato de procedimento licitatório público

A tipificação ou o enquadramento administrativo da presente conduta tem por finalidade tutelar a regularidade do funcionamento e desenvolvimento dos atos administrativos que compõem o procedimento licitatório no sentido de coibir condutas que visem impedi-lo, perturbá-lo ou fraudá-lo.

Impedir significa impossibilitar, inviabilizar ou não permitir. *Perturbar* é criar obstáculos indevidos, tumultuar ou embaraçar, causando desordem capaz de interferir no desenvolvimento regular dos atos que compõem o procedimento, de modo que tenham que ser adiados ou refeitos. Já *fraudar* é a utilização de meios ardilosos que tendem a interferir na higidez e legalidade dos atos administrativos.

Observe-se que tais condutas se encerram, por expressa disposição legal, nos estritos limites do procedimento licitatório. Se tais condutas forem verificadas no curso da relação contratual, deve-se buscar o seu enquadramento em outro dispositivo. Assim, por exemplo, não poderá haver a responsabilização de pessoa jurídica pela infração em espeque se na fase contratual ela apresentasse documentos falsos. Diversamente ocorreria na hipótese de ela haver apresentado atestados de capacidade técnica inidôneos na fase de habilitação, fase integrante do procedimento.

9.2.1.2.3 Afastar ou procurar afastar licitante, por meio de fraude ou oferecimento de vantagem de qualquer tipo

Novamente tem-se por escopo a regularidade do procedimento licitatório, coibindo-se a conduta da pessoa jurídica que intenta eliminar a participação legítima de outros participantes que teriam condições de concorrer ao objeto vinculado ao certame, valendo-se para tanto de meio fraudulento ou oferecimento de vantagem indevida.

O ato ilícito se consuma independentemente do êxito da conduta levada a efeito. Ou seja, ainda que o licitante a que se buscou afastar permaneça participando do procedimento licitatório, desde que a pessoa jurídica acusada tenha se valido de ardis ou ofertado vantagem indevida, será ela responsabilizada pelo ilícito que se materializa pela mera conduta de procurar afastar o licitante.

No que diz respeito à natureza da vantagem indevida, não se restringe ela a um contexto meramente pecuniário, podendo contemplar, inclusive, vantagens de caráter extrapatrimonial, a exemplo de conquista de prestígio político ou empresarial.

Cumpre consignar que a conduta é levada a efeito de maneira unilateral por parte da pessoa jurídica acusada, pois se o ajuste tiver natureza bilateral a conduta de ambos será enquadrada na infração administrativa prevista na alínea a, do inciso IV, do art. 5º, da LAC.

Por fim, vale mencionar que muito embora a conduta da pessoa jurídica que aceita a proposta não possa ser enquadrada no presente dispositivo, isso não significa que ela ficará imune à responsabilidade jurídica, podendo sua conduta ser tipificada em outro dispositivo, a exemplo da infração prevista na alínea d, inciso IV, do art. 5º, da LAC, consistente em "fraudar licitação pública ou contrato dela decorrente".

9.2.1.2.4 Fraudar licitação pública ou contrato dela decorrente

Tem-se aqui enquadramento administrativo de caráter subsidiário, devendo ser aplicado quando não houver a possibilidade de enquadramento exclusivo em outro dispositivo, consistindo na mais ampla das infrações relacionadas a licitações e contratos administrativos previstos na Lei Anticorrupção, que, de certa maneira, pela generalidade de seus termos, abrange a quase totalidade dos demais ilícitos previstos no inciso IV, do art. 5º da LAC.

Trata-se de figura infracional análoga àquela estabelecida no art. 96 do Código Penal, que delineia algumas condutas que podem auxiliar o aplicador na LAC diante de casos concretos, tais como: (i) elevar arbitrariamente os preços; (ii) vender, como verdadeira ou perfeita, mercadoria falsificada ou deteriorada; (iii) alterar substância, qualidade ou quantidade da mercadoria fornecida; (iv) tornar, por qualquer modo, injustamente, mais onerosa a proposta ou execução do contrato.

9.2.1.2.5 Criar, de modo fraudulento ou irregular, pessoa jurídica para participar de licitação pública ou celebrar contrato administrativo

O dispositivo em destaque abrange uma das mais usuais fraudes empregadas no submundo dos atos de corrupção praticados no âmbito de licitações e contratos. Não são poucos os casos em que órgãos de controle, a exemplo da CGU ou TCU, identificam a existência de empresas de fachada, que são criadas com o único e exclusivo intento de macular a lisura do regime de contratação pública e simular uma aparente disputa entre pessoas jurídicas.

Vários são os indícios que descortinam o usual ardil, a exemplo da ausência de sede própria ou estabelecimento incompatível com a atividade realizada, constituição do quadro societário com os mesmos sócios de outras empresas ou com parentes ou laranjas etc.

A tipificação administrativa da conduta de criar, de modo fraudulento ou irregular, pessoa jurídica para participar de licitação pública ou celebrar contrato administrativo, coloca nas mãos da Administração Pública importante instrumento de prevenção e repressão a fraudes, afinal a configuração do ato lesivo independe do êxito da fraude perpetrada, se materializando com o mero emprego do ardil. Essa é uma das hipóteses que autoriza, aliás, a dissolução compulsória da pessoa jurídica, a ser determinada no bojo de processo judicial, nos termos do parágrafo 1º, do art. 19, da Lei nº 12.846/13.

Aproxima-se, sobremaneira, do ato lesivo estatuído na primeira parte do inciso III, do art. 5º, da LAC, "comprovadamente, utilizar-se de interposta pessoa física ou jurídica para ocultar ou dissimular seus reais interesses ou a identidade dos beneficiários dos atos praticados", cujo diferencial se materializa no caráter mais especializado do ilícito em exame, que se verifica exclusivamente no âmbito de licitações e contratos.

9.2.1.2.6 Obter vantagem ou benefício indevido, de modo fraudulento, de modificações ou prorrogações de contratos celebrados com a Administração Pública, sem autorização em lei, no ato convocatório da licitação pública ou nos respectivos instrumentos contratuais

O prazo de vigência contratual é o período em que os contratos administrativos firmados produzem direitos e obrigações para as partes contratantes. Em regra, os contratos administrativos têm vigência limitada aos respectivos créditos orçamentários, em observância ao princípio da anualidade do orçamento, entretanto, a legislação admite exceções em que os contratos poderão ultrapassar a vigência dos respectivos créditos orçamentários, a exemplo dos projetos cujos produtos estejam contemplados nas metas estabelecidas no Plano Plurianual.

A própria Lei nº 8.666/93 elenca os motivos ensejadores da prorrogação de prazos contratuais, tais como modificação pela Administração do projeto ou especificações; superveniência de fato excepcional ou imprevisível, estranho à vontade das partes, que altere fundamentalmente as condições da execução do contrato; interrupção da execução do contrato ou diminuição do ritmo de trabalho por ordem e interesse da Administração; impedimento da execução do contrato por fato ou ato de terceiro reconhecido em documento contemporâneo à sua ocorrência, aumento das quantidades inicialmente previstas no contrato, nos limites legalmente admitidos, entre outros.

As prorrogações de prazos de duração dos contratos deverão estar devidamente justificadas em processo administrativo e serem previamente autorizadas pela autoridade competente para assinatura do termo contratual, sendo necessária, ainda, a observância de outros pressupostos, a exemplo da existência de previsão para prorrogação no edital e contrato; vantajosidade da prorrogação devidamente justificada nos autos do processo; manutenção das condições de habilitação pelo contratado e preço contratado compatível com o mercado fornecedor do objeto.

Ao seu turno, o contrato firmado entre as partes pode ser também alterado nos estritos casos previstos em lei, desde que haja interesse da Administração e, principalmente, satisfação do interesse público. Para que as modificações sejam consideradas válidas, devem ser justificadas por escrito e previamente autorizadas pela autoridade competente para celebrar o contrato. As alterações podem ser unilaterais, quando feitas exclusivamente pela Administração, ou por acordo entre o ente administrativo e a pessoa jurídica contratada. Vale consignar que não será admitida modificação do contrato, ainda que por mútuo acordo entre as partes, que importe em alteração radical dos termos iniciais ou acarrete frustração aos princípios da isonomia e da obrigatoriedade de licitação.

O regime de prorrogações e alterações dos contratos celebrados com a Administração Pública encontra-se devidamente disciplinado nos arts. 57 e 65 da Lei nº 8.666/93, de modo que a obtenção de vantagens ou benefícios, quando decorrentes da inobservância ou burla das regras devidamente então estabelecidas, seja por meio de lei, contrato ou edital, sujeitará o infrator às sanções administrativas previstas na LAC.

Depreende-se da leitura do texto legal que o ato lesivo em exame exige, para sua pronta caracterização, a demonstração da efetiva obtenção de vantagem ou benefício indevido a revelar a natureza material dessa infração administrativa. Entretanto, convém observar que deve ser considerada como proveito ilícito a mera modificação ou prorrogação contratual obtida por meio de fraude, ainda que não haja o superfaturamento do objeto do contrato.

9.2.1.2.7 Manipular ou fraudar o equilíbrio econômico-financeiro dos contratos celebrados com a Administração Pública

A manutenção do equilíbrio econômico-financeiro constitui preceito que tem amparo no próprio texto constitucional, uma vez que a Constituição Federal aludiu à necessidade de serem "mantidas as condições efetivas da proposta". Nesse sentido, consiste o instituto em tela no dever de manutenção das condições de pagamento estabelecidas inicialmente no contrato, de maneira que se mantenha estável a relação entre as obrigações do contratado e a justa retribuição da Administração pelo fornecimento de bem, execução de obra ou prestação de serviço. Consoante lição doutrinária, a equação econômico-financeira é estabelecida na elaboração do ato convocatório, a partir do que essa equação estará garantida ao longo de toda a relação contratual.[173]

Concretizando o mandamento constitucional, o art. 65 da Lei nº 8.666/93 permite a alteração do contrato para restabelecer a relação que as partes pactuaram inicialmente entre os encargos do contratado e a retribuição da Administração para a justa remuneração da obra, serviço ou fornecimento, objetivando a manutenção do equilíbrio econômico-financeiro inicial do contrato, na hipótese de sobrevirem fatos imprevisíveis, ou previsíveis, porém de consequências incalculáveis, retardadores ou impeditivos da execução do ajustado, ou, ainda, em caso de força maior, caso fortuito ou fato do príncipe, configurando álea econômica extraordinária e extracontratual.

Apesar de se fundar a intangibilidade da equação econômico-financeira em direito subjetivo do contratado, a norma legal estabeleceu as hipóteses em que a revisão contratual poderá ser regularmente operada. Percebe-se, desde já, que as situações autorizadoras da mutabilidade do contrato encontram-se tingidas pela marca da excepcionalidade e imprevisibilidade, configurando aquilo que se convencionou designar em doutrina de *álea econômica extraordinária*, consistindo na factual existência de ocorrências externas ao contrato, estranhas à vontade das partes, de cunho imprevisível ou inevitável, e que afetam diretamente o equilíbrio contratual incialmente estabelecido entre as partes.

Afasta-se, por essa lógica, a possibilidade de revisão contratual quando o desequilíbrio decorrer dos riscos ordinários e inerentes a qualquer tipo de relação negocial, consistente numa álea meramente ordinária ou empresarial.

O dispositivo em tela visa coibir a criação artificial das circunstâncias legais que autorizam a incidência da recomposição do equilíbrio econômico-financeiro, seja imputando à Administração a assunção de prejuízos decorrentes dos riscos ordinários da atividade empresarial, seja ludibriando a Administração, por meio de fraude e ardis, a reconhecer como existentes situações extraordinárias, imprevisíveis ou inevitáveis que, de fato, nunca existiram, no intuito de onerar indevidamente as obrigações contratuais sob responsabilidade do ente público.

Também aqui não há necessidade de demonstração de efetivo prejuízo financeiro a ser suportado pela Administração Pública, uma vez que a consumação do ilícito administrativo se verifica a partir da manipulação maliciosa de fatos e circunstâncias contratuais ou do efetivo emprego de mecanismos fraudatórios. Assim, por exemplo, na hipótese de a manipulação indevida da equação econômico-financeira ter sido constatada antes da efetiva revisão de cláusulas contratuais, tal fato será passível de punição. A contabilização de prejuízos financeiros se apresenta como mero exaurimento do ilícito, que poderá ter maior relevância quando da mensuração do valor da pena de multa a ser aplicada.

---

[173] JUSTEN FILHO, Marçal, *op. cit.*, p. 775.

CAPÍTULO X

10 Julgamento

Encerrada a fase de instrução com a elaboração do relatório conclusivo da comissão acerca da apuração e eventual responsabilização da pessoa jurídica, adentra-se na fase de julgamento. O julgamento é a fase final do PAR, oportunidade em que a autoridade administrativa competente recebe as conclusões de todo o trabalho processual desenvolvido pela comissão processante, após a suficiente produção de provas e exercício efetivo ou potencial do direito de defesa.

O ato de julgamento contempla o momento decisivo do processo administrativo, uma vez que a autoridade julgadora deverá decidir sobre a comprovação ou não da materialização da infração administrativa, mensurando de forma criteriosa e fundamentada as provas coletadas nos autos em cotejo com os fundamentos exarados na defesa e no relatório elaborado pelo conselho instrutor, para então formar juízo final em torno da conduta imputada à pessoa jurídica processada.

Muito embora, conforme outrora salientado, o relatório conclusivo exerça influência relativamente vinculante no que concerne ao ato de julgamento, isso não significa que a autoridade julgadora estará sempre subjugada ao entendimento externado pela comissão processante, afinal o mencionado efeito do relatório final é produzido de maneira apenas relativa, detendo o julgador factível possibilidade de discordar do órgão colegiado, desde que o faça com fundamentos nas provas insertas nos autos do processo administrativo. Ou seja, o que de fato vincula a autoridade julgadora ou qualquer outra autoridade administrativa processante, a exemplo da comissão, são os elementos coligidos no bojo do processo.

10.1 Autoridade competente

Nos termos do art. 8º da LAC, o julgamento do processo administrativo de responsabilização de pessoa jurídica cabe à autoridade máxima de cada órgão ou entidade dos Poderes Executivo, Legislativo ou Judiciário. Diferentemente de outros diplomas processuais, a exemplo da Lei nº 8.112/90, a Lei Anticorrupção Empresarial não adotou sistema de repartição de competência para julgamento do processo administrativo pautado na gravidade da sanção administrativa sugerida pelo conselho instrutor, uma vez que o ato de julgamento será exercido originariamente sempre pela autoridade máxima de cada órgão ou entidade, ressalvada a possibilidade de posterior delegação.

Similarmente ao que acontece na fase de instauração, também na fase de julgamento houve expressa autorização legal permitindo o ato de delegação de competência, de forma que a autoridade originária poderá delegar parte de sua competência a outra autoridade administrativa que componha a estrutura hierárquica do órgão ou entidade, não se admitindo, entretanto, a possibilidade de subdelegação.

Na delegação de competência para julgamento do PAR tem plena aplicação o teor do enunciado nº 510 da súmula de jurisprudência do Supremo Tribunal Federal,[174] ao passo que qualquer discussão judicial eventualmente existente acerca da validade do ato administrativo de julgamento deve ter como autoridade responsável a própria autoridade delegada e não a autoridade originária, delegante, portanto.

Também no julgamento, continua válido o entendimento assente na majoritária doutrina administrativista de que o ato de delegação não retira a competência da autoridade delegante, que continua cumulativamente competente com a autoridade delegada para prática do ato. Esse aspecto revelará singular relevância quando em julgamento a apuração conjunta de infrações administrativas previstas nas leis de licitações e contratos administrativos e na Lei Anticorrupção.

Ainda em relação à autoridade competente para o julgamento do PAR, vale mencionar a especial regra de competência estatuída no parágrafo 2º, do art. 8º, da LAC, de forma que, no âmbito do Poder Executivo Federal, a Controladoria-Geral da União terá competência para avocar processos administrativos em curso, instaurados por outros órgãos ou entidades, para exame de sua regularidade ou respectiva correção. Assim, não há dúvidas de que, no exercício da excepcional regra de competência, a CGU poderá proceder ao julgamento dos processos avocados.

O art. 13 do Decreto Federal nº 8.420/15 estabeleceu alguns parâmetros a balizar a atuação da CGU:

> Art. 13. A Controladoria-Geral da União possui, no âmbito do Poder Executivo Federal, competência:
>
> I – concorrente para instaurar e julgar o PAR; e
>
> II – exclusiva para avocar os processos instaurados para exame de sua regularidade ou para corrigir-lhes o andamento, inclusive promovendo a aplicação da penalidade administrativa cabível.
>
> §1º A Controladoria-Geral da União poderá exercer, a qualquer tempo, a competência concorrente prevista no caput, se presente quaisquer das seguintes circunstâncias:
>
> I – caracterização de omissão da autoridade originariamente competente;
>
> II – inexistência de condições objetivas para sua realização no órgão ou entidade de origem;
>
> III – complexidade, repercussão ou relevância da matéria;
>
> IV – valor dos contratos mantidos pela pessoa jurídica com o órgão ou entidade atingida; ou
>
> VI – apuração que envolva atos e fatos relacionados a mais de um órgão ou entidade da administração pública federal.

---

[174] STF Súmula nº 510 – 03.12.1969 – DJ de 10.12.1969, p. 5932; DJ de 11.12.1969, p. 5948; DJ de 12.12.1969, p. 5996. *Prática do Ato por Autoridade no Exercício de Competência Delegada – Cabimento – Mandado de Segurança – Medida Judicial:* Praticado o ato por autoridade, no exercício de competência delegada, contra ela cabe o mandado de segurança ou a medida judicial.

CAPÍTULO X | 175

Já em relação à apuração de atos ilícitos praticados contra a Administração Pública estrangeira, por se tratar de competência exclusiva da CGU, também o seu correspondente julgamento será exercido de forma exclusiva pelo relevante órgão federal de controle.

10.2 Necessária precedência de manifestação jurídica

Estabelece o parágrafo 2º, do art. 6º, da Lei nº 12.846/13, que a aplicação das sanções administrativas ora previstas será precedida da manifestação jurídica elaborada pela Advocacia Pública ou pelo órgão de assistência jurídica, ou equivalente, do ente processante. O legislador, almejando atribuir maior qualidade técnica e segurança jurídica ao PAR, determinou expressamente a necessidade de elaboração de parecer jurídico a anteceder e subsidiar o ato de julgamento final da apuração. Trata-se de verdadeira inovação legal, ao menos no âmbito federal, uma vez que, na grande maioria dos processos administrativos sancionadores, as respectivas leis de regência foram omissas quanto à necessidade de prévia manifestação do órgão de assessoria jurídica, de forma que a instância opinativa, embora recomendável, se apresentava sempre de maneira meramente facultativa.

O parecer jurídico pode ser conceituado como a peça escrita por meio da qual os órgãos consultivos da Administração Pública emitem opiniões sobre assuntos de natureza jurídica ou técnica exaltados durante o curso do processo administrativo, devendo recair sobre aspectos relacionados à regularidade formal do processo, a exemplo da efetiva realização de citação do acusado, assim como a sua regularidade material, a exemplo da proporcionalidade da sanção administrativa sugerida pela comissão processante.

Dignas de nota são as observações tecidas por Santos, Bertoncini e Custódio Filho a respeito do conteúdo essencial da peça de manifestação jurídica em comento:

> Registre-se que são três os principais focos de atenção – aspectos mais sujeitos a controle pelo Poder Judiciário – por parte do agente público competente para a análise e manifestação jurídica. Primeiramente, aferir sobre a efetividade das garantias do contraditório e ampla defesa. Em segundo lugar, a observância do princípio da motivação, pelo qual devem ser externadas expressamente no curso do processo todas as razões de fato e de direito que ensejaram na decisão. Por fim, análise técnica da dosimetria da sanção. A validade da pena também está condicionada à proporcionalidade (relação de adequação estrita entre a gravidade da sanção e a gravidade da conduta).[175]

A doutrina brasileira, sob influência das preclaras lições de Oswaldo Aranha Bandeira de Mello, costuma classificar os pareceres jurídicos nas seguintes categorias: facultativo, obrigatório e vinculante.[176]

O parecer é *facultativo* quando o administrador não está obrigado a solicitar a apreciação do órgão jurídico. Caso peça parecer à consultoria jurídica, o administrador não está vinculado ao parecer, podendo decidir de forma diversa. Se for indicado como fundamento da decisão passa a integrar a própria motivação do ato. O parecer *obrigatório* é aquele que a lei exige como necessário para a perfeição do ato/procedimento administrativo. Cumpre mencionar que a obrigatoriedade está relacionada à mera solicitação do parecer, uma vez que a autoridade administrativa não se encontra obrigada a acatar os fundamentos jurídicos

---

[175] SANTOS, José Anacleto Abduch; BERTONCINI, Mateus; CUSTÓDIO FILHO, Ubirajara, *op. cit.*, p. 168.
[176] DI PIETRO, Maria Sylvia. *Direito administrativo*. 20. ed. São Paulo: Atlas, 2007. p. 215.

então exarados, permanecendo o parecer com natureza meramente opinativa. Já o parecer *vinculante* contempla a hipótese em que o administrador, além de estar obrigado a solicitar o parecer, se vincula aos fundamentos jurídicos exarados, devendo necessariamente acatar as conclusões propostas.

Tomando como base a classificação doutrinária ora apresentada, pode-se classificar a manifestação jurídica insculpida no art. 6º, da LAC, como modalidade de *parecer obrigatório*, uma vez que, muito embora a autoridade julgadora esteja compelida a solicitar manifestação do órgão de assessoramento jurídico, as razões então exaradas têm caráter meramente opinativo, não vinculando a autoridade administrativa que detenha a competência decisória, desde que apresente os pressupostos de fato e de direito que amparam a compreensão jurídica contrária à que foi exarada. Em resumo, o parecer deve necessariamente compor o procedimento administrativo, nada obstante suas razões não necessariamente vincularem a autoridade julgadora.

Apesar de o art. 42 da Lei nº 9.784/99, que inclusive adotou a aludida classificação doutrinária, dispor que, se um parecer obrigatório e não vinculante deixar de ser emitido no prazo fixado, o processo poderá ter seguimento e ser decidido com sua dispensa, impondo-se responsabilidade funcional de quem se omitiu no atendimento, entende-se que a LAC contemplou regra específica, uma vez que tal parecer integra o processo de formação do ato de julgamento mesmo quando não acatado pela autoridade julgadora, de modo que sua ausência ofenderá formalidade essencial, inquinando-o, portanto, de vício de legalidade.

A aplicação subsidiária da Lei Geral de Processo Administrativo Federal somente se justificaria na ausência de norma específica no bojo do PAR.[177] Conforme já dito, ante a complexidade da apuração e necessidade de se aferir maior qualidade técnica aos trabalhos apuratórios desenvolvidos no âmbito do PAR, o legislador houve por bem estabelecer nova fase necessária a anteceder e subsidiar o ato de julgamento.

10.3 Motivação do ato de julgamento e valoração do conjunto probatório

Nos exatos termos do art. 50 da Lei nº 9.784/99, os atos administrativos deverão ser motivados com a indicação dos fatos e fundamentos jurídicos, quando imponham ou agravem deveres, encargos e sanções. A mesma norma federal estatui, em seu art. 2º, a obrigatoriedade da indicação dos pressupostos de fato e de direito que fundamentam o ato decisório do processo administrativo. A motivação do ato de julgamento é, portanto, formalidade essencialíssima, cuja inobservância inquinará inevitavelmente o elemento decisório de nulidade insanável.

Cumpre observar que o mandamento legal não se restringe a uma motivação meramente formal da decisão, indo além, descortinando, em verdade, a imprescindibilidade da demonstração de uma motivação substancial do ato de julgamento, exigindo-se a perfeita conformação entre os motivos invocados como determinantes do ato punitivo e os elementos fáticos e jurídicos comprovados nos autos do processo administrativo sancionador.

---

[177] A situação em espeque assemelha-se à obrigatoriedade de elaboração de parecer acerca das minutas de editais de licitações, contratos administrativos, convênios e ajustes, nos termos do art. 38 da Lei nº 8.666/93. Apesar de não se tratar de parecer vinculativo, afinal a autoridade competente poderá discordar motivadamente, a melhor doutrina, bem como a jurisprudência consolidada do Tribunal de Contas da União, se forma no sentido de que a ausência da manifestação jurídica prévia é suficiente a inquinar de nulidade as licitações e contratos administrativos supervenientes. Aqui também prevalece a máxima de que a norma especial derroga a norma geral. Nesse sentido vide: TORRES, Jessé; DOTTI, Marinês Restellato. *Responsabilidade da assessoria jurídica no processo administrativo das licitações e contratos*. Disponível em: <www.agu.gov.br/page/download/index/id/5798674>. Acesso em: 05 nov. 2014.

Conforme já apontado, em regra o relatório final elaborado pelo colegiado instrutor vinculará a autoridade julgadora, salvo se a peça conclusiva contrariar as provas dos autos, de modo que se pode inferir que o fator verdadeiramente vinculante do ato de julgamento é justamente o conjunto probatório coligido aos autos do PAR, demonstrando as sensíveis premissas que lastreiam a congruência das conclusões exaradas.

Cumpre salientar que a autoridade julgadora poderá se valer da *técnica da remissão não contextual*, em que a motivação encontra-se em documento diverso do ato de julgamento proferido, consoante também estabelecido no art. 50, da Lei nº 9.784/99. Assim, o ato de julgamento poderá incorporar como seus os fundamentos de fato e de direito já externados no bojo do relatório da comissão processante ou parecer do órgão de assessoria jurídica, desde que tais peças processuais revelem suficiente fundamentação do ato administrativo sancionador de forma explícita, clara e congruente na indicação de todos os fatos relevantes e fundamentos jurídicos que foram determinantes na tomada de decisão, inclusive, em atenção também ao princípio do contraditório, com o exame circunstanciado de todos os argumentos fáticos e jurídicos deduzidos na peça de defesa.

10.4 Julgamento nas hipóteses de apuração conjunta de infrações administrativas a normas de licitações e contratos

Conforme já anotado, quando em exame a fase de instauração do PAR, o processo administrativo punitivo é regido, dentre outros princípios, pelo princípio da instrumentalidade das formas ou formalismo moderado e pelo princípio da razoável duração do processo, como corolário lógico do princípio da eficiência. Nesse sentido, o processo não deve ser entendido como um fim em si mesmo, mas como instrumento da efetiva realização do Direito. Assim, desde que garantido o devido processo legal, com todos os seus consectários jurídicos, principalmente, contraditório e ampla defesa, deve-se reconhecer o caráter meramente instrumental do processo, de forma que as infrações administrativas, ainda que previstas em leis diversas, poderão ser apuradas no bojo de um único processo, no caso em tela, o PAR.

Atestou-se, na oportunidade, a viabilidade jurídica de instauração de um único processo administrativo para apuração de condutas tipificadas na LAC e nas demais normas de licitações e contratos, com a possibilidade, inclusive, de aplicação cumulativa de sanções administrativas previstas em diplomas legais distintos, ainda que relacionadas aos mesmos fatos.

Conforme já salientado, ao final do processo em epígrafe, em havendo elementos de autoria e materialidade suficientes à condenação da pessoa jurídica processada, o ato de julgamento poderá culminar na aplicação de sanções administrativas previstas em ambos os diplomas legais, anticorrupção e licitatório.

Ocorre que, em algumas situações, os diplomas legais em análise outorgaram a autoridades administrativas distintas a competência para julgamento do feito punitivo. Nessas hipóteses, deverá haver harmonização entre as regras processuais estatuídas, de maneira que sejam sempre preservadas as regras de competência legalmente estabelecidas, afinal, por força do *princípio da autoridade administrativa competente*, manifestação direta do princípio constitucional do juiz natural na esfera do processo administrativo, nenhum acusado poderá ser julgado administrativamente senão por ato da autoridade competente, de acordo com a lei de regência.

Sensível à mencionada situação, o Decreto Federal nº 8.420/15 contemplou regra expressa de harmonização de competências para julgamento do processo administrativo que tenha por objeto a apuração conjunta de infrações ofensivas à LAC e às demais normas gerais de licitações e contratos:

> Art. 12. Os atos previstos como infrações administrativas à Lei nº 8.666, de 21 de junho de 1993, ou a outras normas de licitações e contratos da administração pública que também sejam tipificados como atos lesivos na Lei nº 12.846, de 2013, serão apurados e julgados conjuntamente, nos mesmos autos, aplicando-se o rito procedimental previsto neste Capítulo.
>
> *§1º Concluída a apuração de que trata o caput e havendo autoridades distintas competentes para julgamento, o processo será encaminhado primeiramente àquela de nível mais elevado, para que julgue no âmbito de sua competência, tendo precedência o julgamento pelo Ministro de Estado competente.*
>
> §2º Para fins do disposto no *caput*, o chefe da unidade responsável no órgão ou entidade pela gestão de licitações e contratos deve comunicar à autoridade prevista no art. 3º sobre eventuais fatos que configurem atos lesivos previstos no art. 5º da Lei nº 12.846, de 2013 (grifo nosso).

A regra em exame descortina especial relevância para as hipóteses em que normas distintas contemplam diferentes autoridades para o julgamento do feito. A fim de ilustrar a situação, imagine-se o cenário em que uma empresa cometeu ato lesivo ao patrimônio de determinada autarquia federal no curso de um procedimento licitatório, enquadrando-se, portanto, em uma das infrações previstas no inciso IV, do art. 5º, da LAC. Imagine-se, ainda, que a infração cometida justificasse a aplicação da pena de declaração de inidoneidade, cujo julgamento, nos termos do art. 87 da Lei nº 8.666/93, estaria afeto à decisão de Ministro de Estado. Perceba-se, que nos termos da LAC, a princípio, a competência para julgamento do processo administrativo estaria na alçada de competência da autoridade máxima da aludida autarquia, e não sob o jugo da autoridade maior do ministério supervisor.

Na hipotética situação, de acordo com a regra estabelecida no regulamento federal, que se coaduna com o princípio do juiz natural na esfera administrativa, após a conclusão da instrução do processo, com a respectiva elaboração pela comissão processante do relatório final, cuja apreciação recairá sobre as distintas ordens de infrações, os autos do processo seriam encaminhados, primeiramente, ao Ministro de Estado para produção do ato de julgamento e, após isso, à autoridade máxima da entidade autárquica para posterior deliberação. Cumpre ressaltar que não haverá vinculação entre os distintos julgamentos, prevalecendo o princípio da independência de instâncias.

De outro lado, não haverá maiores controvérsias sempre que houver identidade entre as instâncias de julgamento, assim, por exemplo, se ao invés da hipotética situação ilustrada, o ilícito não tivesse sido cometido em desfavor de entidade autárquica, mas de órgão superior que compusesse a estrutura orgânica do próprio ministério, a competência para ambos os julgamentos estaria concentrada no domínio decisório da mesma autoridade ministerial.

10.5 Julgamento e possibilidade de recurso administrativo

Proferido o julgamento acerca da responsabilização da pessoa jurídica acusada, cabe indagar a respeito da possibilidade de interposição de recurso administrativo ou outro mecanismo apto a provocar o reexame do ato pela Administração Pública, principalmente quando em consideração a ausência de norma específica no corpo da LAC dispondo sobre o assunto.

Inicialmente, cumpre frisar que, de acordo com a jurisprudência do STF, o princípio do duplo grau de jurisdição, matriz principiológica do direito à interposição de recursos, inclusive na seara administrativa, não consubstancia garantia de estatura constitucional (vide AI nº 601.832/SP – AgRg, Rel. Min. Joaquim Barbosa), de modo que o legislador infraconstitucional não está obrigado a estabelecer para toda e qualquer situação uma dupla revisão em relação ao mérito do julgamento. Ou seja, o cabimento da interposição de recurso administrativo ou outros mecanismos de reexame do ato decisório é matéria a ser delineada no âmbito da lei.

A mera ausência de dispositivo específico no bojo da LAC não é suficiente, entrementes, para afastar de modo categórico a possibilidade de inauguração da seara recursal. Uma possível justificativa para a ausência de explícita previsão de recurso administrativo se deve ao fato de que o PAR fora idealizado para ser submetido a julgamento pela autoridade máxima de órgão ou entidade, removendo-se, desse modo, por ausência de pressuposto lógico, qual seja, a ascendência hierárquica, a viabilidade jurídica de manuseio do recurso hierárquico próprio.

Talvez por isso, o regulamento federal, nos termos do seu art. 11, tenha se limitado à previsão da oposição de *pedido de reconsideração*, que não possibilita o reexame da decisão por outra instância de julgamento, afinal a questão será examinada pela própria autoridade administrativa que emitiu o ato de julgamento.

> Art. 11. Da decisão administrativa sancionadora cabe pedido de reconsideração com efeito suspensivo, no prazo de dez dias, contado da data de publicação da decisão.
>
> §1º A pessoa jurídica contra a qual foram impostas sanções no PAR e que não apresentar pedido de reconsideração deverá cumpri-las no prazo de trinta dias, contado do fim do prazo para interposição do pedido de reconsideração.
>
> §2º A autoridade julgadora terá até trinta dias para decidir acerca da matéria contestada no pedido de reconsideração e publicar nova decisão.
>
> §3º Mantida a decisão administrativa sancionadora, será conferido à pessoa jurídica novo prazo de trinta dias para cumprimento das sanções que lhe foram impostas, contado da data de publicação da nova decisão (Decreto nº 8.420/15, art. 11).

Entretanto, não se deve desconsiderar que a própria LAC previu a possibilidade de delegação de competência para julgamento do PAR a outra autoridade administrativa, subordinada à autoridade máxima do órgão ou entidade processante, de maneira que, uma vez exercido o ato de delegação, e estando presente a diversidade de instâncias administrativas, vislumbra-se a possibilidade de interposição de recurso administrativo, como decorrência inevitável do próprio sistema hierárquico de organização administrativa e, por isso mesmo, independentemente de expressa previsão legal.

O entendimento defendido encontra-se respaldado nas lições da doutrina administrativista majoritária. Nesse sentido, por exemplo, a preleção dos ilustres Adilson Abreu Dallari e Sérgio Ferraz, em consagrada obra sobre processo administrativo:

> Costuma a doutrina salientar que é inerente ao poder hierárquico a prerrogativa de rever atos praticados por seus subordinados. Assim, havendo uma estrutura hierarquizada e por força do princípio do duplo grau de jurisdição administrativa, pode-se dizer que o cabimento do recurso dirigido ao superior hierárquico imediato independe de expressa previsão legal, pois

a denegação de seu cabimento (ou o condicionamento a depósito ou caução) viola as garantias do devido processo legal e da ampla defesa, com os recursos a ela inerentes.[178]

No mesmo sentido, a doutrina do não menos preclaro José dos Santos Carvalho Filho,[179] ao dispor sobre as peculiaridades do recurso hierárquico administrativo:

> No que concerne a essa categoria de recursos, parece-nos devam ser destacados dois aspectos. O primeiro deles é o de que esses recursos dispensam previsão legal ou regulamentar expressa, e isso porque derivam normalmente do controle hierárquico que deve reinar na Administração. Mesmo que a lei não os preveja, é lícito ao interessado dirigir-se à autoridade superior àquela que praticou o ato, requerendo sua revisão. O segundo ponto a considerar diz respeito à abrangência da apreciação dos recursos hierárquicos próprios. Ao examiná-los, a autoridade administrativa tem amplo poder revisional e pode decidir até mesmo além do que é pedido no recurso, fundamento que se encontra na faculdade de autotutela da Administração.

A concepção doutrinária encontra forte ressonância também na jurisprudência dos tribunais superiores. Assim, a terceira seção do STJ assentou a seguinte conclusão ao examinar a possibilidade de interposição de recurso administrativo no curso de processo sancionador, cuja lei de regência não contemplava de maneira explícita a instância recursal:

> O recurso administrativo hierárquico, independentemente da denominação conferida pelo administrado, deve ser submetido à autoridade hierarquicamente superior, caso o agente ou órgão prolator da decisão ou ato impugnado não o reconsidere. Na espécie, o fundamento de que o processo administrativo disciplinar se rege pela Lei nº 8.112/90 e apenas subsidiariamente pela Lei nº 9.784/99 não exclui a possibilidade e o direito do interessado de ter seu recurso examinado pelo agente superior, já que o recurso administrativo hierárquico independe de previsão legal. Assim, é irrelevante o fato de o recurso hierárquico não estar previsto na legislação especial, qual seja, a Lei nº 8.112/90.[180]

Nota-se que o decreto federal perdeu boa oportunidade para regulamentar o assunto de maneira mais consentânea com doutrina e jurisprudência majoritárias. Nesse espeque, andou em melhor sentido o decreto regulamentador formulado pelo Município de São Paulo, Decreto Municipal nº 55.107, de 13 de maio de 2014, que expressamente disciplinou o recurso administrativo nas hipóteses de julgamento proferido por autoridade delegada:

DO RECURSO NO PROCESSO ADMINISTRATIVO DE RESPONSABILIZAÇÃO

Art. 18. Da publicação, no Diário Oficial da Cidade, da decisão administrativa de que trata o "caput" do artigo 17 deste decreto, caberá a interposição de um único recurso, no prazo de 15 (quinze) dias.

§1º O recurso será dirigido à autoridade que proferiu a decisão, a qual, se não a reconsiderar, o encaminhará, em 10 (dez) dias:

---

[178] FERRAZ, Sérgio; DALLARI, Adilson Abreu, *op. cit.*, p. 176.

[179] CARVALHO FILHO, José dos Santos. *Manual de direito administrativo*. 19. ed. Rio de Janeiro: Lumen Juris, 2008. p. 849.

[180] STJ – MS nº 12.254/DF, Rel. Min. Hélio Quaglia Barbosa, julgado em 22.03.2006.

I - ao Prefeito, quando o processo de responsabilização houver sido instaurado pelo Controlador Geral do Município;

II - ao Controlador Geral do Município, quando o processo houver sido instaurado pelo Corregedor Geral do Município.

§2º O recurso terá efeito suspensivo e deverá ser decidido no prazo de 15 (quinze) dias, prorrogável por igual período, conforme a complexidade da causa e as demais características do caso concreto.

§3º O recurso será juntado ao processo em que foi proferida a decisão recorrida.

§4º Encerrado o processo na esfera administrativa, a decisão final será publicada no Diário Oficial da Cidade, dando-se conhecimento de seu teor ao Ministério Público para apuração de eventuais ilícitos, inclusive quanto à responsabilidade individual dos dirigentes da pessoa jurídica ou seus administradores ou de qualquer pessoa natural, autora, coautora ou partícipe (Decreto nº 55.107/14, art. 14).

Nada obstante a ausência de previsão legal do recurso administrativo, em razão dos fundamentos jurídicos e doutrinários esboçados, entende-se plenamente possível a aplicação subsidiária, no que couber, do Capítulo XV da Lei nº 9.784/99, em especial os arts. 56 a 64:

Art. 56. Das decisões administrativas cabe recurso, em face de razões de legalidade e de mérito.

§1º O recurso será dirigido à autoridade que proferiu a decisão, a qual, se não a reconsiderar no prazo de cinco dias, o encaminhará à autoridade superior.

§2º Salvo exigência legal, a interposição de recurso administrativo independe de caução.

§3º Se o recorrente alegar que a decisão administrativa contraria enunciado da súmula vinculante, caberá à autoridade prolatora da decisão impugnada, se não a reconsiderar, explicitar, antes de encaminhar o recurso à autoridade superior, as razões da aplicabilidade ou inaplicabilidade da súmula, conforme o caso.

Art. 57. O recurso administrativo tramitará no máximo por três instâncias administrativas, salvo disposição legal diversa.

Art. 58. Têm legitimidade para interpor recurso administrativo:

I - os titulares de direitos e interesses que forem parte no processo;

II - aqueles cujos direitos ou interesses forem indiretamente afetados pela decisão recorrida;

III - as organizações e associações representativas, no tocante a direitos e interesses coletivos;

IV - os cidadãos ou associações, quanto a direitos ou interesses difusos.

Art. 59. Salvo disposição legal específica, é de dez dias o prazo para interposição de recurso administrativo, contado a partir da ciência ou divulgação oficial da decisão recorrida.

§1º Quando a lei não fixar prazo diferente, o recurso administrativo deverá ser decidido no prazo máximo de trinta dias, a partir do recebimento dos autos pelo órgão competente.

§2º O prazo mencionado no parágrafo anterior poderá ser prorrogado por igual período, ante justificativa explícita.

Art. 60. O recurso interpõe-se por meio de requerimento no qual o recorrente deverá expor os fundamentos do pedido de reexame, podendo juntar os documentos que julgar convenientes.

Art. 61. Salvo disposição legal em contrário, o recurso não tem efeito suspensivo.

Parágrafo único. Havendo justo receio de prejuízo de difícil ou incerta reparação decorrente da execução, a autoridade recorrida ou a imediatamente superior poderá, de ofício ou a pedido, dar efeito suspensivo ao recurso.

Art. 62. Interposto o recurso, o órgão competente para dele conhecer deverá intimar os demais interessados para que, no prazo de cinco dias úteis, apresentem alegações.

Art. 63. O recurso não será conhecido quando interposto:

I - fora do prazo;

II - perante órgão incompetente;

III - por quem não seja legitimado;

IV - após exaurida a esfera administrativa.

§1º Na hipótese do inciso II, será indicada ao recorrente a autoridade competente, sendo-lhe devolvido o prazo para recurso.

§2º O não conhecimento do recurso não impede a Administração de rever de ofício o ato ilegal, desde que não ocorrida preclusão administrativa.

Art. 64. O órgão competente para decidir o recurso poderá confirmar, modificar, anular ou revogar, total ou parcialmente, a decisão recorrida, se a matéria for de sua competência.

Parágrafo único. Se da aplicação do disposto neste artigo puder decorrer gravame à situação do recorrente, este deverá ser cientificado para que formule suas alegações antes da decisão.

Sintetizando, então, o entendimento ora defendido, quando o PAR for submetido ao crivo decisório da autoridade máxima de órgão ou entidade, caberá ao interessado apenas a oposição de pedido de reconsideração, nos termos do art. 11 do Decreto Federal nº 8.420/15. Assim, por exemplo, no caso de o processo administrativo ser submetido originariamente ao julgamento de Ministro de Estado. De outro lado, nas hipóteses em que houver delegação de competência, poderá o interessado interpor o recurso hierárquico à apreciação da autoridade delegante, para exercício de amplo juízo revisional, permitindo novo exame acerca da legalidade e mérito do processo.

Uma última observação se faz necessária. Constata-se que o regulamento federal contemplou verdadeira inovação em relação ao pedido de reconsideração ao atribuir-lhe, de forma automática, o efeito suspensivo.

Em regra, nem mesmo aos recursos hierárquicos administrativos atribui-se automaticamente o referido efeito, que geralmente decorre da existência de justo receio de prejuízo de difícil ou incerta reparação decorrente da execução da sanção administrativa, em juízo a ser exercido pela autoridade recorrida ou recorrente. Não se está a alegar, por isso, que o decreto ao inovar incorreu em crise de legalidade. Em razão da complexidade do PAR e dos efeitos seriamente gravosos decorrentes da execução das correspondentes sanções administrativas, entende-se que a inovação se coaduna com preceitos de razoabilidade e segurança jurídica, valores inerentes aos processos punitivos. Ante a necessidade de se assegurar coerência ao sistema recursal contemplado no PAR, sustenta-se que também aos eventuais recursos administrativos interpostos, na aludida hipótese de delegação de competência, deve-se atribuir, de maneira também automática, o mencionado efeito suspensivo.

CAPÍTULO XI

11 Sanção administrativa

Embora a aplicação de sanção administrativa não seja o objetivo imediato e principal dos processos administrativos de índole punitiva, que se voltam imediatamente à apuração de fatos e à recomposição da normalidade administrativa, não se pode negar que se trata de uma das principais entre as possíveis consequências da apuração administrativa.

A análise sobre a aplicabilidade da sanção administrativa, quando verificados os pressupostos da responsabilização administrativa, estará presente nos principais atos processuais desenvolvidos no curso do PAR, primordialmente, no bojo do relatório final, do parecer jurídico e do próprio ato de julgamento, que poderá fazer remissão aos fundamentos externados nas anteriores peças jurídicas.

Em termos de responsabilização administrativa, a LAC contemplou a aplicabilidade de duas modalidades de sanções administrativas, uma de índole patrimonial, a *multa*, que em regra recairá sobre o faturamento bruto da empresa, podendo alcançar, portanto, elevados valores; e outra de ordem extrapatrimonial, a *publicação extraordinária da decisão condenatória*, cujos efeitos irão recair sobre a própria imagem reputacional da pessoa jurídica infratora.[181]

Conforme já elucidado, nos casos em que o ato lesivo à Administração Pública decorrer de eventos relacionados a licitações e contratos administrativos, considerando a possibilidade de apuração conjunta de ilícitos no âmbito do PAR, não se descarta a possibilidade de aplicação daquelas sanções administrativas estabelecidas nos diplomas legais de regência, a exemplo da declaração de inidoneidade, da suspensão temporária ou do impedimento de licitar e contratar com órgãos e entidades da Administração.

11.1 Conceito e finalidade de sanção administrativa

A ideia de sanção jurídica é inerente ao Direito, na medida em que as normas jurídicas preveem reprimendas aos que desacatam seus preceitos como forma indireta de impor a sua observância pelos respectivos destinatários, haja vista que, em virtude do receio de

---

[181] Na esfera de responsabilização judicial cabe ainda a aplicação de outras penalidades, nos termos do art. 19 da LAC, a exemplo da sanção de perdimento dos bens, direitos e ou valores; suspensão ou interdição parcial de suas atividades; proibição de receber incentivos do poder público e, até mesmo, a dissolução compulsória da pessoa jurídica.

suportar as consequências do comportamento em desacordo com a norma, espera-se que o agente evite a conduta indesejada pelo ordenamento jurídico.

Usualmente as normas jurídicas são compostas por dois elementos básicos, o preceito, que constitui o modelo de comportamento a ser observado, e a sanção, que constitui um tratamento punitivo que o ordenamento jurídico dispensa aos comportamentos violadores dos preceitos antes estabelecidos. A sanção constitui, assim, uma reação da ordem jurídica face a comportamentos que não se conformam com o modelo definido pelas suas normas e que, como tal, constituem uma infração a um dever por ela imposto. García de Enterría[182] entende por sanção administrativa "um mal infligido pela Administração a um administrado como consequência de uma conduta ilegal". Em síntese, a sanção é a consequência de um ato ilícito.

Segundo a acurada lição de Marcelo Madureira Prates, sanção administrativa "é a medida punitiva prevista em ato normativo, que pode ser aplicada diretamente pela Administração no âmbito das suas relações jurídicas gerais, a quem, sem justificação, deixe de cumprir um dever administrativo certo e determinado normativamente imposto".[183] O mesmo autor reserva o conceito de sanção administrativa para as medidas de natureza verdadeiramente punitiva, a implicar a imposição de uma privação ao responsável pela prática de um ilícito, diferenciando-se, à vista disso, de uma mera medida administrativa desfavorável, como são as medidas administrativas de prevenção ou reparadoras.[184]

A sanção administrativa corresponde, assim, ao resultado do exercício do poder sancionatório sobre os administrados, constituindo um importante meio de a Administração Pública assegurar o seu regular funcionamento, no sentido de realizar os objetivos a que constitucionalmente se encontra adstrita.

Quanto ao elemento teleológico da sanção administrativa, para além de uma finalidade exclusivamente punitiva, não se pode esquecer os objetivos pedagógicos dela decorrentes, uma vez que, não houvesse, de fato, punição para os que agem em desacordo com as normas jurídicas, os valores e bens tutelados pelo Direito estariam reiteradamente sujeitos aos riscos das condutas a eles ofensivas, deflagradas por indivíduos que não teriam que temer qualquer reação sancionadora do ordenamento jurídico.

Corroborando esse entendimento, ainda que conceituando a sanção administrativa como consequência repressiva estipulada pela ordem jurídica e imposta por autoridade administrativa, Heraldo Garcia Vitta[185] defende que a finalidade maior dessa espécie de sanção jurídica não é a reprimenda em si, mas a sua finalidade preventiva, ao desestimular as pessoas de cometerem violações futuras. Percebe-se, portanto, o caráter multifuncional da sanção administrativa, uma vez que revela finalidades preventiva, repressiva e didática.

Não se desconhece que a impunidade se apresenta como um dos principais mecanismos de fragilização da atuação estatal no combate à corrupção, sendo responsável pelo geral sentimento de apatia e descrédito no Estado brasileiro, podendo ser apontado como um estímulo preponderante para a realização da conduta corruptora. Os sistemas processuais desenvolvidos no âmbito do Poder Judiciário, principalmente na seara criminal, têm-se mostrado pouco eficientes na satisfatória realização das funções retributivas, ressarcitórias e

---

[182] GARCÍA DE ENTERRÍA, Eduardo. El problema jurídico de las sanciones administrativas. *Revista Española de Derecho Administrativo*, Madrid, n. 10, p. 399-430, jul./ago. 1976.

[183] PRATES, Marcelo Madureira, *op. cit.*, p. 52-61.

[184] No mesmo sentido se manifesta Daniel Ferreira, propondo distinção entre medidas administrativas coativas (repressivas e cautelares) e sanções administrativas em sentido estrito, em: FERREIRA, Daniel. *Teoria geral da infração administrativa a partir da Constituição Federal de 1988*. Belo Horizonte: Fórum, 2009. p. 86.

[185] VITTA, Heraldo Garcia, *op. cit.*, p. 65.

pedagógicas da sanção. São quase inexistentes os casos de decisões judiciais condenatórias com trânsito em julgado relacionadas aos grandes casos de corrupção da história política brasileira.[186] Nota-se que o legislador da LAC deu primazia aos mecanismos extrapenais de responsabilização jurídica.

Nesse sentido, o exercício da atividade administrativa sancionadora se apresenta como relevantíssimo instrumento de enfrentamento dos desvios existentes, especialmente em razão de sua maior celeridade e eficiência, muito embora a partir de um regime pautado pela observância dos princípios constitucionais reitores do processo.

Preocupada com a construção de instrumentos hábeis ao combate à corrupção, a própria Convenção das Nações Unidas contra a Corrupção, nos termos do seu art. 26, determinou a cada Estado Parte o dever de velar pela imposição de sanções não penais eficazes, proporcionais e dissuasivas às pessoas jurídicas responsáveis pela prática de atos de corrupção.

No mesmo sentido concorre a Convenção da OCDE sobre o Combate à Corrupção de Funcionários Públicos Estrangeiros em Transações Comerciais Internacionais, dispondo, em seu art. 3, item 2, que caso a responsabilidade penal, sob o sistema jurídico doméstico, não se aplique a pessoas jurídicas, "a Parte deverá assegurar que as pessoas jurídicas estarão sujeitas a sanções não criminais efetivas, proporcionais e dissuasivas contra a corrupção de funcionário público estrangeiro, inclusive sanções financeiras".

Nesse rumo, o Estado brasileiro começa a perceber que uma das relevantes opções de estratégia no combate à corrupção é o desenvolvimento de uma eficiente atividade sancionadora na seara administrativa, não apenas em relação aos agentes públicos corrompidos, onde já se desenvolveu, ao menos no âmbito federal, um elaborado sistema de correição responsável pela aplicação de penalidades expulsivas a milhares de servidores públicos,[187] mas, também, em relação aos agentes privados corruptores, que, muitas vezes, são beneficiados pela morosidade do sistema de repressão judicial, insuflando o raciocínio de que na relação custo-benefício do ato de corrupção as vantagens são nitidamente superiores aos eventuais riscos de responsabilização.[188]

A correta aplicação das sanções administrativas contempladas no bojo do PAR proporcionará ao ordenamento brasileiro uma oportunidade de tempestiva reação à lesão do bem jurídico tutelado, interferindo diretamente na análise econômica do ato de corrupção, especialmente sob o prisma do risco-proveito, tornando sensivelmente mais onerosa e arriscada a atuação daqueles que se valem da imoralidade e mecanismos fraudulentos para a obtenção de vantagens indevidas.

---

[186] Em denso estudo elaborado pela Fundação Getúlio Vargas, acerca da responsabilidade penal de pessoas jurídicas, constatou-se a existência de déficit crônico de realização prática do Direito Penal, reportando-se ao resultado da pesquisa empírica então realizada sobre acórdãos relacionados à responsabilidade penal da pessoa jurídica na esfera ambiental, em que se observou um grande número de casos extintos e um baixo número de casos que efetivamente lograram chegar a termo. Talvez por isso, a destacada pesquisa propõe a primazia da seara administrativa para fins de responsabilização jurídica de pessoas jurídicas pela prática de ilícitos. Vide FUNDAÇÃO GETÚLIO VARGAS. *Responsabilidade penal de pessoa jurídica.* Coordenação Acadêmica de Marta Rodriguez de Assis Machado. Brasília: FGV, 2009. p. 141 (Série Pensando o Direito, n. 18).

[187] Informações consolidadas pela Controladoria-Geral da União indicam que, entre os anos de 2003 e o primeiro quadrimestre de 2014, 4.797 (quatro mil setecentos e noventa e sete) servidores do Poder Executivo Federal foram apenados com penalidades expulsivas, dentre os quais cerca de 70% relacionados a casos de corrupção. Disponível em: <http://www.cgu.gov.br/Correicao/RelatoriosExpulsoes/Punicoes_Maio-2014.pdf>. Acesso em: jun. 2014.

[188] Cumpre salientar que mesmo países considerados referência na celeridade da prestação jurisdicional, bem como na severidade da aplicação das sanções jurídicas, como os Estados Unidos, começam a visualizar os benefícios decorrentes da maior eficácia da responsabilização através de processos administrativos. Nesse sentido vide artigo publicado em The FCPA Blog, intitulado *"Are Administrative Proceedings the New Civil Complaints?"*, disponível em: <http://www.fcpablog.com/blog/2014/5/6/are-administrative-proceedings-the-new-civil-complaints.html>.

11.2 Sanção administrativa e proporcionalidade

Ainda que presentes todos os pressupostos jurídicos que autorizem a responsabilização da pessoa jurídica processada, quando da efetiva aplicação da sanção administrativa proposta, deverão ser observados critérios de proporcionalidade e razoabilidade, de modo a afastar a imposição de gravame incompatível com a infração que se pretenda punir. Mesmo que se reconheça alguma parcela de discricionariedade quando da mensuração da sanção administrativa, a atuação punitiva da Administração Pública encontra-se limitada a parâmetros que revelem racionalidade, justiça, adequação e bom senso da medida aflitiva, valores que devem lastrear a dosimetria da pena, a fim de afastar potencial risco de desvio de finalidade do ato administrativo sancionador.

Pelo princípio da proporcionalidade, busca-se eleger a solução mais necessária, mais coerente, mais adequada, mais prudente, mais apropriada para o caso concreto. Desse modo, pretende-se evitar resultados injustos, baseados em critérios norteados por parâmetros incongruentes ou desmedidos. A proporcionalidade refere-se, portanto, à mensuração qualitativa e quantitativa da relação de correspondência entre infração e sanção.

O jurista mineiro Flávio Henrique Unes Pereira[189] defende que a imposição de sanções administrativas deve ser pautada por um senso de *adequabilidade normativa*, cabendo à Administração Pública, ao apurar a ocorrência do ilícito administrativo, impor senão a sanção adequada, que será revelada de forma vinculada pelas peculiaridades do caso concreto e não por opções de livre escolha do administrador público.

Nesse esteio, a LAC dispensou especial atenção à premência de que a atuação administrativa punitiva fosse desenvolvida sob os estritos critérios de adequabilidade e proporcionalidade, dispondo expressamente que as sanções administrativas deverão ser aplicadas de forma fundamentada, "de acordo com as peculiaridades do caso concreto e com a gravidade e natureza das infrações".

Para além de contemplar, de forma expressa, uma verdadeira matriz legal do princípio da proporcionalidade no bojo do PAR, determinou que fossem levados em consideração, na aplicação das sanções, alguns critérios objetivos de dosimetria da pena, na forma de agravantes e atenuantes. São eles: a) a gravidade da infração; b) a vantagem auferida ou pretendida pelo infrator; c) a consumação ou não da infração; d) o grau de lesão ou perigo de lesão; e) o efeito negativo produzido pela infração; f) a situação econômica do infrator; g) a cooperação da pessoa jurídica para apuração das infrações; h) a existência de mecanismos internos de integridade, auditoria e incentivo à denúncia de irregularidades e a aplicação efetiva de códigos de ética e de conduta no âmbito da pessoa jurídica (programas de *compliance*); i) o valor dos contratos mantidos pela pessoa jurídica com o órgão ou entidade pública lesados.

A correta avaliação dos fatores atenuantes e agravantes irá revelar especial importância, precipuamente, na exata mensuração da pena de multa administrativa eventualmente aplicada pela Administração Pública, afinal a sanção da publicação extraordinária da decisão administrativa sancionadora não comporta, pela sua própria natureza, a aplicação do refinado critério de dosimetria da pena.

Sobre a necessidade de adoção de parâmetros objetivos de dosimetria da pena, José Anacleto Abduch Santos deixou consignado que:

---

[189] PEREIRA, Flávio Henrique Unes, *op. cit.*, p. 100-109.

Considerada a natureza discricionária da decisão sobre atenuantes e agravantes da sanção, o princípio da motivação é norma determinante, categórica e capital para conferir sustentabilidade à pena. A ponderação axiológica dos fatores atenuantes e agravantes é dever que deve ser devidamente motivada. É preciso representar com objetividade as razões de fato pelas quais se deram as escolhas valorativas dentre aquelas postas à disposição da lei, de modo suficiente e concreto. Diante da parcela de subjetividade intrínseca e ínsita a qualquer decisão discricionária, a devida motivação do ato é condição inelutável de sua validade.[190]

Pormenorizando a natureza e o alcance dos critérios de dosimetria da pena legalmente estabelecidos, o Decreto Federal nº 8.420/2015 amparou rol ainda mais específico de circunstâncias agravantes e atenuantes a serem consideradas na aplicação da pena de multa, muito embora mantendo consonância com os vetores de ponderação antes estabelecidos.

Estabeleceu o regulamento federal as seguintes *circunstâncias agravantes* para fins de cálculo da pena de multa:

I – a continuidade das infrações no tempo;

II – a tolerância ou ciência de pessoas do corpo gerencial da pessoa jurídica;

III – a interrupção no fornecimento de serviço público ou na execução de obra contratada;

IV – a situação econômica do infrator;

V – a reincidência; e

VI – o valor dos contratos mantidos ou pretendidos.

Ao seu turno, elencou como *atenuantes* as seguintes circunstâncias:

I – a não consumação da infração;

II – ressarcimento pela pessoa jurídica dos danos a que tenha dado causa;

III – grau de colaboração da pessoa jurídica com a investigação ou a apuração da infração, independentemente do acordo de leniência;

IV – comunicação espontânea pela pessoa jurídica antes da instauração do PAR acerca da ocorrência da infração; e

V – comprovação de a pessoa jurídica possuir e aplicar um programa de integridade, conforme os parâmetros estabelecidos no decreto.

Cumpre consignar que se trata de iniciativa louvável, levada a efeito pelo regulamento federal, traçar em linhas ainda mais específicas os parâmetros de dosimetria da pena, em especial, pelo fato de que o aludido detalhamento guarda singular coerência com as hipóteses legalmente estabelecidas, afastando eventuais alegações de crise de legalidade por parte do aludido ato normativo.

---

[190] SANTOS, José Anacleto Abduch; BERTONCINI, Mateus; CUSTÓDIO FILHO, Ubirajara, *op. cit.*, p. 181.

11.3 Sanções administrativas em espécie

A doutrina especializada costuma classificar a sanção administrativa consoante a natureza da pena imposta. Fala-se, então, em *penalidades pessoais*, como aquelas que limitam diretamente a esfera de liberdade pessoal do administrado, a exemplo da demissão do servidor público; *penalidades reais*, a incidir sobre coisa, objeto, instrumento ou fruto do ilícito, a exemplo do perdimento de bens; e *penalidades pecuniárias*, concretizando-se por meio de quantificação monetária, a exemplo da pena de multa.[191] À classificação já consagrada, considerando o rol de sanções estatuído na LAC, propõe-se a indicação de uma nova categoria punitiva, as *penalidades reputacionais*, cujos efeitos aflitivos irão recair sobre a própria imagem do infrator perante a sociedade e a seus pares.

A LAC contemplou em seu art. 6º duas modalidades de sanções administrativas, uma de caráter pecuniário e outra de cunho reputacional, a multa e a publicação extraordinária da decisão condenatória, respectivamente. Considerando as peculiaridades e características próprias de cada uma das mencionadas sanções, adentra-se, por questões didáticas, no exame isolado de cada uma dessas medidas aflitivas, muito embora não se desconheça a possibilidade plena de sua aplicação cumulativa.

11.3.1 Multa

A pena de multa é sanção de tipo pecuniário que atinge o próprio patrimônio do transgressor da norma jurídica, aplicando-se em percentual a incidir sobre uma base de cálculo. Nesse sentido, a LAC fixa pena de multa, no valor de 0,1% (um décimo por cento) a 20% (vinte por cento) do faturamento bruto do último exercício anterior ao da instauração do processo administrativo, excluídos os tributos, a qual nunca será menor que a vantagem eventualmente auferida.

Cumpre salientar que quando não for possível utilizar o critério do valor do faturamento bruto da pessoa jurídica, a multa poderá ser estabelecida entre R$6.000,00 (seis mil reais) e R$60.000.000,00 (sessenta milhões de reais). Esse critério subsidiário de determinação do valor da multa deve ser aplicado tanto em situações legítimas, a exemplo de pessoa jurídica infratora que não detenha estrutura empresarial, mas também nas hipóteses de atuação ilegítima do ente processado, a exemplo de pessoa jurídica que age de má-fé na apresentação dos documentos financeiros e contábeis, na tentativa de induzir a administração a erro.

No mesmo sentido se manifestam Santos, Bertoncini e Custódio Filho:

> A impossibilidade de apuração do faturamento bruto pode decorrer de (i) conduta ilícita: conduta omissiva ou comissiva, dolosa ou culposa, orientada a ocultar o real faturamento bruto da pessoa jurídica; (ii) permissivo legal ou situação de fato legítima: a existência de norma que desobrigue a pessoa jurídica de produzir determinados registros contábeis, dificultando ou impedindo a apuração de faturamento bruto.[192]

---

[191] VITTA, Heraldo Garcia, *op. cit.*, p. 121-124.
[192] SANTOS, José Anacleto Abduch; BERTONCINI, Mateus; CUSTÓDIO FILHO, Ubirajara, *op. cit.*, p. 174.

Regis Fernandes de Oliveira,[193] com base nas lições de Oswaldo Aranha Bandeira de Mello, leciona que a sanção de multa pode ser determinada a título de dano presumido da infração, no sentido de recomposição patrimonial dos prejuízos verificados, ou ter caráter meramente punitivo. Verifica-se que o próprio legislador afastou o viés reparatório da sanção ora estabelecida, dispondo que a sua aplicação não excluirá, em qualquer hipótese, a obrigação da reparação integral do dano, cujo pagamento deverá ser estabelecido, preferencialmente, em processo administrativo distinto.

Muito embora a pena de multa seja plenamente exigível, carece ela de autoexecutoriedade, de forma que, em não havendo o adimplemento espontâneo por parte do infrator, deverá a Administração pleitear a cobrança compulsória do valor perante o Poder Judiciário, podendo, para tanto, inscrever o crédito em dívida ativa da fazenda pública, momento em que assume a qualidade de título executivo extrajudicial, nos termos do art. 585, inc. VII, do CPC.

11.3.1.1 Cálculo da pena de multa

Conforme já salientado, o legislador estabeleceu que a aplicação da pena de multa deve ser sopesada ante a ponderação e consideração de alguns fatos e elementos que se façam presentes quando da análise do caso concreto, notoriamente os seguintes aspectos: a gravidade da infração; a vantagem auferida ou pretendida pelo infrator; a consumação ou não da infração; o grau de lesão ou perigo de lesão; o efeito negativo produzido pela infração; a situação econômica do infrator; a cooperação da pessoa jurídica para apuração das infrações; a existência de mecanismos internos de integridade, auditoria e incentivo à denúncia de irregularidades e a aplicação efetiva de códigos de ética e de conduta no âmbito da pessoa jurídica (programas de *compliance*); o valor dos contratos mantidos pela pessoa jurídica com o órgão ou entidade pública lesados.

Percebe-se, desde já, que os parâmetros indicados no aludido rol apresentam natureza dúplice, ensejando sua qualificação tanto como agravante quanto como atenuante, a depender das circunstâncias fáticas verificadas. Essa suposta falta de sistematização e de racionalidade dos fatores atenuantes e agravantes foi potencialmente superada, conforme já salientado, por meio das disposições do regulamento federal, o Decreto nº 8.420/2015, que houve por bem precisar em rol melhor definido as hipóteses de atenuação ou agravação da penalidade pecuniária.

A análise das hipóteses contempladas no bojo do regulamento federal permite inferir que o ato normativo em questão preservou correlação lógica com os parâmetros de dosimetria definidos em lei, a proporcionar desejável uniformidade quando da aplicação da LAC, por meio dos vários órgãos e entidades que integram a estrutura orgânica da União Federal. Assim, ainda no intuito de imprimir essa almejável homogeneidade na aplicação do diploma anticorrupção, o mesmo decreto delineou uma metodologia própria a pautar o cálculo da sanção pecuniária.

A exata delimitação da quantificação da sanção administrativa de cunho pecuniário constitui aspecto de notória complexidade na seara da atividade punitiva da Administração, devendo haver irrestrito respeito ao princípio da proporcionalidade, incumbindo ao ente processante demonstrar correspondência e paralelismo entre o ilícito praticado pelo infrator e a intensidade da sanção imposta. Nesse sentido, deve-se optar por uma atuação punitiva

---

[193] OLIVEIRA, Regis Fernandes de. *Infrações e sanções administrativas*. 3. ed. São Paulo: Revista dos Tribunais, 2012. p. 142-143.

equilibrada, de maneira que a pena de multa não se torne demasiadamente exorbitante, em respeito ao preceito geral da *vedação de excessos*, nem, ao contrário, seja estabelecida em valores ínfimos, a fomentar o raciocínio da viabilidade econômica da prática do ilícito, conforme estabelece a matriz da *vedação da proteção insuficiente*. O primordial aspecto na definição da sanção incidirá sobre o arbitramento de um determinado valor que alicerce desestímulo real à prática do ato ilícito.

Conforme destacado já no início da presente obra, o legislador intenta promover um novo patamar de governança corporativa e responsabilidade empresarial, de forma que a prática de atos de corrupção seja vista como risco de envergadura no desenvolvimento da atividade empresarial, servindo, por outro lado, de fomento para aquelas empresas que se empenhem no desenvolvimento efetivo de mecanismos de integridade, de maneira que a mensuração do *quantum* da penalidade pecuniária descortina intricada incumbência.

Nesse espeque, buscando consolidar um campo mais objetivo e coerente na aplicação da pena de multa, especialmente quando em consideração a complexidade e diversidade da estrutura organizativa da União Federal, o Decreto nº 8.420/2015, em seus arts. 17 a 23, contemplou metodologia própria a ser observada quando da definição aritmética do valor a ser imposto à pessoa jurídica sancionada, cujo percentual a incidir sobre o faturamento bruto é determinado de acordo com consideração recíproca entre os fatores agravantes e atenuantes verificados no caso concreto.

Assim, o cálculo da multa se inicia com a soma dos valores correspondentes aos seguintes percentuais do faturamento bruto da pessoa jurídica do último exercício anterior ao da instauração do PAR, excluídos os tributos:

i) 1% (um por cento) a 2,5% (dois e meio por cento) havendo continuidade das infrações no tempo;

ii) 1% (um por cento) a 2,5% (dois e meio por cento) para tolerância ou ciência de pessoas do corpo gerencial da pessoa jurídica;

iii) 1% (um por cento) a 4% (quatro por cento) no caso de interrupção no fornecimento de serviço público ou na execução de obra contratada;

iv) 1% (um por cento) para a situação econômica do infrator com base na apresentação de índice de Solvência Geral (SG) e de Liquidez Geral (LG) superiores a 1 (um) e de lucro líquido no último exercício anterior ao da ocorrência do ato lesivo;

v) 5% (cinco por cento) no caso de reincidência, assim definida a ocorrência de nova infração, idêntica ou não à anterior, tipificada como ato lesivo pelo art. 5º da Lei nº 12.846, de 2013, em menos de cinco anos, contados da publicação do julgamento da infração anterior;

vi) no caso de haver contratos mantidos ou pretendidos com órgão ou entidade lesados, serão considerados, adicionalmente aos percentuais já elencados, novos percentuais (entre 1% a 5%) a recair sobre o valor do respectivo contrato, que variará entre acima de R$1.500.000,00 (um milhão e quinhentos mil) e acima de R$1.000.000.000,00 (um bilhão de reais) (Decreto nº 8.420/15, art. 17).

Estabelecido o percentual com base na soma dos fatores agravantes, serão subtraídos os valores correspondentes aos seguintes percentuais do faturamento bruto da pessoa jurídica, dessa feita, relacionados à verificação de circunstâncias atenuantes, quais sejam:

i) 1% (um por cento) no caso de não consumação da infração;

ii) 1,5% (um e meio por cento) no caso de comprovação de ressarcimento pela pessoa jurídica dos danos a que tenha dado causa;

iii) 1% (um por cento) a 1,5% (um e meio por cento) para o grau de colaboração da pessoa jurídica com a investigação ou a apuração da infração, independentemente do acordo de leniência;

iv) - 2% (dois por cento) no caso de comunicação espontânea pela pessoa jurídica antes da instauração do PAR acerca da ocorrência da infração;

v) 1% (um por cento) a 4% (quatro por cento) para comprovação de a pessoa jurídica possuir e aplicar um programa de integridade, conforme os parâmetros estabelecidos no Capítulo IV (Decreto nº 8.420/15, art. 18).

Nesse caso, a soma de todos os percentuais resultará na possibilidade de redução de até 10% (dez por cento) da penalidade pecuniária. Dentre os fatores de redução da multa, deu-se singular destaque para a comprovação de a pessoa jurídica possuir e aplicar efetivo programa de integridade corporativa, albergando o maior índice de possibilidade de atenuação da sanção administrativa, motivo pelo qual o assunto será melhor examinado em tópico específico.

No caso de inexistência dos fatores indicados ou quando o resultado das operações de soma e subtração desses mesmos fatores for igual ou menor a zero, estabelece o regulamento federal, de forma a observar o piso mínimo legalmente estabelecido, que o valor final da multa corresponderá a 0,1 % (um décimo por cento) do faturamento bruto ou a R$6.000,00 (seis mil reais) para os casos em que não for possível utilizar o critério do faturamento bruto, salvo se o valor da vantagem auferida ou pretendida for superior a tais percentuais, quando então este valor deverá prevalecer.

Quando se tratar do limite máximo da sanção, ou seja, o teto pecuniário a ser observado, o regulamento federal determina ser ele o menor valor entre vinte por cento do faturamento bruto ou três vezes o valor da vantagem auferida ou pretendida. Para tanto, consigna que o valor da vantagem auferida ou pretendida equivale aos ganhos obtidos ou pretendidos pela pessoa jurídica que não ocorreriam sem a prática do ato lesivo, somado, quando for o caso, ao valor correspondente a qualquer vantagem indevida prometida ou dada a agente público ou a terceiros a ele relacionados.

Percebe-se que serão considerados, em relação à vantagem indevida, tanto os valores *efetivamente auferidos* quanto os valores *meramente pretendidos*. Cumpre consignar que o parâmetro contemplado pelo decreto federal coaduna-se com os critérios de dosimetria da pena previstos na LAC, especialmente o art. 7º, inciso II, segundo o qual "serão levados em consideração na aplicação das sanções: [...] a vantagem auferida ou pretendida pelo infrator".

Mesmo após a subtração dos percentuais relacionados aos fatores atenuantes da infração ou quando, pela ausência de fatores agravantes ou atenuantes, a sanção for fixada no valor mínimo, ainda haverá uma outra oportunidade de redução da pena de multa, uma vez que, com a assinatura do acordo de leniência, nos termos do parágrafo 2º, do art. 16, da Lei nº 12.846/13, o valor então estabelecido ainda poderá ser reduzido em até 2/3, de modo que, eventualmente, a penalidade pecuniária poderá ser arbitrada em valor inferior ao limite mínimo previsto no art. 6º da LAC. Tal raciocínio foi expressamente contemplado no art. 23 do Decreto nº 8.420/15.

A fim de delimitar o conceito e o alcance da base de cálculo da multa fixada em lei, o regulamento federal estabelece que ato do Ministro de Estado Chefe da CGU fixará metodologia para a apuração do faturamento bruto e dos tributos a serem excluídos para fins de cálculo da multa. Registre-se que, nos termos da jurisprudência do STF,[194] as expressões receita bruta e faturamento devem ser tidas como equivalentes para fins jurídicos, de modo que ambas devem se circunscrever aos valores auferidos com a venda de mercadorias, de serviços ou de mercadorias e serviços.

Segundo o mesmo decreto, caso não seja possível utilizar o critério de faturamento bruto no ano anterior ao da instauração do PAR, os percentuais elencados poderão recair: i) sobre o valor do faturamento bruto da pessoa jurídica, excluídos os tributos, no ano em que ocorreu o ato lesivo, no caso de a pessoa jurídica não ter tido faturamento no ano anterior ao da instauração ao PAR; ii) sobre o montante total de recursos recebidos pela pessoa jurídica sem fins lucrativos no ano em que ocorreu o ato lesivo; ou iii) sobre o faturamento anual estimável da pessoa jurídica, levando em consideração quaisquer informações sobre a sua situação econômica ou o estado de seus negócios, tais como patrimônio, capital social, número de empregados, contratos, dentre outras.

A existência e quantificação dos fatores elencados deverá ser apurada no bojo do PAR e evidenciada no relatório final da comissão processante, o qual conterá, quando possível, também a estimação dos valores monetários equivalentes à vantagem auferida e à pretendida. Tal atribuição a ser exercida pelo órgão colegiado se justifica em razão da proximidade com os fatos sob apuração, habilitando-o ao mais apropriado exercício de dosimetria da multa, consignando-se que a comissão, em sendo necessário, poderá solicitar a atuação de pessoas ou órgãos especializados, para auxiliar na análise da matéria sob exame.

Apesar de não ser muito usual, na seara do Direito Administrativo Sancionador brasileiro, o estabelecimento de metodologia tão detalhada para o cômputo da pena de multa, o critério adotado pelo regulamento federal, ainda que passível a críticas em alguns pontos, se coaduna com o princípio da segurança jurídica, ao descortinar maior objetividade na definição da intensidade aflitiva da sanção. Cumpre salientar, também, que essa forma de atuação tem-se verificado no âmbito do Direito Comparado. Assim, por exemplo, o *U. S. Setencing Guidelines* fornece diretrizes concretas visando à aplicação uniforme das sanções previstas no *Foreign Corrupt Pratices Act* (FCPA) pelas autoridades norte-americanas.

11.3.2 Publicação extraordinária da decisão administrativa sancionadora

A sanção elencada no inciso II, do art. 6º, da Lei nº 12.846/13, a publicação extraordinária da decisão administrativa sancionadora, pode ser entendida como medida punitiva de cunho reputacional, uma vez que seu principal efeito inclina-se a expor à sociedade, da forma mais ampla possível, a atuação desconforme levada a efeito por determinado infrator.

Ao contemplar a mencionada figura punitiva, a LAC incorpora sensível inovação ao sistema administrativo-sancionador brasileiro, que não era habitual na previsão de sanções cujos impactos primordiais viessem a recair sobre a própria imagem do infrator perante a sociedade e ao meio em que desenvolve suas principais atividades econômicas ou estatutárias.

A aludida sanção tem suas raízes no Direito Internacional, que no passado era caracterizado, em função dos complexos aspectos relacionados ao exercício da soberania estatal, pela profunda debilidade na imposição de penalidades aos entes internacionais que praticassem atos ofensivos aos compromissos internacionais. Buscando dar maior efetividade ao sistema de conformidade às obrigações internacionais, os mais diversos organismos internacionais passaram a adotar a aplicação de sanções do *tipo name and*

---

[194] STF – Ag. Reg. no Recurso Extraordinário nº 548.222/RJ, rel. Min. Roberto Barroso, julgado em 18.03.2014.

shame, que consiste em causar vergonha ao infrator perante a comunidade internacional, em razão da inobservância dos deveres fixados em tratados e convenções internacionais, a exemplo das famosas "listas negras".[195]

Apesar de imediatamente relacionada a repercussões de índole extrapatrimonial, não se pode negar a probabilidade de impactos também patrimoniais decorrentes da publicação extraordinária, afinal a boa imagem das empresas perante a sociedade e o mercado em que se encontram inseridas constitui, na atual fase do capitalismo empresarial, aspecto de indubitável valor econômico, principalmente sobre as empresas cujas ações são negociadas em bolsas de valores, podendo-se fazer menção ao recente episódio envolvendo a empresa *Siemens*, onde a ampla divulgação de escândalo sobre corrupção interna abalou a reputação da empresa e causou uma forte queda nos valores de suas ações.

A sanção em tela se coaduna, ainda, com o princípio da publicidade, nos termos do *caput* do art. 37 da Constituição Federal, revelando o direito da sociedade de ser informada sobre as injustas violações ao patrimônio que lhes pertence, o patrimônio público, com a exata identificação dos responsáveis pela prática do ato lesivo e extensão dos danos causados.

Dessa forma, a pessoa jurídica sancionada administrativamente pela prática de atos lesivos contra a Administração Pública, nos termos da LAC, deverá providenciar a publicação da decisão administrativa condenatória, cumulativamente em: a) meio de comunicação de grande circulação na área da prática da infração e da sua atuação institucional; b) em edital afixado no próprio estabelecimento ou no local de exercício da atividade, pelo prazo mínimo de trinta dias; e c) em seu sítio eletrônico, também pelo prazo mínimo de trinta dias (o regulamento federal, em seu art. 24, determina que essa publicação deva ser realizada em destaque na página principal do referido sítio).

Em relação à publicação da decisão em meio de comunicação de grande circulação, cumpre salientar que esse ato deverá ocorrer, simultaneamente, tanto na área da prática da infração, que a depender das peculiaridades do caso concreto pode ter dimensão local, regional, ou mesmo nacional, quanto na área de atuação geoeconômica do ente punido, denotando o sentido de linde geográfico onde se verifique sua preponderante atuação profissional, institucional ou empresarial.

A publicação extraordinária será feita na forma de extrato da decisão condenatória, devendo conter resumidamente as seguintes informações: a entidade ou órgão prolator da decisão; identificação da pessoa jurídica sancionada; especificação do processo administrativo, com a expressa indicação da infração cometida e a correspondente sanção aplicada. Vale consignar, ainda, que a referida publicação será feita a expensas da própria pessoa jurídica apenada.

---

[195] Uma aplicação de grande repercussão das sanções do tipo *name and shame* envolveu, na década de 90, o campo da lavagem de dinheiro, na oportunidade em que o Grupo de Ação Financeira Internacional – GAFI, organismo gestor do regime global de enfrentamento à lavagem de dinheiro, deliberou que os países que não adotassem medidas para relativizar o sigilo de informações bancárias, no sentido de colaborar com a comunidade internacional, seriam colocados em uma lista negra, a exemplo das Ilhas Cayman e Bahamas. Como desdobramento da sanção de caráter reputacional, em uma segunda etapa, passou-se a estabelecer proibições de transações financeiras com os países que não estavam comprometidos com o acordo internacional, levando alguns paraísos fiscais, cujas economias gravitam em torno da atividade financeira internacional, a adotarem legislação compatível com a relativização do sigilo bancário e cooperação internacional. Demonstrando a efetividade da sanção levada a efeito, as Bahamas têm hoje uma legislação receptível à flexibilização do sigilo bancário. Outros exemplos exitosos decorrentes da aplicação dessas sanções de cunho reputacional podem ser vistos no Direito Internacional do Trabalho e Direito Internacional do Meio Ambiente.

11.3.3 Apuração conjunta e aplicação de sanções administrativas que impliquem restrição ao direito de participar de licitações e contratos administrativos

Conforme já assentado no presente trabalho, entende-se juridicamente possível a apuração conjunta de ilícitos administrativos que se encontrem enquadrados tanto na LAC quanto nas demais normas reguladoras de licitações e contratos administrativos, a exemplo da Lei nº 8.666/93, ensejando a possibilidade de aplicação cumulativa de sanções administrativas previstas nesses distintos diplomas legais.

Sobre a aplicação cumulativa de sanções administrativas, o Decreto nº 8.420/15 estatuiu expressamente, em seu art. 16, que caso os atos lesivos apurados envolvam infrações administrativas à Lei nº 8.666, de 1993, ou a outras normas de licitações e contratos da Administração Pública e tenha ocorrido a apuração conjunta prevista no art. 14, a pessoa jurídica também estará sujeita a sanções administrativas que tenham como efeito restrição ao direito de participar de licitações ou celebrar contratos com a Administração Pública, a serem aplicadas no PAR.[196]

Em razão da possibilidade de aplicação dessas outras modalidades punitivas, faz-se mister expor sucinta análise sobre o conceito e os efeitos decorrentes das aludidas sanções administrativas que estão por implicar sensível restrição ao direito de participar de licitações ou celebrar contratos com a Administração Pública.

Da análise dos diplomas legais que regem as licitações públicas, pode-se perceber a existência de três principais espécies de sanção administrativa que implicam limitações ao direito de licitar e contratar com a Administração, duas previstas na Lei nº 8.666/93 e outra que se repete nas normas que regem o pregão e o RDC. São elas: suspenção temporária; declaração de inidoneidade; e impedimento de licitar e contratar.

11.3.3.1 Suspensão temporária

Essa modalidade de sanção está prevista no art. 87, inciso III, da Lei nº 8.666/93 e implica restrição temporária do direito da empresa ou particular de licitar e contratar, ou seja, a impossibilidade de se habilitar em certames licitatórios ou contratar com a Administração Pública por prazo que não poderá ser superior a 02 (dois) anos.

Vê-se, de plano, que se trata de sanção bem mais severa que a simples advertência ou mesmo a multa, de forma que se mostra cabível em situações de infrações de médio ou grave teor ofensivo. Ainda assim, cumpre à Administração ministrá-la sob o viés dos critérios de razoabilidade e proporcionalidade, em consideração à situação posta pelo caso

---

[196] Com fundamento no mesmo raciocínio, nas hipóteses de atos de corrupção verificados no curso de parcerias entre a Administração Pública e as organizações da sociedade civil, defende-se a possibilidade de apuração conjunta, tornando-se, pois, também aceitável a aplicação das sanções administrativas estabelecidas no art. 73 da Lei nº 13.019/2014:

Art 73. Pela execução da parceria em desacordo com o plano de trabalho e com as normas desta Lei e a legislação específica, a administração pública poderá, garantida a prévia defesa, aplicar à organização da sociedade civil as seguintes sanções: I - *advertência*; II - *suspensão temporária* da participação em chamamento público e impedimento de celebrar parceria ou contrato com órgãos e entidades da esfera de governo da administração pública sancionadora, por prazo não superior a dois anos; III - *declaração de inidoneidade* para participar de chamamento público ou celebrar parceria ou contrato com órgãos e entidades de todas as esferas de governo, enquanto perdurarem os motivos determinantes da punição ou até que seja promovida a reabilitação perante a própria autoridade que aplicou a penalidade, que será concedida sempre que a organização da sociedade civil ressarcir a administração pública pelos prejuízos resultantes e após decorrido o prazo da sanção aplicada com base no inciso II (grifo nosso).

concreto, inclusive porque dita modalidade sancionadora comporta gradação, pois chega a até 02 (dois) anos de suspensão.

Matéria ainda polêmica no exame da doutrina e jurisprudência concerne à abrangência dos efeitos da aludida punição. A primeira corrente, mais restritiva, entende que os efeitos da penalidade de suspensão se circunscrevem ao órgão, entidade ou unidade administrativa que a impôs ao particular, não podendo lhe ser aplicado o mesmo tratamento da declaração de inidoneidade, que, como se verá, tem amplitude máxima, abrangendo todos os órgãos e entidades que compõem a Administração Pública. A segunda corrente sustenta uma percepção mais ampla dos efeitos da suspensão temporária, os quais seriam equivalentes aos efeitos da declaração de inidoneidade, diferenciando-se, apenas, em relação ao prazo final do impedimento.

A doutrina amplamente majoritária costuma adotar o entendimento restritivo quanto à extensão dos efeitos da sobredita sanção. Dentre os principais argumentos jurídicos, sustentam que o próprio legislador teria estabelecido tal distinção ao longo do texto da Lei nº 8.666/93, realizando, assim, uma interpretação autêntica da norma que prevê a suspensão. Nesse diapasão, o inciso III do art. 87 da Lei de Licitações, ao tratar da sanção de suspensão temporária, dispõe que ela produz efeitos no âmbito da "Administração"; já o inciso IV, ao tratar da sanção de declaração de inidoneidade, prescreve que sua aplicação se dá na esfera da "Administração Pública".

Por sua vez, os incisos XI e XII do art. 6º da própria Lei nº 8.666/93 definem, respectivamente, "Administração Pública" e "Administração". Segundo o mencionado inciso XI, Administração Pública é "a administração direta e indireta da União, dos Estados, do Distrito Federal e dos Municípios, abrangendo inclusive as entidades com personalidade de direito privado sob controle do poder público e das fundações por ele instituídas ou mantidas". De acordo com a redação do referido inciso XII, Administração é "órgão, entidade ou unidade administrativa pela qual a Administração Pública opera e atua concretamente". Assim, segundo os preceitos legais em tela, o termo "Administração Pública" possui a mais ampla extensão, ao passo que o termo "Administração" limitar-se-ia ao âmbito singular de um órgão ou entidade.

Aponta-se, ainda, como nota distintiva considerada pelo legislador, o fato de o tipo penal previsto no art. 97 da Lei nº 8.666/93 (admitir à licitação ou celebrar contrato com empresa o profissional declarado inidôneo) apenas fazer menção à hipótese da declaração de inidoneidade, nada dispondo sobre a suspensão temporária; tal referência expressa àquela outra sanção estaria a indicar, portanto, a dessemelhança de repercussões jurídicas correspondentes a cada uma de tais espécies punitivas.

Com base em tais fundamentos, o Tribunal de Contas da União consolidou sua jurisprudência consoante a corrente restritiva, tanto que determinava aos órgãos públicos que se abstivessem de incluir em seus editais a vedação à participação, nas licitações por eles promovidas, de empresas que tivessem sido apenadas por outros órgãos somente com a suspensão do direito de licitar (inc. III. art. 87 da Lei nº 9 8.666/93), exceto nos casos em que a suspensão tivesse sido imposta pelo próprio ente realizador do certame.

Consigne-se que, recentemente, e em julgados isolados, foram identificadas divergências em decisões do TCU (Acórdão nº 2.218/2011 – 1ª Turma) que sugeririam uma revisão do entendimento outrora consolidado, suscitando o acatamento da posição interpretativa mais ampla, a qual, conforme se verá adiante, é identificada nas decisões do STJ, segundo o qual o efeito da sanção de suspensão temporária de licitar e contratar deve ter alcance subjetivo amplo.

Entrementes, não se pode afirmar que houve, de fato, alteração substancial do entendimento anteriormente consagrado na Corte de Contas, uma vez que, ante a suscitada divergência, o Plenário voltou a examinar mais recentemente o assunto, reafirmando então o seu posicionamento tradicional, sintetizado da seguinte maneira: "As sanções de suspensão temporária de participação em licitação e impedimento de contratar com a Administração, previstas no art. 87. inciso III, da Lei nº 8.666/1993, alcançam apenas o órgão ou a entidade que as aplicaram" (Acórdão nº 3.439/2012-Plenário. Rel. Min. Valmir Campelo, 10.12.2012).

A celeuma jurídica alcança patamares tão profundos que nem mesmo a Advocacia-Geral da União, órgão responsável pela uniformização de entendimentos sobre teses jurídicas no âmbito do Poder Executivo Federal, saiu ilesa do enfrentamento da divergência e alternância de entendimentos.

Assim, no ano de 2011, após analisar a divergência doutrinária e jurisprudencial sobre o tema, curvando-se ao entendimento consagrado no STJ, a AGU, por meio do Parecer nº 87/2011/DECOR/CGU/AGU, externou entendimento segundo o qual a sanção denominada suspensão, prevista na Lei Geral de Licitações, "afasta o sancionado das licitações e contratações promovidas por toda a Administração Pública brasileira".

Entretanto, por meio do Parecer nº 02/2013/GT/Portaria nº 11, datado de 27 de fevereiro de 2013, altera radicalmente o entendimento anteriormente consagrado e filia-se à posição restritiva observada pelo TCU, passando, assim, a adotar o raciocínio segundo o qual os efeitos impeditivos da suspensão temporária alcancem apenas a entidade ou órgão sancionador.

No outro extremo da divergência, encontra-se o posicionamento firmado reiteradamente pelo Superior Tribunal de Justiça. Segundo o colendo tribunal, em interpretação consentânea com o princípio da moralidade administrativa e entendendo que a Administração Pública é una, é irrelevante a distinção entre os termos "Administração Pública" e "Administração"; de sorte que ambas as figuras sancionadoras – "suspensão temporária" e "declaração de inidoneidade" – acarretam ao fornecedor punido administrativamente a impossibilidade de participar de licitações e contratações futuras, uma vez que "a limitação dos efeitos da 'suspensão de participação de licitação' não pode ficar restrita a um órgão do poder público, pois os efeitos do desvio de conduta que inabilita o sujeito para contratar com a Administração se estendem a qualquer órgão da Administração Pública" (REsp nº 151.567/RJ, rel. Min. Francisco Peçanha, julgado em 25.02.2003).

Tal posição tem sido reafirmada mais recentemente pelo STJ, conforme se observa do julgamento do Recurso em Mandado de Segurança nº 32.628/SP (rel. Min. Mauro Campbell, julgado em 06.09.2011).

11.3.3.2 Declaração de inidoneidade

A declaração de inidoneidade tem assento no inciso IV do art. 87 da Lei nº 8.666/93 e consubstancia a mais severa dentre as medidas punitivas aplicáveis a contratados e licitantes. Isso porque, nos termos do parágrafo 3º do art. 87, ela tem vigência pelo prazo mínimo de 02 (dois) anos – que vem a ser o teto da sanção de suspensão temporária –, sem que se tenha estabelecido um período máximo de duração.

Sendo assim, a pena permanece em vigor enquanto perdurarem os motivos determinantes da punição ou até que seja promovida a reabilitação perante a própria autoridade que aplicou a penalidade. Dessa maneira, a extinção dos efeitos da sanção de declaração de inidoneidade, ao contrário da suspensão temporária, não se produz de modo automático pelo simples decurso do prazo, e sim depende da formulação de ato administrativo formal, de cunho desconstitutivo, mediante requerimento expresso de reabilitação formulado pelo apenado, o qual somente poderá ser pleiteado após decorrido o prazo mínimo de dois anos da aplicação da sanção e desde que tenha ocorrido ressarcimento dos danos suportados pela Administração.

Tal qual a pena de suspensão, a declaração de inidoneidade acarreta ao punido a impossibilidade de se habilitar em licitação ou celebrar contratos administrativos, mas, neste caso, não somente com o órgão ou entidade penalizadora, mas com toda a Administração Pública, entendida esta segundo a dicção que o art. 6º, inc. XI, empresta ao termo, a saber, "a administração direta e indireta da União, dos Estados, do Distrito Federal e dos Municípios, abrangendo inclusive as entidades com personalidade jurídica de direito privado sob controle do poder público e das fundações por ele instituídas ou mantidas".

Diante da disciplina normativa que consta do parágrafo 3º do art. 87 da Lei nº 8.666/93, o qual estabelece como competente exclusivo para a cominação da declaração de inidoneidade as autoridades que compõem o primeiro escalão do governo de cada uma das esferas federativas (ministros de Estado, na União, e secretários estaduais ou municipais, nos Estados, Distrito Federal e Municípios), em se tratando da imposição desta modalidade de sanção no âmbito das entidades da Administração Indireta, cumpre remeter-se o processo para o órgão da Administração Direta ao qual o referido ente se encontra sob supervisão ministerial.

Por fim, ainda que se possa cogitar da identidade dos efeitos decorrentes da pena de suspensão e da declaração de inidoneidade, a aplicação desta última pressupõe o cometimento de falta mais grave ou complexa que a ensejadora da primeira, notadamente nos casos em que reste demonstrado tenha o contratado ou licitante agido com dolo ou má-fé perante o órgão ou ente administrativo, é dizer, haja perpetrado infrações dotadas de maior reprovabilidade e que configurem a prática de ato incompatível com a condição de licitante e de contratante com a Administração Pública.

11.3.3.3 Impedimento de licitar e contratar com a Administração (Pregão e RDC)

A penalidade de impedimento de licitar e contratar com a Administração Pública é modalidade punitiva que encontra expressa previsão nas leis que disciplinam o RDC e o Pregão. Em ambos os diplomas, a penalidade é regulada em redação quase idêntica e bem próxima daquela empregada na Lei nº 8.666/93, motivo pelo qual se examina a penalidade independentemente da modalidade licitatória versada.

Incialmente, cumpre informar que nas mencionadas leis há previsão expressa de aplicação subsidiária do regime sancionador previsto no Capítulo IV da Lei nº 8.666/93 (Das Sanções Administrativas e da Tutela Judicial), podendo-se inferir que as demais penalidades continuam podendo ser aplicadas a infrações ocorridas no âmbito do Pregão e RDC. Entretanto, quando tais infrações sejam enquadradas em uma das hipóteses legais previstas no art. 7º da Lei nº 10.520/02 ou no art. 47 da Lei nº 12.462/11, afasta-se a possibilidade de aplicação das demais penalidades, salvo quando se tratar de aplicação cumulativa da pena de multa.

Dois outros aspectos suscitam fundadas indagações: a definição da autoridade competente para aplicar a sanção e a respectiva amplitude do impedimento.

Em relação à autoridade competente para aplicar a penalidade em exame, pode-se, à primeira vista, em razão da proximidade pragmática existente entre o impedimento e a declaração de inidoneidade, entender ser o julgamento afeto àquelas autoridades públicas especificadas no parágrafo 3º do art. 87 da Lei nº 8.666/93 (Ministros de Estado e Secretários Estaduais e Municipais).

Entretanto, tal entendimento não pode prosperar, uma vez que mencionada regra de competência deve ser aplicada de forma restrita aos casos de declaração de inidoneidade, uma vez que se trata de competência exclusiva mediante expressa previsão legal. No caso da sanção de impedimento, por não haver delimitação de competência exclusiva, aplica-se, subsidiariamente, a regra consagrada no art. 17 da Lei nº 9.784/99, de forma que a competência deverá ser estabelecida nos normativos internos de cada órgão ou entidade, ou, na ausência de regra específica, o julgamento deverá ser atribuído à autoridade de menor grau hierárquico para decidir.

No sentido ora explanado, a jurisprudência da Corte Especial do Superior Tribunal de Justiça:

> PROCESSO CIVIL E ADMINISTRATIVO. MANDADO DE SEGURANÇA. LICITAÇÃO. PREGÃO. DIGITALIZAÇÃO DE PROCESSOS. CERTIFICADO DE CAPACIDADE TÉCNICA. CONSTATAÇÃO DE EXISTÊNCIA DE INFORMAÇÕES DISCREPANTES QUANTO A REQUISITO CONSTANTE DO EDITAL, DE EXPERIÊNCIA EM PRESTAÇÃO DE SERVIÇOS NAS DEPENDÊNCIAS DO ÓRGÃO CONTRATANTE. QUESTIONAMENTO SOBRE A VALIDADE DO REQUISITO E AO MODO DE REALIZAÇÃO DAS DILIGÊNCIAS DE APURAÇÃO. LICITAÇÃO POSTERIORMENTE REVOGADA. APLICAÇÃO DE PENALIDADE À LICITANTE. IMPUGNAÇÃO.
>
> 1. A competência exclusiva do Ministro de Estado ou Secretário Estadual ou Municipal, disciplinada no art. 87, §3º, da Lei nº 8666/93, diz respeito exclusivamente à declaração de inidoneidade de empresa para contratar com a administração pública, não à mera suspensão temporária tratada pelo art. 87, inc. III [...].[197]

Quanto à amplitude dos efeitos da sanção de impedimento de licitar e contratar, são duas as principais correntes sobre o tema. A redação legal empregada tanto na Lei nº 10.520/2002 quanto na Lei nº 12.462/2011 estabelece que o particular ficará impedido de licitar e contratar com a União, Estados, Distrito Federal ou Municípios, pelo prazo de até cinco anos. A primeira corrente, amplamente majoritária na doutrina pátria, sustenta que a conjunção "ou" indica função de alternatividade, de maneira que o impedimento aplicado contra o infrator se estenderá somente à esfera da federação que aplicou a penalidade. Assim, por exemplo, a penalidade aplicada por órgão do Ministério da Fazenda produziria efeitos perante todos os órgãos e entidades integrantes da unidade federativa "União".

Este, aliás, foi o entendimento acatado no bojo da Instrução Normativa MPOG/SLTI nº 02, de 11 de outubro de 2010, elaborado no âmbito do Ministério de Planejamento, Orçamento e Gestão, ao estabelecer normas para o funcionamento do Sistema de Cadastramento Unificado de Fornecedores – SICAF. *In verbis*:

> Art. 40. São sanções passíveis de registro no SICAF, além de outras que a lei possa prever:
>
> [...]
>
> V – impedimento de licitar e contratar com a União, Estados, Distrito Federal ou Municípios, conforme o Art. 7º da Lei nº 10.520, de 2002.
>
> [...]

---

[197] STJ, MS nº 14.991/DF, rel. p/ acórdão Min. Nancy Andrighi, julgado em 12.05.2011.

§3º A aplicação da sanção prevista no inciso V deste artigo impossibilitará o fornecedor ou interessado de participar de licitações e formalizar contratos no âmbito interno do ente federativo que aplicar a sanção

I – da União, caso a sanção seja aplicada por órgão ou entidade da União;

II – do Estado ou do Distrito Federal, caso a sanção seja aplicada por órgão ou entidade do Estado ou do Distrito Federal; ou

III – do Município, caso a sanção seja aplicada por órgão ou entidade do Município.

Entretanto, a jurisprudência do STJ adota entendimento distinto, consagrando – tal qual como na sanção de suspensão temporária – projeção mais ampla sobre efeitos do impedimento, uma vez que, para o preclaro Tribunal, a sanção ora versada estende seus efeitos a qualquer órgão ou entidade integrante da Administração Pública, entendida esta no seu mais amplo significado em razão de seu caráter uno.

> ADMINISTRATIVO. LICITAÇÃO. HABILITAÇÃO SOMENTE DA MATRIZ. REALIZAÇÃO DO CONTRATO POR FILIAL. IMPOSSIBILIDADE. DESCUMPRIMENTO DO CONTRATO. SANÇÕES. PROPORCIONALIDADE. ADMINISTRAÇÃO X ADMINISTRAÇÃO PÚBLICA. DISTINÇÃO. AUSÊNCIA.
>
> [...]
>
> 10. Por fim, não é demais destacar que neste Tribunal já se pontuou a ausência de distinção entre os termos Administração e Administração Pública, razão pela qual a sanção de impedimento de contratar estende-se a qualquer órgão ou entidade daquela. Precedentes.
>
> (STJ. RMS nº 32.628/SP, rel. Min. Mauro Campbell, julgado em 06.09.2011).

Ao que tudo indica, a jurisprudência do STJ se arrima na equiparação da penalidade de impedimento prevista pelo art. 7º da Lei nº 10.520/2002 e pelo art. 47 da Lei nº 12.462/2011 à suspensão temporária de participação em licitação e impedimento de contratar com a Administração, prevista pelo art. 87, inc. III da Lei nº 8.666/93.

CAPÍTULO XII

12 Programa de integridade corporativa (*compliance* anticorrupção)

Consoante já delineado, destaca-se entre os eixos normativos que sustentam a Lei Anticorrupção Empresarial a atuação concatenada entre setor público e setor privado no efetivo combate à corrupção. É justamente em função desse vetor ideológico que restaram delineados alguns instrumentos que permitissem de forma pragmática esse tipo de cooperação, tendo por exemplo mais significativo o fomento à implementação de mecanismos de integridade corporativa.

Não é de se estranhar, nesse sentido, que a LAC tenha previsto como aspecto de necessária consideração quando da aplicação das penalidades então estabelecidas "a existência de mecanismos e procedimentos internos de integridade, auditoria e incentivo à denúncia de irregularidades e a aplicação de códigos de ética e de conduta no âmbito da pessoa jurídica".

A própria Lei atribuiu ao regulamento do Poder Executivo Federal a competência para a definição dos parâmetros de avaliação e procedimentos relacionados aos programas de integridade ou *compliance*. A regulamentação do dispositivo legal restou assentada ao longo dos arts. 41 e 42 do Decreto Federal nº 8.420/15, que estabeleceu, além de aspectos conceituais, extensa lista de mecanismos e procedimentos a serem considerados quando da avaliação do programa de integridade.

Desde já, cumpre destacar que a aludida avaliação desponta singular relevância quando da dosimetria da penalidade a ser aplicada, uma vez que o mesmo decreto, ao dispor sobre a metodologia do cálculo da multa, elencou a comprovação de a pessoa jurídica acusada possuir e aplicar um efetivo programa de *compliance* como o principal fator de atenuação da penalidade, podendo resultar numa redução de até 4% do seu faturamento bruto.

Considerando a relevância do assunto aos objetivos propostos pela LAC, bem como o destaque igualmente singular que representa ao desenvolvimento do PAR, passa-se a analisar alguns dos principais aspectos relacionados ao tema.

12.1 *Compliance* anticorrupção: aspectos centrais

A terminologia *compliance* encontra-se usualmente associada ao verbo inglês *to comply*, que embora não contemple tradução específica no idioma português pode ser entendido como o ato de cumprir, de realizar algo imposto. *Em termos conceituais, compliance é ato de cumprir, de estar em conformidade e executar regulamentos internos e externos buscando mitigar o risco atrelado à reputação e ao regulatório/legal.*[198]

A noção de *compliance* foi tradicionalmente desenvolvida na seara do sistema financeiro internacional, cuja consolidação se encontra associada à criação, no ano de 1974, do Comitê da Basileia para a supervisão bancária, entidade internacional que congrega autoridades de supervisão bancária visando fortalecer a solidez e credibilidade dos sistemas financeiros por meio da publicação de normas e recomendações que modulavam a atuação das instituições financeiras, principalmente no sentido de coibir fraudes financeiras e crimes, a exemplo do crime de lavagem de dinheiro.

Apesar de sua origem e seu avançado desenvolvimento no âmbito das instituições bancárias, a aplicação e o desenvolvimento de programas de *compliance* não se restringiram ao sistema financeiro, estando hoje associados aos mais diversos setores da economia que se encontram sujeitos, de alguma maneira, à supervisão de alguma autoridade ou órgão regulador ou de controle, especializando-se o instituto nas mais diversas categorias. Fala-se, então, em *compliance* ambiental, *compliance* trabalhista, *compliance* tributário e, por que não, *compliance* anticorrupção.

Verifica-se que o movimento de robustecimento do combate à corrupção em nível internacional tem colocado em pauta a necessária participação do setor privado, no sentido de agir proativamente na prevenção, identificação, coibição e informação sobre atos de corrupção verificados no desenvolvimento de sua atividade principal. No bojo do mais importante documento internacional sobre o tema, a Convenção das Nações Unidas contra Corrupção, há previsão expressa sobre o tema:

> Artigo 12
>
> Setor Privado
>
> 1. Cada Estado Parte, em conformidade com os princípios fundamentais de sua legislação interna, adotará medidas para prevenir a corrupção e melhorar as normas contábeis e de auditoria no setor privado, assim como, quando proceder, prever sanções civis, administrativas ou penais eficazes, proporcionadas e dissuasivas em caso de não cumprimento dessas medidas.
>
> 2. As medidas que se adotem para alcançar esses fins poderão consistir, entre outras coisas, em:
>
> a) Promover a cooperação entre os organismos encarregados de fazer cumprir a lei e as entidades privadas pertinentes;
>
> b) Promover a formulação de normas e procedimentos com o objetivo de salvaguardar a integridade das entidades privadas pertinentes, incluídos códigos de conduta para o correto, honroso e devido exercício das atividades comerciais e de todas as profissões pertinentes e para a prevenção de conflitos de interesses, assim como para a promoção do uso de boas práticas comerciais entre as empresas e as relações contratuais das empresas com o Estado;
>
> c) Promover a transparência entre entidades privadas, incluídas, quando proceder, medidas relativas à identificação das pessoas jurídicas e físicas envolvidas no estabelecimento e na gestão de empresas;
>
> d) Prevenir a utilização indevida dos procedimentos que regulam as entidades privadas, incluindo os procedimentos relativos à concessão de subsídios e licenças pelas autoridades públicas para atividades comerciais;

---

[198] MANZI, Vanessa Alesi. *Compliance no Brasil*: consolidação e perspectivas. São Paulo: Saint Paul, 2008. p. 15.

e) Prevenir os conflitos de interesse impondo restrições apropriadas, durante um período razoável, às atividades profissionais de ex-funcionários públicos ou à contratação de funcionários públicos pelo setor privado depois de sua renúncia ou aposentadoria quando essas atividades ou essa contratação estejam diretamente relacionadas com as funções desempenhadas ou supervisionadas por esses funcionários públicos durante sua permanência no cargo;

f) Velar para que as empresas privadas, tendo em conta sua estrutura e tamanho, disponham de suficientes controles contábeis internos para ajudar a prevenir e detectar os atos de corrupção e para que as contas e os estados financeiros requeridos dessas empresas privadas estejam sujeitos a procedimentos apropriados de auditoria e certificação;

O movimento global tem-se refletido nas mais diversas legislações domésticas que tratam do assunto, dispensando-se especial atenção à adoção de mecanismos de *compliance*, inclusive, com previsão, a exemplo da legislação brasileira, da possibilidade de atenuação da pena em razão da existência e efetividade da estrutura de integridade corporativa. A título de exemplo, a legislação inglesa, *Bribery Act* 2010, prevê a possibilidade de isenção total da penalidade que seria cabível.[199]

Sob influência da aludida política internacional, o ordenamento brasileiro passa a dispor sobre os contornos jurídicos do *compliance* anticorrupção ou "programa de integridade", que, nos termos do art. 41 do Decreto Federal nº 8.420/15, consiste no âmbito de uma determinada pessoa jurídica, "no conjunto de mecanismos e procedimentos internos de integridade, auditoria e incentivo à denúncia de irregularidades e na aplicação efetiva de códigos de ética e de conduta, políticas e diretrizes com objetivo de detectar e sanar desvios, fraudes, irregularidades e atos ilícitos praticados contra a administração pública, nacional ou estrangeira".

12.1.1 Riscos de *compliance*

O avanço de marcos regulatórios que envolve o tema combate à corrupção e a atuação comprometida do setor privado passam a evidenciar ambiente jurídico cada vez mais exigente em relação às condutas praticadas, especialmente, pelos entes de natureza empresarial, de forma que assume significativa relevância nas principais pautas de desenvolvimento dos negócios o exame da conformidade da atuação da pessoa jurídica com o arcabouço normativo de regência.

Considerando o advento de expressivas sanções, administrativas ou judiciais, a repercutirem tanto na imagem quanto nas finanças das pessoas jurídicas, notadamente nas de cunho societário ou empresarial, a desconformidade do comportamento dessas instituições aos padrões normativos em vigor descortina a existência de sérios riscos a serem devidamente sopesados quando do estabelecimento de um determinado modelo de negócios. Nesse ambiente específico, a referida ameaça à estrutura negocial da pessoa jurídica recebe o nome de "riscos de *compliance*".

Estudos especializados sobre a gestão de riscos empresariais atribuem à expressão "riscos de *compliance*" a somatória de riscos de reputação e riscos de sanção a que estão sujeitas as empresas como resultado de falhas no cumprimento de leis, regulamentações

---

[199] A diligente implementação de programas de *compliance* tem sido considerada como importante fator mitigador de responsabilidade em diversos sistemas jurídicos ao redor do mundo, tendo-se como exemplo mais tradicional a cultura jurídica consolidada nos EUA. Como exemplo de legislações mais recentes que também adotam tais mecanismos, pode-se citar Espanha, Chile e México.

e boas práticas empresariais. Trata-se, pois, de gênero a comportar duas distintas espécies de ameaças: o *risco de imagem*, como risco atrelado aos potenciais impactos negativos à reputação do ente empresarial, resultando numa publicidade negativa do ente perante a sociedade e o meio empresarial em que inserido; e o *risco de sanção* ou *risco regulatório*, entendido como a possibilidade de cominação de sanções, especialmente as de cunho pecuniário, em razão do descumprimento das regras e modelos de comportamentos exigidos por lei.[200]

A LAC incorporou de maneira muito apropriada a dinâmica que inspira o modelo teórico do risco de *compliance*, uma vez que as sanções administrativas passíveis de aplicação às pessoas jurídicas responsáveis pela prática da corrupção materializam, no plano legal, as duas aludidas modalidades de riscos. Assim, a publicação extraordinária da decisão condenatória sintetiza singular risco reputacional, ao passo que a pesada multa a ser calculada sobre o faturamento bruto da empresa revela expressivo risco sancionatório.

O atual arcabouço regulatório, com o incremento gradual de riscos a que se sujeita o desenvolvimento das atividades empresariais, coloca os programas de integridade como fator diferencial para a competitividade das organizações, especialmente em um mercado que se pauta cada vez mais pela valorização da transparência e da ética nas interações entre setor público e privado, criando, sem sombra de dúvidas, vantagem competitiva às organizações que buscam se adequar às melhores práticas de mercado, por meio de ferramentas de governança corporativa e *compliance*. É este, aliás, um dos primordiais objetivos da Lei Anticorrupção.

Na análise da relação custo-benefício da implantação de programas de integridade em organizações empresariais inseridas em ambiente de acentuado controle regulatório, já há estudos que informam que para cada U$1,00 investido são economizados U$5,00 com a mitigação de processos legais, dano à reputação e perda de produtividade, de maneira que aspectos relacionados à governança corporativa e integridade empresarial passam a ser tema de necessário enfrentamento quando da definição de políticas operacionais e financeiras dos entes empresariais.[201]

12.1.2 *Compliance* anticorrupção: princípios basilares

A exigência de que as empresas pautem sua atuação em conformidade com efetivos programas de integridade corporativa se consolida como um dos principais aspectos da recente política internacional de combate à corrupção. Nesse mesmo contexto, já se encontram difundidos os princípios e diretrizes centrais que devem nortear a elaboração de políticas de *compliance*, e que serão necessariamente objeto de avaliação por parte das autoridades competentes. Assim, os parâmetros de avaliação do plano de integridade corporativa previstos no art. 42 do Decreto Federal nº 8.420/15 nada mais são do que a adoção das principais referências internacionais já consagradas sobre o assunto.

Pode-se, nesse esteio, fazer menção a documento elaborado pela OCDE, denominado de *Guia de Boas práticas em Controles Internos, Ética e Compliance*, publicado com o declarado objetivo de fornecer às empresas diretrizes que permitam o desenvolvimento de efetivos programas de controle interno, ética e *compliance* para prevenir e detectar atos de corrupção.

---

[200] CANDELORO, Ana Paula P; DE RIZZO, Maria Balbina Martins; PINHO, Vinícius. *Compliance 360º*: riscos, estratégias, conflitos e vaidades no mundo corporativo. São Paulo: Trevisan, 2012. p. 20-41.

[201] SCHILDER, Arnold. *Banks and the compliance challenge*. Speech by Professor Arnold Schilder, Chairman of the BCBS Accounting Task Force and Executive Director of the Governing Board of the Netherlands Bank, at the Asian Banker Summit, Bangkok, 16 mar. 2006. BIS Review, n. 20. Disponível em: <http://www.bis.org/review/r060322d.pdf>. Acesso em: out. 2015.

O documento em tela elenca 12 princípios que devem ser observados quando da consolidação de programas e medidas eficazes de combate à corrupção a serem conduzidos por entes empresariais. Vale consignar que todos os aludidos princípios foram assimilados e desenvolvidos ao longo do regulamento anticorrupção brasileiro.

Dentre os preceitos exarados no documento internacional, colocam-se em destaque os seguintes: comprometimento permanente da alta Administração com os programas e medidas de integridade; estabelecimento de políticas claras e visíveis; fiscalização e monitoramento dos programas e medidas anticorrupção; aplicação desses programas e medidas também nas relações comerciais travadas com terceiros e intermediários; implementação de adequados sistemas de controle interno, auditoria e contabilidade; treinamentos periódicos em todos os níveis da empresa; procedimentos disciplinares adequados para apurar a responsabilidade, em todos os níveis da empresa, de violação às leis relativas ao combate à corrupção; medidas adequadas para tratamentos de denúncias apresentadas.

A análise do Direito Comparado permite inferir que tais princípios foram incorporados nas principais legislações e guias de interpretação e aplicação das normas anticorrupção. Assim, por exemplo, nos EUA o *U. S. Sentencing Guidelines*, publicação oficial que contém as diretrizes para aplicação de sanções por parte das autoridades norte-americanas, contempla, em grande medida, os princípios e diretrizes delineados. Bruno Carneiro Maeda[202] informa que, inclusive, os órgãos americanos competentes, a exemplo o *Department of Justice* (DOJ) e a *U. S. Securities & Exchange Commission* (SEC), têm se utilizado do guia de boas práticas da OCDE, por ser mais detalhado em alguns pontos para a avaliação de programas de *compliance* apresentados pelas empresas acusadas.

Na mesma esteira caminha o guia de aplicação da legislação anticorrupção do Reino Unido, *The Bribery Act 2010 – Guidance*, que prevê a adoção de seis princípios que devem informar os programas de integridade empresarial: procedimentos proporcionais; comprometimento da alta administração; avaliação de riscos; *due diligence*; comunicação e treinamento; monitoramento e revisão.

Diante desse panorama, pode-se afirmar que existe notável alinhamento dos principais parâmetros de avaliação de programas de integridade corporativa ou *compliance* anticorrupção nos diplomas legais dos mais diversos países e organismos internacionais, fato perfeitamente esperado em um ambiente de política internacional de combate à corrupção, que reclama uniformidade na aplicação de métodos e instrumentos. Como se verá a seguir, também a legislação brasileira encontra-se diretamente influenciada pelos princípios e diretrizes ora assinalados.

12.1.3 *Compliance* anticorrupção: elementos essenciais

Conforme já anotado, a legislação brasileira anticorrupção encontra-se devidamente inserida em uma consolidada política internacional de combate à corrupção, de forma que seus principais institutos e mecanismos encontram-se concatenados aos modelos e diretrizes já consagrados nos principais fóruns globais de discussão e normatização.

Como se verá, a eficácia irradiante dos supracitados princípios basilares, subscritos nos mais diversos documentos internacionais sobre o assunto, também influenciaram significativamente as disposições inseridas no Decreto Federal nº 8.420/15, que nada mais

---

[202] MAEDA, Bruno Carneiro. Programas de *compliance* anticorrupção: importância e elementos. In: DEL DEBBIO, Alessandra; MAEDA, Bruno Carneiro; AYRES, Carlos Henrique da Silva (Coord.). *Temas de anticorrupção e compliance*. Rio de Janeiro: Elsevier, 2013. p. 178-179.

fez senão desdobrar em componentes mais específicos os preceitos de ética empresarial prestigiados na esfera global, fixando os elementos mínimos que deverão ser observados quando da elaboração e implementação desses programas no âmbito das pessoas jurídicas vinculadas ao ordenamento pátrio.

O art. 42 do regulamento federal elenca um rol de dezesseis elementos essenciais que serão objeto de necessária avaliação acerca da adequação e conformidade dos programas de integridade elaborados pelas pessoas jurídicas, especialmente quando em exame a dosimetria da penalidade de multa para fins de aplicação do percentual de redução de que trata o inciso V, do art. 18, do decreto em espeque. Tais elementos também serão objeto de consideração quando da eventual pactuação de um acordo de leniência.

Cumpre consignar, desde já, que tais elementos deverão ser dimensionados de acordo com o porte e especificidade de cada pessoa jurídica, tais como: quantidade de funcionários, empregados e colaboradores; a complexidade da hierarquia interna e a quantidade de departamentos, diretorias e setores; setor do mercado em que atua; os países em que atua, direta ou indiretamente; interação com o poder público; peculiaridades e características do grupo econômico em que se encontra integrado; entre outras informações relevantes.

12.1.3.1 Comprometimento da alta direção da pessoa jurídica

Esse é sem sombra de dúvidas o mais essencial dos parâmetros de avaliação de um programa de integridade corporativa. A atuação ética e comprometida com o combate à corrupção deve se originar de um comando claro e sincero do próprio órgão de cúpula da entidade empresarial, afinal o objetivo central de qualquer programa de *compliance* anticorrupção é o estabelecimento de uma cultura de fidelidade ao Direito, somente passível de construção e consolidação com a efetiva participação da direção superior da organização societária, evidenciado pelo apoio visível e inequívoco ao programa.

É imprescindível que haja o comprometimento substancial da alta administração da instituição com as atividades de *compliance*, sendo dela a responsabilidade primária pelo estabelecimento e divulgação da política de integridade, fornecendo, ainda, o suporte moral e material necessário à realização das atividades e procedimentos a serem exercidos pela unidade a que for atribuída a função de *compliance*, de modo que possua adequada estrutura administrativa, independência funcional e legítima autoridade para desenvolver a cultura de conformidade, seja por meio de ações preventivas ou repressivas.

Sobre o assunto, Bruno Carneiro Maeda elucida que:

> De fato, administração da empresa deve transmitir uma mensagem clara no sentido de que o cumprimento de normas legais e éticas é requisito indispensável para os negócios da empresa. Nenhuma medida ou procedimento de prevenção, por mais sofisticado que seja, poderá ser efetivo ou sobreviver a uma visão, ainda que distorcida, que práticas antiéticas poderão vir a ser aceitas se necessárias para o sucesso dos negócios da empresa. Se, não obstante a existência de regras e procedimentos de prevenção à corrupção, a administração transmitir a mensagem de que pressões para o alcance de metas comerciais devem prevalecer sobre a conduta ética da empresa, o programa de *Compliance* estará necessariamente fadado ao fracasso, passando a ser apenas um conjunto vazio de regras e procedimentos.[203]

---

[203] MAEDA, Bruno Carneiro, *op. cit.*, p. 182.

O comprometimento da alta administração deverá envolver diretamente as principais lideranças da empresa, a exemplo dos membros do Conselho de Administração e Diretoria, não apenas no sentido de elaborar políticas e instrumentos de integridade, mas, principalmente, de se submeterem às normas e preceitos então formulados. A cultura organizacional deve se consolidar no sentido de que todos os integrantes da instituição, independentemente do nível hierárquico, devem estar comprometidos com a promoção das práticas de integridade corporativa.

O nível de compromisso da alta administração com a governança corporativa pode ser devidamente avaliado através da correlação lógica entre as decisões tomadas em instâncias superiores de gestão e a efetiva adoção das medidas de *compliance*. Em outras palavras, deve-se mensurar o estágio de concretização dos mecanismos e procedimentos contemplados no bojo da política institucional de integridade, tornando realidade o manuseio dos instrumentos anteriormente idealizados, no sentido de demonstrar a efetiva transição do programa de *compliance* do plano meramente formal ao plano material.

É justamente na transição do plano das ideias para o plano dos fatos que se constrói uma sólida cultura organizacional de conformidade com o ordenamento jurídico, cultura esta que deverá estar lastreada na factível verificação dos elementos essenciais que compõem a estrutura do programa de *compliance* anticorrupção. Entre o discurso e a prática, a demonstração da realidade cotidiana.

Outro aspecto de suma relevância na identificação do comprometimento da alta administração está diretamente vinculado ao nível de relacionamento com a unidade responsável pelas atividades de *compliance*, devendo acompanhar periodicamente a implementação do programa, fornecendo os subsídios necessários à equipe de *compliance* e recebendo dela as informações pertinentes e necessárias à construção da cultura organizacional. Por isso, torna-se recomendável que essa unidade esteja inserida em lugar de destaque na estrutura hierárquico-organizacional da pessoa jurídica, dispondo de adequada estrutura administrativa e acesso de comunicação direta aos mais elevados órgãos de governança da empresa.

12.1.3.2 Padrões de conduta, código de ética, políticas e procedimentos de integridade

Consoante já delineado ao longo deste trabalho, uma das primordiais finalidades do programa de integridade corporativa é o estabelecimento de uma cultura organizacional de conformidade. Para cumprir esse relevante anseio, as organizações tentam buscar uma homogeneidade de princípios, valores e regras, que se corporificam na introdução de padrões éticos de condutas, materialmente descritos no bojo de documentos comportamentais, a exemplo de códigos de ética e de conduta.

O código de ética corporativo não deve ser confundido com a própria política de integridade assumida pela empresa, revelando-se, de outro modo, como elemento concretizador do direcionamento político antes estabelecido. Ou seja, o normativo ético-comportamental representa o elo entre o plano das diretrizes gerais e o plano da execução pragmática, se apresentando como ferramenta de que se utiliza a instituição para comunicar a seu corpo diretivo e de funcionários, além dos valores e princípios éticos que norteiam a sua atuação, os padrões de condutas e comportamentos que deverão ser incorporados e seguidos por todos os seus membros.

Concorda-se, assim, com Laura L. Nash,[204] segundo a qual o código de ética deve ter caráter regulamentador, não se limitando à previsão de princípios da organização e conceitos genéricos, devendo ir além, no sentido de especificar as condutas esperadas pelos membros da organização, inclusive, prevendo punições para os que não respeitarem tais mandamentos.

Nesse esteio, o código de ética deverá ser escrito da maneira mais objetiva possível, regulamentando o comportamento esperado pela empresa de acordo com o nível do funcionário e a natureza da atividade a ser desenvolvida. Assim, deverá ser formulado levando em consideração todas as particularidades e pormenores de cada núcleo de ação, tais como área de atuação; valores das negociações; relacionamento com terceiros; relacionamento com setor público; conflito de interesses, entre outros aspectos de natureza prática.

O código de ética só trará os resultados esperados se for adequadamente conhecido pelo corpo funcional da empresa, conhecimento que não deve se limitar a uma mera leitura obrigatória ou à aposição de visto sobre o documento. A consolidação das regras comportamentais como legítima cultura organizacional somente se tornará possível a partir de treinamentos e capacitações periódicas, em que se permita agregar as disposições regulamentares à rotina diária de trabalho. Segundo Anthony Tarantino,[205] a satisfatória instrução sobre a norma de conduta deverá ser reforçada, principalmente, perante todos aqueles que atuem em áreas mais sujeitas a conflito de interesses ou que detenham influência relevante sobre os processos da empresa.

Um treinamento efetivo como método de adesão e adequada difusão acerca das disposições contidas no código de ética se presta, ainda, a afastar o risco de a organização transmitir a ideia desmoralizadora de dissociação entre o regulamento comportamental e as práticas efetivamente observadas, denotando incongruência do discurso e repercutindo negativamente na própria imagem institucional perante o corpo funcional e a sociedade como um todo.

Outro aspecto de suma relevância diz respeito aos atores que devem observância ao regulamento empresarial. Esse tema foi satisfatoriamente abordado pelo Decreto Federal nº 8.420/15, em seu art. 42, incisos II e III. Nos termos da norma em epígrafe, os códigos de ética e padrões de conduta deverão ser aplicáveis a todos os empregados e administradores, independentemente de cargo ou funções exercidas, assim como, quando necessário, deverão ser estendidos a terceiros, tais como fornecedores, prestadores de serviço, agentes intermediários e associados.

Quanto à aplicação aos empregados e administradores da empresa, não há maiores novidades, valendo reforçar o que já foi dito, no sentido de que o código de ética e conduta se aplicará a todos, inclusive, conforme expressamente consignado, aos integrantes da alta administração da empresa, devendo os padrões comportamentais ser estabelecidos de acordo com a natureza e as peculiaridades de cada cargo ou função exercida. Entretanto, em relação à possibilidade de extensão do normativo interno a terceiros, o regulamento federal representa um grande avanço, revelando que a legislação brasileira está em fina sintonia com o mais moderno patamar de integridade corporativa propugnado pelos principais diplomas internacionais.

A norma contemplou a possibilidade de aplicação do denominado *due diligence* anticorrupção também em relação a terceiros, impondo que os padrões de integridade

---

[204] NASH, Laura L. *Ética nas empresas*: boas intenções à parte. São Paulo: Makron, 1993. p. 64-78.

[205] TARANTINO, Anthony. *Manager's guide to compliance*: Sarbanes-Oxley, COSO, ERM, COBIT, IFRS, BASEL II, OMB A-123, ASX 10, OECD principles, Turnbull guidance, best practices, and case studies. New Jersey: John Wiley & Sons, 2006. p. 32.

empresarial sejam estendidos a todos aqueles com quem o ente societário mantenha relação jurídica relevante aos seus negócios. Neste campo, leva-se em consideração a possibilidade de que a prática do ato lesivo seja cometida, não diretamente pela empresa, mas por meio de parceiros comerciais e pessoas associadas, aliás, vale frisar que a própria LAC prevê a possibilidade de responsabilização da pessoa jurídica em razão de ilícitos cometidos em conexão com a atuação de terceiros e pessoas associadas, a exemplo do inciso III, do art. 5º.

Assim, o código de ética, além de disciplinar a estrutura básica de como os funcionários devem se portar quando se relacionarem com parceiros comerciais, poderá estabelecer, ainda, como condição à realização de negócios jurídicos, a formalização de compromisso de que o terceiro observará algumas das disposições previstas no regulamento ético da empresa, especialmente quando atuar como representante da pessoa jurídica interessada. Assim, por exemplo, poderá determinar que o parceiro atenda à política empresarial de relacionamento com o setor público, quando da comercialização ou promoção de seus produtos ou serviços. Por óbvio, a extensão das disposições contidas no código de ética deverá ser exercida com razoabilidade e discernimento, e apenas em relação aos aspectos que sejam pertinentes e necessários à específica negociação em curso ou ao tipo de relacionamento travado.

12.1.3.3 Treinamentos periódicos sobre o programa de integridade

A realização de treinamentos periódicos se justifica ante a necessidade de real incorporação dos procedimentos e mecanismos contemplados no programa de *compliance* à rotina de trabalho e ao desenvolvimento da atividade empresarial. Trata-se de mais um mecanismo que tem por finalidade precípua a consolidação de uma verdadeira cultura organizacional de integridade corporativa, permitindo o adequado conhecimento sobre a estrutura do programa, assim como o satisfatório manuseio de seus mecanismos e instrumentos.

Os treinamentos como importantes ferramentas de implementação dos programas de integridade devem ser dimensionados de acordo com a necessidade e realidade de cada um dos setores que integram a estrutura da pessoa jurídica, abordando, para além de uma visão geral sobre todo o programa, temas específicos para determinados grupos ou departamentos, a exemplo de treinamento específico de funcionários que atuam mais diretamente na condução de negócios a serem realizados na seara de licitações e contratos administrativos.

Por isso, existe estreita conexão entre a atividade de mapeamento de riscos com a elaboração de treinamentos e capacitações, de modo que os treinamentos deverão ser desenvolvidos em consonância com a identificação e análise dos riscos a que se encontra exposta uma determinada atuação do ente empresarial. Justamente em razão desse liame que os treinamentos deverão ser realizados de maneira periódica, atualizando-se, portanto, com as informações sistematicamente produzidas no curso do acompanhamento de riscos.

É de destacada importância que os treinamentos sejam formulados e ministrados por profissionais especializados, que conheçam não apenas aspectos legais e regulamentares sobre o tema, mas, sobretudo, estejam familiarizados com o programa de integridade da empresa, além de suas políticas e práticas comerciais mais relevantes.

Conforme já anotado anteriormente, a depender do nível de relacionamento com parceiros comerciais e pessoas associadas para a consecução de seus negócios jurídicos, tornar-se-á extremamente necessário que os aludidos treinamentos sejam fornecidos também a terceiros, especialmente aqueles que atuam em áreas de riscos consideráveis, a exemplo daqueles que intermediam negócios com a Administração Publica, ou atuem em outras áreas sujeitas a maior risco à prática de atos de corrupção.

12.1.3.4 Mapeamento periódico de riscos

É regra comezinha nas ciências da administração o fato de que toda e qualquer atividade empresarial se sujeita a riscos e imprevisões, talvez por isso encontram-se satisfatoriamente desenvolvidos nesse ramo do saber postulados básicos sobre o gerenciamento de riscos. O gerenciamento de riscos corporativos não permite apenas identificar, avaliar e administrar riscos, possibilita nível razoável de garantia em relação à realização dos seus objetivos, permitindo entender os riscos que afetam a missão da organização, alinhar o apetite dos riscos com suas estratégias, realçar o planejamento dos negócios e reduzir surpresas operacionais e perdas econômicas.

Entretanto, apesar de todo o avanço experimentado na temática em epígrafe, na maioria das organizações empresariais os riscos de *compliance* não fazem parte da pauta de gestão integrada de riscos, apresentando-se, ante o novo marco legal anticorrupção, como um dos principais desafios a serem enfrentados.

Para que um programa de integridade produza resultados adequados, torna-se premente a necessidade de que a empresa compreenda quais são as áreas e atividades que representam riscos, tanto internos quantos externos, de implicação nas disposições da Lei Anticorrupção. A análise dos denominados riscos de *compliance*, seja na modalidade pecuniária ou reputacional, é um fator tão relevante que certamente deverá dimensionar a extensão e o alcance do programa de integridade, de maneira que o descompasso existente entre a formatação do programa e os riscos envolvidos poderá colocar em xeque o comprometimento da empresa no combate à corrupção.

Coimbra e Binder informam que a metodologia da gestão de riscos de *compliance* consiste em processo que envolve basicamente três fases: i) *mensuração do risco*, com a identificação e avaliação dos riscos e dos impactos dos riscos e a indicação das correspondentes medidas corretivas; ii) *mitigação do risco*, com a definição de prioridades e implementação das medidas corretivas; e iii) *avaliação contínua e revisão do processo*, aspecto que denota que o monitoramento dos riscos deve ser periódico e servir de suporte para as atualizações necessárias de todo o programa anticorrupção, como, aliás, determina o inciso V, do art. 42, do Decreto nº 8.420/15, ao vincular a análise periódica de riscos à realização das "adaptações necessárias ao programa de integridade".[206]

Torna-se recomendável que o processo indicado seja formalizado por meio de documento ou relatório, onde serão registrados os riscos identificados, a avaliação dos seus impactos e a probabilidade de ocorrência de desvios nos processos, etapas e atividades de uma organização. A divulgação dessas informações no âmbito interno da empresa permitirá que seus principais agentes possam ter maior participação na gestão dos riscos de integridade ora identificados.

Dentre os fatores de risco, seja internos ou externos, a serem considerados, colocam-se em destaque os seguintes: porte da organização; histórico de violações e apurações; riscos específicos do setor em que a empresa atua; marco legal e regulatório; interação com órgãos governamentais; nível de participação de terceiros e intermediários, entre outros.

---

[206] COIMBRA, Marcelo de Aguiar; BINDER, Vanessa Alessi Manzi (Org.). *Manual de compliance*: preservando a boa governança e a integridade das organizações. São Paulo: Atlas, 2010. p. 93.

12.1.3.5 Registros contábeis que reflitam de forma completa e precisa as transações da pessoa jurídica

Diferentemente da lei norte-americana anticorrupção, o *Foreing Corrupt Pratices Act*, que é estruturada ao redor de dois grupos distintos de infrações, um relacionado a atos de corrupção em sentido estrito, e outro relacionado a obrigações de natureza contábil impostas às empresas, a LAC não contemplou disposições autônomas sobre parâmetros de controles contábeis internos ou falhas na contabilização de entradas e saídas de valores. Muito embora as irregularidades nos registros contábeis das pessoas jurídicas possam servir de matéria probatória em relação à prática das infrações elencadas na lei em espeque, não há possibilidade de punição específica em razão da identificação, pura e simples, de fragilidades no sistema contábil da empresa.

Nesse sentido, a partir do presente parâmetro de avaliação, o Decreto Federal nº 8.420/15 corrige, de certa maneira, a omissão normativa sobre as informações contábeis, não no sentido de permitir a aplicação de medida punitiva, o que, aliás, somente poderia ter sido feito no âmbito estrito da lei, mas contemplando a existência de registros contábeis que reflitam de forma completa e precisa as transações da pessoa jurídica como relevante aspecto a ser considerado quando da verificação dos fatores atenuantes da penalidade proposta.

Levando em consideração que a prática da corrupção, em numerosos casos concretos, encontra-se associada a manobras fraudulentas na contabilidade de organizações empresariais, o regulamento federal enalteceu a manutenção de registros contábeis que reflitam com fidedignidade as suas operações, concebendo ambiente hígido de controles internos e contábeis, aptos a fornecer garantia razoável para que as autorizações e registros das transações sejam realizados adequadamente, de forma a permitir a elaboração e divulgação de relatórios financeiros livres de distorções e em conformidade com a legislação e as normas contábeis brasileiras e internacionais.

Nesse sentido, a Resolução CFC nº 1.445/13, do Conselho Federal de Contabilidade, faz menção a algumas operações que denotam indícios de irregularidades em registros contábeis:

> Art. 9 - As operações e propostas de operações nas situações listadas a seguir podem configurar sérios indícios da ocorrência dos crimes previstos na Lei n.º 9.613/1998 ou com eles relacionar-se, devendo ser analisadas com especial atenção e, se consideradas suspeitas, comunicadas ao Coaf:
>
> I – operação que aparente não ser resultante das atividades usuais do cliente ou do seu ramo de negócio;
>
> II – operação cuja origem ou fundamentação econômica ou legal não sejam claramente aferíveis;
>
> III – operação incompatível com o patrimônio e com a capacidade econômica financeira do cliente;
>
> IV – operação com cliente cujo beneficiário final não é possível identificar;
>
> V – operação ou proposta envolvendo pessoa jurídica domiciliada em jurisdições consideradas pelo Grupo de Ação contra a Lavagem de Dinheiro e o Financiamento do Terrorismo (GAFI) de alto risco ou com deficiências de prevenção e combate à lavagem de dinheiro e ao financiamento do terrorismo ou países ou dependências consideradas pela Secretaria da Receita Federal do Brasil (RFB) de tributação favorecida e/ou regime fiscal privilegiado;

VI – operação ou proposta envolvendo pessoa jurídica cujos beneficiários finais, sócios, acionistas, procuradores ou representantes legais mantenham domicílio em jurisdições consideradas pelo GAFI de alto risco ou com deficiências estratégicas de prevenção e combate à lavagem de dinheiro e ao financiamento do terrorismo ou países ou dependências consideradas pela RFB de tributação favorecida e/ou regime fiscal privilegiado;

VII – resistência, por parte do cliente ou demais envolvidos, ao fornecimento de informações ou prestação de informação falsa ou de difícil ou onerosa verificação, para a formalização do cadastro ou o registro da operação;

VIII – operação injustificadamente complexa ou com custos mais elevados que visem dificultar o rastreamento dos recursos ou a identificação do real objetivo da operação;

IX – operação aparentemente fictícia ou com indícios de superfaturamento ou subfaturamento;

X – operação com cláusulas que estabeleçam condições incompatíveis com as praticadas no mercado; e

XI – operação envolvendo Declaração de Comprovação de Rendimentos (Decore), incompatível com a capacidade financeira do cliente, conforme disposto em Resolução específica do CFC.

XII – qualquer tentativa de burlar os controles e registros exigidos pela legislação de prevenção à lavagem de dinheiro e ao financiamento do terrorismo; e

XIII – quaisquer outras operações que, considerando as partes e demais envolvidos, os valores, modo de realização e meio de pagamento, ou a falta de fundamento econômico ou legal, possam configurar sérios indícios da ocorrência dos crimes previstos na Lei nº 9.613/1998 ou com eles relacionar-se (Resolução CFC nº 1.445/13, art. 9).

Considerando a complexidade e especialidade dos conhecimentos necessários à escorreita avaliação do presente item do programa de integridade, especialmente nas grandes organizações e conglomerados empresariais, a comissão poderá, com fundamento no inciso II, do parágrafo 2º, do Decreto nº 8.420/15, "solicitar a atuação de especialistas com notório conhecimento, de órgãos e entidades públicos ou de outras organizações, para auxiliar na análise da matéria em exame".

12.1.3.6 Controles internos que assegurem a pronta elaboração e confiabilidade de relatórios e demonstrações financeiras da pessoa jurídica

Na seara da gestão empresarial, os controles internos têm se apresentado como uma das principais ferramentas de concretização de uma adequada governança corporativa, compreendendo o conjunto de políticas e procedimentos instituídos pela direção da instituição para viabilizar o tempestivo reconhecimento e a satisfatória administração dos riscos inerentes às suas atividades.

A consolidação da "era dos controles internos" encontra-se associada à atuação do Comitê da Basileia, especialmente, por meio da publicação, no ano de 1998, dos 13 princípios concernentes à Avaliação de Controles Internos, dando-se ênfase à necessidade de controles internos efetivos e adequados para a natureza e porte dos seus negócios. Embora inicialmente relacionado ao desenvolvimento do mercado financeiro, a cultura de controles internos passou a ser fomentada como elemento essencial de governança corporativa de qualquer instituição empresarial. Faz-se menção, nesse sentido, ao diploma legal estadunidense *Sorbanes Oxley Act*, que, em sua seção 404, determinou às empresas o aprimoramento dos controles internos e a adoção das melhores práticas contábeis, cujas disposições recaíram, inclusive, sobre a atuação de empresas brasileiras que negociavam em solo norte-americano, a exemplo da Petrobras, Ambev e Vale S.A.[207]

No Brasil, o fomento legal à adoção de sistemas efetivos de controle interno pode ser relacionado, no âmbito do mercado financeiro, à publicação da Lei nº 9.613/98, que dispõe sobre crimes de lavagem de dinheiro e num alcance mais generalizado a abranger a atuação das mais diversas pessoas jurídicas, à publicação da Lei nº 12.846/13 e o seu correspondente regulamento, o Decreto nº 8.420/15.

Nesse rumo, *compliance* e sistema de controle interno se apresentam como funções conexas de fundamental importância para a consolidação da instituição no plano da integridade corporativa. Segundo Candeloro,[208] "como Compliance e Controles Internos encontram-se em um mesmo contexto de monitoramento de políticas e processos institucionais, no sentido de mitigar riscos e falhas operacionais, convergem aqui duas funções de fundamental importância para a saúde das instituições".

Os controles internos, estruturados de forma compatível com o porte da instituição, devem ser efetivos e condizentes com a natureza, complexidade e riscos das operações por ela realizadas. Considerando o nível de desenvolvimento dessa matéria no ambiente negocial das instituições financeiras, há muito influenciada pelas recomendações de *compliance* exaradas pelo Comitê da Basileia, pode-se buscar esteio em ato normativo elaborado pelo Banco Central do Brasil, por meio do Conselho Monetário Nacional, que delineou, ao longo da Resolução nº 2.554, de 24 de setembro de 1998, os elementos essenciais que devem nortear a implantação dos sistemas de controles internos nas instituições financeiras, cujos vetores são perfeitamente aplicáveis ao programa de integridade proposto pelo Decreto nº 8.420/15.

Assim, nos termos do aludido normativo, os controles internos, cujas disposições orientarão o desenvolvimento das atividades empresariais, seus sistemas de informações financeiras, operacionais e gerenciais e o cumprimento de normas legais e regulamentares, devem ser elaborados de acordo com os seguintes fundamentos:

i) Definição de responsabilidades dentro da instituição;

ii) Segregação das atividades atribuídas aos integrantes da instituição de forma a que seja evitado o conflito de interesses, bem como meios de minimizar e monitorar adequadamente áreas identificadas como de potencial conflito da espécie;

iii) Meios de identificar e avaliar fatores internos e externos que possam afetar adversamente a realização dos objetivos da instituição;

iv) A existência de canais de comunicação que assegurem aos funcionários, segundo o correspondente nível de atuação, o acesso a confiáveis, tempestivas e compreensíveis informações consideradas relevantes para suas tarefas e responsabilidades;

v) A contínua avaliação dos diversos riscos associados às atividades da instituição;

vi) O acompanhamento sistemático das atividades desenvolvidas, de forma a que se possa avaliar se os objetivos da instituição estão sendo alcançados, se os limites estabelecidos e as leis e regulamentos aplicáveis estão sendo cumpridos, bem como a assegurar que quaisquer desvios possam ser prontamente corrigidos;

vii) A existência de testes periódicos de segurança para os sistemas de informações, em especial para os mantidos em meio eletrônico (Resolução nº 2.554/98, art. 2º).

---

[207] TARANTINO, Anthony, *op. cit.*, p. 21-31.
[208] CANDELORO, Ana Paula P.; DE RIZZO, Maria Balbina Martins; PINHO, Vinícius, *op. cit.*, p. 58.

Além de concorrer para que a atuação da empresa esteja em conformidade com políticas internas e marcos regulatórios pertinentes, o sistema de controle interno deve proporcionar a produção de informações confiáveis e tempestivas sobre a análise realizada. Justamente por isso, o decreto federal faz alusão à necessidade de que os controles internos assegurem a pronta elaboração de informações e relatórios confiáveis.

As aludidas peças informativas, que deverão ser prontamente encaminhadas à alta administração da empresa, à unidade de *compliance*, e demais áreas envolvidas, necessitam externar as conclusões dos exames efetuados, as recomendações a respeito de eventuais deficiências, com o estabelecimento de cronograma de seus saneamentos, e a manifestação dos responsáveis pelas correspondentes áreas a respeito das deficiências encontradas em verificações anteriores e das medidas efetivamente adotadas para saná-las. Também, nessa seara, cumpre observar que os controles internos devem ser periodicamente revisados e atualizados, de forma que sejam a eles incorporadas medidas relacionadas a riscos novos ou anteriormente não abordados.

12.1.3.7 Procedimentos específicos para prevenir fraudes e ilícitos no âmbito de interações marcadamente antagônicas com o setor público

Nos termos do Decreto Federal nº 8.420/15, para além do conjunto de mecanismos e procedimentos internos que compõem minimamente um programa de integridade, caberá à pessoa jurídica dispensar especial atenção àquelas relações jurídicas firmadas com a Administração Pública, quando o antagonismo de interesses, principalmente de ordem econômica, for ínsito e inerente ao liame firmado, a exemplo de relações contratuais, tributárias, ou de exercício do poder de polícia.

Por isso, o regulamento federal determina que as pessoas jurídicas detenham procedimentos específicos para prevenir fraudes e ilícitos no âmbito de processos licitatórios, na execução de contratos administrativos ou em qualquer interação com o setor público, ainda que intermediada por terceiros, tais como o pagamento de tributos, sujeição a fiscalizações, ou a obtenção de autorizações, licenças, permissões e certidões. O tratamento diferenciado se justifica em razão da notória incidência de atos de corrupção no bojo das aludidas relações jurídico-administrativas.

Nesse sentido, o expediente empresarial deverá contemplar disposições e procedimentos acerca de situações irregulares com maior probabilidade de ocorrência, levando-se em conta, entre outros aspectos, a atividade desenvolvida, o nível de interação da empresa com o setor público, a cultura institucional dos órgãos públicos envolvidos, o histórico de envolvimento desses órgãos em casos de corrupção, a natureza do negócio encetado e suas correspondentes fases. Para além dessa contemporização, o regimento corporativo deverá contemplar, de forma clara e precisa, todo o trâmite procedimental que deve ser observado no âmbito da empresa para a abordagem do assunto, pautando, inclusive, a conduta que deve ser adotada pelo preposto ou terceiro que age em nome da empresa.

A fim de ilustrar o presente elemento do programa, toma-se como exemplo a participação da pessoa jurídica no curso de licitações e contratos administrativos. Na situação hipotética, deverá o ente jurídico dispor de procedimento próprio que contemple todas as fases relevantes do fato jurídico, seja em momento pré-contratual, como na fase de licitação, seja na fase propriamente contratual. Assim, o aludido documento deverá conter mecanismos de prevenção a atos de corrupção apropriados a cada uma dessas fases, como a fase de habilitação, a fase de julgamento do procedimento licitatório ou a fase de execução contratual, dispondo sobre as medidas a serem adotadas quando da suspeita ou constatação de condutas irregulares, partam elas da iniciativa dos prepostos da empresa, dos agentes do governo ou, até mesmo, de terceiros intermediários.

Assim, para cada uma das potenciais irregularidades verificadas, deve o procedimento de integridade indicar a medida a ser adotada pela empresa no sentido de prevenir ou sanear a materialização do ato lesivo, medida que deve ser adequada e proporcional aos riscos e peculiaridades existentes em cada uma das fases que compõem a hipótese de interação conflituosa com o setor público.

12.1.3.8 Independência, estrutura e autoridade da instância interna responsável pela aplicação do programa de integridade e fiscalização de seu cumprimento

Consoante o atual marco regulatório anticorrupção, o programa de integridade meramente formal e que se mostre absolutamente incapaz para mitigar o risco da ocorrência de atos lesivos da Lei nº 12.846/13 não será considerado para fins de aplicação do percentual de redução de que trata o inciso V, do art. 18, do Decreto nº 8.420/15. O *compliance* anticorrupção não se limita à produção de um documento cujo teor se assemelhe a uma mera carta de intenções; ao contrário, o ordenamento jurídico alberga sistema de avaliação que terá por primordial objeto a efetividade do programa corporativo, superando o plano formal e dando primazia ao plano material e ao aspecto da sua funcionalidade. Para além da elaboração de um protocolo solene, buscar-se-á aquilatar a existência de uma cultura corporativa de lealdade ao Direito e disseminação de um elevado padrão de comportamento ético.

O principal instrumento de construção material de um satisfatório programa de integridade passa justamente pela criação e estruturação de unidade ou área especializada no assunto e que detenha todos os recursos, materiais e imateriais, necessários à realização de suas atividades funcionais. Nessa seara, deve a unidade competente dispor de independência e estrutura condizente com o porte da empresa e com a realidade do mercado em que atua.

O presente parâmetro de avaliação encontra-se umbilicalmente enleado ao nível de comprometimento da alta administração com os propósitos da governança corporativa, traduzindo-se na disponibilização do amparo necessário à implementação das medidas de gestão de um programa de *compliance*.

Nesse mesmo esteio, deve ser reconhecido nível hierárquico superior ao profissional responsável pelo gerenciamento do plano de integridade, de maneira que não se sinta cerceado ou intimidado quando da adoção das medidas de *compliance* previstas ou ao se reportar às demais instâncias sobre as conclusões, relatórios e informações produzidos. Não é por menos que o *Guia de Boas Práticas da OCDE* recomenda que o programa de integridade deva estar sob a supervisão direta de um ou mais altos executivos da corporação.

Sobre o tema, Maeda[209] pondera que se o gestor programa de integridade "não dispuser de nível hierárquico ou recursos adequados, ou tiver suas decisões ou medidas subordinadas ao escrutínio ou veto por parte de outras áreas da empresa (especialmente aquelas mais expostas a riscos), dificilmente conseguirá desempenhar sua função de modo adequado".

---

[209] MAEDA, Bruno Carneiro, *op. cit.*, p. 184.

Ainda no campo da gestão de competências e recursos humanos inerentes à área de *compliance*, deve-se frisar que o perfil profissional adequado ao exercício dessas atribuições não se limita ao responsável principal pela gestão da unidade, devendo ser observado também em relação aos demais profissionais que atuam na unidade. Andrew Newton pontua que a função de *compliance* não é trabalho para amadores (*"the compliance role is not a job for amateurs"*), destacando, ao longo de obra específica sobre o tema, os atributos profissionais necessários ao exercício da função, tais como: conhecimento da regulação; liderança e iniciativa; capacidade de gerenciamento de projetos; conhecimento dos negócios e objetivos da empresa; domínio dos métodos e procedimentos previstos no programa; capacidade de estabelecer bom relacionamento com os demais empregados, parceiros e autoridades públicas; atuação preventiva, capacidade de se comunicar e argumentar de forma consistente, entre outros.[210]

Na mesma linha, Manzi e Coimbra[211] elencam as seguintes qualificações pessoais de um profissional da área: integridade; boa reputação; autoridade, capacidade de interação com pessoas de todos os níveis e de forma objetiva, com maturidade e precisão; independência; conhecimento da atividade; experiência na gestão; capacidade de trabalhar com nível gerencial e de trabalhar com outros departamentos da empresa; conhecimento atualizado de normas e requisitos de *compliance*, acesso a recursos de melhores práticas, entre outros.

12.1.3.9 Canais de denúncias de irregularidades

A empresa deve assegurar a todos aqueles que participem do programa de integridade o devido acesso a eficiente canal de comunicação com a unidade responsável pela condução do programa de *compliance*, através do qual poderão ser reportadas situações, dúvidas, sugestões e, especialmente, denúncias de irregularidades e infrações às normas legais e à política interna de integridade.

O mencionado meio de comunicação pode ser executado através das mais diversas formas, tais como contato direto, formulação de cartas e requerimentos, contato telefônico, meio eletrônico, etc. Recomenda-se que seja dada ampla divulgação aos canais de comunicação adotados, bem como um eficaz treinamento aos empregados e parceiros sobre o procedimento a ser adotado para reportarem suspeitas de irregularidades e fraudes.

Cumpre ressaltar que os aludidos canais de comunicação devem estar abertos a terceiros que mantêm vínculo jurídico ou comercial relevante com a empresa, não se restringindo apenas ao público interno. Nesse sentido, aliás, o regulamento federal foi expresso, dispondo que os canais de denúncia estejam *abertos e amplamente divulgados a funcionários e terceiros*. Outro ponto digno de nota diz respeito à garantia de preservação da identidade de quem formaliza a denúncia, preservando-o de eventuais assédios e retaliações. Também neste ponto o decreto federal foi categórico, impondo à empresa *a adoção de mecanismos destinados à proteção de denunciantes de boa-fé*.

Vê-se, pois, que além de instituir canais de comunicação, deve a pessoa jurídica garantir que os eventuais interessados se sintam seguros em reportar as irregularidades constatadas, não temendo a possibilidade de posterior represália. Por óbvio, a empresa também deverá adotar medidas que impeçam a disseminação de uma cultura de denuncismo inescrupuloso, que certamente poderá causar incômodos e dispêndios indevidos ao

---

[210] NEWTON, Andrew. *The handbook of compliance:* making ethics work in financial services. London: Mind into Matter, 2007.

[211] COIMBRA, Marcelo de Aguiar; BINDER, Vanessa Alessi Manzi (Org.), *op. cit.*, p. 47-53.

regular desenvolvimento dos trabalhos. A situação inconveniente, por vezes, decorrente desse mecanismo de amplo acesso à delação de desvios, pode ser sensivelmente mitigada por meio de processos de educação corporativa e treinamentos sistemáticos quanto ao uso da ferramenta, cumprindo salientar que as garantias legais e regimentais não acobertam os denunciantes que agem com manifesta má-fé.

12.1.3.10 Medidas disciplinares em caso de violação do programa de integridade

Considerando a necessidade de que o programa de integridade esteja inserido na cultura corporativa da empresa, deverá ela conter regime disciplinar que disponha adequadamente sobre a responsabilidade daqueles que desatendam às normas e padrões de conduta inseridos no aludido programa.

A aplicação de tais medidas disciplinares, ao contrário do que se possa primeiramente imaginar, não se restringe apenas aos empregados e membros da direção da empresa, devendo ser extensíveis também a terceiros que com ela estabeleçam vinculo jurídico relevante, a exemplo de representantes comerciais, fornecedores, agentes, despachantes, parceiros comerciais, etc. Portanto, as medidas disciplinares poderão estar vinculadas a distintos regimes jurídicos, o *empregatício*, regido em regra pelas disposições da Consolidação das Leis Trabalhistas, e o *contratual*, regido pelas normas de caráter civilista.

Em relação aos empregados da empresa, sabe-se que o poder disciplinar decorre do poder diretivo, facultando-se ao empregador aplicar punições ao empregado quando este descumprir injustificadamente o contrato de trabalho firmado. Três são as espécies usuais de punição trabalhista e a aplicação destas fica subordinada à gravidade da falta disciplinar: advertência, suspensão e dispensa por justa causa. A *advertência*, que pode ser oral ou escrita,[212] visa punir faltas leves e impedir que aconteçam novamente. A *suspensão* tem cabimento para punir faltas médias ou graves, correspondendo a um período em que o empregado faltoso fica impedido de frequentar o trabalho e receber o respectivo salário, não podendo ser superior a trinta dias. Já a *dispensa por justa causa* é a penalidade disciplinar máxima, autorizando o empregador a promover a extinção do contrato de trabalho em razão da prática de faltas graves ou gravíssimas.

As faltas disciplinares mais usuais, autorizadoras, inclusive, da dispensa por justa causa, encontram-se previstas no art. 482 da CLT, entendendo a doutrina especializada majoritária[213] tratar-se de rol taxativo, de modo que os fatos a serem punidos não podem extrapolar os contornos então fixados, salvo quando se tratar de falta disciplinar estabelecida em legislação especial.

Dentre as faltas disciplinares elencadas, algumas delas possuem notória conexão com a temática da ética e integridade, a exemplo do ato de improbidade, definido em doutrina como todo ato de desonestidade, contrário aos bons costumes, à moral e à lei. Apesar de essa infração disciplinar ser a primeira a ser lembrada pelos especialistas em *compliance* empresarial, há outras disposições que também se relacionam diretamente com o assunto, a exemplo de *ato de indisciplina ou insubordinação*, perfeitamente cabível nos casos de empregados que criam resistência injustificada à observância do programa ou código de

---

[212] Quando a aplicação da advertência ocorrer em razão do descumprimento das disposições do programa de *compliance*, recomenda-se que seja ela feita de maneira escrita, dando-se imediato conhecimento ao setor competente para arquivamento do documento, uma vez que servirá de prova do compromisso da empresa com o plano de integridade, e posterior avaliação do programa.

[213] BONFIM, Vólia. *Direito do trabalho*. 7. ed. Rio de Janeiro: Forense; São Paulo: Método, 2012. p. 1040.

conduta, ou, no mesmo sentido, o *ato lesivo da honra e boa fama praticado contra o empregador* (seja ele pessoa física ou jurídica), a exemplo de envolvimento de empregados em casos de corrupção com grande repercussão em imprensa nacional.

Conforme já consignado, muito embora prevaleça o entendimento de que o rol de faltas disciplinares foi elaborado na legislação trabalhista de forma taxativa, cumpre salientar que em razão do caráter plástico e aberto das tipificações propostas, permitem-se variadas possibilidades de interpretação quando da subsunção das condutas ao enquadramento legal. Por isso, torna-se altamente recomendável que o *compliance* anticorrupção contemple código de normas disciplinares, elencando condutas específicas para cada uma das hipóteses legais, em conformidade com a política interna de integridade e a natureza das atividades desenvolvidas por cada núcleo de ação empresarial.

Já em relação aos demais colaboradores, a exemplo de fornecedores, agentes, representantes e parceiros comerciais, cabe à empresa municiar os contratos civis e comerciais com a previsão de cláusulas punitivas e resolutivas para o caso de descumprimento pelo parceiro das normas legais anticorrupção e/ou do programa de integridade corporativa da contratante, a exemplo da previsão de multas e rescisão unilateral do contrato.

12.1.3.11 Procedimentos que assegurem a pronta interrupção de irregularidades ou infrações detectadas e a tempestiva remediação dos danos causados

Em regra, os mecanismos que integram o programa de integridade corporativa, incluindo a maioria dos itens examinados, revelam natureza predominantemente preventiva, orientando-se, portanto, a evitar a ocorrência de desvios de condutas e procedimentos que possam resultar em atos lesivos à Administração Pública, assim como a consumação dos denominados riscos de *compliance*. Entretanto, considerando a necessidade de um tratamento amplo e global sobre todas as possibilidades relacionadas ao tema, o aludido programa deverá também contemplar instrumentos aptos à repressão de desvios e remediação de prejuízos.

Assim, uma vez que nenhum projeto de *compliance*, por mais completo e dinâmico que seja, está imune a falhas e à eventual superveniência de episódios adversos, deverá ele ser estruturado de forma a contemplar procedimentos que assegurem a pronta interrupção de irregularidades ou infrações detectadas e a tempestiva remediação dos danos causados.

Nesse sentido, o apontado programa deverá conter rito procedimental claro e objetivo a ser adotado quando materializadas essas situações adversas. Por exemplo, deverá indicar a forma de se reportar a ocorrência, quais as unidades internas serão destinatárias dessas informações, o modo e o prazo de comunicação aos órgãos e autoridades públicas competentes, inclusive contemplando a maneira de colaboração em investigações administrativas, inquéritos policiais e processos judiciais, comunicação com a imprensa e público em geral, metodologia de mensuração de danos causados e estratégia de reparação. Enfim, todos os mecanismos que revelem a existência de uma vontade real e sincera da instituição de estar em conformidade com o marco regulatório.

12.1.3.12 Dever de diligência objetivo (*due diligence* anticorrupção)

Um dos assuntos de grande destaque no sistema jurídico-societário brasileiro diz respeito ao conceito e extensão acerca do *dever de diligência* no âmbito das sociedades empresariais. A par de toda regulação já dispensada ao instituto em tela, especialmente no bojo da Lei de Sociedades Anônimas – LSA (Lei nº 6.404/13), a Lei Anticorrupção Empresarial inaugura, a partir do seu peculiar sistema de responsabilização, um novo marco normativo sobre o assunto, pautado em novas premissas, a impor uma verdadeira releitura sobre o modelo então vigente.

As disposições da LAC, particularmente na seara de responsabilização jurídica de grupos societários, representam verdadeiro divisor de águas, a partir do qual o dever de diligência deverá ser pautado em perspectivas distintas. *Uma* relacionada ao tradicional entendimento sobre a matéria, afeto, portanto, ao campo estritamente negocial, tendo por objeto a responsabilização do administrador perante os acionistas. *Outra* relacionada ao campo dos riscos de conformidade, mensurando-se a responsabilidade do próprio ente empresarial perante o marco regulatório estabelecido pelo Estado.

Percebe-se, dessa forma, a coexistência de dois sistemas distintos de manifestação do dever de diligência.

O primeiro, decorrente do estrito ambiente de desenvolvimento da atividade negocial, em que a ótica preponderante da responsabilização recai sobre a atuação do administrador na condução dos negócios jurídicos, pautando-se numa metodologia de *responsabilidade subjetiva*, cujo parâmetro de avaliação incidirá em uma análise técnica sobre o processo de formação da decisão negocial. Assim, nos termos do art. 158 da Lei nº 6.404/76, o administrador responderá civilmente pelos prejuízos que causar, "quando proceder, dentro de suas atribuições ou poderes, com culpa ou dolo".

O segundo se insere no ambiente de monitoramento da atividade empresarial para fins de conformidade com o marco regulatório de regência, em que a atenção do ente se volta à gestão dos riscos de conformidade (*riscos de compliance*). Aqui, os aspectos subjetivos relacionados ao processo de formação da decisão tomada pelo administrador cedem espaço para o exame concreto da conformação da atuação da pessoa jurídica ao ambiente regulatório do setor específico em que atua, rendendo ensejo à possibilidade de *responsabilização objetiva*.

Pode-se afirmar, isto posto, que o dever de diligência das sociedades empresariais abrange tanto as atividades de gestão, propriamente ditas, quanto as atividades de monitoramento ou de supervisão.

Consoante o paradigma anterior, o art. 153 da LSA, ao tratar do dever de diligência, impunha ao administrador o exercício de suas funções com "o cuidado e diligência que todo homem ativo e probo costuma empregar na administração dos seus próprios negócios". Nos moldes em que legalmente proposto, o dever de diligência é de difícil definição, por representar um conceito extremamente fluído, denotando o estabelecimento de um conceito jurídico indeterminado, que remonta a um conhecido parâmetro de conduta utilizado no Direito Romano ("o bom pai de família").

Na construção do aludido *standard* jurídico, o Direito Societário brasileiro é notoriamente influenciado pelo Direito anglo-americano. Dessa forma, no campo da decisão tipicamente negocial, importou-se da cultura jurídica americana a aplicabilidade da chamada *business judgment rule*. O desenvolvimento da "regra da decisão empresarial" remonta a decisões proferidas por cortes superiores dos estados americanos em meados do século XIX. Assim, por exemplo, no caso *Percy v. Millaudon*, decidido pela Suprema Corte de Luisiana, onde restou estabelecido que o simples prejuízo não faz o administrador responsável, se observado por ele um conjunto de parâmetros mínimos relacionados a algumas das facetas do dever de diligência.[214] Outra resolução histórica que influenciou decisivamente a jurisprudência americana se refere ao julgamento do caso *Graham v. Allis-Chalmer Manufacturing Co.*, julgado em 1963, consolidando-se a adoção dos princípios que informam a *regra da decisão empresarial*.[215]

Para utilização do *business judgment rule*, o administrador deve pautar o processo decisório sob seguintes princípios: (i) *decisão informada*, pela qual os administradores devem se basear em informações razoavelmente necessárias para tomá-la; (ii) *decisão refletida*, que é aquela tomada depois da análise das diferentes alternativas ou possíveis consequências; (iii) *decisão desinteressada*, como aquela que não resulta em benefício indevido ao detentor do poder decisório. Tomadas tais cautelas, o juízo discricionário do administrador não poderá ser revisto pelo Poder Judiciário, afastando, inclusive, possibilidade de responsabilidade pessoal.

Consoante Flávia Parente:

> a business judgment rule tem por finalidade oferecer ampla proteção às decisões de negócios bem informados, constituindo um porto seguro para os administradores, que devem ser encorajados não apenas a assumir cargos de administração, como também correr riscos que são inerentes à gestão empresarial.[216]

Ciente de que o Direito se desenvolve através de um processo dinâmico a impor a necessidade de constantes atualizações e contextualizações sobre os institutos jurídicos, diferentemente não ocorreu em relação à noção do dever de diligência. Foi nesse processo evolutivo, segundo informa Solomon,[217] que se consolidou a distinção entre o conteúdo estritamente gerencial do dever de diligência, de cunho subjetivista, e um conteúdo mais supervisório e fiscalizatório desse mesmo dever, relacionado aos sistemas de controle interno em face dos riscos regulatórios em que inserida a atividade do ente societário, de caráter, pois, objetivista.

A partir desse movimento se passou a reconhecer a importância e valorização das práticas de *compliance* nas companhias, em razão de novos marcos regulatórios e o surgimento de novos e mais complexos riscos aos quais as empresas contemporâneas estariam expostas.

No Direito americano, diversos foram os diplomas legais a revelar as muitas facetas do *due diligence*, impondo a revisão e atualização daquele arcabouço conceitual antes estritamente relacionado à seara negocial, a exemplo das disposições elencadas no *Foreign Corrupt Pratices Act*, de 1977, e no *Sarbanes-Oxley Act*, de 2002. Ao longo dos mencionados atos normativos, permitiu-se a elaboração de todo um ambiente de controle, cuja ênfase recaíra na responsabilidade da própria entidade societária pela construção de um sólido sistema de controle interno, a pautar a atuação empresarial para além de uma gestão meramente negocial de sua atividade econômica, prevendo-se mecanismos de responsabilização

---

[214] SILVA, Alexandre Couto. *Responsabilidade dos administradores de S.A. – Business Judgment Rule*. Rio de Janeiro: Elsevier, 2007. p. 141.

[215] YASBEK, Otávio. Representações do dever de diligência na doutrina jurídica brasileira: um exercício e alguns desafios. In: KUYVEN, Luiz Fernando Martins. *Temas essenciais de direito empresarial*: estudos em homenagem a Modesto Carvalhosa. São Paulo: Saraiva, 2012. p. 944.

[216] PARENTE, Flávia. *O dever de diligência dos administradores de sociedades anônimas*. Rio de Janeiro: Renovar, 2005. p. 71.

[217] SOLOMON, Lewis D. et al. *Corporations, Law and Policy*: materials and problems. Minnesota: West Group-St. Paul, 1998. p. 660.

nas mais diversas operações societárias, até mesmo por atos de terceiros com quem se relacionam.

O movimento de fortalecimento dos mecanismos de integridade corporativa, assim como o endurecimento do combate à corrupção em nível internacional, tem se refletido na criação de novas legislações em diversos países, demandando, inclusive, certo nível de alinhamento em relação às ferramentas legais de responsabilização, para fins de manutenção de equilíbrio competitivo no mercado globalizado.

Sob esse nível de influência é que advêm as principais disposições de responsabilização de pessoas jurídicas contempladas na LAC e no seu respectivo regulamento, albergando sensíveis transformações na conformação institucional do dever de diligência no ordenamento jurídico brasileiro. Inaugura-se, dessa maneira, um novo patamar de exigência, diga-se de passagem, com contornos muito mais rigorosos do que aqueles tradicionalmente previstos nas leis empresariais, a exemplo das disposições constantes na LSA. Fala-se, então, em contraposição ao conceito tradicional, no advento do *dever de diligência objetivo* ou *due diligence* anticorrupção, uma vez que a análise não mais estará restrita ao processo de tomada da decisão negocial e ao exame da culpabilidade do administrador perante sócios e investidores, recaindo, ao seu turno, sobre a conformidade da atuação da entidade societária às exigências legais de integridade corporativa e moralidade administrativa.

O Decreto Federal nº 8.420/15 desenvolve esse novo patamar de diligência em dois principais dispositivos, um relacionado à atuação de terceiros e agentes intermediários nos negócios da empresa, outro relacionado a operações societárias, tais como processos de fusões, aquisições e reestruturações.

Em relação à atuação de terceiros e intermediários, dispõe o regulamento federal o dever de realização de "diligências apropriadas para a contratação e conforme o caso, supervisão de terceiros, tais como, fornecedores, prestadores de serviço, agentes intermediários e associados". Ao impor que os entes jurídicos tomem as devidas precauções para garantir que tenham relações comerciais com parceiros idôneos e qualificados, coloca-se em destaque um dos principais objetivos do novo marco regulatório anticorrupção, que é a promoção de um ambiente empresarial e negocial cada vez mais inapropriado para a realização de desvios e ilícitos.

Percebe-se, desse modo, que as medidas de integridade não mais se limitam à exclusiva esfera da pessoa jurídica, como se ela fosse uma ilha isolada e alheia aos eventos externos que a circundam, afinal, não se pode esquecer que estará eventualmente sujeita à responsabilização por condutas praticadas por aqueles que agem em seu nome e/ou interesse.

A preocupação em relação à atuação de terceiros é um vetor tão relevante ao aludido sistema de responsabilização, que o regulamento federal contemplou, em diversos outros dispositivos, medidas a serem estendidas aos respectivos parceiros, assim, por exemplo, os seguintes incisos do art. 42, do Decreto nº 8.420/15:

III - padrões de conduta, código de ética e políticas de integridade estendidas, quando necessário, *a terceiros*, tais como, fornecedores, prestadores de serviço, agentes intermediários e associados;

VIII - procedimentos específicos para prevenir fraudes e ilícitos no âmbito de processos licitatórios, na execução de contratos administrativos ou em qualquer interação com o setor público, *ainda que intermediada por terceiros*, tal como pagamento de tributos, sujeição a fiscalizações, ou obtenção de autorizações, licenças, permissões e certidões;

X - canais de denúncia de irregularidades, abertos e amplamente divulgados a funcionários e *terceiros*, e de mecanismos destinados à proteção de denunciantes de boa-fé; (grifo nosso).

Nesse sentido, cabe à pessoa jurídica tomar as cautelas devidas, empenhando esforços no sentido de conhecer adequadamente os terceiros qualificados como seus parceiros negociais, sejam eles pessoas físicas ou jurídicas, mensurando todos os riscos envolvidos, por meio da análise de alguns aspectos relevantes, tais como: histórico de envolvimento do terceiro em casos de corrupção; forma de relacionamento do terceiro com órgãos e agentes públicos; capacidade técnica, experiência e condições materiais à realização do objeto negociado; adoção de cautelas e cláusulas a serem observadas na celebração dos contratos, entre outros fatores de risco.

O dever de diligência objetivo deverá também recair sobre operações societárias que impliquem sucessão de responsabilidade, uma vez que, nos termos do art. 4º da LAC, poderá subsistir a responsabilidade da pessoa jurídica nas hipóteses de alteração contratual, transformação, incorporação, fusão ou cisão societária. Nesse espeque, em consonância com o preceito legal, dispõe o regulamento federal, como parâmetro de avaliação do programa de *compliance*, a "verificação, durante os processos de fusões, aquisições e reestruturações societárias, do cometimento de irregularidades ou ilícitos ou da existência de vulnerabilidades nas pessoas jurídicas envolvidas".

A realização de *due diligence* anticorrupção nas aludidas operações societárias, especialmente nas operações de fusões e aquisições, é extremamente relevante para que a pessoa jurídica sucessora minimize os riscos de ser responsabilizada, civil e administrativamente, nos termos da Lei Anticorrupção, por atos e fatos da pessoa jurídica sucedida anteriores à operação societária. Sobre o tema, manifestando-se sobre o teor da lei anticorrupção norte-americana, Carlos Henrique da Silva Ayres pondera o seguinte:

> A realização de *due diligence* não elimina os riscos da empresa sucessora, entretanto, se ela realizar o referido procedimento previamente à operação, de forma prudente, analisando as principais áreas de risco, ainda que após a aquisição venha a tomar conhecimento de violações ocorridas antes da concretização do negócio, existirão bons argumentos para que a empresa não seja responsabilizada pelas autoridades norte-americanas.[218]

Para o mesmo autor, alguns pontos deverão ser levados em consideração pelas empresas ao estruturarem o *due diligence* na empresa-alvo, tais como: em quais países a empresa opera; qual o ramo de indústria em que a empresa-alvo opera; qual o nível de interação da empresa-alvo com o governo; utilização de terceiros nas atividades da empresa-alvo; doações políticas feitas pela empresa-alvo; histórico de envolvimento da empresa em casos de corrupção.

Com a elevação do nível de exigência do dever de diligência imposto aos mais diversos entes empresariais, quis o legislador induzir mudanças de comportamento empresariais, valorizando a atuação proativa das empresas na construção de um ambiente de higidez corporativa, uma vez que colocam em vantagem econômica as empresas que, ao

---

[218] AYRES, Carlos Henrique da Silva. Utilização de terceiros e operações de fusões e aquisições no âmbito do Foreing Corrupt Pratices Act: Riscos e necessidade da due diligence anticorrupção. In: DEL DEBBIO, Alessandra; MAEDA, Bruno Carneiro; AYRES, Carlos Henrique da Silva (Coord.). *Temas de anticorrupção e compliance*. Rio de Janeiro: Elsevier, 2013. p. 221.

elaborarem eficiente mecanismo de *due diligenge*, reduzem probabilisticamente os riscos de serem punidas no futuro. São essas as diretrizes que pautam a nova ordem de organização empresarial versada na LAC.

12.1.3.13 Transparência da pessoa jurídica quanto a doações para candidatos e partidos políticos

Ao longo da trajetória política brasileira, é indisfarçável a relação espúria existente entre o financiamento de campanhas políticas por empresas e atos de corrupção, não sendo raros os casos em que se verifica a coincidência de identidade entre os grandes patrocinadores de partidos políticos e candidatos e os grandes fornecedores contratados pelo governo eleito.

Muito em função disso, tornou-se peculiar ao sistema de financiamento eleitoral pátrio a doação de verbas por uma mesma empresa a candidatos que disputam o mesmo cargo político, principalmente nas eleições majoritárias, descortinando a total desvinculação do apoio financeiro a uma pauta ideológico-partidária. Tudo se resume, e é essa a triste realidade, a um engenhoso jogo de interesses, em que o interesse público primário costuma ficar em segundo plano.

A clássica coletânea de textos intitulada *Caminhos da transparência*, organizada por Speck, faz menção acerca da "ligação perigosa" existente entre empresas privadas e partidos políticos ou candidatos:

> As campanhas brasileiras são extremamente dispendiosas. Os candidatos a deputado (e também a senador ou governador) gastam rios de dinheiro (o próprio e o das pessoas físicas e jurídicas que os apoiam) para se eleger, na expectativa de conseguir ganhos compensatórios durante o mandato, muito superiores aos gastos com a campanha.
>
> Esses ganhos futuros podem assumir várias formas: 1) licitações públicas (para fornecimento de bens e serviços ao governo) viciadas em favor de suas próprias empresas, ou empresas de parentes ou "contribuintes" de sua campanha; 2) destinação de verbas públicas para entidades fantasmas a título de doação; 3) concessão de empréstimos subsidiados, incentivos fiscais especiais e outros subsídios para empresas "amigas"; e 4) decisões de políticas públicas diversas que favoreçam certos grupos.[219]

No mesmo trabalho, consta o resultado de uma análise empírica das campanhas eleitorais brasileiras, denotando-se o seu caráter altamente dispendioso, no curso da qual se informa que o gasto para a eleição de um deputado federal tem girado em torno de 4,5 a 6 milhões de dólares, sendo que, no subsequente período de quatro anos de legislatura, o montante arrecadado em verbas remuneratórias desse mesmo parlamentar não passa de cerca de 216 mil dólares. O que explica essa profunda desproporção? As nuances do recente caso de corrupção ocorrido na maior estatal brasileira, a Petrobras, revelado no curso da denominada de "Operação Lava Jato",[220] trazem fartos subsídios para a resposta da questão ora formulada.

---

[219] SPECK, B. W. *Caminhos da transparência*. Campinas: Unicamp, 2002. Disponível em: <https://bvc.cgu.gov.br/handle/123456789/2567>. Acesso em: 04 nov. 2013. p. 156-157.

[220] A Operação Lava Jato é a maior investigação de corrupção e lavagem de dinheiro que o Brasil já teve. Em balanço trimestral apresentado no ano de 2015, a Petrobras estimou em R$6 bilhões os prejuízos diretamente relacionados com atos de corrupção. Soma-se a isso a expressão econômica e política dos suspeitos de participar do esquema de corrupção que envolve a companhia. Nesse esquema, que durou pelo menos dez anos, grandes empreiteiras, financiadoras de partidos políticos do governo, organizadas em cartel, pagavam propina para altos executivos da

Vale mencionar que recentemente o Supremo Tribunal Federal assentou o entendimento de que os "limites previstos pela legislação de regência para a doação de pessoas jurídicas para as campanhas eleitorais se afigura assaz insuficiente a coibir, ou, ao menos, amainar, a captura do político pelo poder econômico, de maneira a criar indesejada *plutocratização* do processo político". Dessa maneira, com fulcro, entre outros, no princípio democrático, no pluralismo político e na isonomia política, declarou a inconstitucionalidade de doações e contribuições financeiras feitas por pessoas jurídicas a candidatos e partidos políticos.[221]

Em função dessa notória conexão entre financiamento privado de campanhas políticas e atos de corrupção, mesmo não sendo mais possível a realização de doações e contribuições financeiras a candidatos e partidos políticos, cabe ao ente empresarial contemplar em seu programa de integridade regras claras e objetivas sobre a forma de relacionamento com os atores e entidades políticos, devendo guardar estrita observância aos preceitos legais que disciplinam o assunto, especialmente a Lei federal nº 9.504/97, que estabelece normas gerais sobre eleições.

12.1.3.14 Monitoramento contínuo do programa de integridade

O programa de *compliance* anticorrupção, por melhor estruturado que seja, não estará imune à exposição a riscos e à ocorrência de falhas, por isso, após a efetiva implementação das políticas e procedimentos do mencionado programa, deve a pessoa jurídica interessada proceder ao seu monitoramento contínuo, visando o seu aperfeiçoamento e a correção de fragilidades então identificadas.

Por se tratar de atividade caracterizada por alta carga de interdisciplinaridade, a envolver a participação e colaboração de diversos agentes e departamentos do ente empresarial, o programa de integridade corporativa denota feição sensivelmente dinâmica a demandar periódicas revisões e atualizações sobre a estratégia elaborada, a serem desenvolvidas de forma proporcional aos riscos e falhas equacionados ao longo de um determinado período.

O monitoramento consistirá, em linhas gerais, em uma avaliação de desempenho do programa em curso, funcionando como importante instrumento de gerenciamento, por meio do qual deverão ser produzidas informações relevantes que deverão pautar a alta administração nas posteriores tomadas de decisão referentes à política de integridade corporativa, de forma a proporcionar o fortalecimento dos controles internos e a consequente mitigação dos riscos regulatórios e reputacionais. Por se tratar de fase de avaliação interna do programa, torna-se recomendável que o plano de monitoramento contemple a aplicação de testes de conformidade, especialmente nas áreas mais complexas e sujeitas a riscos de *compliance*.

12.2 Critérios de avaliação de programas de integridade de pessoas jurídicas e atenuação da penalidade proposta

O Decreto Federal nº 8.420/15 dispensou especial atenção ao fato de a pessoa jurídica processada possuir e aplicar programa de *compliance* anticorrupção, sendo elencado como o principal fator atenuante da eventual pena de multa regularmente proposta pela comissão

---

estatal e outros agentes públicos. O valor da propina variava de 1% a 5% do montante total de contratos bilionários superfaturados. Esse suborno era distribuído por meio de operadores financeiros do esquema, incluindo doleiros investigados pela Polícia Federal.

[221] STF – ADI nº 4650, Rel. Min. Luiz Fux, julgado em 17.09.2016.

processante, podendo resultar na subtração de percentual de até 4% do faturamento bruto da empresa. Tal disposição alinha-se, é verdade, a um dos principais eixos normativos da LAC, que é promover a atuação conjunta do setor público e privado no combate à corrupção, fomentando a formação de uma cultura de fidelidade ao Direito e a inauguração de um meio ambiente empresarial marcado pela ética e pela lisura na condução dos negócios.

Consoante o escopo almejado, de disseminação de elevados padrões ético-corporativos, os programas de integridade serão avaliados sob uma ótica predominantemente material, levando-se em consideração o porte e as especificidades da pessoa jurídica. Nesse sentido, aliás, é expresso o regulamento federal ao dispor, no parágrafo 2º, do art. 42, que "a efetividade do programa de integridade [...] será considerada para fins de avaliação", de forma que o plano empresarial anticorrupção meramente formal ou que se mostre absolutamente ineficaz para mitigar o risco de ocorrência de atos lesivos à Administração Pública não será considerado para fins de aplicação do percentual de redução da penalidade pecuniária.

No sentido de aquilatar esses parâmetros e proporcionar avaliação confiável acerca da efetividade dos programas de integridade submetidos ao exame da autoridade pública competente, a Portaria CGU nº 909, de 07 de abril de 2015, que regulamenta a avaliação de programas de integridade de pessoas jurídicas nos processos administrativos conduzidos pela Controladoria-Geral da União, contemplou dois relevantes instrumentos informativos a serem produzidos pelos entes processados: o *relatório de perfil* e o *relatório de conformidade do programa*.

Trata-se, pois, de dois instrumentos que se complementam mutuamente, um voltado à definição da dimensão e atuação da pessoa jurídica, levando em consideração fatores estruturais relevantes, tais como a quantidade de funcionários, empregados e colaboradores e o grau de interação com o poder público; o outro voltado a mensurar a proporcionalidade e adequação do programa ao perfil da empresa, assim como a conformidade e efetividade do mesmo programa ao marco regulatório em que se encontra inserido, a exemplo da demonstração do funcionamento do programa na rotina da pessoa jurídica.

12.2.1 Relatório de perfil

O programa de *compliance* deve ser planejado de forma adequada e proporcional ao tamanho e complexidade da estrutura e atuação do ente empresarial, cabendo a ele, para fins de avaliação, produzir documento fidedigno que evidencie a sua composição, organização e práticas negociais. Nesse sentido, o *relatório de perfil* é o instrumento que tem por escopo principal traçar as principais informações relacionadas à própria identidade da pessoa jurídica, não no sentido de um mero detalhamento de atividades econômicas e unidades produtivas, mas no sentido do exato delineamento de sua fisionomia jurídica, organizacional e negocial.

Para tanto, nos termos da Portaria CGU nº 909/2015, o relatório de perfil da pessoa jurídica processada deverá contemplar os seguintes aspectos: i) indicar os setores de mercado em que atua; ii) apresentar sua estrutura organizacional, descrevendo a hierarquia interna, o processo decisório e as principais competências de conselhos, diretorias, departamentos ou setores; iii) informar o quantitativo de empregados, funcionários e colaboradores; iv) especificar e contextualizar as interações estabelecidas com a Administração Pública nacional ou estrangeira, destacando: a) importância da obtenção de autorizações, licenças e permissões governamentais em suas atividades; b) o quantitativo e os valores de contratos celebrados ou vigentes com entidades e órgãos públicos nos últimos três anos e a participação destes no faturamento anual da pessoa jurídica; c) a frequência e a relevância da utilização de agentes intermediários, como procuradores, despachantes, consultores ou representantes comerciais, nas interações com o setor público; v) descrever as participações societárias que envolvam a pessoa jurídica na condição de controladora, controlada, coligada ou consorciada; e vi) informar sua qualificação, se for o caso, como microempresa ou empresa de pequeno porte.

Percebe-se, pois, que o relatório de perfil discriminará aspectos estruturais e conjunturais que se mostrem indispensáveis ao equacionamento do respectivo plano de integridade, influenciando decisivamente na profundidade e extensão do programa de *compliance* que, reitere-se, deve guardar relação de adequação e proporcionalidade com as dimensões de existência e atuação da corporação.

12.2.2 Relatório de conformidade do programa

Ao passo que o relatório de perfil tem por objeto traçar a fisionomia da pessoa jurídica processada, o *relatório de conformidade* possui intento morfológico, no sentido de proporcionar análise comparativa entre a estrutura do programa de integridade adotado pelo ente empresarial e a estrutura de integridade idealmente estabelecida pelo marco regulatório anticorrupção, a fim de mensurar a efetividade e adequação do programa de *compliance* ante os parâmetros de avaliação delineados na legislação aplicável, em especial aqueles vetores enunciados no art. 42 do Decreto nº 8.420/15.

Nesse sentido, no relatório de conformidade do programa, a pessoa jurídica deverá informar a composição do seu programa de integridade com a indicação de quais parâmetros de avaliação elencados no regulamento federal foram efetivamente adotados, justificando a importância da implementação de cada um desses parâmetros na mitigação da ocorrência de atos lesivos tipificados no art. 5º da LAC. Deverá, também, demonstrar o funcionamento do programa de *compliance* na rotina da pessoa jurídica, com histórico de dados, estatísticas e casos concretos, assim como a atuação do programa na prevenção, detecção e remediação do ato lesivo objeto de apuração.

Em suma, o relatório de conformidade é o documento que apontará os resultados efetivos em relação a cada uma das medidas contempladas no programa de integridade corporativa levado a efeito pela pessoa jurídica processada, devendo indicar, por exemplo, o quantitativo de empregados e colaboradores submetidos a treinamento periódico sobre o programa; o quantitativo e o tratamento das denúncias que foram apresentadas por meio dos canais de denúncias de irregularidades; o rol de medidas disciplinares aplicadas por violação do programa de *compliance*; a especificação e funcionamento dos sistemas de controles internos; o levantamento e tratamento dos riscos de *compliance* identificados, etc.

Por se tratar de peça informativa que tem por objeto a demonstração do funcionamento do programa de integridade da pessoa jurídica, os resultados apontados deverão estar lastreados em fatos e evidências idôneos, podendo abranger, nos termos do art. 4º da Portaria CGU nº 909/2015, documentos oficiais, correios eletrônicos, cartas, declarações, correspondências, memorandos, atas de reunião, relatórios, manuais, imagens capturadas em tela de computador, gravações audiovisuais e sonoras, fotografias, registros contábeis, entre outros documentos. Depreende-se, pois, que a pessoa jurídica interessada deve empenhar os máximos esforços no registro e documentação de todas as medidas contempladas e produzidas ao longo do programa de compliance.

CAPÍTULO XIII

13 Acordo de leniência

Na seara do processo administrativo de responsabilização de pessoas jurídicas pela prática de atos de corrupção, o acordo de leniência se apresenta como um relevante instrumento jurídico de obtenção célere de provas e resolução consensual da instância processual. O aludido mecanismo foi inspirado no consagrado modelo norte-americano (*leniency program*), que desde os anos setenta do século passado buscava o desenvolvimento de mecanismos aptos à efetiva repressão de ilícitos relacionados ao abuso do poder econômico, a exemplo da prática de cartéis.

O programa de leniência já se encontra consolidado no ordenamento jurídico de mais de cinquenta países, a exemplo do Reino Unido, França, Alemanha, Holanda, EUA, Canadá, Coreia do Sul, Japão, entre outros, colocando-se em destaque a recente adoção de uma revisada política de leniência pela União Europeia (fevereiro de 2002).[222] No ordenamento pátrio, o instituto foi introduzido por meio da Medida Provisória nº 2.055, de 07 de dezembro de 2000, convertida na Lei nº 10.149/00, que trouxe modificações à Lei nº 8.884/94, que tratava da prevenção e repressão às infrações contra a ordem econômica.

Apesar de inicialmente projetado para a coibição de infrações à ordem econômica, o instituto em tela tem se mostrado de grande valia para apuração de ilícitos praticados por entes que se valem de sofisticados métodos de organização para prática delitiva, refletindo-se no acentuado grau de dificuldade para obtenção de provas, a exemplo dos atos de corrupção. Não é por outro motivo que a Lei Anticorrupção contemplou de forma expressa a possibilidade de utilização desse moderno instrumento processual.

13.1 Conceito e finalidade

A dogmática jurídico-administrativa, transformada para fins de adequação às novas formas de relacionamento jurídico travado entre administrado e Administração, viu-se obrigada ao desenvolvimento de novos espaços, não só de participação do administrado, mas também de efetiva negociação sob a ótica da reciprocidade de concessões, favorecendo e proporcionando a obtenção de um equilíbrio de interesses originalmente contrapostos.

---

[222] GRIFFIN, James M. The modern leniency program after ten years: a summary overview of the Antitrust Division's Criminal Enforcement Program. In: THE AMERICAN BAR ASSOCIATION SECTION OF ANTITRUST LAW ANNUAL MEETING. San Francisco, 2003. Disponível em: <http://www.justice.gov/atr/public/speeches/201477. htm>. Acesso em: nov. 2015.

Consoante acurada lição de Diogo Figueiredo de Moreira Neto, ao tratar dos novos institutos consensuais da atuação administrativa, o interesse em dirimir o conflito e retornar à normalidade nas relações sujeitas à disciplina administrativa é da maior importância, tanto na esfera social quanto na esfera econômica, justificando que sejam encontrados modos alternativos de atendimento ao interesse público envolvido, que nem sempre serão aqueles que deveriam ser unilateralmente aplicados pelo Poder Público. Colacionam-se as palavras do mencionado autor:

> Os acordos substitutivos são instrumentos administrativos, que poderão ser ocasionalmente aplicados pela Administração, sempre que, de ofício ou por provocação do interessado, verificar que uma decisão unilateral de um processo poderá ser vantajosamente substituída por um acordo em que o interesse público, a cargo do Estado, possa ser atendido de modo mais eficiente, mais duradouro, mais célere ou com menores custos.[223]

A LAC surge em meio a esse novo cenário processual que se pauta pelo advento de institutos pró-consensuais a fundamentar uma atuação mais dialógica por parte da Administração Pública, permitindo-se, em complemento ao tradicional modelo unilateral de apuração e sancionamento, a laboração negociada entre Administração Pública e ente processado, de forma a possibilitar uma oportunidade de acerto de contas com a lei, por meio da suavização da sanção administrativa a ser aplicada em troca de uma colaboração efetiva e continuada por parte do infrator.

No bojo do PAR, o acordo de leniência pode ser definido como *o ato administrativo consensual por meio do qual a Administração Processante concede isenções ou atenuações de sanções administrativas imputáveis a determinado infrator em troca de uma efetiva colaboração processual, consistente na apresentação de informações relevantes e provas diretas relacionadas à prática de ilícitos administrativos, que permitam inferir, de forma substancial, a existência de elementos notórios de autoria e materialidade.*

A leniência desponta como um acordo administrativo firmado no curso do processo acusatório tendo por objeto a mais ampla apuração de ilícitos administrativos e o exercício eficaz da pretensão punitiva estatal, especialmente nas situações de discrepância entre o poder investigativo da Administração e o imponente poder econômico e material de grandes corporações e organizações, que se pautam por uma atuação delitiva cada vez mais especializada e dissimulada, desequilíbrio a se refletir na implacável dificuldade para obtenção de provas dos ilícitos, no seu alto custo investigativo e na correspondente demora da apuração.

Diversamente do que se poderia inadvertidamente imaginar, essas novas modalidades negociais de resolução de conflitos que envolvem a Administração Pública não fundamentarão, jamais, a renúncia do interesse público, mas, em verdade, a negociação dos modos de atingi-lo com maior eficiência e rendimento. Pela autoridade e lucidez dos argumentos expostos, vale-se uma vez mais das lições de Moreira Neto:

> Afastadas as convicções que se tornaram ideologizadas pelo tempo e pela inércia, a objeção central técnica remanescente se prendia à interpretação dada ao *princípio da indisponibilidade do interesse público*. Segundo a ótica então dominante, na esfera administrativa seria impossível negociar com o interesse público, o que proscreveria o emprego de todos os instrumentos do

---

[223] MOREIRA NETO, Diogo de Figueiredo. Novos institutos consensuais da ação administrativa. *Revista de Direito Administrativo*, Rio de Janeiro, n. 231, p. 153-154, 2003.

gênero, incluindo-se os de composição extrajudicial de conflitos, como a *conciliação, a mediação, a arbitragem, e os ajustamentos de conduta.*

Ora, distintamente do que se possa aceitar sem maiores indagações, em todas as modalidades preventivas e de composição de conflitos em que se envolva a Administração Pública, no âmbito do Direito Administrativo, jamais se cogita de *negociar o interesse público, mas, sim, de negociar os modos de atingi-lo com maior eficiência.*[224]

No mesmo sentido se manifesta Thiago Marrara:

A cooperação com o infrator que se dá por meio da leniência é a própria concretização da supremacia do interesse público. A explicação é simples. O legislador brasileiro, assim como o europeu e o norte-americano, percebeu que as infrações se tornaram grandiosas, complexas e absurdamente nocivas. Percebeu que nem mesmo os poderes investigatórios mais agressivos às inviolabilidades constitucionais (como a busca e apreensão e as interceptações telefônicas) serão capazes de trazer aos entes públicos as provas necessárias a um processo acusatório bem-sucedido. É nesse cenário que o legislador brasileiro passou a se indagar: é mais sábio tentar punir todos e não punir ninguém ou deixar de punir um no intuito de punir alguém?[225]

Apesar das críticas de cunho ético e moral que usualmente se faz à aplicação do instituto pelo Estado, entende-se que se trata de mecanismo que concorre efetivamente à promoção do interesse público primário, principalmente quando em apuração infrações relacionadas aos nefastos atos de corrupção. A Administração Pública, até por uma questão de proporcionalidade, deve se valer dos mecanismos mais eficazes para repressão de condutas que violam o patrimônio jurídico, não só do Estado, mas de toda a coletividade, como são os atos lesivos tipificados no art. 5º da LAC.

Não é por outro motivo que os tratados internacionais sobre o combate à corrupção passaram a consagrar a legitimidade da atenuação de sanções, inclusive criminais, em favor de infratores que colaborassem efetivamente com a apuração dos ilícitos correlacionados. Nesse sentido, aliás, há regramento expresso no bojo da Convenção das Nações Unidas contra a Corrupção:

Artigo 37

Cooperação com as autoridades encarregadas de fazer cumprir a lei

1. Cada Estado Parte adotará as medidas apropriadas para restabelecer as pessoas que participem ou que tenham participado na prática dos delitos qualificados de acordo com a presente Convenção que proporcionem às autoridades competentes informação útil com fins investigativos e probatórios e as que lhes prestem ajuda efetiva e concreta que possa contribuir a privar os criminosos do produto do delito, assim como recuperar esse produto.

---

[224] MOREIRA NETO, Diogo de Figueiredo. Novas tendências da democracia: consenso e direito público na virada do século – o caso brasileiro. *Revista Eletrônica sobre a reforma do Estado (RERE)*, Salvador, n. 13, mar./abr./maio 2008. Disponível em: <http://www.direitodoestado.com.br/rere.asp>. Acesso em: 21 dez. 2014.

[225] MARRARA, Thiago. *Leniência do Estado*: lei anticorrupção permite que inimigo vire colega. *Consultor Jurídico*, 15 nov. 2013. Disponível em: <http://www.conjur.com.br/2013-nov-15/thiago-marrara-lei-anticorrupcao-permite-inimigo-vire-colega>. Acesso em: nov. 2015.

2. Cada Estado Parte considerará a possibilidade de prever, em casos apropriados, a mitigação de pena de toda pessoa acusada que preste cooperação substancial à investigação ou ao indiciamento dos delitos qualificados de acordo com a presente Convenção.

3. Cada Estado parte considerará a possibilidade de prever, em conformidade com os princípios fundamentais de sua legislação interna, a concessão de imunidade judicial a toda pessoa que preste cooperação substancial na investigação ou no indiciamento dos delitos qualificados de acordo com a presente Convenção.

Vale salientar que o ordenamento jurídico brasileiro já de algum tempo prevê a aplicabilidade de alguns instrumentos consensuais com características típicas de acordos substitutivos a exemplo do *Termo de Compromisso de Ajuste de Conduta* (Lei nº 7.347/85) e *Termo de Compromisso de Cessação de Conduta* (Lei nº 8.884/94). A tendência pela valorização de uma Administração Pública consensual (ou dialógica) é inegável e irreversível, estando tal diretriz hoje consagrada em diploma legislativo próprio, a Lei nº 13.140, de 26 de junho de 2015, dispondo expressamente sobre a possibilidade de autocomposição de conflitos no âmbito da própria Administração Pública.

13.2 Acordo de leniência e o ordenamento jurídico brasileiro

O Direito brasileiro foi buscar na experiência legal norte-americana as raízes do programa de leniência, inicialmente como uma opção de detecção e repressão a atos lesivos à ordem econômica. O instituto em comento foi consagrado na legislação antitruste com o objetivo de dotar as autoridades públicas de instrumentos mais eficazes de investigação e combate aos cartéis. Depreende-se, nesse sentido, que o programa de leniência surgiu, primordialmente, da dificuldade da obtenção de provas de infrações à ordem econômica, despontando como um verdadeiro catalizador de processos na apuração antitruste ao viabilizar uma solução mais expedita e eficiente por parte das autoridades públicas.

A primeira experiência de leniência corporativa nos EUA remonta ao ano de 1978 com a criação de um programa que concedia anistia às empresas que, de forma cooperativa, apresentassem provas absolutas de práticas ilícitas ao órgão antitruste antes de iniciada qualquer investigação. Entretanto, o programa não logrou o êxito esperado, em função, especialmente, da ampla discricionariedade conferida à autoridade governamental na análise dos requisitos necessários à formalização do acordo, que poderia aceitar ou denegar o pedido da empresa sem maiores esforços argumentativos, gerando ambiente de grande desconfiança e insegurança jurídica por parte dos entes empresariais.

Ante a baixa atratividade de adesão ao modelo então vigente, em agosto de 1993, o Departamento de Justiça dos Estados Unidos reformulou sensivelmente o programa de leniência, que foi modificado e atualizado até chegar à formatação atual, denominado de *Amnestesy Program*. Dentre as principais mudanças, algumas merecem destaque, uma vez que influenciaram significativamente a legislação brasileira: a primeira foi a concessão automática de leniência nos casos em que inexista qualquer investigação em curso com relação à conduta delatada; outra foi a possibilidade de concessão de leniência mesmo quando já iniciadas as investigações dos ilícitos; por fim, tem-se a possibilidade de extensão de imunidade criminal a diretores, executivos e funcionários que cooperassem com as autoridades competentes.

As mencionadas mudanças representaram novo momento quanto à adesão e atratividade do programa, tornando-se o mais eficiente instrumento de investigação e combate aos cartéis, permitindo a descoberta de vários cartéis em diversos setores da economia norte-americana. Sobre a relevância pragmática das mudanças operadas, Ibrahim Acácio Espírito Sobral assim relata:

> Com o propósito de estender as oportunidades e aumentar os benefícios a empresas que delatassem condutas criminosas e cooperassem com o Departamento de Justiça que pode ser sintetizado pela expressão *"Making companies an offer they shouldn't refuse"*, foi criado, em agosto de 1993, o Programa de Leniência Corporativa, ou *"Amnesty Program"*.
>
> [...]
>
> Desde sua criação, o *"Amnesty Program"* se transformou no mais eficiente instrumento de investigação para descobrir e enfrentar os cartéis. Somente nos últimos dois anos, as multas aplicadas em virtude da investigação e condenação de cartéis decorrentes da adesão de infratores ao Programa ultrapassaram o montante de US$1 bilhão, enquanto o número de propostas de adesão ao programa passou a ser em média de quase dois interessados por mês.[226]

Não é por menos que, entre 1997 e 1998, o total de multas aplicadas aos réus em processos antitruste foi quase o mesmo daquele verificado durante todo o período entre 1978 e 1996. Assim, não fica difícil imaginar que esses bons resultados motivaram um verdadeiro processo de globalização do acordo de leniência, que passou a ter previsão nos ordenamentos jurídicos dos mais variados países, a exemplo do Brasil.

O acordo de leniência foi introduzido na legislação brasileira por meio da Medida Provisória nº 2.055, em agosto de 2000, a qual neste mesmo ano foi convertida na Lei nº 10.149, de 21 de dezembro de 2000, que modificou a antiga Lei Antitruste brasileira, a Lei nº 8.884/94, regulamentada, nesse aspecto, pela Portaria/MJ nº 849/00. A atual lei de defesa da ordem econômica, Lei nº 12.529/11, também contemplou capítulo próprio a versar sobre o acordo de leniência.

Embora inicialmente idealizado para o exclusivo combate de infrações à ordem econômica e livre concorrência, o legislador brasileiro, já conhecedor das vantagens decorrentes do mencionado mecanismo, estendeu a possibilidade de acordo de leniência também para a apuração de atos lesivos à Administração pública nacional e estrangeira. Assim, a Lei nº 12.846/13 dedicou capítulo exclusivo a tratar do assunto, Capítulo V, artigos 16 e 17:

> Art. 16. A autoridade máxima de cada órgão ou entidade pública poderá celebrar acordo de leniência com as pessoas jurídicas responsáveis pela prática dos atos previstos nesta Lei que colaborem efetivamente com as investigações e o processo administrativo, sendo que dessa colaboração resulte:
>
> I - a identificação dos demais envolvidos na infração, quando couber; e
>
> II - a obtenção célere de informações e documentos que comprovem o ilícito sob apuração.
>
> §1º O acordo de que trata o caput somente poderá ser celebrado se preenchidos, cumulativamente, os seguintes requisitos:
>
> I - a pessoa jurídica seja a primeira a se manifestar sobre seu interesse em cooperar para a apuração do ato ilícito;
>
> II - a pessoa jurídica cesse completamente seu envolvimento na infração investigada a partir da data de propositura do acordo;

---

[226] SOBRAL, Ibrahim Acácio Espírito. O acordo de leniência: avanço ou precipitação? *Revista do IBRAC*, São Paulo, v. 8, n. 2, p. 134, 2001.

III - a pessoa jurídica admita sua participação no ilícito e coopere plena e permanentemente com as investigações e o processo administrativo, comparecendo, sob suas expensas, sempre que solicitada, a todos os atos processuais, até seu encerramento.

§2º A celebração do acordo de leniência isentará a pessoa jurídica das sanções previstas no inciso II do art. 6º e no inciso IV do art. 19 e reduzirá em até 2/3 (dois terços) o valor da multa aplicável.

§3º O acordo de leniência não exime a pessoa jurídica da obrigação de reparar integralmente o dano causado.

§4º O acordo de leniência estipulará as condições necessárias para assegurar a efetividade da colaboração e o resultado útil do processo.

§5º Os efeitos do acordo de leniência serão estendidos às pessoas jurídicas que integram o mesmo grupo econômico, de fato e de direito, desde que firmem o acordo em conjunto, respeitadas as condições nele estabelecidas.

§6º A proposta de acordo de leniência somente se tornará pública após a efetivação do respectivo acordo, salvo no interesse das investigações e do processo administrativo.

§7º Não importará em reconhecimento da prática do ato ilícito investigado a proposta de acordo de leniência rejeitada.

§8º Em caso de descumprimento do acordo de leniência, a pessoa jurídica ficará impedida de celebrar novo acordo pelo prazo de 3 (três) anos contados do conhecimento pela administração pública do referido descumprimento.

§9º A celebração do acordo de leniência interrompe o prazo prescricional dos atos ilícitos previstos nesta Lei.

§10. A Controladoria-Geral da União – CGU é o órgão competente para celebrar os acordos de leniência no âmbito do Poder Executivo federal, bem como no caso de atos lesivos praticados contra a administração pública estrangeira.

Art. 17. A administração pública poderá também celebrar acordo de leniência com a pessoa jurídica responsável pela prática de ilícitos previstos na Lei nº 8.666, de 21 de junho de 1993, com vistas à isenção ou atenuação das sanções administrativas estabelecidas em seus arts. 86 a 88.

Vale salientar que, inobstante a existência de um verdadeiro marco legal a regular o tema, o sucesso e a efetividade das políticas de leniência, conforme consagrada lição de Scott Hammond,[227] dependem da observância cumulativa de três fatores fundamentais: (i) a existência de *penalidades pesadas* que sejam aptas a intimidar e inibir a prática dos ilícitos; (ii) o *receio da descoberta* da prática desses mesmos atos ilícitos, no sentido de externar a existência de riscos significativos à prática da infração; e (iii) *transparência na aplicação do programa*, de forma que as partes possam ter ampla previsibilidade do tratamento que receberão ao firmarem o pacto consensual, verdadeiro ditame que decorre do princípio da segurança jurídica.

---

[227] HAMMOND, Scott. Cornerstones of an effective leniency program. In: ICN WORKSHOP ON LENIENCY PROGRAMS. Australia, 2004. Disponível em: <http://www.justice.gov/atr/public/speeches/206611.htm>. Acesso em: 13 nov. 2014.

13.3 Acordo de leniência no âmbito do PAR

Conforme já anunciado, a matéria restou consolidada ao longo dos arts. 16 e 17 da LAC. O tema encontra-se, ainda, regulamentado nos arts. 28 a 40 do Decreto Federal nº 8.420/15. Nos mencionados dispositivos pode-se verificar a disciplina dos aspectos centrais relacionados ao instituto em voga, tais como autoridade competente; requisitos necessários; formalidades e efeitos. No intento de assegurar maior segurança jurídica ao ambiente de negociação de leniência, sobreveio o advento da Medida Provisória nº 703, de 2015, que promoveu alterações significativas ao processamento do instituto em tela.[228]

Nos termos da lei, o acordo de leniência poderá ser celebrado com as pessoas jurídicas responsáveis pela prática de atos ilícitos previstos no art. 5º da Lei nº 12.846/13, com vistas à isenção ou atenuação das sanções ali previstas, desde que colaborem efetivamente com as investigações e processo administrativo, devendo resultar dessa colaboração substanciais informações a respeito dos elementos de autoria e materialidade das infrações sob apuração. De acordo com art. 17 do mencionado diploma legal, a Administração Processante poderá também celebrar acordo de leniência com a pessoa jurídica responsável por atos ilícitos previstos em normas de licitações e contratos administrativos com vistas à isenção ou atenuação das sanções restritivas ou impeditivas do direito de licitar e contratar.

13.3.1 Acordo de leniência e interesse da administração

Uma observação digna de nota diz respeito ao fato de que o acordo de leniência somente será proposto quando houver interesse da Administração, que se consubstancia no interesse processual de obtenção de novos elementos probatórios. A própria LAC alberga essa opção ao dispor que da colaboração deverá resultar a identificação dos demais envolvidos e a obtenção célere de informações e documentos que comprovem o ilícito sob apuração. À vista disto, é preciso que a informação fornecida seja *valiosa, completa e tenha credibilidade.*[229]

Portanto, a efetiva pactuação do acordo de leniência não pode ser entendida como direito subjetivo do acusado, uma vez que se trata de mecanismo levado a efeito em prol da apuração e do processo. Em outras palavras, o acordo de leniência será examinado sob o aspecto da real existência de um interesse processual na produção célere de material probatório. Exame a ser exercido sob o crivo exclusivo do ente público processante, a partir da análise sobre as informações e provas já coletadas nos autos do processo administrativo.

Assim, se a Administração Pública já dispuser desses elementos probatórios de autoria e materialidade, não estará obrigada a pactuar leniência com a pessoa jurídica processada, ainda que ela se apresente de forma espontânea e prontamente ofereça colaboração. Nesses casos, a colaboração deverá ser considerada apenas como elemento geral de atenuação da pena, nos termos, aliás, do inciso VII, do art. 7º, da LAC (a cooperação da pessoa jurídica para a apuração das infrações).

Perceba-se que o aproveitamento da colaboração da pessoa jurídica no curso do processo, esse sim, se constitui em direito subjetivo do acusado. Ou seja, muito embora o acusado não detenha direito público subjetivo na efetivação do acordo de leniência,

---

[228] Por não ter sido convertida em lei no prazo constitucionalmente estabelecido, essa medida provisória perdeu sua eficácia, de modo que o exame sobre o instituto em tela será elaborado consoante a redação original da Lei nº 12.846/13. Cumpre salientar que tramita no Congresso Nacional o Projeto de Lei nº 3.636/2015, que tem por escopo promover alterações à Lei Anticorrupção, especialmente em relação ao acordo de leniência.

[229] SOBRAL, Ibrahim Acácio Espírito, *op. cit.*, p. 136.

que estará sempre condicionado à existência de interesse processual em sua produção, a colaboração espontânea deverá ser sempre considerada como componente de atenuação da sanção administrativa.

Por isso, o aspecto *tempestividade da informação* denota destacada relevância na análise da pertinência e cabimento do ato administrativo consensual. Inobstante a proposta de acordo possa ser feita, nos termos do parágrafo 2º, do art. 30, do Decreto Federal nº 8.420/15, até a conclusão do relatório final, quanto mais avançada se encontrar a marcha processual, mais minuciosos e precisos deverão ser os dados fornecidos pela pessoa jurídica, comprovando efetivamente a prática do ilícito, a fim de que possam ser aproveitados no bojo do processo.

13.3.2 Autoridade competente para celebrar o acordo de leniência

Nos termos da LAC, o acordo de leniência será celebrado perante a autoridade máxima de cada órgão ou entidade pública, a exemplo de Ministros de Estado ou Presidentes de tribunais, autarquias, empresas públicas e sociedades de economia mista. Percebe-se que, nesse aspecto, o modelo ora previsto se distancia, em certa medida, do modelo adotado na seara penal, a exemplo da colaboração premiada prevista na Lei nº 12.850/13, em que a autoridade julgadora não participa das negociações instauradas entre o acusado e os órgãos de persecução, estando sua atuação limitada à homologação do acordo jurídico.

No modelo extrapenal da LAC, a autoridade máxima, que a princípio será também a autoridade julgadora, detém, observados os limites estabelecidos em lei, a mais ampla competência negocial, participando ativamente das tratativas em curso, cuja atuação vai muito além de uma mera verificação de regularidade, legalidade e voluntariedade, usualmente levada a efeito na instância criminal.

No âmbito do Poder Executivo Federal, tal competência será exercida, por expressa disposição legal, pela Controladoria-Geral da União. Tal competência abrangerá, inclusive, os processos instaurados no âmbito dos demais órgãos e entidades integrantes da Administração Pública indireta, a exemplo de apuração existente no âmbito de uma empresa pública federal. Dessa maneira, uma vez proposto o acordo de leniência, a CGU poderá requisitar os autos de processos administrativos em curso em outros órgãos e entidades da Administração Pública federal relacionados aos fatos objeto do acordo, como, aliás, prevê o parágrafo 3º, do art. 31 de Decreto Federal nº 8.420/15. Competirá, ainda, à autoridade máxima da CGU celebrar o acordo de leniência nos casos de atos lesivos contra a Administração Pública estrangeira.

Ainda em relação à autoridade competente para celebração do acordo de leniência, o texto previsto na MP nº 703/15 estabelecia que essa atuação poderia ser realizada em conjunto com o Ministério Público e com a Advocacia Pública, medida que enaltecia a segurança jurídica, instituto que deve estar sempre presente neste tipo de ação resolutiva do Poder Público, especialmente quando houver possibilidade de o acordo de leniência contemplar possíveis repercussões na seara da responsabilização civil por ato de improbidade administrativa.[230]

---

[230] Note-se que a MP 703 havia alterado também a Lei nº 8.429/1992. A Lei de Improbidade Administrativa originalmente proibia, de modo expresso, a celebração de quaisquer acordos nas respectivas ações ("Art. 17. A ação principal, que terá o rito ordinário, será proposta pelo Ministério Público ou pela pessoa jurídica interessada, dentro de trinta dias da efetivação da medida cautelar. §1º: É vedada a transação, acordo ou conciliação nas ações de que trata o caput"). Dessa maneira, o inc. I do art. 2º da MP nº 703 revogou expressamente essa previsão do parágrafo 1º do art. 17 da Lei de Improbidade.

13.3.3 Requisitos legais

Conforme já salientado, o acordo de leniência será firmado no interesse da Administração Processante, tendo por primordiais objetivos a identificação dos autores da infração e a obtenção célere das informações e documentos que comprovem o ilícito sob apuração. Ainda que tais objetivos imediatos sejam possíveis, a LAC impõe, também, a observância de uma série de requisitos como pressupostos de validade da celebração do ato administrativo consensual. São eles: (i) que a pessoa jurídica seja a primeira a se manifestar; (ii) que a pessoa jurídica cesse completamente seu envolvimento na infração investigada a partir da data de propositura do acordo; (iii) que a pessoa jurídica admita sua participação no ilícito e coopere plena e permanentemente com as investigações e o processo administrativo, comparecendo, sob suas expensas, sempre que solicitada, a todos os atos processuais, até seu encerramento; e (iv) a reparação integral do dano causado. Acrescenta-se, ainda, inobstante a perda de eficácia da MP nº 703/15, (v) a implementação e o aprimoramento dos mecanismos de *compliance* anticorrupção, em razão da absoluta inerência desse requisito aos fundamentos e objetivos traçados pela Lei Anticorrupção e aos demais tratados internacionais que regulam o tema.

Frise-se que tais requisitos são de ordem cumulativa e elencados de forma taxativa pela LAC. Sobre tal aspecto, Lívia Cardoso Viana Gonçalves[231] assevera que a taxatividade dos requisitos legalmente elencados "é de crucial importância para garantir a efetividade do programa, na medida em que permite melhor transparência e previsibilidade por parte do proponente do Acordo, bem como delimita a margem do arbítrio do representante da União".

13.3.3.1 A pessoa jurídica seja a primeira a se manifestar

Este requisito se justifica pela necessidade de se criar uma significativa instabilidade entre os atores responsáveis pela prática do ato lesivo à Administração Pública nacional ou estrangeira, gerando nessas pessoas o constante receio de serem descobertas em razão da delação de um deles. Certamente que tal requisito somente terá cabimento quando o ato lesivo for praticado num cenário de concurso de agentes.

De certa maneira, o programa de leniência se baseia na dinâmica da teoria dos jogos (*game theory dinamics*), que se projeta na aplicação do *dilema do prisioneiro*, análise desenvolvida na seara da matemática aplicada, em que se investigam as possibilidades existentes em determinado processo de tomada de decisão, que fica condicionado a variantes relacionadas ao fornecimento de uma informação compartilhada com outras pessoas, que podem se beneficiar ou se prejudicar a depender do momento e oportunidade em que a informação é divulgada.[232]

---

[231] GONÇALVES, Lívia Cardoso Viana. O acordo de leniência na investigação antitruste: da legislação ao leading case brasileiro. In: GUEDES, Jefferson Carús; NEIVA, Juliana Sahione Mayrink (Coord.). *Pós-graduação em direito público – UnB*: coletânea de artigos. Brasília: Advocacia-Geral da União, 2010. p. 214 (Série Publicações da Escola da AGU, n. 1).

[232] SANTIAGO, Alex Fernandes. O compromisso de cessação e o acordo de leniência como mecanismo de defesa da concorrência na Argentina e no Brasil. *Revista Magister de Direito Empresarial*, n. 35, p. 52-54, out./nov. 2010. O Dilema do Prisioneiro é um problema da teoria dos jogos estruturado por Albert W. Tucker. Parte-se da premissa de que cada prisioneiro, de maneira independente, busca aumentar ao máximo sua própria vantagem sem se importar com o resultado do outro. A estrutura clássica do dilema é a seguinte: "Dois suspeitos, A e B, são presos pela polícia. A polícia tem provas insuficientes para condená-los, mas, separando os prisioneiros, oferece a ambos o mesmo acordo: se um dos prisioneiros, confessando, testemunhar contra o outro e esse outro permanecer em silêncio, o que confessou sai livre enquanto o cúmplice silencioso cumpre 10 anos de sentença. Se ambos ficarem em silêncio, a polícia só pode condená-los a 6 meses de cadeia cada um. Se ambos traírem o comparsa, cada um leva 5 anos de

Esse tipo de dinâmica que premia apenas o primeiro delator produz o reconhecido efeito de corrida às autoridades competentes pelo fundado temor da realização da denúncia em segundo lugar, oportunidade em que são reduzidas drasticamente as possibilidades de atenuação da penalidade a ser aplicada. Busca-se com tal mecanismo minar o advento daquele modelo estratégico de "esperar para agir".

Em relação à quantidade de lenientes admitida por determinada infração, o Direito Comparado alberga dois principais sistemas de delação: o sistema europeu e o sistema norte-americano. No primeiro, são admitidos múltiplos denunciantes pela mesma infração. Já no segundo, a leniência somente é permitida ao primeiro denunciante do ato lesivo. Percebe-se, então, que o programa de leniência brasileiro foi diretamente influenciado pelo sistema norte-americano.

Ainda assim, mesmo no Direito americano contemplou-se alguma mitigação ao requisito em tela, uma vez que o próprio *Corporate Leniency Policy* ressalvou a possibilidade jurídica de um *Amnesty Plus*, permitindo que a empresa que não se habilitasse a denunciar a infração em primeiro lugar pudesse delatar outra infração então desconhecida, obtendo todos os benefícios do acordo de leniência na nova infração e sendo agraciada com a redução da sanção na primeira infração.

Tal possibilidade também foi expressamente consagrada no ordenamento jurídico brasileiro, ao menos da seara do Direito antitruste, com o estabelecimento do instituto denominado, por evidente influência do Direito norte-americano, como *leniência plus*. Assim, restaram consignadas nos parágrafos sétimo e oitavo do art. 86, da Lei nº 12.529/11, as seguintes assertivas:

> §7º A empresa ou pessoa física que não obtiver, no curso de inquérito ou processo administrativo, habilitação para a celebração do acordo de que trata este artigo, poderá celebrar com a Superintendência-Geral, até a remessa do processo para julgamento, acordo de leniência relacionado a uma outra infração, da qual o Cade não tenha qualquer conhecimento prévio.
>
> §8º Na hipótese do §7º deste artigo, o infrator se beneficiará da redução de 1/3 (um terço) da pena que lhe for aplicável naquele processo, sem prejuízo da obtenção dos benefícios de que trata o inciso I do §4º deste artigo em relação à nova infração denunciada (Lei nº 12.529/11, art. 86).

Apesar de não haver, de maneira expressa, disposição semelhante no bojo da LAC, entende-se que, por analogia, a dinâmica da *leniência plus* também possa ser estendida ao âmbito do PAR. Entretanto, tal aplicação deve ser balizada com a observância de alguns fatores de limitação, sob pena de a pessoa jurídica acusada delatar casos de pequena expressão com a exclusiva finalidade de obter redução de penalidades de fatos mais gravosos. Assim, pode-se delimitar a pactuação do acordo posterior pelo acatamento, em especial, dos seguintes critérios: (i) a relevância das provas apresentadas pelo *leniente plus*; (ii) a potencial materialidade da infração delatada, devendo-se levar em consideração a magnitude do ato lesivo, a extensão do dano causado, o número de empresas envolvidas, etc.; e (iii) a probabilidade de detecção do ilícito sem a denúncia ofertada pela empresa leniente.

Cumpre, novamente, ressaltar que o requisito em exame se aplica de maneira mais apropriada aos casos em que o conluio ou acerto envolvendo duas ou mais empresas se

---

cadeia. Cada prisioneiro faz a sua decisão sem saber que decisão o outro vai tomar, e nenhum tem certeza da decisão do outro". A questão que o dilema propõe é: qual decisão correta a ser tomada sem saber como o outro prisioneiro vai reagir?

apresente como elemento essencial à configuração da infração, a exemplo do ato lesivo consubstanciado no art. 5º, inciso IV, alínea "a", da LAC, "frustrar ou fraudar, mediante ajuste, combinação ou qualquer outro expediente, o caráter competitivo de procedimento licitatório público". Em relação aos demais ilícitos, a presente condição perde relevância, afinal nem todo ato de corrupção será levado a efeito por meio da prática de cartel, ambiente natural à aplicação da formalidade legalmente imposta. Justamente por isso, o Decreto Federal nº 8.420/15, em seu art. 30, expressamente ressalvou que a observância de tal requisito somente será necessária, *quando tal circunstância for relevante*.

13.3.3.2 A pessoa jurídica cesse completamente seu envolvimento na infração investigada a partir da data de propositura do acordo

O presente requisito se apresenta como o mais lógico e natural dos pressupostos de um acordo de leniência. Se o acordo é um instrumento de coibição e repressão da prática de atos lesivos à Administração Pública, não há dúvidas de que, necessariamente, a pessoa jurídica que delata determinado esquema delituoso deverá se comprometer com a cessação integral e imediata desse mesmo ilícito, afinal o acordo de leniência não pode significar jamais carta branca para continuidade delitiva.

De outro lado, esse requisito somente poderá ser exigido quando a apuração estiver relacionada à prática de infrações de natureza permanente ou continuada, não se aplicando, portanto, àquelas infrações de natureza instantânea ou imediata, quando o próximo requisito legal, a admissão do cometimento do ilícito, suprirá, em certa medida, a impossibilidade fática de observância do requisito em tela.

Percebe-se que a própria LAC estabeleceu o marco temporal a ser observado quando da efetiva cessação da prática do ilícito, qual seja, a data de propositura do acordo. Dessa maneira, mesmo que a cessação da prática ilícita não tenha se verificado quando do descobrimento do fato, ou mesmo quando da instauração do PAR, ainda assim o acordo poderá ser posteriormente celebrado, desde que observados os demais requisitos legais e que a cessação tenha se verificado quando da propositura da leniência, que por vezes poderá ocorrer quando já instaurado o processo, afinal a proposta do acordo de leniência poderá ser feita até a conclusão do relatório final a ser elaborado no PAR.

A não observância do requisito em exame implicará, ato contínuo, a imediata ruptura do pacto celebrado, dando-se pronto seguimento ao curso do processo administrativo sancionador, devendo incidir sobre a sanção eventualmente aplicada a circunstância agravante decorrente da continuidade das infrações no tempo, nos termos do inciso I, do art. 17, do regulamento federal.

13.3.3.3 A pessoa jurídica admita sua participação no ilícito e coopere plena e permanentemente com as investigações e o processo administrativo

O acordo de leniência surgiu da dificuldade na produção de provas de determinadas infrações cometidas por pessoas ou entidades detentoras de sofisticado aparato organizativo. Um dos objetivos primordiais do aludido programa é justamente o incentivo negociado à oferta por parte do infrator de provas contundentes acerca da existência e forma de consumação do ato ilícito.

A primeira delação que se faz no bojo desse tipo de acordo é justamente em relação à participação do leniente, consistente na confissão plena e irretratável sobre a sua participação no ilícito. Posteriormente ao ato de confissão, deverá relatar a exata participação e atuações dos demais atores envolvidos na prática da infração.

Superada a fase de indicação dos responsáveis pela materialização da infração, caberá, ato contínuo, ao delator cooperar plena e permanentemente com as investigações e o processo administrativo, devendo, acima de tudo, fornecer informações, documentos e todas as demais evidências que comprovem efetivamente os atos lesivos. Perceba-se que o programa de leniência não se encerra na mera narração do histórico delitivo, vai muito além, exigindo-se do proponente a comprovação dos fatos informados por meio de prova idônea.

Conforme destaca Ibrahim Acácio Espírito Sobral, "as informações deverão ter credibilidade, o que implica a necessidade de confirmação dos dados fornecidos pela continuação das investigações, e para que o delator não seja alvo de futuras especulações, prejudicando o deslinde do caso". Não é por outro motivo que a pessoa jurídica deverá comparecer, sob suas expensas e sempre que solicitada, aos atos de instrução do processo, até o seu integral encerramento.

A cooperação poderá eventualmente ser aproveitada, a depender sempre do interesse processual, mesmo quando a autoridade administrativa já dispuser de provas para condenar os envolvidos, não devendo, em função exclusiva disso, ser imediatamente descartada. Os elementos trazidos por um participante do conluio podem fortalecer a persecução contra os demais envolvidos e até mesmo indicar a existência de mais participantes na infração. Porém, o valor das informações trazidas deve ser avaliado *in concreto*, de modo a não provocar uma punição excessivamente atenuada da empresa que se envolve na organização delituosa.

13.3.3.4 Implementação e aprimoramento dos mecanismos de *compliance* anticorrupção

Consoante já delineado, um dos mais relevantes eixos normativos da Lei Anticorrupção é a promoção de um novo paradigma de integridade e governança corporativa, de forma que a consolidação e elevação dos patamares de ética e probidade empresarial devam ser realizadas pelos próprios entes societários. A importante diretiva encontra-se consagrada ao longo de toda A sistemática adotada pela LAC, sendo mencionada como um dos principais fatores atenuantes das sanções ali previstas.

Embora a redação original desse diploma legal não tenha feito expressa menção à adoção de medidas de integridade corporativa como requisito necessário à celebração do acordo de leniência, essa omissão não é suficiente para afastar o aludido dever, de natureza lógica, afinal uma interpretação sistemática desse microssistema jurídico torna-se suficiente a balizar o entendimento de que a celebração do acordo de leniência somente será possível se houver compromisso do ente processado em implementar efetivamente medidas de autossaneamento (*corporate self-cleaning*). Nesse contexto, o art. 37 do Decreto nº 8.420/15 já consignava que o acordo de leniência deveria conter cláusulas que versassem sobre a adoção, aplicação ou aperfeiçoamento de programa de integridade, conforme os parâmetros estabelecidos no Capítulo IV do aludido ato normativo.

13.3.3.5 A reparação integral do dano causado

Ainda que não elencada como um requisito necessário expresso a ser atendido pela pessoa jurídica que pretenda celebrar acordo de leniência, nos termos do rol fixado no parágrafo 1º, do art. 16, da Lei nº 12.846/13, não há dúvidas de que a reparação integral do dano se apresenta como elemento de indispensável observância por parte do leniente. O próprio parágrafo 3º, do art. 16, do mencionado diploma legal alberga tal interpretação, ao dispor que o "acordo de leniência não exime a pessoa jurídica da obrigação de reparar integralmente o dano causado".

E não poderia ser diferente, afinal, conforme já salientado, o acordo de leniência não pode ser entendido como mecanismo de negociação do interesse público em si, mas como limitado meio de negociação das formas de melhor atendê-lo. Dessa maneira, não restam dúvidas acerca da existência de aspectos inegociáveis no bojo do acordo a ser firmado, dentre os quais, sem sombra de dúvidas, a recomposição do patrimônio público violado.

A própria Constituição Federal impõe limitações nesse sentido, afinal a incolumidade do patrimônio público é um valor tão caro ao ordenamento jurídico brasileiro, que a norma fundamental consignou a imprescritibilidade das ações que visam a recomposição de danos causados ao erário público.

Assim, poderão até ser consignadas nas cláusulas insertas no aludido acordo disposições sobre o modo e a forma em que essa recomposição será efetivamente realizada, por exemplo, com o estabelecimento de parcelamento dos valores devidos, mas, ressalte-se, de maneira alguma, poderá implicar a renúncia dos valores correspondentes aos danos causados em razão da prática dos atos lesivos.

Vale também frisar que o acordo de leniência, após a sua celebração, será objeto de exame pelo Tribunal de Contas competente, que poderá, nos termos do art. 71 da Constituição Federal, instaurar procedimento administrativo para apurar prejuízo ao erário, em face da pessoa jurídica celebrante e agentes públicos envolvidos, quando entender que o valor constante no acordo não promove corretamente a indispensável reparação do dano ao patrimônio público.

13.3.4 Formalidades a serem observadas na pactuação do acordo de leniência

A própria LAC delineou os principais aspectos formais a serem observados quando da efetiva elaboração do programa de leniência, a exemplo da designação da autoridade competente para negociação do acordo ou a indicação dos correspondentes requisitos necessários a sua efetiva celebração. Entretanto, cumpre fazer breve menção a alguns aspectos formais de cunho pragmático a serem observados no desenvolvimento do acordo. Tais elementos encontram-se melhor deduzidos no bojo do Decreto nº 8.420/15, em especial nos arts. 28 a 40, que consagrou regras procedimentais orientadas ao fiel cumprimento da Lei.

O acordo de leniência será proposto pela pessoa jurídica, por seus representantes, na forma de seu estatuto ou contrato social, ou por meio de procurador com poderes específicos para tal ato, observado o disposto no art. 26 da LAC. Perceba-se que a iniciativa da proposta deverá partir exclusivamente do ente processado, não podendo jamais o ente processante impor a celebração do acordo. Conforme já salientado, a proposta de acordo de leniência poderá ser feita até a conclusão do relatório final a ser elaborado no PAR, quando suspenderá o decurso do prazo prescricional.

A proposta de celebração de acordo de leniência poderá ser feita de forma oral ou escrita, oportunidade em que a pessoa jurídica proponente declarará expressamente que foi orientada a respeito de seus direitos, garantias e deveres legais e de que o não atendimento às determinações e solicitações da Administração Pública processante durante a etapa de negociação importará a desistência da proposta.

A negociação a respeito da proposta do acordo de leniência deverá ser concluída no prazo de cento e oitenta dias, contados da data de apresentação da proposta, podendo esse prazo ser prorrogado a critério da Administração, caso presentes circunstâncias que a exijam. Conquanto a proposta de celebração do acordo possa ser feita de forma oral, uma vez realizada a manifestação inaugural, todos os demais andamentos devem ser formalizados por meio escrito, a exemplo de um memorando de entendimentos.

O acordo de leniência estipulará as condições para assegurar a efetividade da colaboração e o resultado útil do processo, do qual constarão cláusulas e obrigações que, diante das circunstâncias do caso concreto, reputem-se necessárias. Nesse sentido, o acordo conterá cláusulas que versem sobre o cumprimento das obrigações necessárias à elucidação do feito, a exemplo da confissão e fornecimento de informações, documentos e elementos que comprovem a infração administrativa; da expressa menção à possibilidade de perda dos benefícios pactuados, em caso de descumprimento do acordo; da natureza de título executivo extrajudicial do instrumento do acordo; entre outras disposições.

Caso o acordo não venha a ser celebrado, os documentos apresentados durante a negociação serão devolvidos, sem retenção de cópias, à pessoa jurídica proponente e será vedado seu uso para fins de responsabilização, exceto quando a Administração Pública tiver conhecimento deles independentemente da apresentação da proposta do acordo de leniência.

Por fim, no âmbito do Poder Executivo Federal, uma vez proposto o acordo de leniência, a Controladoria-Geral da União poderá requisitar os autos de processos administrativos em curso em outros órgãos ou entidades da Administração Pública Federal relacionados aos fatos que são objeto do acordo.

13.3.5 Resultados e efeitos decorrentes do acordo de leniência

A própria LAC estabelece que da colaboração pactuada deverá resultar necessariamente a identificação dos envolvidos na infração e a obtenção célere de informações e documentos que comprovem o ilícito sob apuração. Em contrapartida a essa relevante colaboração, uma vez cumprido integralmente o acordo pela pessoa jurídica leniente, serão declarados em seu favor, nos termos previamente firmados no instrumento negocial, um ou mais dos seguintes efeitos, proporcionais ao nível de colaboração obtido: i) isenção da publicação extraordinária da decisão administrativa sancionadora; ii) isenção da proibição de receber incentivos, subsídios, subvenções, doações ou empréstimos de órgãos ou entidades públicos e de instituições financeiras públicas ou controladas pelo Poder Público; iii) redução do valor final da multa aplicável; ou iv) isenção ou atenuação das sanções administrativas previstas nos diplomas legais que versam sobre licitações e contratos administrativos.

Cumpre salientar que os efeitos do cumprimento do acordo de leniência poderão ser estendidos às pessoas jurídicas que integrarem o mesmo grupo econômico, de fato e de direito, desde que tenham firmado o acordo em conjunto, respeitadas as condições nele estabelecidas. Afinal, em razão da própria coerência do sistema de responsabilização inaugurado pela LAC, se todas essas sociedades empresariais poderão ser solidariamente responsáveis pela prática de atos lesivos à Administração Pública nacional ou estrangeira, faz-se necessário admitir que os efeitos do ato administrativo consensual possam também ser estendidos a cada uma delas que firmam o acordo em conjunto.

Outro relevante efeito decorrente do programa de leniência é a interrupção do prazo prescricional dos atos ilícitos, nos termos do parágrafo 9º, do art. 16, da Lei nº 12.846/13.

Assim, uma vez formalizado o acordo, o prazo iniciado volta a correr novamente em sua integralidade, de forma a possibilitar o prosseguimento da apuração, especialmente nos casos de descumprimento das cláusulas então negociadas.

13.3.6 Rejeição e desistência do acordo de leniência

Como uma variante inerente a todas as formas de pactuação de interesses contrapostos, não se pode descartar a real possibilidade de que o acordo reste frustrado, seja pela fundada divergência entre as partes na pactuação das cláusulas contratuais, seja pela posterior visualização de impossibilidade do estrito cumprimento dos termos em acerto.

Em razão do caráter flutuante da negociação, a própria LAC houve por bem contemplar a possibilidade de rejeição do acordo pela Administração Processante, dispondo que "não importará em reconhecimento da prática do ilícito investigado a proposta do acordo de leniência rejeitado". Percebe-se que a Lei somente cuidou de disciplinar a hipótese em que a negativa da pactuação parte diretamente do ente processante, entretanto, não se deve desconsiderar que a abstenção pode partir de decisão sopesada pelo ente processado, situação que, em regra, considerando o caráter bilateral do programa de leniência, devem ser observados os efeitos inerentes à rejeição.

Versando de maneira mais específica sobre o tema, o decreto regulamentador, em seu art. 34, dispôs que a "pessoa jurídica proponente poderá desistir da proposta de acordo de leniência a qualquer momento que anteceda a assinatura do referido acordo". A limitação temporal ao exercício do direito de desistência da proposta é razoável e encontra guarida no sistema jurídico pátrio, a exemplo da regra inserta no art. 122 do Código Civil, de aplicação analógica ao acordo de leniência, segundo a qual são defesas as condições que sujeitam os efeitos do negócio jurídico ao puro arbítrio de uma das partes. Vale salientar, aliás, que tanto na possibilidade de rejeição quanto de desistência encontram-se as partes vinculadas ao princípio da boa-fé objetiva, impondo-se a observância de certos padrões de lealdade e honestidade no curso da formação do acordo.

Por fim, em ambas as hipóteses, rejeição e desistência, os documentos apresentados durante a negociação serão devolvidos, sem retenção de cópias, à pessoa jurídica proponente e será vedado seu uso para fins de responsabilização, exceto quando a Administração Pública tiver conhecimento deles independentemente da apresentação da proposta do acordo de leniência.

13.3.7 Acordo de leniência e publicidade

Estabelece a LAC, no parágrafo 6º, do art. 16, que "a proposta do acordo de leniência somente se tornará pública após a efetivação do respectivo acordo, salvo no interesse das investigações e do processo administrativo". Percebe-se, dessa maneira, que significativa etapa do acordo se manterá sob o crivo da sigilosidade, que se faz necessário para fins de proporcionar ambiente seguro e previsível aos entes interessados em delatar a conduta infracional, preservando-os, ainda, de possíveis pressões e repercussões negativas perante os demais infratores e ao próprio meio social e empresarial em que se encontram inseridos.

Nesse sentido, a proposta de celebração do acordo de leniência receberá tratamento sigiloso e o acesso ao seu conteúdo será necessariamente restrito aos servidores especificamente designados pela autoridade competente para participar da negociação. Por isso, recomenda-se que tal designação recaia sobre os servidores públicos efetivos, devendo-se, ainda assim, ser formalizado *compromisso de confidencialidade* com aqueles que venham a participar da negociação, imputando-se, inclusive, responsabilidade funcional em caso de vazamento de informações.

Há quem veja com preocupação a ressalva legalmente consignada em relação ao interesse da investigação e do processo administrativo, sob o entendimento de que, nesses casos, a informação fornecida já poderia ser aproveitada e divulgada no interesse da apuração, causando ambiente instável e pouco consentâneo ao estabelecimento do acordo. Nesse sentido, por exemplo, se manifesta Caroline Sanselme Vieira:

> O acordo de leniência ainda tem outros pontos que precisam ser esclarecidos para que a comunidade empresarial sinta-se mais segura para delatar. Como, por exemplo, a questão do sigilo, a lei estabelece que a proposta de um acordo de leniência terá caráter confidencial, salvo no interesse das investigações e do processo administrativo. Essa última parte do dispositivo não assegura ao delator que as informações não serão divulgadas; ao contrário, abre a possibilidade da proposta tornar-se pública se a autoridade entender que a publicidade é do interesse da investigação ou do processo administrativo aberto ou para ser aberto.

> Dessa forma, a divulgação das informações poderia ocorrer antes mesmo da assinatura do acordo com a autoridade, ou seja, antes mesmo da parte interessada obter a garantia da diminuição ou extinção da pena. Ressalta-se que o caráter da confidencialidade é muito importante, pois as empresas ou pessoas físicas que estão delatando os co-infratores podem correr sérios riscos de retaliação comercial e até pessoal.[233]

Enxerga-se na ressalva legal situação diversa. A exceção legal não está por permitir a quebra de sigilo da proposta de acordo quando houver interesse das investigações ou do processo administrativo, afinal, nos próprios termos do art. 35 do Decreto nº 8.420/15, caso o acordo não venha a ser celebrado, os documentos apresentados durante a negociação serão devolvidos, sem retenção de cópias, à pessoa jurídica e será "vedado seu uso para fins de responsabilização", exceto quando a Administração tiver conhecimento deles independentemente da apresentação da proposta do acordo de leniência.

Na verdade, a ressalva legal abre a possibilidade de manutenção do caráter sigiloso da negociação, mesmo após a efetivação do respectivo acordo, sempre que a publicidade puder causar consequências negativas ao curso das investigações e do respectivo processo administrativo sancionador. O entendimento em tela encontra, inclusive, guarida na interpretação sistemática do próprio diploma legal. Assim, ao disciplinar a inserção de informações no Cadastro Nacional de Empresas Punidas – CNEP, o art. 22 da LAC estabeleceu que as autoridades competentes deverão cadastrar as informações acerca do acordo de leniência no aludido banco de dados, logo após a efetivação do respectivo acordo, "salvo se esse procedimento vier a causar prejuízo às investigações e ao processo administrativo".

Em resumo: enquanto em curso as negociações do acordo, deve-se resguardar o seu integral caráter sigiloso. Superada essa fase negocial e concretizando-se a formalização do acordo de leniência, deverá ser dada ampla publicidade aos termos do acordo, inclusive com a inserção das informações correspondentes no CNEP, salvo se a divulgação puder causar reais prejuízos às investigações ou processo administrativo, postergando-se a publicidade para outro momento oportuno.

Vale consignar que a publicidade do ato também poderá sofrer relativa mitigação em relação à divulgação de informações protegidas por outras formas de sigilo, a exemplo de

---

[233] VIEIRA, Caroline Sanselme. O primeiro acordo de leniência firmado no Brasil. *Revista de Direito Internacional e Econômico*, ano III, n. 11, p. 97, 2005.

informações bancárias e fiscais, que devem ficar restritas às partes interessadas do processo. Assim também em relação às informações de estratégia empresarial. Nesse sentido, aliás, restou consignado no art. 39 do Decreto Federal nº 8.420/15 que a autoridade competente para pactuar o acordo "manterá restrito o acesso aos documentos e informações comercialmente sensíveis da pessoa jurídica signatária do acordo de leniência".

13.3.8 Acordo de leniência e boa-fé objetiva

Considerando a índole em certa medida negocial do acordo de leniência, ou, então, do seu caráter de ato administrativo bilateral ou consensual, não deve haver dúvidas sobre a possibilidade de incidência direta do princípio da boa-fé objetiva nas disposições legais e contratuais que regem o aludido negócio jurídico.

A boa-fé objetiva, cuja disciplina teórica e normativa foi inicialmente desenvolvida no âmbito do Direito Privado, descortina o dever das partes que compõem uma determinada relação jurídica de agir de acordo com padrões comportamentais pautados pela ética, honestidade, sinceridade, lealdade, transparência e mútua cooperação, de forma a garantir a existência de um ambiente isento de desvios de finalidades e comportamentos abusivos ou contraditórios. Em resumo, impõe-se a ambas as partes da relação jurídica o dever de agir conforme o comportamento esperado pelo Direito, e por isso sujeito a uma análise de ordem objetiva (a conformidade ou não da conduta com o ordenamento jurídico, independentemente da intenção ou estado de consciência desses sujeitos).

Muito embora o tema estivesse inicialmente associado a clássicos institutos do ordenamento civilista, a doutrina brasileira[234] passa a sustentar a positivação da boa-fé como uma modalidade de princípio geral do direito implícito, deduzido do sistema de valores consagrados pela Lei Magna, em especial dos postulados constitucionais da dignidade da pessoa humana, solidariedade social, segurança jurídica e moralidade administrativa.

Assim, considerando que a boa-fé objetiva pode ser extraída da própria Constituição Federal, especialmente, no que concerne ao Direito Administrativo, em razão do princípio da moralidade, deve-se reconhecer sua incidência sobre a própria Administração Pública, pautando, portanto, as condutas e comportamentos levados a efeito por seus órgãos e entidades. Nesse sentido, Celso Antônio Bandeira de Mello, com fundamento na doutrina espanhola de Jesús Gonzáles Péres, defende que o princípio da moralidade ampara os princípios da lealdade e boa-fé, imprimindo, assim, o estabelecimento de padrões de comportamentos adequados e confiáveis por parte do ente público:

> Princípio da moralidade administrativa: De acordo com ele, a Administração e seus agentes têm de atuar na conformidade de princípios éticos. Violá-los implicará violação ao próprio Direito, configurando ilicitude que sujeita a conduta viciada a invalidação, porquanto tal princípio assumiu foros de pauta jurídica, na conformidade do art. 37 da Constituição. Compreende-se em seu âmbito, como é evidente, os princípios da lealdade e da boa-fé, tão oportunamente encarecidos pelo mestre espanhol Jesús Gonzáles Péres em monografia preciosa. Segundo os cânones da lealdade e da boa-fé, a administração haverá de proceder em relação aos administrados com sinceridade e lhaneza, sendo-lhe interdito qualquer comportamento astucioso, eivado de malícia, produzido de maneira a confundir, dificultar ou minimizar o exercício de direitos por parte dos cidadãos.[235]

---

[234] Nesse sentido: MARQUES, Cláudia Lima. *Contratos no Código de Defesa do Consumidor*. 4. ed. Revista dos Tribunais, 2002. p. 417.

[235] BANDEIRA DE MELLO, Celso Antônio, *op. cit.*, p. 109.

Percebe-se, portanto, que boa-fé objetiva e moralidade administrativa guardam estreitas relações, estando hoje consignado nas linhas da melhor doutrina que o princípio insculpido no *caput* do art. 37, da Constituição Federal, contempla duas distintas dimensões: uma inserida na perspectiva subjetiva da moralidade administrativa, sob o binômio probidade-honestidade; a outra inserida na perspectiva objetiva, sob o binômio boa-fé-lealdade. Sobre o entendimento vale registrar as lições de José Guilherme Giacomuzzi:

> Enquanto princípio jurídico, a moralidade também contém um aspecto objetivo (pouco explorado) e outro subjetivo.
>
> No primeiro, que é em verdade o mais fecundo campo de aplicação da moralidade, ela veicula a boa-fé objetiva no campo do direito público-administrativo, exigindo um comportamento positivo da Administração e impondo deveres de conduta transparente e leal. A inação administrativa pode, examinado o caso concreto, gerar ao cidadão o direito subjetivo público a prestações do Poder Público ou a indenizações. A proteção à confiança legítima dos administrados é seu principal desdobramento, não havendo, em princípio, óbice para o aproveitamento dos institutos decorrentes da boa-fé objetiva desenvolvida no campo jurídico-privado aos domínios do direito público subjetivo.[236]

O princípio da boa-fé objetiva encontra guarida também no campo do princípio da segurança jurídica, sob a perspectiva da *proteção à confiança*, relevante aspecto da segurança jurídica elucidado em consagrado estudo produzido pelo professor Almiro do Couto e Silva,[237] segundo a qual se deve tutelar a legítima expectativa criada no administrado em razão de condutas e atos produzidos pelo próprio Poder Público, coibindo-se postura incoerente ou desleal.

Exposto o esteio constitucional a sustentar a aplicabilidade da boa-fé nas relações jurídico-administrativas, vale consignar que na seara do processo administrativo o princípio da boa-fé objetiva encontra-se hoje expressamente positivado no bojo da Lei nº 9.784/99, que assim dispõe:

> Art. 2º A Administração Pública obedecerá, dentre outros, aos princípios da legalidade, finalidade, motivação, razoabilidade, proporcionalidade, moralidade, ampla defesa, contraditório, segurança jurídica, interesse público e eficiência.
>
> Parágrafo único. Nos processos administrativos serão observados, entre outros, os critérios de:
>
> IV - atuação segundo padrões éticos de probidade, decoro e boa-fé;
>
> [...]
>
> Art. 4º São deveres do administrado perante a Administração, sem prejuízo de outros previstos em ato normativo:
>
> II - proceder com lealdade, urbanidade e boa-fé;

---

[236] GIACOMUZZI. José Guilherme, *op. cit.*, p. 308-309.

[237] COUTO E SILVA, Almiro do. O princípio da segurança jurídica (proteção à confiança) no Direito Público Brasileiro e o Direito da Administração Pública de anular seus próprios atos administrativos: o prazo decadencial do art. 54 da lei do processo administrativo da União (Lei nº 9.785/99). *Revista Eletrônica de Direito do Estado*, Salvador, n. 2, 2005. Disponível em: <http://www.direitodoestado.com.br>. Acesso em: 25 jul. 2013.

Em razão da aplicação subsidiária do diploma geral de processo administrativo às leis que disciplinam processos administrativos sancionadores, inegável reconhecer a direta incidência do dispositivo supra no âmbito do PAR, em especial no que concerne ao acordo de leniência, que tem na boa-fé mútua entre as partes acordantes um dos seus principais pilares de sustentação. Conforme já consignado, a lisura e a objetividade da atuação do órgão processante serão de fundamental importância ao incentivo às delações, conferindo ao infrator segurança jurídica para confessar o ilícito, sem receio da ocorrência de arbitrariedades pelo Poder Público.

A boa-fé objetiva no âmbito do acordo de leniência deve comportar, inclusive, a observância dos efeitos dela decorrentes, conhecidos doutrinariamente como deveres anexos ou acessórios, tais como dever de transparência e informação; dever de lealdade e vedação do comportamento contraditório; dever de cooperação; dever de proteção, entre outros assim relacionados.

Sobre a incidência do dever de transparência no curso do acordo de leniência, assim se manifesta Ibrahim Acácio Espírito Sobral:

> É preciso que a conduta da agência seja transparente, transmitindo a segurança e confiança necessárias à participação no programa. Se potenciais candidatos à leniência não tiverem previsibilidade e clareza na contrapartida governamental, a chance de delação certamente diminuirá. A transparência deve se fazer presente em todas as etapas do processo, desde a negociação, passando pela celebração do acordo, até chegar na aplicação do perdão e/ou multas mais brandas. A agência encarregada do programa deverá, outrossim, envidar seus maiores esforços para tornar público a política de leniência que vem sendo adotada.[238]

A importância do tema é tão concreta, que o princípio da boa-fé objetiva inspirou claramente o legislador da LAC na elaboração de diversos dispositivos atinentes ao acordo de leniência, pautando o comportamento da Administração Pública e também do particular. Assim, por exemplo, ao dispor que a proposta de acordo de leniência rejeitada não importará em reconhecimento da prática do ilícito, busca-se tutelar o ditame de proteção à confiança e a vedação ao comportamento contraditório, afinal o particular não pode ter sua situação jurídica agravada em razão da tentativa legítima de colaboração. Ao seu turno, ao dispor que a celebração do acordo de leniência interrompe o prazo prescricional dos ilícitos em apuração, ganha relevo a incidência do dever de cooperação, não podendo o particular se valer do instituto negocial com o objetivo escuso de minar o regular desenvolvimento do processo.

Também o decreto regulamentador acomoda disposições que decorrem do princípio da boa-fé objetiva. Assim, por exemplo, ao dispor, em seu art. 35, que, caso o acordo não venha a ser celebrado, os documentos apresentados durante a negociação serão devolvidos, sem retenção de cópias, à pessoa jurídica proponente e será vedado seu uso para fins de responsabilização, exceto quando a Administração tiver conhecimento deles independentemente da apresentação da proposta do acordo de leniência, intenta-se, uma vez mais, tutelar o dever de lealdade e vedação do comportamento contraditório.

A não observância do dever de boa-fé objetiva implicará repercussões na situação jurídica de ambas as partes integrantes da relação processual. Quando houver desrespeito ao ditame da boa-fé por parte do ente processante, deverá ser reconhecida a nulidade das

---

[238] SOBRAL, Ibrahim Acácio Espírito, *op. cit.*, p. 139.

provas eventualmente coletadas, aplicando-se o mesmo raciocínio que pauta a teoria das provas ilícitas, sem desconsiderar, também, a possibilidade de responsabilidade extra-contratual da Administração Pública em razão de danos porventura causados, como, por exemplo, a divulgação de informações protegidas por sigilo comercial, ou, até mesmo, danos causados à imagem do ente processado, tudo de acordo com o art. 37, parágrafo 6º, da Constituição Federal. Já quando a violação ao instituto em tela provier de conduta ou omissão imputável ao ente processado, a própria LAC cuidou de regular a situação, dispondo que em caso de descumprimento do acordo de leniência, a pessoa jurídica ficará impedida de celebrar novo acordo pelo prazo de três anos, contados do conhecimento do referido descumprimento.

13.3.9 Acordo de leniência e atos lesivos cometidos contra a Administração Pública estrangeira

Uma vez que a Lei Anticorrupção admite a responsabilização de empresas brasi-leiras pela prática de atos lesivos à Administração Pública estrangeira, em igual medida contemplou a possibilidade de formalização do acordo de leniência no curso do PAR que tenha por objeto a apuração dos ilícitos transnacionais. Nesse sentido, deve-se empregar todo regramento jurídico legalmente estabelecido, conforme observações já delineadas.

A grande peculiaridade diz respeito à autoridade competente para tanto, cabendo à Controladoria-Geral da União a competência exclusiva para celebrar o aludido acordo. E não poderia ser diferente, afinal detém o relevante órgão de controle federal competência exclusiva para apuração dos ilícitos transnacionais, nos termos do art. 9º, da Lei nº 12.846/13.

13.3.10 Acordo de leniência e ação de improbidade administrativa

No sentido de reforçar o valor da segurança jurídica e tornar mais atrativa a ce-lebração do acordo de leniência, faz-se menção a importante alteração introduzida pela MP nº 703/15, consistente na revogação expressa de dispositivo da Lei nº 8.429/92, a Lei de Improbidade Administrativa, que vedava a transação, acordo ou conciliação nas ações destinadas à apuração da prática de ato de improbidade. Essas mudanças permitem que o acordo de leniência seja celebrado com a participação do Ministério Público e da Advocacia Pública, conferindo maior estabilidade ao ambiente de negociação dos termos do acordo, considerando, especialmente, os reflexos da pactuação nas esferas administrativa e civil, pois impede, por exemplo, que ocorra o ajuizamento de ações cíveis e de improbidade administrativa contra a empresa pelo mesmo fato objeto do acordo de leniência (art. 16, parágrafo 11).

Percebe-se, inclusive, que tais modificações alinham-se ao novo marco regulatório da atuação consensual da Administração Pública (Lei nº 13.140/15), que, ao prever mecanismos de autocomposição de conflitos no âmbito da administração, estabeleceu a possibilidade de conciliação mesmo nas hipóteses em que a matéria objeto do litígio esteja sendo dis-cutida em ação de improbidade administrativa ou sobre ela haja decisão do Tribunal de Contas da União, dependendo para tanto da anuência expressa do juiz da causa ou do ministro relator (art. 36, parágrafo 4º). Tais mudanças, no sentido de harmonizar a atuação dos diversos órgãos públicos com competência sancionadora, muito se aproximam das alterações inseridas no programa norte-americano de leniência na década de 90, e que representaram momento crucial no processo de consolidação do acordo de leniência como um dos principais instrumentos de combate a desvios praticados por entes empresariais.

Inobstante a perda de eficácia do aludido ato normativo, no campo prático, a participação do Ministério Público e dos órgãos da Advocacia Pública se apresentará como medida quase impositiva, aliás, conforme já mencionado, um dos pilares de sucesso da celebração do acordo de leniência é justamente a transparência e previsibilidade da atuação do Poder Público, de maneira que interessará a ambas as partes uma resolução global de todas as implicações decorrentes do ato de corrupção.[239]

13.3.11 Acordo de leniência e imunidade penal

Um dos pontos que mais têm fundamentado críticas à efetividade do modelo de leniência contemplado na LAC diz respeito à ausência de garantias do delator em relação às repercussões jurídicas da infração administrativa na seara criminal. Da simples leitura dos atos lesivos constantes do art. 5º do mencionado diploma legal, pode-se perceber que tais condutas encontram-se tipificadas como ilícitos de natureza também penal, a exemplo do crime de corrupção ativa (art. 333 do Código Penal) e crimes contra as licitações e contratos, (Capítulo IV da Lei nº 8.666/93). Muito embora não se admita, em regra, a responsabilidade penal de pessoas jurídicas, não há dúvidas sobre a responsabilização penal de pessoas físicas pelos ilícitos praticados no interesse direto de pessoas jurídicas.

Nesse aspecto, visualiza-se verdadeiro retrocesso em relação ao modelo de programa de leniência contemplado na Lei nº 12.529/11, que versa sobre a prevenção e repressão às infrações contra a ordem econômica, dispondo expressamente sobre a participação de pessoas físicas no âmbito do acordo de leniência e sobre a possibilidade de extinção de punibilidade dos crimes confessados:

> Art. 86. O Cade, por intermédio da Superintendência-Geral, poderá celebrar acordo de leniência, com a extinção da ação punitiva da administração pública ou a redução de 1 (um) a 2/3 (dois terços) da penalidade aplicável, nos termos deste artigo, com *pessoas físicas* e *jurídicas* que forem autoras de infração à ordem econômica, desde que colaborem efetivamente com as investigações e o processo administrativo e que dessa colaboração resulte:
>
> [...]
>
> Art. 87. Nos crimes contra a ordem econômica, tipificados na Lei nº 8.137, de 27 de dezembro de 1990, e nos demais crimes diretamente relacionados à prática de cartel, tais como os tipificados na Lei nº 8.666, de 21 de junho de 1993, e os tipificados no art. 288 do Decreto-Lei nº 2.848, de 7 de dezembro de 1940 – Código Penal, a celebração de acordo de leniência, nos termos desta Lei, determina a suspensão do curso do prazo prescricional e impede o oferecimento da denúncia com relação ao agente beneficiário da leniência.
>
> Parágrafo único. Cumprido o acordo de leniência pelo agente, extingue-se automaticamente a punibilidade dos crimes a que se refere o caput deste artigo (Lei nº 12.529/11, art. 86, grifo nosso).

---

[239] Nesse sentido, vale mencionar acordo de leniência firmado entre Ministério Publico Federal e uma das empresas investigadas no âmbito da "Operação Lava Jato", que, partindo de uma interpretação sistemática do microssistema jurídico anticorrupção, superou a ausência de previsão legal específica para esse tipo de atuação do *parquet* federal, para formalizar o ato negocial, tendo em vista a necessidade de conferir maior efetividade às persecuções criminais e cíveis correspondentes.

Não há dúvidas de que a falta de previsão expressa sobre a participação de pessoas físicas no curso da negociação e sobre a correspondente possibilidade de extinção da punibilidade dos crimes então relacionados descortina ambiente de insegurança e incerteza em relação à real extensão do acordo de leniência, fragilizando o juízo acerca da sua exata utilidade. Perceba que a possibilidade de extinção da punibilidade penal é uma das marcas mais características do modelo de acordo de leniência adotado na grande maioria dos países, inclusive nos EUA, reconhecido berço da dinâmica do *plea bargain*.

Inobstante tal constatação, não se deve desconsiderar de forma peremptória a possibilidade de repercussões do acordo de leniência na seara de responsabilização criminal, a exemplo da suspensão condicional do processo criminal ou, mesmo, a extinção de punibilidade. Uma opção viável nesse sentido é a participação dos órgãos de persecução criminal no bojo da negociação em curso, em especial o Ministério Público. Ou seja, o órgão competente pela responsabilização administrativa deveria orquestrar a participação conjunta e efetiva do órgão ministerial na elaboração das cláusulas a serem observadas pelo delator, fazendo constar, dessa maneira, os efeitos da negociação na seara de responsabilização criminal.

A mencionada opção demandará, indiscutivelmente, uma maturidade institucional entre os órgãos detentores da competência para responsabilização administrativa e criminal, no sentido de viabilizar atuação harmônica e concatenada entre eles. Veja que a defendida atuação conjunta não é novidade no cenário jurídico brasileiro, uma vez que, mesmo no sistema de defesa da concorrência, em que não há previsão legal da necessária participação de órgãos de persecução criminal no acordo de leniência para produção de feitos penais, tem sido usual a atuação conjunta entre o Conselho Administrativo de Defesa Econômica – CADE e os órgãos do Ministério Público.

Ainda assim, espera-se que tempestiva alteração legislativa seja realizada no sentido de prever expressamente as relevantes repercussões do acordo de leniência na seara da responsabilização criminal, com expressa previsão sobre a suspenção do processo e posterior extinção da punibilidade delitiva, promovendo-se, dessa maneira, ambiente mais seguro e previsível para elaboração do programa transacional. A título de informação, registra-se que se encontra em curso no Congresso Nacional projeto de lei que propõe alterações pontuais à redação original da LAC, estando previsto, por conseguinte, que o acordo de leniência poderá abranger, em relação às pessoas físicas signatárias, as sanções penais decorrentes da prática do ato.[240]

13.3.12 Acordo de leniência e atuação do Tribunal de Contas

Tema que tem suscitado acalorados debates acerca do regular desenvolvimento do acordo de leniência diz respeito ao momento e oportunidade em que a atuação dos Tribunais de Contas se fará necessária. O legislador, quando da redação inicial da Lei Anticorrupção, não incluiu os Tribunais de Contas no processo de apuração de responsabilidade e sancionamento de pessoas jurídicas pela prática dos atos lesivos, inclusive no tocante à elaboração e celebração de acordos de leniência. Vale frisar que a ausência de remissão nominal ao relevante órgão de controle externo não teria o condão de prejudicar o regular exercício de suas competências, cuja matriz deriva diretamente do texto constitucional.

---

[240] O PL nº 3.636/2015 propõe a inserção de parágrafo único ao art. 30 da Lei nº 12.846/13, nos seguintes termos: "Parágrafo único. O acordo de leniência, quando celebrado em conjunto com órgãos do Ministério Público com atribuição para exercer a ação penal e a ação de improbidade pelos mesmos fatos, poderá abranger, em relação às pessoas físicas signatárias, as sanções penais e por improbidade decorrentes da prática do ato".

Ante a ausência de menção específica à atuação da corte de contas, o Tribunal de Contas da União expediu a Instrução Normativa nº 74/2015, tornando obrigatória a submissão prévia, ao próprio TCU, dos acordos de leniência celebrados no âmbito da Administração Pública federal pela Controladoria-Geral da União, consignando que caberia ao Tribunal o dever de fiscalizar a celebração de acordos de leniência desde a manifestação da pessoa jurídica interessada em cooperar com a apuração de ilícitos até a avaliação dos resultados obtidos com a avença. Coloca-se em destaque o art. 1º do aludido normativo:

> Art. 1º A fiscalização dos processos de celebração de acordos de leniência inseridos na competência do Tribunal de Contas da União, inclusive suas alterações, será realizada com a análise de documentos e informações, por meio do acompanhamento das seguintes etapas:
>
> I – manifestação da pessoa jurídica interessada em cooperar para a apuração de atos ilícitos praticados no âmbito da administração pública;
>
> II – as condições e os termos negociados entre a administração pública e a pessoa jurídica envolvida, acompanhados por todos os documentos que subsidiaram a aquiescência pela administração pública, com inclusão, se for o caso, dos processos administrativos específicos de apuração do débito;
>
> III – os acordos de leniência efetivamente celebrados, nos termos do art. 16 da Lei nº 12.846/2013;
>
> IV – relatórios de acompanhamento do cumprimento dos termos e condições do acordo de leniência;
>
> V – relatório conclusivo contendo avaliação dos resultados obtidos com a celebração do acordo de leniência.
>
> §1º Em cada uma das etapas descritas nos incisos I a V, o Tribunal irá emitir pronunciamento conclusivo quanto à legalidade, legitimidade e economicidade dos atos praticados, respeitando a salvaguarda do sigilo documental originalmente atribuído pelo órgão ou entidade da administração pública federal (Instrução Normativa nº 74/15, art. 1º).

O normativo unilateralmente editado pelo TCU estabelece rito complexo e intricado, com a adoção de trâmite que não condiz com a realidade negocial que é ínsita aos acordos de leniência, representando significativa morosidade ao curso da negociação, com a consequente diminuição do estímulo à leniência. Basta imaginar que, nos termos em que propostos, a mera manifestação da pessoa jurídica interessada em cooperar com a apuração dos ilícitos, ato jurídico pré-negocial, deveria ser submetida a julgamento do órgão plenário do TCU, apreciação que constituiria, inclusive, condição necessária para eficácia dos atos subsequentes.

Consoante a redação da instrução normativa em espeque, a atuação da corte de contas federal abarcaria todas as fases de desenvolvimento da celebração do acordo de leniência, inclusive as fases meramente propositivas. Entretanto, constata-se que nem a Constituição Federal nem a Lei Orgânica do TCU, Lei nº 8.443, de 16 de julho de 1992, trazem uma menção sequer a acordos de leniência e à forma de participação do TCU. Sobre algumas das inconsistências do aludido normativo, a professora de Direito Constitucional da UERJ, Ana Paula de Barcellos, consignou a seguinte observação:

> [...] os acordos de leniência eventualmente celebrados pela CGU, no âmbito da Administração Pública Federal, não são, em si, atos que envolvam a utilização de recursos públicos federais. Trata-se de ato administrativo de outra natureza — sancionadora, provavelmente — não se enquadrando dentre aqueles, nos termos da Constituição, que cabe ao Tribunal de Contas

rever e menos ainda aprovar previamente. Há muitas instâncias na Administração Pública nas quais são aplicadas sanções a particulares (inclusive pecuniárias), não se cogitando da atribuição do Tribunal de Contas no particular. Assim, a competência prevista na IN não parece decorrer naturalmente das atribuições constitucionais do TCU.[241]

A competência do controle externo prevista no art. 70 da Constituição Federal de análise da legalidade, legitimidade e economicidade refere-se à fiscalização contábil, financeira, orçamentária, operacional e patrimonial da União e das entidades da Administração direta e indireta. Também, em nenhum dos dispositivos que preenchem o conteúdo normativo do art. 71 da Carta Magna, matriz constitucional das competências da corte de contas, pode-se extrair o entendimento de que o TCU possui competência para analisar o mérito de ato administrativo no âmbito do exercício de competência sancionadora de autoridade administrativa. Esse é inclusive o entendimento consolidado na jurisprudência do próprio órgão de controle externo:

> 4. Não é competente o Tribunal de Contas da União, jurisdição constitucional especializada, para determinar diretamente a instauração ou para controlar resultados de sindicâncias ou de procedimentos administrativos disciplinares, porquanto tais poderes não se subsomem às competências constitucionais e legais de que é detentor. A omissão ilegal da autoridade competente resolve-se no âmbito da própria Administração ou no Judiciário.
>
> 5. O Tribunal de Contas da União pode determinar à autoridade administrativa que apure indícios de irregularidades cuja fiscalização esteja prevista nas competências desta Corte.[242]

Vale destacar que o acordo de leniência no âmbito do PAR não elide de forma alguma a necessidade de reparação integral do dano, afinal, nos exatos termos do parágrafo 3º, do art. 16, da LAC, "o acordo de leniência não exime a pessoa jurídica da obrigação de reparar integralmente o dano causado". Portanto, as competências para instauração de tomadas de contas especiais pelo TCU continuam mantidas, com base no art. 8º, parágrafo 1º, da Lei nº 8.443, de 16 de julho de 1992. Assim, não há qualquer prejuízo nem ataque às competências do TCU.

No sentido de imprimir maior segurança jurídica ao curso do acordo de leniência no âmbito do PAR, a MP nº 703/15 consignava que o ato administrativo negocial "depois de assinado será encaminhado ao respectivo Tribunal de Contas, que poderá, nos termos do inciso II do art. 71 da Constituição Federal, instaurar procedimento administrativo contra a pessoa jurídica celebrante, para apurar prejuízo ao erário, quando entender que o valor constante do acordo não atende o disposto no parágrafo 3º: "Apesar da perda de eficácia do ato normativo em espeque, o tratamento conferido à participação do TCU nos acordos de leniência alinhava-se ao texto constitucional com a manutenção das competências da Corte de Contas nele previstas, de modo que sua *ratio* permanece inalterada".

Vale frisar que nada impede que, por meio de uma atuação harmônica entre os órgãos com competência para celebrar o acordo de leniência, a exemplo da CGU e do MPF, seja

---

[241] BARCELLOS, Ana Paula de. Submissão de acordos de leniência ao TCU necessita de esclarecimentos. *Revista Consultor Jurídico*, 23 fev. 2015. Disponível em: <http://www.conjur.com.br/2015-fev-23/ana-barcellos-submissao-acordos-leniencia-tcu-gera-duvidas>. Acesso em: 21 mar. 2015.

[242] TCU – Acórdão Nº 290612009 – Plenário.

o Tribunal de Contas instado a se manifestar, mesmo nas fases antecedentes à celebração do acordo, acerca de eventuais prejuízos patrimoniais causados pelo ente processado. Ao contrário, o postulado da segurança jurídica recomenda a atuação concatenada de todos esses relevantes órgãos. O que não se admite, por afronta a esse mesmo valor constitucional, é a interferência unilateral de um órgão público em processo administrativo alheio às suas competências legais e constitucionais.

CAPÍTULO XIV

14 Medidas cautelares administrativas

O presente capítulo tem por escopo analisar o regime jurídico das medidas acautelatórias no âmbito do Processo Administrativo de Responsabilização. Nesse sentido, busca-se analisar a aplicabilidade e abrangência do instituto processual de acordo com o arcabouço normativo de regência, a práxis administrativa e o entendimento jurisprudencial dos tribunais.

Sem pretensão de esgotar o assunto, a análise em espeque abordará aspectos conceituais da tutela cautelar no Direito Processual, suas modalidades e espécies; seus princípios reitores; as peculiaridades existentes no rito processual administrativo e, em especial, os requisitos necessários ao seu deferimento à luz da legislação vigente.

14.1 Medida cautelar no processo administrativo sancionador

A aplicabilidade de medidas cautelares encontra-se intrinsecamente relacionada ao desenvolvimento do processo, seja ele de que natureza for, judicial ou administrativo. É de se notar que a tutela cautelar é um instrumento de garantia processual, tendo por finalidade assegurar a efetividade de um determinado provimento a ser produzido como resultado final de um processo.

Conforme definição proposta por Humberto Theodoro Júnior, a medida cautelar pode ser definida como:

> A providência concreta tomada pelo órgão competente para eliminar uma situação de perigo para direito ou interesse de um litigante, mediante conservação de estado de fato ou de direito que envolve as partes, durante todo o tempo necessário para o desenvolvimento do processo principal.[243]

Com fundamento na doutrina de Galeno Lacerda, Alexandre Freitas Câmara[244] informa que as medidas cautelares podem ser classificadas quanto à sua finalidade em *medidas de segurança quanto à prova*, como a produção antecipada de provas; e *medidas de*

---

[243] THEODORO JÚNIOR, Humberto. *Curso de direito processual civil*. 34. ed. Rio de Janeiro: Forense, 2003. p. 363 (v. II).

[244] LACERDA, Galeno *apud* CÂMARA, Alexandre Freitas. *Lições de direito processual civil*. 20. ed. São Paulo: Atlas, 2012. v. 3, p. 32.

segurança quanto aos bens, como o arresto e o sequestro, classificação que se aproveita na seara do processo administrativo.

No regime jurídico administrativo a atuação cautelar do agente público competente, nas diversas fases em que o processo sancionador se desenvolve (instauração, instrução e julgamento), tem escopo semelhante, no sentido de outorgar situação provisória de segurança, porém, não aos interesses particulares dos litigantes, mas ao próprio interesse público, finalidade maior a orientar e conformar todo exercício da função administrativa. Assim sendo, para a proteção provisória do interesse público tem cabimento a atuação da tutela cautelar, prevenindo-o contra o risco do dano imediato ou da ineficácia do processo administrativo.

Ainda que eventualmente a cautelar administrativa possa representar medida administrativa desfavorável ao ente processado, não se deve, de forma alguma, confundi-la com a própria sanção administrativa, que possui natureza jurídica distinta. Concorda-se com a classificação proposta por Daniel Ferreira,[245] segundo o qual se orientam por regimes jurídicos diferenciados as *medidas administrativas coativas* (dentre elas as medidas cautelares) e as sanções administrativas. Por isso mesmo, encontram-se as primeiras amparadas por disciplina mais flexível e multivalente, cuja concessão não se submete aos mesmos rigores legais e procedimentais que são inerentes à aplicação da penalidade administrativa.

No mesmo sentido se manifesta, com a maestria que lhe é peculiar, Celso Antônio Bandeira de Mello:

> Cumpre discernir sanções administrativas de providências administrativas acautelatórias, que muitas vezes poderiam ser com elas facilmente confundidas. Importa – e muito – fazer tal disceptação porque, como não se submetem à integralidade dos aludidos princípios, se fossem confundidas com as sanções administrativas causariam a impressão de que não se poderia falar em um regime uniforme para estas últimas.
>
> *Providências administrativas acautelatórias* são medidas que a Administração muitas vezes necessita adotar de imediato para prevenir sérios danos ao interesse público ou à boa ordem administrativa cuja finalidade não é – como a das sanções – intimidar eventuais infratores para que não incorram em conduta ou omissão indesejada, mas diversamente, é a de paralisar comportamentos de feitos danosos ou de abortar a possibilidade de que se desencadeiem.[246]

14.2 Classificação das medidas cautelares administrativas

Consoante o magistério de José Armando da Costa,[247] o poder cautelar na seara do processo administrativo sancionador tem tríplice finalidade: garantir o sucesso dos trabalhos instrutórios da Administração Processante; buscar o ressarcimento do patrimônio público da pessoa jurídica lesionada; e velar pela credibilidade e prestígio do serviço público perante a coletividade. O mesmo autor, em decorrência da tríplice finalidade aventada, classifica as medidas acautelatórias produzidas no processo administrativo nas seguintes categorias: processuais, patrimoniais e morais.

Os provimentos acautelatórios *processuais* objetivam prevenir a normalidade das apurações dentro do processo, a exemplo da produção antecipada de prova testemunhal;

---

[245] FERREIRA, Daniel. *Teoria geral da infração administrativa a partir da Constituição Federal de 1988.* Belo Horizonte: Fórum, 2009. p. 86.

[246] BANDEIRA DE MELLO, Celso Antônio, *op. cit.,* p. 859.

[247] COSTA, José Armando da, *op. cit.,* p. 305.

as medidas de índole *patrimonial* intentam garantir a recomposição do erário público, tais como a busca e apreensão e a indisponibilidade de bens; já as de ordem *moral* colimam preservar o prestígio da Administração perante a coletividade destinatária dos seus serviços, como, por exemplo, o afastamento preventivo de servidor acusado até a decisão final do processo administrativo disciplinar.

No sentido de colaborar com o desenvolvimento do estudo sobre a matéria, propõe-se a classificação da tutela cautelar administrativa de acordo com a possiblidade de sua concessão de forma independente ou não da intervenção do Poder Judiciário. Fala-se, então, em medidas cautelares administrativas próprias e impróprias.

As *cautelares administrativas próprias* são aquelas que podem ser deferidas no âmbito da própria Administração sem necessidade de intervenção do Poder Judiciário, tais como o afastamento preventivo do acusado, a produção antecipada de provas e a busca e apreensão, no âmbito da repartição, de bens que compõem o patrimônio público.

No caso do afastamento preventivo, medida cautelar prevista no art. 147 da Lei nº 8.112/90, a sua concessão é decorrência de juízo externado exclusivamente pela autoridade administrativa competente sem a mínima necessidade de intervenção de autoridade judiciária para tanto.

Também na produção antecipada de prova não há obrigatoriedade de chancela jurisdicional para sua realização. Considerando que a instrução processual é fase inerente ao curso do procedimento, sempre que presentes os requisitos autorizadores da tutela cautelar, a própria autoridade administrativa poderá determinar sua realização, ainda que antecipadamente.

Tal entendimento é extraído da literal redação do art. 29 da Lei nº 9.784/99, ao dispor que "as atividades de instrução destinadas a averiguar e comprovar os dados necessários à tomada de decisão realizam-se de ofício ou mediante impulsão do órgão responsável pelo processo".

Tome-se como exemplo a seguinte hipótese: um processo administrativo disciplinar que, mesmo antes da sua instauração, tenha por objeto apurar corrupção passiva de servidor público alfandegário, tendo este solicitado vantagem indevida a cidadão estrangeiro em breve passagem pelo território nacional. Não há dúvidas de que, na situação ilustrada, a produção antecipada da prova testemunhal poderá ser determinada pela autoridade administrativa competente, sem necessidade de qualquer intervenção prévia do Poder Judiciário, observados, entrementes, o contraditório e ampla defesa.

Indagações podem surgir sobre a necessidade de determinação judicial para a realização de busca e apreensão, no âmbito de repartição pública, de bens que compõem o patrimônio público, a exemplo de computadores.

Defende-se a tese de que tal medida cautelar pode ser operada no estrito âmbito administrativo. A *uma*, pelo fato de que não se cuida aqui de apreensão de bens particulares sem autorização judicial para extração de informações pertinentes à esfera da intimidade. A *duas*, pelo fato de que a atuação da autoridade administrativa competente ampara-se no postulado do controle interno da Administração Pública, destinado à proteção da moralidade administrativa.

No mesmo sentido a jurisprudência do preclaro Superior Tribunal de Justiça, que, em caso análogo ao exemplo supramencionado, assim se manifestou:

ADMINISTRATIVO E PROCESSUAL. OPERAÇÃO CARONTE. DEMISSÃO DE FUNCIONÁRIO ENVOLVIDO. MANDADO DE SEGURANÇA QUE APONTA ILICITUDES NO PROCESSO ADMINISTRATIVO DISCIPLINAR. AFASTAMENTO DA ALEGAÇÃO DE INCOMPETÊNCIA, PRESCRIÇÃO, VÍCIO NO TERMO DE INDICIAMENTO,

CERCEAMENTO DE DEFESA E ILICITUDE DE PROVAS. PROVA EMPRESTADA. POSSIBILIDADE DE APROVEITAMENTO OU COMPARTILHAMENTO DE PROVAS COLHIDAS EM OUTROS PROCESSOS. SEGURANÇA DENEGADA.

[...]

4. Análise em computador que compõe patrimônio público, determinada por servidor público responsável, não configura apreensão ilícita. Proteção, in casu, do interesse público e do zelo pela moralidade administrativa.[248]

Ao seu turno, têm-se as cautelares *administrativas impróprias*, que para serem deferidas no âmbito do processo administrativo sancionador dependem da necessária autorização judicial. Atente-se que, embora solicitadas por meio de processo judicial autônomo, as medidas cautelares requeridas produzirão efeitos práticos relevantes no bojo do processo administrativo. Ilustrativamente, faz-se menção à indisponibilidade e bloqueio de bens do infrator (art. 136 da Lei nº 8.112/90 e art. 16 da Lei nº 8.429/92) e à busca e apreensão de bens particulares ou bens públicos que se encontrem na residência do acusado.

No mesmo sentido, o parágrafo 2º do art. 10 da Lei nº 12.846/13 dispõe que o ente público, por meio de seu órgão de representação judicial, a pedido da comissão processante, poderá requerer as medidas judiciais necessárias para a investigação e o processamento das infrações, inclusive a busca e apreensão.

Aplicam-se aqui as observações elaboradas na seara do Direito Constitucional sobre a denominada *cláusula de reserva de jurisdição*, que importa em submeter à esfera única de decisão dos magistrados a prática de determinados atos cuja realização, por efeito de explícita determinação constitucional, somente pode emanar do juiz, e não de terceiros, mesmo aqueles a quem se haja eventualmente atribuído o exercício de poderes de investigação próprios das autoridades judiciais.

A fim de ilustrar a linha que separa a atuação oficiosa da Administração Pública e aquela de necessária intervenção judicial, cabe comparar alguns dos exemplos elencados.

Na hipótese de busca e apreensão de bem público que se encontre no âmbito da repartição, pelos motivos já expostos, não haverá necessidade de autorização específica do Poder Judiciário. Entretanto, tratando-se do mesmo bem público, que, ao contrário da hipótese anterior, se encontre na residência do infrator, por consistir restrição ao direito fundamental à intimidade e inviolabilidade domiciliar, o próprio texto maior (art. 5º, incisos X e XI) impôs a imprescindibilidade de determinação judicial.

Portanto, será a análise de cada caso concreto, sob a influência da ponderação de interesses fundamentais da Administração Pública e dos administrados à luz dos princípios constitucionais cabíveis, que delimitará de forma precisa a viabilidade jurídica da manifestação judicial ou não na concessão da medida cautelar administrativa.

14.3 Previsão normativa das medidas cautelares administrativas

A cautela é conceito que se apresenta de forma inerente ao processo, como instrumento idealizado para promoção da efetividade processual. Por isso, onde existir processo, inegavelmente se revelará a possibilidade de manuseio de providência de natureza cautelar. Consoante a imanência do instituto ao sistema processual, o legislador em diversas oportunidades atentou para a necessidade de procedimentalizar o cabimento das medidas acautelatórias na seara do processo administrativo.

---

[248] MS nº 15.825-DF, Min. Rel. Hermam Benjamin.

Enumeram-se alguns preceitos normativos que disciplinam a matéria:
- Lei nº 8.112/90 (Regime Jurídico Único dos Servidores da União)

Art. 147. Como medida cautelar e a fim de que o servidor não venha a influir na apuração da irregularidade, a autoridade instauradora do processo disciplinar poderá determinar o seu afastamento do exercício do cargo, pelo prazo de até 60 (sessenta) dias, sem prejuízo da remuneração.

Parágrafo único. O afastamento poderá ser prorrogado por igual prazo, findo o qual cessarão os seus efeitos, ainda que não concluído o processo. (Lei nº 8.112/90, art. 147).

- Lei nº 8.429/92 (Improbidade Administrativa)

Art. 16. Havendo fundados indícios de responsabilidade, a comissão representará ao Ministério Público ou à procuradoria do órgão para que requeira ao juízo competente a decretação do sequestro dos bens do agente ou terceiro que tenha enriquecido ilicitamente ou causado dano ao patrimônio público. (Lei nº 8.429/92, art. 16).

- Lei nº 9.784/99 (Processo Administrativo Federal)

Art. 45. Em caso de risco iminente, a Administração Pública poderá motivadamente adotar *providências acauteladoras* sem a prévia manifestação do interessado. (Lei nº 9.784/99, art. 45).

- Decreto Federal nº 6.514/08 (Processo Administrativo para Apuração de Infrações ao Meio Ambiente)

Art. 101. Constatada a infração ambiental, o agente autuante, no uso do seu poder de polícia, poderá adotar as seguintes medidas administrativas:

I - apreensão;

II - embargo de obra ou atividade e suas respectivas áreas;

III - suspensão de venda ou fabricação de produto;

IV - suspensão parcial ou total de atividades;

V - destruição ou inutilização dos produtos, subprodutos e instrumentos da infração; e

VI - demolição.

§1º As medidas de que trata este artigo têm como objetivo prevenir a ocorrência de novas infrações, resguardar a recuperação ambiental e garantir o resultado prático do processo administrativo (Decreto nº 6.514/08, art. 101).

- Resolução-TCU nº 246/11 (Regimento Interno do TCU)

Art. 276. O Plenário, o relator, ou, na hipótese do art. 28, inciso XVI, o Presidente, em caso de urgência, de fundado receio de grave lesão ao erário, ao interesse público, ou de risco de ineficácia da decisão de mérito, poderá, de ofício ou mediante provocação, adotar *medida cautelar*, com ou sem a prévia oitiva da parte, determinando, entre outras providências, a suspensão do ato ou do procedimento impugnado, até que o Tribunal decida sobre o mérito da questão suscitada, nos termos do art. 45 da Lei nº 8.443, de 1992 (Resolução-TCU nº 246/11, art. 276, grifo nosso).

Neste ponto, vale abrir um pequeno parêntese. Sabe-se que ao Tribunal de Contas da União foi atribuída pelo legislador constituinte, entre outras competências, a relevante missão de fiscalizar a aplicação de recursos públicos repassados pela União e, eventualmente, aplicar sanção administrativa aos responsáveis por ilegalidades no uso dessas verbas.

Nesse sentido, no corpo da Lei nº 8.443/92 foi estabelecido o respectivo processo administrativo para o exercício das mencionadas competências. Entretanto, quedou-se silente o legislador sobre o cabimento de medidas cautelares no curso do processo sancionador em epígrafe. Tal omissão foi sanada, conforme visto, por meio de regimento interno da Corte de Contas, rendendo ensejo à celeuma jurídica sobre a legalidade da medida.

O imbróglio foi submetido ao exame do Supremo Tribunal Federal (MS nº 24.510 – Min. Rel. Ellen Gracie), que, adotando a teoria dos poderes implícitos, se manifestou pela viabilidade jurídica das medidas cautelares, que estariam vocacionadas a conferir real efetividade à atribuição constitucional do órgão em destaque. Consignou-se que, se o constituinte conferiu relevantes competências a serem exercidas pelo Tribunal Administrativo, por certo que, implicitamente, lhe conferiu os meios necessários para tanto. O entendimento externado coaduna-se com o princípio da máxima efetividade do processo e ao seu caráter instrumentalista, ou seja, o processo como meio da "concretização da vontade do direito".

Na lavra do primoroso voto do Ministro Celso de Mello restou assentado:

> Reveste-se de integral legitimidade constitucional a atribuição de índole cautelar, que, reconhecida com apoio na teoria dos poderes implícitos, permite, ao tribunal de Contas, adotar as medidas necessárias ao fiel cumprimento de suas funções institucionais e ao pleno exercício das competências que lhe foram outorgadas, diretamente, pela própria Constituição.[249]

Percebe-se na jurisprudência da mais alta corte o entendimento aqui defendido de que o provimento cautelar se liga de maneira intrínseca à instrumentalidade do processo, que não pode ser reduzido a um fim em si mesmo, mas compreendido como relevante mecanismo de concretização de direitos e interesses.

- Lei nº 12.529/11 (Sistema de Defesa da Concorrência)

> Art. 84. Em qualquer fase do inquérito administrativo para apuração de infrações ou do processo administrativo para imposição de sanções por infrações à ordem econômica, poderá o Conselheiro-Relator ou o Superintendente-Geral, por iniciativa própria ou mediante provocação do Procurador-Chefe do Cade, adotar *medida preventiva*, quando houver indício ou fundado receio de que o representado, direta ou indiretamente, cause ou possa causar ao mercado lesão irreparável ou de difícil reparação, ou torne ineficaz o resultado final do processo (Lei nº 12.529/11, art. 84, grifo nosso).

---

[249] STF – MS nº 24.510 – Min. Rel. Ellen Gracie.

A atualidade do tema se apresenta de maneira tão evidente que no bojo da Lei Anticorrupção Empresarial o legislador cuidou de prever expressamente a possibilidade de utilização de medidas cautelares administrativas próprias e impróprias, inobstante a sua generalizada previsão legal, conforme os diplomas anteriormente elencados. Dispõe, então, a lei:

> Art. 10. O *processo administrativo* para apuração da responsabilidade de pessoa jurídica será conduzido por comissão designada pela autoridade instauradora e composta por 2 (dois) ou mais servidores estáveis.
>
> §1º O ente público, por meio do seu órgão de representação judicial, ou equivalente, *a pedido da comissão* a que se refere o caput, poderá requerer as medidas judiciais necessárias para a *investigação* e o *processamento* das infrações, inclusive de busca e apreensão.
>
> §2º A comissão poderá, *cautelarmente*, propor à autoridade instauradora que suspenda os efeitos do ato ou processo objeto da investigação (Lei nº 12.846/13, art. 10, grifo nosso).

Regulamentando o dispositivo legal, o Decreto nº 8.420/15 também fez expressa menção à possibilidade da adoção de medidas cautelares próprias e impróprias:

> Art. 9º [...]
>
> [...]
>
> §2º A comissão, para o devido e regular exercício de suas funções, poderá:
>
> I - propor à autoridade instauradora a *suspensão cautelar* dos efeitos do ato ou do processo objeto da investigação;
>
> II - solicitar a atuação de especialistas com notório conhecimento, de órgãos e entidades públicos ou de outras organizações, para auxiliar na análise da matéria sob exame; e
>
> III - solicitar ao órgão de representação judicial ou equivalente dos órgãos ou entidades lesados que requeira as *medidas necessárias* para a investigação e o processamento das infrações, inclusive de busca e apreensão, no País ou no exterior (Decreto nº 8.420/15, art. 9º, grifo nosso).

Constata-se, uma vez mais, que o regime jurídico das medidas acautelatórias encontra-se consagrado na seara do processo administrativo sancionador como instrumento inerente à efetivação de suas finalidades materiais, encontrando manifesta guarida nos mais diversos diplomas legais e regulamentares, devendo a Administração Pública delas se valer sempre que presente uma necessidade processual relevante.

14.4 Poder geral de cautela e seu exercício *inaudita altera partes*

O poder geral de cautela, que representa o generalizado poder estatal de assegurar o resultado útil do processo, especialmente em tempos em que se reconhece a estatura constitucional do princípio da máxima efetividade do processo (art. 5º, XXXV, CF), seja ele judicial ou administrativo, encontra-se expressamente assegurado nos principais ramos do Direito Processual brasileiro: Processo Civil (art. 297 do CPC); Processo Penal (art. 282 do CPP) e Processo Administrativo (art. 45 da Lei nº 9.784/99).

Assim, dispõe a lei geral de processo administrativo federal que:

Art. 45. Em caso de risco iminente, a Administração Pública poderá motivadamente adotar providências acauteladoras sem a prévia manifestação do interessado.

Mencionado dispositivo alberga a possiblidade de a Administração Pública determinar medidas acautelatórias sempre que presente risco iminente da ineficácia do resultado útil do processo administrativo. Trata-se de cláusula aberta a permitir a atuação administrativa preventiva sempre que se fizer necessário, se apresentando como dispositivo correspondente àquele previsto no art. 297 do CPC, matriz legal do poder geral de cautela no processo civil.

O dispositivo legal transcrito descortina autorização dada ao Estado-Administração para que, além das medidas cautelares típicas, eventualmente estabelecidas nas diversas leis de regência, possa também determinar medidas cautelares atípicas, ou seja, medidas não descritas abstratamente por qualquer norma jurídica, quando as medidas típicas não se revelarem adequadas à garantia da efetividade do processo administrativo.

Segundo escólio de Alexandre Freitas Câmara, o poder geral de cautela "é instituto considerado necessário em todos os quadrantes do planeta e decorre da óbvia impossibilidade de previsão abstrata de todas as situações de perigo para o processo que podem vir a ocorrer em concreto".[250]

A fim de ilustrar a tese, apresenta-se a seguinte situação hipotética: suponha-se que a determinada empresa fornecedora tenha sido aplicada, em razão de fraudes operadas no curso de um contrato administrativo, a sanção de declaração de inidoneidade, que, como se sabe, torna-a impedida de licitar e contratar com a Administração Pública enquanto perdurarem os motivos da punição. A fim de se esquivar dos efeitos da penalidade aplicada, constitui-se nova empresa com mesmo quadro societário, endereço e objeto social e, em manifesto abuso de personalidade jurídica, logra-se vencedora em procedimento licitatório levado a efeito por outro órgão público.

Por certo que a extensão dos efeitos da sanção administrativa à novel empresa, constituída por ato emulativo, demandará, consoante os princípios que regem a atividade punitiva do Estado, instauração de processo administrativo em que se observe o contraditório e a ampla defesa.

Nessa hipotética situação, ante o risco iminente de que a empresa inidônea venha a firmar contrato administrativo, com sérias possibilidades de prejuízos ao erário público e a particulares, poderá a autoridade administrativa competente determinar a suspensão cautelar do próprio procedimento licitatório.

Perceba-se que a medida dada como exemplo não consta como hipótese de cautelar administrativa prevista na Lei nº 8.666/93. Entretanto, por força do art. 45 da Lei nº 9.784/99 (aplicável, consoante o art. 69 do mesmo diploma legal, subsidiariamente à hipótese), poderá ela ser deferida na esfera administrativa, sem que se possa alegar a ilegalidade da conduta, uma vez que, além de encontrar sustentação em parâmetro legal, foi efetivada de maneira razoável e proporcional aos fins almejados.

Questão de correlata importância refere-se, de acordo com o mesmo preceito legal, à possibilidade de que as medidas acautelatórias venham a ocorrer sem prévia manifestação do interessado, sempre que a ciência prévia possa tornar sem efeito o provimento cabível.

Sabe-se que o processo administrativo sancionador, conforme expresso mandamento constitucional (art. 5º, inc. LV), inclina-se à integral observância dos princípios

---

[250] CÂMARA, Alexandre Freitas. *Lições de direito processual civil*. 20. ed. São Paulo: Atlas, 2012. v. 3, p. 32.

do contraditório e ampla defesa. Como regra, atendendo o caráter dialético do processo, dá-se prévia ciência ao interessado de todos os atos processuais que lhe digam respeito, especialmente aqueles que possam repercutir em sua órbita de interesses. Entretanto, excepcionalmente, quando o atendimento imediato ao contraditório possa causar prejuízos incontornáveis a alguma finalidade igualmente relevante no bojo do processo, o relevante princípio mantém-se observado, muito embora, de maneira diferida.

Doutrina e jurisprudência pátrias têm se manifestado positivamente acerca da possibilidade de diferimento do contraditório nestes casos, argumentando que tais hipóteses se justificam pela urgência da tutela demandada, entendendo que o simples atendimento da dialética processual, com a antecipação do contraditório, pode importar em grave prejuízo ao processo, podendo resultar na total ineficácia da tutela pretendida.

Colaciona-se, então, pertinente julgado da lavra do Superior Tribunal de Justiça sobre o tema:

> AMBIENTAL. ATIVIDADES MADEIREIRAS. CADASTRO EM SISTEMA PRÓPRIO DE CONTROLE E PROTEÇÃO. REQUISITOS PARA O CADASTRAMENTO. DESCUMPRIMENTO. EVENTUAL OCORRÊNCIA DE FRAUDE NA OPERAÇÃO DO SISTEMA. SUSPENSÃO DO CADASTRO E DA LICENÇA AMBIENTAL SEM MANIFESTAÇÃO DA EMPRESA AFETADA. CONTRADITÓRIO E AMPLA DEFESA DIFERIDOS. POSSIBILIDADE. BUSCA PELA PRESERVAÇÃO AMBIENTAL.
>
> [...]
>
> 3. A empresa impetrante (ora recorrente) teve seu cadastro junto ao CC-Sema – Cadastro de Consumidores de Produtos Florestais – suspenso em razão de suposta divergência entre os estoques de madeira declarados pela recorrente e os efetivamente comercializados.
>
> [...]
>
> 11. Não há ofensa ao princípio do devido processo legal porque, embora a suspensão da licença tenha se dado em caráter inicial, sem a possibilidade de manifestação da recorrente, o contraditório e a ampla defesa serão (ou deverão ser) respeitados durante a sindicância aberta para averiguar as fraudes (Portarias n. 72/2006 e 105/2006). Trata-se, portanto, de contraditório e ampla defesa diferidos, e não inexistentes.[251]

O professor Nelson Nery Júnior[252] postula que, na concessão de medidas liminares, o princípio do contraditório sofre uma limitação, todavia, tal fato não significa a violação do princípio constitucional, porquanto a parte terá oportunidade de ser ouvida, intervindo posteriormente no processo, inclusive com direito a recurso contra a medida liminar concedida sem sua participação.

Ilustra-se, uma vez mais, a situação com exemplo hipotético. Suponha-se que, no curso de um processo administrativo disciplinar, foram encaminhadas à comissão processante peças de informação a apontar fortes indícios do cometimento de fraudes por servidor, cujas provas cabais estariam inseridas nos arquivos de computador utilizado pelo infrator no exercício de suas atividades funcionais.

Em normais situações, em havendo necessidade de realização de prova pericial, seria o acusado previamente notificado para ciência do ato, abrindo-se, inclusive, a

---

[251] RMS nº 25.488 – Min. Rel. Mauro Campbel Marques.

[252] NERY JÚNIOR, Nelson. *Princípios do Processo na Constituição Federal*: processo civil, penal e administrativo. 10. ed. São Paulo: Revista dos Tribunais, 2010. p. 241.

faculdade de formular seus quesitos e nomear assistente técnico. Entretanto, no exemplo citado, indubitável que a prévia ciência da diligência processual pelo acusado ensejaria factível possibilidade de prejuízos à efetiva produção dos elementos probatórios pretendidos. Portanto, de maneira cautelar seria determinada a imediata perícia sobre o objeto elencado, para, somente após elaboração do laudo pericial, ser oportunizado o exercício do contraditório, permitindo ao acusado a mais ampla possibilidade de reação sobre o material probatório coligido.

14.5 Pressupostos para o deferimento da cautelar administrativa

Por se tratar de medidas marcadas pelo caráter da estrita excepcionalidade, a sua concessão está vinculada ao atendimento integral dos requisitos previstos no ordenamento jurídico. São eles: risco iminente (*periculum in mora*); elementos de convicção suficientes (*fumus boni iuris*); autorização judicial (cautelares administrativas impróprias); proporcionalidade; contraditório (ainda que diferido); e motivação.

No que toca ao *periculum in mora*, há de se vislumbrar um dano potencial, um risco que corre o processo administrativo de não ser útil à finalidade proposta. Cumpre ressaltar que o receio não se funda em simples estado de espírito do requerente, mas se liga a uma situação objetiva, necessariamente demonstrável através de algum fato concreto.

O *fumus boni iuris* (fumaça do bom direito) versa sobre a probabilidade ou a possibilidade da existência do direito invocado pelo requerente da medida cautelar e que justifica a sua garantia, ainda que em caráter hipotético. Deve-se demonstrar a existência de elementos mínimos de convicção sobre o direito almejado no processo, aferição que se faz com base em um juízo de probabilidade, não se examinando o conflito em sua profundidade, mas em cognição superficial e sumária, em razão mesmo da provisoriedade da medida, afinal, o *fumus boni iuris* não denota uma antecipação do julgamento, mas, simplesmente, um juízo de probabilidade, perspectiva esta que basta para justificar a salvaguarda do direito em jogo.

Conforme observações já apontadas, a que se faz remissão, a autorização judicial somente será necessária para concessão das cautelares administrativas impróprias quando se tornar imprescindível o acatamento à cláusula de reserva de jurisdição.

Revela-se, também, de suma importância que a outorga de tais medidas seja ordenada sob o crivo da mais estreme proporcionalidade. O *princípio da vedação de excesso* na seara processual deita suas raízes no art. 805 do CPC, segundo o qual "quando por vários meios o credor puder promover a execução, o juiz mandará que se faça pelo modo menos gravoso para o devedor". Compreende-se, portanto, que esse mesmo comando sirva para outros procedimentos interventivos que interfiram imediatamente com os direitos ou o patrimônio do réu, como é o caso das tutelas cautelares.

A medida deve ser implementada dentro dos limites adequados a cada situação concreta, evitando-se a sua imposição, quando possa provocar na esfera jurídica do administrado uma interferência que se revele excessiva em face da necessidade concreta de tutela.

Descobrir o meio mais idôneo será, pois, um esforço hermenêutico sempre indissociável das circunstâncias concretas do caso. Não raro, a fim de sopesar os interesses em jogo e descobrir a solução mais equilibrada para a tensão entre a *maior efetividade* e a *menor restrição* (a busca pelo meio mais idôneo), e diante dos valores envolvidos, a autoridade administrativa competente deverá promover testes de proporcionalidade, consistentes no exame dos subprincípios que compõem a estrutura da matriz principiológica: (a) a *adequação* em sentido estrito (a restrição proposta é a mais idônea para a prevenção do dano e resguardo do resultado útil colimado?); (b) a *necessidade* (a medida proposta é realmente *necessária* para o fim proposto, ou haveria outra igualmente eficaz e menos restritiva?); e, por fim, (c) a *proporcionalidade* em sentido estrito (na relação custo-benefício da medida são revelados mais proveitos do que prejuízos?).

Por expresso mandamento constitucional, o processo administrativo sancionador deve se desenvolver à luz do devido processo legal, tendo por corolário maior o contraditório a cuja observância se deve em sua tríplice dimensão: Informação – Possibilidade de Reação – Poder de Influência. Conforme já alinhavado em momento pretérito, no processo administrativo de cunho punitivo o contraditório será sempre observado, embora, por vezes, de maneira diferida.

Por fim, no sentido de elencar o cumprimento dos pressupostos supramencionados, cumpre à autoridade competente expor os motivos que lastrearam a concessão da medida cautelar na seara administrativa. Fala-se, então, no dever de motivação do ato administrativo acautelatório.

O dever de motivação é corolário lógico e jurídico do Princípio Republicano, impondo-se ao Ente Estatal o dever de prestar contas de sua atuação para os seus súditos, expondo, dessa maneira, os fundamentos de fato e direito que permearam o ato decisório. Também o art. 5º, inciso XXXIII, da Constituição Federal, garante ao administrado o direito à informação, além do art. 93, inciso X, estabelecer a necessidade de motivação para o Poder Judiciário, e que deve ser aplicado por analogia aos demais poderes.

No plano infraconstitucional o art. 50 da Lei nº 9.784/99 dispõe que os atos administrativos deverão ser motivados, com indicação dos fatos e fundamentos jurídicos, quando, entre outras hipóteses, limitem ou afetem direitos ou interesses, ou imponham ou agravem deveres, encargos ou sanções. Nesse espeque, a concessão da medida cautelar no âmbito do processo administrativo sancionador deve estar justificada ante a demonstração da correlação lógica entre os eventos e situações que deram por existentes e a providência tomada.

14.6 Procedimento

O mestre Marçal Justen Filho informa que no desenvolvimento do estado pós-moderno o conceito de ato administrativo perdeu relevância como instrumento de compreensão e organização do Direito Administrativo, uma vez que o cerne do estudo recaíra sobre a atuação administrativa de modo global e não em cada ato administrativo isoladamente. Descortina-se maior relevância da atividade sobre o ato, uma vez que o conteúdo e a validade dos atos administrativos dependem da observância ao procedimento devido.

Nas palavras do douto jurista:

> É ponto comum submeter o exercício da função administrativa à observância de procedimentos, que se afirmam como meio constitucionalmente imposto para a limitação do poder estatal e garantia de respeito aos valores democráticos. Salvo situações excepcionais, todo e qualquer ato administrativo deve ser produzido no bojo de um procedimento.[253]

Na grande maioria dos casos, a legislação de regência é omissa ou pouco esclarecedora quanto ao procedimento a ser adotado na produção da medida cautelar. Entretanto, perfilhando o entendimento doutrinário supracitado, ante a necessária compatibilização da utilização de cautelares administrativas e a observância das formalidades essenciais à

---

[253] JUSTEN FILHO, Marçal. *Curso de direito administrativo*. 6. ed. Belo Horizonte: Fórum, 2010. p. 300-345.

garantia dos direitos dos administrados, ajustando-se, ainda, às irradiações do princípio processual da segurança jurídica, propõe-se, ainda que de forma singela, e com base em analogia aos esparsos dispositivos legais, a sua procedimentalização.

Consoante a estrutura procedimental da grande generalidade dos processos administrativos sancionadores, constata-se que esses se desenvolvem a partir de três principais fases: instauração, instrução e julgamento. Cada uma dessas fases encontra-se sob a condução de uma determinada autoridade administrativa, respectivamente, autoridade instauradora, comissão processante e autoridade julgadora.

Considerando a estrutura básica apontada, bem como os delineamentos procedimentais que se podem extrair da legislação de regência, especialmente o art. 147 da Lei nº 8.112/90 e o art. 10 da Lei nº 12.846/13, pode-se esboçar o seguinte procedimento:

a) Deliberação da comissão devidamente motivada indicando a necessidade da medida cautelar;

b) Solicitação à autoridade instauradora;

c) Notificação do acusado para manifestação (salvo quando a ciência prévia possa causar prejuízos à efetivação da medida intentada, quando o contraditório será exercido de maneira diferida);

d) Realização da diligência.

Por certo que o procedimento esboçado tem aplicação em processos cujo desenvolvimento ocorre de maneira mais usual, quando os provimentos acautelatórios são deferidos durante a fase de instrução do processo. Inobstante, não se pode descurar para o fato de que a necessidade da medida cautelar administrativa possa ocorrer, ainda que extraordinariamente, em outras fases processuais, a exemplo do julgamento ou até mesmo em momento anterior à própria instauração do processo. Nessas hipóteses devem ser operadas as devidas adaptações do procedimento, com especial atenção à delimitação da autoridade competente e aos aspectos relacionados ao exercício do contraditório e da ampla defesa.

CAPÍTULO XV

15 Desconsideração da personalidade jurídica

A aplicação da teoria da desconsideração da personalidade jurídica tem por objetivo coibir o uso indevido da pessoa jurídica, levada a efeito mediante a utilização de sua personificação de forma contrária a sua função social e aos princípios consagrados pelo ordenamento jurídico, permitindo-se afastar, assim, a autonomia patrimonial para chegar à responsabilização dos sócios da pessoa jurídica e/ou coibir os efeitos de fraude ou ilicitude comprovada.

Diversas são as questões relacionadas ao tão relevante tema, especialmente no bojo do processo administrativo de responsabilização. Nesse sentido, intenta-se discorrer sobre alguns aspectos de necessária análise para compreensão do tema, tais como o desenvolvimento do instituto no ordenamento jurídico brasileiro, a sua aplicabilidade na esfera administrativa e alguns dos desdobramentos da teoria que tenham pertinência com o processo administrativo de responsabilização de pessoas jurídicas.

15.1 Breve histórico da teoria da desconsideração da personalidade jurídica

A teoria da desconsideração da personalidade jurídica tem origem no Direito anglo-saxão, onde se desenvolveram as primeiras linhas sobre a doutrina da *"disregard of legal entity"* (desconsideração da entidade legal), inaugurando-se a concepção de um remédio jurídico apto a combater abusos e desvios de finalidade, consistentes no emprego da pessoa jurídica como mero instrumento de fraude à lei e prejuízos a terceiros. Resultou-se, assim, como forma eficaz para impedir o afastamento entre o Direito e a realidade dos fatos, na construção de medida que ignorava os efeitos da personificação, quando esta era utilizada de forma contrária aos princípios e valores que norteavam o ordenamento jurídico.

Sabe-se que os contornos teóricos envoltos na criação legal da pessoa jurídica encontram-se arraigados na necessidade pragmática de constituição de um ente capaz de direitos e deveres na ordem civil, independentemente das pessoas naturais que o compõem, possibilitando a separação entre o patrimônio pessoal dos sócios e o patrimônio da empresa, criando-se, dessa maneira, ambiente propício para o desenvolvimento de atividades comerciais, uma vez afastado o risco de se atingir o patrimônio pessoal dos empreendedores e investidores que fomentavam a respectiva atividade econômica.

Entretanto, percebeu-se que a independência patrimonial garantida à pessoa jurídica em certos casos era utilizada como mecanismo de fraudes e locupletamentos. Nesse sentido, a partir do século XX, passou a ser objeto de atenção da doutrina e jurisprudência o exame sobre a utilização da personalidade jurídica para fins diversos daqueles tipicamente considerados pelos legisladores, buscando-se, então, meios aptos e eficazes para reprimenda desses atos emulativos.

Suzy Elizabeth Cavalcante Koury[254] informa que foi no âmbito da *common law*, principalmente no sistema estadunidense, que se desenvolveu a tese da desconsideração da personalidade jurídica, fazendo menção a julgado de 1809, no caso *Bank of United State v. Deveux* e, mais à frente, ao célebre *leanding case* do Direito inglês, que data de 1897, consistente no caso *Salomon v. Salomon & Co*. Em ambos os julgados a personalidade jurídica dos entes legais fora afastada em prestígio à realidade dos fatos e à coibição a atos praticados de má-fé.

Após os primeiros julgados sobre o assunto, a teoria da desconsideração da personalidade jurídica passou gradativamente a ser incorporada aos mais diversos ordenamentos jurídicos, estando hoje disseminada na dogmática jurídica dos países ocidentais, sendo conhecida na Alemanha como *Missachtung Der Rechtsform Der Juristischen Personen*, no Direito anglo-americano *Disregard Doctrine* ou *Disregard of Legal Entity*, no Direito italiano *Superamento della Personalità Giuridica*, no Direito argentino *Teoría de la Penetración*, na França *Mise à L'écart de la Personnalité Morale*, entre outros.[255]

No Direito brasileiro, costuma-se fazer referência à abordagem embrionária sobre o assunto feita pelo ilustrado alagoano Pontes de Miranda em seu Tratado de Direito Privado, onde já tecia considerações inaugurais sobre as teorias esboçadas no Direito alienígena. Entretanto, reconhece-se, inegavelmente, como precursor da teoria no cenário brasileiro o professor paranaense Rubens Requião, em conferência realizada na Universidade Federal do Paraná, na década de 1960, posteriormente publicada na Revista dos Tribunais. Com base nas obras doutrinárias de Rolf Serick e de Piero Verrucoli, traçou as primeiras linhas sobre a então denominada "teoria da desconsideração da personalidade jurídica".

Sobre o instituto, nas exatas palavras do mencionado autor, consignou-se que:

> O que se pretende com a doutrina do *disregard* não é a anulação da personalidade jurídica em toda a sua extensão, mas apenas a declaração de sua ineficácia para determinado efeito, em caso concreto, em virtude de o uso legítimo da personalidade ter sido desviado de sua legítima finalidade (abuso de direito) ou para prejudicar terceiros.[256]

Depreende-se, pois, tratar-se de medida que permite romper com a autonomia patrimonial da pessoa jurídica, tornando os sócios igualmente responsáveis, de forma solidária e ilimitada, desde que tenham praticado atos ilícitos e fraudes em detrimento aos direitos de terceiros, usando a pessoa jurídica como ilegítimo escudo.

15.2 A teoria da desconsideração no ordenamento jurídico pátrio

Conforme já mencionado, a teoria da desconsideração da personalidade jurídica ganhou maior expressão nacional a partir das lições de Rubens Requião e, apesar da

---

[254] KOURY, Suzy Elizabeth Cavalcante. *A desconsideração da personalidade jurídica (disregard doctrine) e os grupos de empresas*. 2. ed. Rio de Janeiro: Forense, 2000. p. 63-64.

[255] CORRÊA, Mariana Rocha. *A eficácia da desconsideração expansiva da personalidade jurídica no sistema jurídico brasileiro*. 2011. Trabalho de conclusão de curso (pós-graduação) – Escola de Magistratura do Estado do Rio de Janeiro – EMERJ, Rio de Janeiro, 2011.

[256] REQUIÃO, Rubens. Abuso de direito e fraude através da personalidade jurídica. *Revista dos Tribunais*, São Paulo, ano 58, n. 410, dez. 1969.

ausência de previsão legislativa, passou a contar com a adesão da jurisprudência nacional na aplicação da tese aos casos concretos que lhe eram submetidos.

A notabilidade dos precedentes judiciais influenciou diretamente a comunidade jurídica brasileira, irradiando-se, mais à frente, sobre o próprio Poder Legislativo, que no âmbito de sua competência regulamentou pela primeira vez a *disregard doutrine* no ano de 1990, com a edição do Código de Defesa do Consumidor, cujo art. 28 estabelecia:

> Art. 28. O juiz poderá desconsiderar a personalidade jurídica da sociedade quando, em detrimento do consumidor, houver abuso de direito, excesso de poder, infração da lei, fato ou ato ilícito ou violação dos estatutos ou contrato social. A desconsideração também será efetivada quando houver falência, estado de insolvência, encerramento ou inatividade da pessoa jurídica provocados por má administração.

O dispositivo legal supracitado foi apenas o pontapé inicial da consagração do instituto no plano normativo brasileiro, cujo desenvolvimento sobre o tema se fez presente em diversos outros diplomas legais. Assim, a Lei nº 8.884/94, que dispunha sobre a prevenção e a repressão à ordem econômica (diploma revogado pelo advento da Lei nº 12.529/11, mantendo-se, entretanto, previsão sobre a desconsideração de pessoa jurídica em seu art. 34), também regulamentou a aplicação da teoria em comento dispondo que:

> Art. 18. A personalidade jurídica do responsável por infração da ordem econômica poderá ser desconsiderada quando houver da parte deste abuso de direito, excesso de poder, infração da lei, fato ou ato ilícito ou violação dos estatutos ou contrato social. A desconsideração também será efetivada quando houver falência, estado de insolvência, encerramento ou inatividade da pessoa jurídica provocados por má administração.

Também na Lei nº 9.605/98, que dispõe sobre os crimes ambientais, mais uma vez o legislador versou sobre o tema, estando previsto em seu art. 4º que "poderá ser desconsiderada a pessoa jurídica sempre que sua personalidade for obstáculo ao ressarcimento de prejuízos causados à qualidade do meio ambiente".

Apesar de revelarem importante inovação legislativa sobre o tema, cumpre salientar que os diplomas legais já elencados não se estabeleceram como regra geral de aplicação da tese jurídica, em razão, principalmente, do fato de estarem relacionadas à regulamentação de matérias específicas insertas em distintos microssistemas jurídicos.

De fato, foi com a edição do Código Civil de 2002 que a teoria da desconsideração ganhou contornos mais amplos, descortinando verdadeira regra matriz acerca da *disregard doutrine* no Direito brasileiro. Nesse sentido, consta do art. 50 do *codex* a seguinte disposição:

> Art. 50. Em caso de abuso da personalidade jurídica, caracterizado pelo desvio de finalidade, ou pela confusão patrimonial, pode o juiz decidir, a requerimento da parte, ou do Ministério Público quando lhe couber intervir no processo, que os efeitos de certas e determinadas relações de obrigações sejam estendidos aos bens particulares dos administradores ou sócios da pessoa jurídica.

Interpretando o dispositivo em tela, a doutrina e jurisprudência pátrias convergiram no sentido de informar que a desconsideração da personalidade jurídica não acarreta o fim da pessoa jurídica, uma vez que a sua aplicação significa apenas a suspensão temporária dos efeitos da personalização num determinado caso específico, não estendendo os seus efeitos para as demais relações jurídicas das quais a pessoa jurídica faça parte.

Nesse sentido, Tomazette leciona que "a desconsideração da personalidade jurídica é a retirada episódica, momentânea e excepcional da autonomia patrimonial da pessoa jurídica, a fim de estender os efeitos de suas obrigações à pessoa de seus sócios ou administradores, com o fim de coibir o desvio da função da pessoa jurídica, perpetrado por estes".[257]

Ao examinar as principais disposições legais sobre o tema, a doutrina passou a subclassificar a teoria em análise em duas outras correntes: *teoria menor* e *teoria maior*, a depender dos pressupostos de aplicabilidade da desconsideração no caso concreto.

De acordo com a *teoria maior*, reconhecida como regra geral no sistema jurídico brasileiro, nos termos do art. 50 do Código Civil, a desconsideração não pode ser aplicada em razão da mera demonstração de estar a pessoa jurídica insolvente para o cumprimento de suas obrigações, exigindo-se, ainda, a demonstração de desvio de finalidade (*teoria maior subjetiva*) ou demonstração de confusão patrimonial (*teoria maior objetiva*). Em síntese, a desconsideração para ser deferida requer a presença de dois requisitos: o potencial prejuízo ao credor e o efetivo abuso da personalidade jurídica.

Ao seu turno, a *teoria menor* da desconsideração, acolhida pelo ordenamento jurídico como exceção, especialmente nos microssistemas consumeristas e ambientais, incide com a mera prova de insolvência da pessoa jurídica para o cumprimento de suas obrigações, independentemente da demonstração da existência de desvio de finalidade ou confusão patrimonial, a indicar nítido caráter objetivo. Em síntese, a desconsideração nesses casos requer a demonstração de um único elemento, qual seja prejuízo suportado pelo credor.

Outro importante aspecto revelado na redação dos dispositivos legais versados se relaciona com a necessidade de intervenção judicial para aplicação do instituto. Dessa forma, tradicionalmente sempre se defendeu que a desconsideração da personalidade jurídica somente poderia ser determinada no bojo de um processo judicial. Ocorre que a interpretação em espeque passou a ser contestada no bojo de processos administrativos sancionadores, especialmente no âmbito de licitações e contratos, quando verificada a constituição fraudulenta de novas pessoas jurídicas com a exclusiva finalidade de se esgueirarem dos efeitos legais das sanções administrativas anteriormente aplicadas. Nesse sentido, apesar de muitas controvérsias, passou-se a defender a possibilidade da desconsideração da personalidade na esfera exclusivamente administrativa.

Concluindo o ciclo de evolução legal sobre o instituto, de maneira pioneira a Lei Anticorrupção Empresarial, alinhada à significativa efetividade dos processos administrativos, consagrou a possibilidade de imputação do *disregard doutrine* por ato de autoridade administrativa, dispondo em seu art. 14 o seguinte:

> Art. 14. A personalidade jurídica poderá ser desconsiderada sempre que utilizada com abuso do direito para facilitar, encobrir ou dissimular a prática dos atos ilícitos previstos nesta Lei ou para provocar confusão patrimonial, sendo estendidos todos os efeitos das sanções aplicadas à pessoa jurídica aos seus administradores e sócios com poderes de administração, observados o contraditório e a ampla defesa.

---

[257] TOMAZETTE, Marlon. *Curso de direito empresarial*: teoria geral e direito societário. 2. ed. São Paulo: Atlas, 2009. v. 1, p. 235.

CAPÍTULO XV | 269

Analisam-se, a partir de então, os contornos jurídicos que envolvem a aplicação da teoria da desconsideração da personalidade jurídica no âmbito do processo de responsabilização administrativa de pessoas jurídicas por atos lesivos à Administração Pública, com especial destaque ao desenvolvimento doutrinário e jurisprudencial sobre o assunto, bem como os pressupostos e requisitos estabelecidos no novel diploma legal.

15.3 Desconsideração da personalidade da pessoa jurídica na esfera do Direito Administrativo

Inicialmente, apreciando os preceitos legais anteriormente versados, doutrina e jurisprudência majoritárias se consolidaram na concepção de que a aplicação da desconsideração da personalidade jurídica somente seria possível se fosse determinada no bojo de um processo judicial, afastando-se, a princípio, sua aplicabilidade na exclusiva seara administrativa. Tal entendimento tinha como principal pilar de sustentação o fato de que a legislação não abarcava o emprego do instituto por força exclusiva de decisão administrativa.

A discussão passou a ganhar novos contornos, sobretudo, no campo da aplicação de sanções administrativas no curso de licitações e contratos administrativos, cujos efeitos impediam os entes empresariais de licitar e contratar com o Poder Público, tais como a suspensão temporária e a declaração de inidoneidade, tornando-se recorrente a constituição de novas pessoas jurídicas com o exclusivo objetivo de livrar empresas anteriormente apenadas dos respectivos efeitos legais sancionatórios.

A questão que se ventilou foi a seguinte: poder-se-ia, com exclusiva fundamentação no princípio da legalidade, vetar a aplicação da *disregard doutrine* na esfera exclusivamente administrativa, pelo fato de supostamente não haver expressado dispositivo legal autorizando a medida? Na hipótese, concorda-se com reflexão proposta por Maria Sylvia Di Pietro, segundo a qual houve, no atual paradigma filosófico do Direito, um significativo alargamento conceitual do princípio em espeque, notoriamente pela aproximação semântica entre legalidade e moralidade administrativa.[258]

A concepção moderna do princípio da legalidade não estaria a exigir, tão somente, a literalidade formal do texto legal, mas a intelecção do ordenamento jurídico enquanto sistema. Assim, como forma de se conciliar o aparente conflito entre os dogmas da legalidade e da moralidade administrativa, deveria ser conferida uma maior flexibilidade à teoria da desconsideração da personalidade jurídica, de modo a permitir o seu manejo pela Administração Pública, mesmo à margem de previsão normativa específica.

Esse novo entendimento amplia os contornos conceituais do princípio da legalidade, não se restringindo apenas ao especificado em lei, englobando o Direito como um todo. É o que se entende por *princípio da juridicidade*, que consiste no conjunto de normas e princípios que constituem o Direito globalmente considerado e que representa um dever a ser seguido e cumprido pelo administrador público.

Pertinente análise sobre o tema é feita por Flávia Albertin Moraes ao consignar que:

> Portanto, embora o princípio da legalidade exija que a administração pública só aja ante a exigência expressa da lei, não é possível, sob esse argumento, ignorar os outros princípios constitucionais, como a moralidade e a eficiência. Assim, da combinação dos demais princípios é possível assegurar que à administração pública foi deferido o dever de se empenhar pela

---

[258] DI PIETRO, Maria Sylvia Zanella. *Direito administrativo*. 20. ed. São Paulo: Atlas, 2007. p. 49-50.

boa execução do bem comum, deferindo-se, nessa função, o dever de impedir que fraudes venham a ser praticadas. Diante desse quadro, a administração pública, ao verificar a ocorrência de irregularidade na constituição de pessoa jurídica que mantém relação com o poder público, com vistas a burlar as regras de responsabilização, tem a obrigação, o poder-dever de agir para desmantelar o conluio fraudulento. A lacuna legislativa não poderá, assim, ser considerada para justificar a não ação da administração pública.[259]

No mesmo sentido segue o escólio de Jessé Torres Pereira Júnior e Marinês Restelatto Dotti:

> Como forma de garantir à Administração Pública instrumento eficaz de combate à fraude, é de admitir-se, em homenagem aos princípios que, na Constituição da República, tutelam a atividade administrativa do estado, a desconsideração da personalidade jurídica da sociedade constituída em fraude à lei e com abuso de forma, mesmo diante do fato de inexistir previsão legal específica, para o que há expressivo apoio doutrinário e se contam inúmeros precedentes na jurisprudência recente dos tribunais judiciais e de contas.

Cumpre mencionar que o argumento de inexistência de dispositivo legal a lastrear a desconsideração no âmbito administrativo fragiliza-se ante a constatação de que, no âmbito do Direito Tributário, à Fazenda Pública foram dados poderes para na esfera administrativa desconsiderar atos e negócios praticados com o intuito de dissimular a ocorrência do fato gerador.

A doutrina dominante, de longa data, tem admitido que a Administração Fiscal se valha do método da interpretação econômica do fato gerador para desconsiderar a forma jurídica de atos ou negócios praticados com fraude à lei e com nítido intuito de sonegação fiscal. É bem verdade que sempre existiu uma certa resistência por parte de alguns doutrinadores, extremamente afetos ao formalismo exacerbado dos institutos jurídicos, em aceitar a adoção da teoria da interpretação econômica do fato gerador. Objetivando obviar as discussões e as resistências infundadas, eis que veio a lume o art. 116, parágrafo único do CTN, acrescentado pela Lei Complementar nº 104/2001, que apresentou a seguinte redação:

> Art. 116. [...]
>
> [...]
>
> Parágrafo Único. A autoridade administrativa poderá desconsiderar atos ou negócios jurídicos praticados com a finalidade de dissimular a ocorrência do fato gerador do tributo ou a natureza dos elementos constitutivos da obrigação tributária, observados os procedimentos a serem estabelecidos em lei ordinária.

Registre-se que, no exercício da legítima competência legislativa concorrente, nos termos do art. 22, inc. XXVII, da CF, algumas entidades federativas cuidaram de destinar contornos mais modernos ao trato do tema licitações e contratos, inovações que resultaram na expressa previsão da desconsideração administrativa da personalidade jurídica, tais

---

[259] MORAES, Flavia Albertin de. A teoria da desconsideração da personalidade jurídica e o processo administrativo punitivo. *Revista de Direito Administrativo (RDA)*, Rio de Janeiro, v. 252, p. 45-65, set./dez. 2009.

como os estados da Bahia e Paraná. A lei de licitações do Estado da Bahia, Lei nº 9.433/2005, dispõe em seu art. 200:

> Art. 200 – Fica impedida de participar de licitação e de contratar com a Administração Pública a pessoa jurídica constituída por membros de sociedade que, em data anterior à sua criação, haja sofrido penalidade de suspensão do direito de licitar e contratar com a Administração ou tenha sido declarada inidônea para licitar e contratar e que tenha objeto similar ao da empresa punida.

A posição dos que entendem possível a aplicação da teoria da desconsideração da personalidade jurídica por ato de índole administrativa já foi expressamente acolhida pelo E. Superior Tribunal de Justiça:

> ADMINISTRATIVO. RECURSO ORDINÁRIO EM MANDADO DE SEGURANÇA. LICITAÇÃO. SANÇÃO DE INIDONEIDADE PARA LICITAR. EXTENSÃO DE EFEITOS À SOCIEDADE COM O MESMO OBJETO SOCIAL, MESMOS SÓCIOS E MESMO ENDEREÇO. FRAUDE À LEI E ABUSO DE FORMA. DESCONSIDERAÇÃO DA PERSONALIDADE JURÍDICA NA ESFERA ADMINISTRATIVA. POSSIBILIDADE. PRINCÍPIO DA MORALIDADE ADMINISTRATIVA E DA INDISPONIBILIDADE DOS INTERESSES PÚBLICOS.
>
> - A constituição de nova sociedade, com o mesmo objeto social, com os mesmos sócios e com o mesmo endereço, em substituição a outra declarada inidônea para licitar com a Administração Pública Estadual, com o objetivo de burlar a aplicação da sanção administrativa, constitui abuso de forma e fraude à Lei de Licitações, Lei nº 8.666/93, de modo a possibilitar a aplicação da teoria da desconsideração da personalidade jurídica para estenderem-se os efeitos da sanção administrativa à nova sociedade constituída.
>
> A Administração Pública pode, em observância ao princípio da moralidade administrativa e da indisponibilidade dos interesses públicos tutelados, desconsiderar a personalidade jurídica de sociedade constituída com abuso de forma e fraude à lei, desde que facultados ao administrado o contraditório e a ampla defesa em processo administrativo regular.
>
> - Recurso a que se nega provimento.[260]

Também o Supremo Tribunal Federal já teve oportunidade de se manifestar sobre tema ao apreciar a medida cautelar em Mandado de Segurança nº 32.494/DF, relatoria do Ministro Celso de Mello. Nas doutas palavras do Ministro relator restou consignado que:

> [...] o E. Tribunal de Contas da União, ao exercer o controle de legalidade sobre os procedimentos licitatórios sujeitos à sua jurisdição, possuiria atribuição para estender a outra pessoa ou entidade envolvida em prática comprovadamente fraudulenta ou cometida em colusão com terceiros a sanção administrativa que impôs, em momento anterior, a outro licitante (ou contratante), desde que reconheça, em cada situação que se apresente a ocorrência dos pressupostos necessários à aplicação da teoria da desconsideração da personalidade jurídica, pois essa prerrogativa também comporia a esfera de atribuições institucionais daquela E. Corte de Contas, que se acha instrumentalmente vocacionada a tornar efetivo o exercício

---

[260] STJ – RMS 15.166/BA, Rel. Min. Castro Meira, julgado em 07.08.2003.

das múltiplas e relevantes competências que lhe foram diretamente outorgadas pelo próprio texto da Constituição da República.[261]

Sepultando todas as discussões sobre aplicação do instituto na seara estritamente administrativa, conforme já mencionado, o art. 14 da LAC, de forma categórica, consagra o emprego da desconsideração da personalidade jurídica, dispondo que a personalidade jurídica poderá ser desconsiderada sempre que utilizada com abuso do direito para facilitar, encobrir ou dissimular a prática dos atos ilícitos ou para provocar confusão patrimonial, sendo estendidos todos os efeitos das sanções aplicadas à pessoa jurídica aos seus administradores e sócios com poderes de administração, observados o contraditório e a ampla defesa.

15.4 Desconsideração da personalidade da pessoa jurídica na esfera do PAR

A Lei Anticorrupção consagra expressamente que, observados o contraditório e a ampla defesa, a personalidade jurídica poderá ser desconsiderada sempre que utilizada com abuso do direito ou para provocar confusão patrimonial. Primeiramente, cumpre anotar que a desconsideração da personalidade adotada pela lei em comento alinha-se ao arcabouço justificador da *teoria maior*, devendo, portanto, ser devidamente comprovados elementos que configurem a constituição emulativa do ente jurídico, consistente no abuso de direito ou na confusão patrimonial.

A prova do abuso de direito faz incidir a *teoria maior subjetiva*, sendo caracterizada pelo ato intencional dos sócios ou administradores em prejudicar a Administração Pública com o uso abusivo da personalidade, facilitando, encobrindo ou dissimulando a prática de atos ilícitos. A demonstração da confusão patrimonial, ao seu turno, faz incidir a *teoria maior objetiva*, caracterizando-se pela inexistência de separação do patrimônio da pessoa jurídica e dos seus sócios ou, ainda, dos haveres de diversas pessoas jurídicas.

A constituição de pessoa jurídica em abuso de direito descortina prática muito recorrente em diversas fraudes cometidas contra a Administração Pública, como, por exemplo, a constituição de empresas de fachada para simular a origem ilícita de recursos desviados por ato de corrupção ou sonegação fiscal ou, ainda, a constituição de novas empresas para evadir-se dos efeitos de declaração de inidoneidade anteriormente aplicada.

Não é por menos que a própria lei, em seu art. 5º, qualificou como ato lesivo à Administração Pública, nacional e estrangeira, a utilização de interposta pessoa jurídica para ocultar ou dissimular seus reais interesses ou a identidade dos beneficiários dos atos praticados, assim como a criação fraudulenta de pessoa jurídica para participar de licitação ou celebrar contrato administrativo.

Já a confusão patrimonial é verificada quando houver ambiguidade entre as massas patrimoniais da pessoa jurídica e seus agentes ou mesmo quando a cizânia patrimonial envolver a participação de outras pessoas jurídicas, seja em razão da desobediência às regras societárias, seja em virtude de qualquer outra causa relevante que produza confusão de esferas patrimoniais. Dessa forma, se os próprios sócios e controladores, que são os maiores interessados, não observam o princípio da autonomia patrimonial, não há razão

---

[261] STF – MS nº 32.494/DF, Rel. Min. Celso de Mello, julgado em 11.11.2013.

para que o Poder Público observe o preceito, permitindo-lhe, com espeque na vedação do comportamento contraditório, promover a desconsideração da personalidade jurídica.

Em ambas as situações, abuso de direito ou confusão patrimonial, a consequência prática da desconsideração da personalidade jurídica é a mesma: a possibilidade de extensão de todos os efeitos das sanções administrativas cominadas.

Outro pressuposto de extrema valia é a instauração do devido processo administrativo em que sejam assegurados contraditório e ampla defesa. O presente requisito já era mencionado mesmo antes da inovação legislativa, restando consignado no já mencionado *leading case* do Superior Tribunal de Justiça:

> A Administração Pública pode, em observância ao princípio da moralidade administrativa e da indisponibilidade dos interesses públicos tutelados, desconsiderar a personalidade jurídica de sociedade constituída com abuso de forma e fraude à lei, *desde que* facultado ao administrado o contraditório e a ampla defesa em *processo administrativo regular*.[262]

O processo administrativo revela o encontro da necessária segurança jurídica, sendo uma das formas de concretização da legitimidade do exercício dos poderes administrativos, à medida que se esclarecem e se afirmam os motivos das decisões administrativas. Daí a necessidade de se formalizar o processo administrativo quando a atuação da entidade administrativa puder acarretar restrição, alteração ou perda de direito, ou a anulação de situação antes reconhecida ao interessado, situação indiscutivelmente presente na hipótese de desconsideração da personalidade jurídica.

Ilustrando a situação, imagine-se a hipótese de empresa constituída de forma fraudulenta com o único objetivo de superar os efeitos de sanção administrativa impeditiva anteriormente aplicada. Mesmo que a Administração Pública detenha todos os elementos probatórios a demonstrar o ardiloso subterfúgio, não poderá, por força própria, desconsiderar a personalidade e estender os efeitos da sanção administrativa ao ente privado. Para tanto, nos termos da lei em vigor, far-se-á necessária a instauração de processo administrativo autônomo em que sejam facultados o contraditório e a ampla defesa.

Quanto à extensão dos efeitos da sanção administrativa no caso da desconsideração da personalidade jurídica prevista na LAC, o tema merece algumas considerações. Muito embora o dispositivo legal faça menção explícita à possibilidade de extensão dos efeitos da sanção apenas aos seus administradores e sócios com poderes de administração, a abrangência desses efeitos poderá ir além.

Admite-se, nesse esteio, que a penalidade imposta a uma pessoa jurídica possa ser estendida a outras sociedades, quando foram criadas com o exclusivo objetivo de desvencilhar a primeira dos efeitos sancionatórios antes impostos. A aplicação da desconsideração da personalidade jurídicas nesses casos de sucessão empresarial fraudulenta merece especial atenção na interpretação e aplicação do presente diploma legal, uma vez que este inaugura autêntico microssistema de responsabilização de pessoas jurídicas por atos lesivos à Administração Pública. Não é por outro motivo que doutrina e jurisprudência dominantes já contemplam o estudo de alguns dos desdobramentos da teoria da desconsideração da personalidade jurídica em sua concepção tradicional.

---

[262] RMS nº 15.166, relatoria do Min. Castro Meira (grifo nosso).

Flávio Tartuce[263] informa que, como evolução da desconsideração da personalidade jurídica, tem-se adotado a *teoria da sucessão de empresas*, pela qual, nos casos de abuso de personalidade jurídica em que for patente a ocorrência de fraude, poderá a autoridade competente estender as responsabilidades de uma empresa para outra, denominadas empresa sucedida e sucessora, respectivamente. Assim, desconsidera-se a roupagem formal das sociedades *"marionetes"*, alcançando o patrimônio da empresa controladora para que esta se responsabilize pelos ilícitos então cometidos.

Convém aclarar que o emprego da teoria da sucessão de empresas em nada se confunde com as hipóteses legais de responsabilização solidária de grupos societários previstos no art. 4º, da Lei nº 12.846/13, uma vez que nas situações ali aventadas não se discutem aspectos relacionados ao abuso de direito ou confusão patrimonial, funcionando como mero mecanismo de extensão de responsabilidade pelo pagamento da penalidade pecuniária, dando-se singular ênfase a aspectos relacionados à necessária observância de mecanismos de *due diligence*. Já no cenário da desconsideração da personalidade da pessoa jurídica, está-se falando do desenvolvimento anormal da atividade empresarial, devendo-se, portanto, ser necessariamente comprovada a existência de abuso de direito ou confusão patrimonial. Nesse sentido, aliás, a jurisprudência do STJ:

> RECURSO ESPECIAL. DESCONSIDERAÇÃO DA PERSONALIDADE JURÍDICA ("disregard doctrine"). HIPÓTESES.
>
> 1. A desconsideração da personalidade jurídica da empresa devedora, imputando-se ao grupo controlador a responsabilidade pela dívida, pressupõe – ainda que em juízo de superficialidade – a indicação comprovada de atos fraudulentos, a confusão patrimonial ou o desvio de finalidade.
>
> 2. No caso a desconsideração teve fundamento no fato de ser a controlada (devedora) simples longa manus da controladora, sem que fosse apontada uma das hipóteses previstas no art. 50 do Código Civil de 2002.
>
> 3. Recurso especial conhecido.[264]

A título de nota, menciona-se, ainda, a *teoria expansiva da desconsideração da personalidade jurídica*, propondo-se a expansão dos efeitos da desconsideração da personalidade jurídica aos "sócios ocultos", proporcionando a satisfação dos interesses da parte lesada. O correto emprego da teoria em tela descortina importante instrumento de responsabilização jurídica, notadamente na seara do combate à corrupção, onde se costuma verificar a utilização de pessoas jurídicas constituídas por laranjas, testas de ferro, entre outros, com a exclusiva finalidade de blindar o patrimônio e escusar de responsabilidade os verdadeiros detentores do poder decisório empresarial.

Apesar de ainda tímida, a aplicação da teoria expansiva já se faz presente em alguns julgados dos nossos tribunais pátrios. A título de informação, menciona-se o acórdão proferido no julgamento da Apelação Cível nº 0012362-37.2002.8.19.0203 do Tribunal de Justiça do Rio de Janeiro, onde se verificou a desconsideração da personalidade jurídica com evidente intuito fraudatório, por terem sido transferidas todas as cotas sociais da

---

[263] TARTUCE, Flávio. *Manual de direito civil*. 2. ed. Rio de Janeiro: Forense; São Paulo: Método, 2009. p. 155.

[264] REsp nº 744.107/SP, relatoria do Min. Fernando Gonçalves.

empresa a um funcionário, desconsiderando-se a personalidade jurídica para atingir o patrimônio dos sócios ocultos.[265]

Os aludidos desdobramentos teóricos da desconsideração da personalidade jurídica reforçam o entendimento de que, uma vez levantado o véu da personalidade jurídica, torna-se juridicamente possível estender os efeitos das penalidades aplicadas a todos aqueles que, de forma relevante, participaram da prática fraudulenta, sejam os administradores ou sócios, sejam pessoas jurídicas criadas com o exclusivo fim de permitir o esvaziamento da responsabilização e correspondente sanção administrativa.

---

[265] CORRÊA, Mariana Rocha, *op. cit.*, p. 5.

CAPÍTULO XVI

16 Prescrição da pretensão punitiva

O Direito como instituto de pacificação social se estrutura sobre dois principais pilares, justiça e segurança jurídica. O princípio da segurança jurídica decorre da necessidade de estabilização das relações jurídicas ao longo do tempo, criando obstáculos à perpetuação de cenário de incertezas e imprevisibilidades. Muito embora o princípio em comento não esteja expressamente previsto no texto constitucional, ele pode ser facilmente extraído da própria unidade narrativa da Constituição, que em diversas passagens fez menção a institutos que nada mais são do que vertentes desse preceito maior. Assim, por exemplo, estabeleceu já no rol de direitos e garantias fundamentais, notadamente no art. 5º, inciso XXXVI, que a lei não prejudicará o direito adquirido, o ato jurídico perfeito e a coisa julgada.

Dentre esses corolários diretamente relacionados à necessidade de um "mínimo de certeza na regência da vida social",[266] está a limitação temporal ao exercício da pretensão punitiva pela Administração Pública, que não poderá punir os infratores de maneira indefinida ao longo do tempo. Nesse sentido, a própria Constituição Federal estabeleceu, no art. 37, parágrafo 5º, que "a lei estabelecerá os prazos de prescrição para ilícitos praticados por qualquer agente, servidor ou não". Percebe-se, desse modo, que a Carta Magna fez prevalecer como regra geral a prescrição do poder punitivo estatal, sendo os casos de imprescritibilidade elencados de forma absolutamente excepcional, como o fez em relação às ações de ressarcimento dos danos causados ao erário público ou em relação ao crime de racismo.

À vista disso, conclui Munhoz de Mello[267] que a omissão legislativa a respeito do prazo prescricional não poderá significar, jamais, que a atuação punitiva da Administração será exercida sem limitações temporais. É em razão desse raciocínio que, apesar da ausência de expressa previsão do prazo prescricional do processo administrativo sancionador previsto na Lei nº 8.666/93, buscou-se a aplicação analógica de outros diplomas legais, a exemplo da Lei nº 9.783/99.

A LAC contemplou regra explícita sobre a incidência do prazo prescricional no âmbito do processo administrativo de responsabilização de pessoas jurídicas pela prática de atos lesivos à Administração nacional e estrangeira, assunto que se passa a examinar no presente capítulo.

---

[266] BANDEIRA DE MELLO, Celso Antônio, *op. cit.*, p. 124-125.
[267] MELLO, Rafael Munhoz de, *op. cit.*, p. 252.

16.1 Conceito e regime legal

Já foi afirmado que o ente público processante não detém prazo ilimitado para impor a aplicação de sanções administrativas, de maneira que a prescrição pode ser conceituada como o lapso temporal através do qual a Administração Pública pode exercer de forma legítima o seu direito/dever de punir os infratores. Superado o aludido interregno, a própria Administração é quem é penalizada por sua morosidade em apurar determinado ilícito administrativo, tornando-se impedida de punir a pessoa infratora, eis que a imposição intempestiva da penalidade frustra a finalidade da própria função administrativo-sancionatória.

Assim sendo, dispõe a LAC, em seu art. 25, que "prescrevem em 5 (cinco) anos, contados da data da ciência da infração ou, no caso de infração permanente ou continuada, do dia em que tiver cessado". Depreende-se, desde já, que o mencionado prazo em que a Administração poderá exercer o seu *jus puniendi* restou delimitado ao prazo de cinco anos.

16.1.1 Início do prazo prescricional

Definido o lapso temporal ao final do qual se torna consumada a prescrição, cumpre estabelecer o marco a partir do qual se dará o início de sua correspondente contagem. A LAC adotou dois critérios distintos para o início da contagem do prazo, a *data da ciência do fato* e a *data da cessação da infração*.

Como regra geral, o prazo terá seu curso iniciado quando da *ciência da infração* pela Administração Pública. Percebe-se que, diferentemente do que costuma ocorrer na seara penal, o marco temporal adstrito à data da consumação da infração administrativa perde significativa relevância, uma vez que o decurso de tempo verificado entre a prática da infração e a posterior descoberta pelo ente administrativo não será computado para fins de cálculo da prescrição. O que vale, em verdade, é a data em que a Administração efetivamente toma ciência dos fatos.

Uma primeira questão a ser dirimida diz respeito à definição do *sujeito* a que se requer o conhecimento dos fatos, para que seja dado início ao prazo prescricional.

Uma vez que os efeitos da consumação da prescrição recairão sobre a prerrogativa que tem a Administração Pública de impor sanção administrativa a infratores, será ela o sujeito que deverá tomar ciência da ocorrência do ilícito. Não é, porém, a qualquer órgão ou entidade integrante da estrutura formal da Administração que se requer a ciência dos fatos, mas o órgão ou entidade que detenha competência específica para apuração dos ilícitos capitulados na Lei Anticorrupção.

Sabe-se que a Administração Pública é um ente complexo, composto pelas mais variadas estruturas hierárquicas, cujas competências são exercidas pelas mais diversas autoridades, tornando, dessa forma, premente a necessidade de se definir qual é a autoridade administrativa que representa o ente processante para o fim de iniciar o cômputo prazo prescricional da pretensão punitiva.

Uma primeira opção seria considerar qualquer agente público que tivesse ciência da ocorrência do ilícito no exercício da sua função. Tal opção, entrementes, pelo seu caráter altamente difuso, afrontaria, de igual maneira, o fundamento maior da imposição do prazo prescricional, a segurança jurídica, devendo a definição da autoridade competente justificar a contagem de a prescrição se balizar em critérios mais precisos.

Nesse esteio, sustenta-se que referida incumbência deverá recair, a princípio, sobre aquelas autoridades que detenham competência específica para determinar a instauração do processo administrativo ou, adotando critério um pouco mais amplo, sobre as autoridades superiores da respectiva estrutura orgânica, assim entendidas aquelas autoridades que detenham *poder decisório relevante*. No mesmo sentido, já se manifestou a jurisprudência da Terceira Seção do Superior Tribunal de Justiça:

> 3. A Terceira Seção desta Corte pacificou o entendimento de que o termo inicial do prazo prescricional da Ação Disciplinar é a data em que o fato se tornou conhecido da Administração, mas não necessariamente por aquela autoridade específica competente para a instauração do Processo Administrativo Disciplinar (art. 142, §1º da Lei nº 8.112/90). Precedentes.
>
> 4. Qualquer autoridade administrativa que tiver ciência da ocorrência de infração no Serviço Público tem o dever de proceder à apuração do ilícito ou comunicar imediatamente à autoridade competente para promovê-la, sob pena de incidir no delito de condescendência criminosa (art. 143 da Lei nº 8.112/90); *considera-se autoridade, para os efeitos dessa orientação, somente quem estiver investido de poder decisório na estrutura administrativa, ou seja, o integrante da hierarquia superior da Administração Pública*. Ressalva do ponto de vista do relator quanto a essa última exigência.[268]

Conclui-se, dessa forma, que não é a partir da data da ciência por qualquer agente público do órgão ou entidade processante que se tem início a contagem do prazo prescricional, tendo em vista que nem sempre deterá aquele agente competência material para deflagrar o procedimento apuratório. Somente as autoridades que detenham competência correicional ou aquelas que ocupam cargos superiores é que possuem tal atribuição.

Vale consignar, entretanto, que não se requer a demonstração de ciência pessoal sobre a infração, ao contrário, o que se requer é a ciência meramente institucional. Assim, por exemplo, no envio formal de relatório de auditoria ou inquérito policial a autoridade competente, presume-se que tomou ciência da irregularidade na data do protocolo de recebimento, e não na data da efetiva leitura do documento enviado.

Outra situação que fará presumir a ciência pela Administração Pública da ocorrência do ato ilícito ocorre quando a notícia das correspondentes irregularidades for divulgada em veículos de imprensa de grande circulação, a exemplo de jornais e noticiários televisivos. Nesses casos, pela exata configuração de fato notório, presume-se a ciência por todos, inclusive pelas autoridades administrativas competentes.

Ao seu turno, quando se tratar de infração permanente ou infração continuada, o termo inicial deixa de ser a data da ciência da infração e passa a ser o *dia da cessação* do ilícito. *Infração permanente* ocorre quando há um único ato ilícito cuja conduta perdura no tempo, ou seja, o próprio núcleo da ação ou omissão denota repetição ou habitualidade, a exemplo da infração de patrocinar ou subvencionar a prática dos atos lesivos à administração. Já a *infração continuada* abrange uma pluralidade de ações ou omissões que infringem o mesmo ou semelhantes preceitos normativos, descortinando relação sequencial de dependência com o fim buscado pelos infratores, de maneira que os ilícitos subsequentes devem ser entendidos como continuação do primeiro. Nessa hipótese, deve-se atentar especialmente para o elemento temporal que lhes é peculiar, buscando verificar se há proximidade pertinente entre as distintas ações lesivas.

Em ambos os casos, nos exatos termos da dicção legal, o prazo prescricional apenas começa a correr quando cessa a infração, isto é, quando a conduta, no caso da infração permanente, é interrompida ou quando, no caso da infração continuada, o último ilícito é praticado. Concorda-se com o entendimento segundo o qual tal critério somente tem

---

[268] STJ – MS nº 14.446-DF, Rel. Min. Napoleão Nunes Maia Filho, julgado em 13.12.2010. (grifo nosso).

aplicação quando já houver a ciência dos fatos sem a respectiva cessação da conduta ilícita, sob pena de se afrontar a lógica do sistema, que premiaria com contagem de prescrição mais benéfica a prática de infrações mais gravosas. Nesse mesmo sentido, Bruno Calabrich:

> Por uma questão de coerência, para a contagem da prescrição, o marco temporal da cessação da infração somente se plica a fatos cuja execução (permanente ou continuada) se tomou ciência, mas, por qualquer razão, não cessaram. Um exemplo: leva-se ao conhecimento da administração a prática de uma infração e a autoridade responsável demora algum tempo até instaurar o procedimento e cientificar os infratores; nesse interstício, a infração continua a ser praticada. Nesse caso, é razoável se entender que o marco a ser considerado é o da data da cessação da conduta infratora, e não o da (anterior) ciência da administração. Entender diversamente é dispensar um tratamento menos rigoroso a infrações potencialmente mais graves (por serem permanentes ou reiteradas no tempo), premiando, com a fluência do prazo prescricional, aqueles que continuaram a perpetrar infrações mesmo depois do administrador deles tomar ciência.[269]

16.1.2 Interrupção e suspensão do prazo prescricional

Uma vez iniciado o decurso do prazo prescricional, ele terá seguimento ininterrupto até que seja verificada a consumação da prescrição. Entretanto, a lei poderá contemplar a ocorrência de determinados fatos que possam repercutir no natural desenvolvimento do lapso temporal, suspendendo-o ou interrompendo-o. A suspensão do prazo prescricional consiste na paralização temporária do decurso do prazo, até que ele volte a ter prosseguimento exatamente de onde parou. Já a interrupção do prazo prescricional consiste na desconsideração do prazo já decorrido, iniciando-se outro a partir do momento da conclusão da causa que o interrompeu.

A LAC contempla algumas situações a ensejar a interrupção do prazo prescricional, quais sejam, a instauração do processo administrativo que tenha por objeto a apuração da infração, nos termos do parágrafo único do art. 25 ou quando ocorrer a celebração do acordo de leniência, nos termos do parágrafo 9º, do art. 16. Portanto, uma vez instaurado o PAR ou efetivamente celebrado o acordo de leniência, o prazo outrora iniciado quando da ciência do ato ilícito zera e, ato contínuo, passa a correr novamente. Percebe-se, dessa forma, que no regular desenvolvimento de um único processo administrativo haverá a possibilidade de duas interrupções distintas e autônomas ao curso do prazo prescricional, uma no momento inaugural do PAR e outra quando da efetiva celebração do pacto leniente.

Já em relação à suspensão do prazo prescricional,[270] cumpre fazer menção, muito embora não tratado expressamente na LAC, ao entendimento construído no âmbito da jurisprudência dos tribunais brasileiros, segundo o qual, uma vez determinada judicialmente a paralização do processo administrativo sancionador, deve-se, ato contínuo, estancar o curso do lapso prescricional, aguardando-se o desfecho da celeuma judicial, uma vez que

---

[269] CALABRICH, Bruno. Disposições finais da Lei Anticorrupção: prescrição, cadastros, responsabilização de autoridades omissas e outras questões relevantes. In: SOUZA, Jorge Munhós de; QUEIROZ, Ronaldo Pinheiro de (Org.). *Lei Anticorrupção*. Salvador: Juspodivm, 2015. p. 345.

[270] Quanto à previsão legal contemplando hipótese de suspensão do prazo prescricional, o parágrafo 9º, do art. 16, da Lei nº 12.846/13, na redação dada pela MP nº 703/15, estabelecia que a formalização da proposta do acordo de leniência suspenderia o prazo prescricional. Conforme já delineado, a proposta de acordo de leniência ocorre em momento prévio à efetiva celebração do acordo, sendo formalizado por um instrumento pré-contratual denominado de *memorando de entendimentos*, onde serão definidas as assertivas preliminares à posterior pactuação do ato negocial. Considerando a perda de vigência da aludida medida provisória, a alteração proposta deixou de produzir efeitos.

CAPÍTULO XVI | 281

não se pode imputar ao ente processante a inércia no deslinde da apuração, quando a paralização decorre da observância de mandamento judicial suscitado pelo próprio acusado. Assim, por exemplo, a jurisprudência do STJ:

> [...] não procede a alegação de prescrição por inércia da Administração, pois a demora na conclusão do processo não ocorreu por culpa da Administração, mas, ao contrário, pela suspensão do seu andamento, em decorrência dos vários pedidos de sobrestamento *formulados pela própria impetrante*, especialmente nas ações judiciais por ela intentadas, *com vistas a procrastinar o compêndio administrativo*.[271]

No mesmo sentido se manifesta a doutrina especializada:

> À luz dos parâmetros da justiça e da razoabilidade imanentes ao direito, deve prevalecer o raciocínio de que a ordem judicial, enquanto válida, tolhe ao Estado o exercício do seu direito de punir e, por conseguinte, suspende a prescrição, visto que não se cuida de inércia da Administração Pública em exercitar sua prerrogativa, mas de provimento judicial inibitório. O processo administrativo disciplinar poderá ser retomado tão logo cessem os efeitos do decreto judicial. A partir de então retoma seu fluxo a contagem do prazo prescricional.[272]

Ante a força dos argumentos expostos, sempre que se verificar que a suspensão do processo decorre de determinação judicial, especialmente quando tal mandamento for obtido em razão de ação proposta pelo próprio acusado, deve-se suspender, de igual maneira, o lapso temporal da prescrição, que terá seguimento novamente apenas quando recomposto o regular andamento do PAR.

16.1.3 Nulidade do ato administrativo que interrompe a prescrição

Nos termos da LAC, tanto a instauração do PAR quanto a celebração do acordo de leniência são aptas a provocar a interrupção do prazo prescricional. Entretanto, esses relevantes efeitos processuais somente se verificarão quando os aludidos atos administrativos forem realizados em estrito cumprimento ao regime legal. Em havendo desconformidade legal do ato, o reconhecimento da apontada nulidade, seja em decisão judicial ou administrativa, cassará os efeitos jurídicos eventualmente decorrentes do ato administrativo, desde sua origem.

Assim, por exemplo, se for reconhecida a nulidade do ato de instauração do processo, os efeitos então produzidos serão eliminados do mundo jurídico, inclusive o efeito interruptivo do lapso prescricional, que continua a correr desde a ciência pela autoridade competente da ocorrência dos atos lesivos. Nessa hipotética situação, uma nova reinstauração do processo somente será viável quando não consumada a prescrição da pretensão punitiva da Administração. O mesmo se diga no eventual reconhecimento de nulidade do acordo de leniência, quando o prosseguimento da apuração, para fins de aplicação de sanção administrativa, somente será admitido se ainda existente lapso temporal remanescente a contar da instauração do processo administrativo de responsabilização.

---

[271] STJ – MS nº 7.095/DF, Terceira Seção, Rel. Min. Gilson Dipp, julgado em 26.03.2003 (grifo do autor).
[272] CARVALHO, Antonio Carlos Alencar, *op. cit.*, p. 839.

16.1.4 Imprescritibilidade da pretensão ressarcitória

Ainda que constatada a prescrição da pretensão punitiva do Poder Público, impossibilitando a Administração Pública de impor sanção administrativa à pessoa jurídica acusada, cumpre consignar a remanência do interesse estatal em se buscar a reparação integral dos danos causados, afinal, nos exatos termos do art. 37, parágrafo 5º, da Constituição Federal, as ações de ressarcimento aos prejuízos causados ao erário são imprescritíveis.

É bem verdade que recentemente o Supremo Tribunal Federal deu interpretação restrita ao mencionado dispositivo constitucional, assentando o entendimento de que as ações de reparação de danos patrimoniais decorrentes de *ilícitos civis* são prescritíveis.[273] Mesmo no desenvolvimento dessa linha de entendimento restritivo, restou consignado pelo egrégio tribunal que o mandamento da imprescritibilidade continua alcançando os danos patrimoniais decorrentes de atos de improbidade administrativa.

Considerando, como preceito de defesa da moralidade administrativa, que as condutas previstas na LAC também podem ser enquadradas como atos de improbidade administrativa, defende-se o entendimento de que os prejuízos materiais decorrentes desses ilícitos administrativos estão contemplados pelo regramento constitucional da imprescritibilidade, permanecendo imunes, pois, ao novel entendimento jurisprudencial, que, reitere-se, se restringe aos ilícitos meramente civis.

Assim, ainda que declarada a consumação do prazo prescricional no curso do PAR, não há impedimento ao seu prosseguimento para fins exclusivos de delimitação dos prejuízos envolvidos e respectiva cobrança administrativa de valores. Pelos mesmos motivos, uma vez atestada a consumação do prazo prescricional antes da instauração do PAR, não haverá impedimento legal à instauração de processo administrativo de reparação de danos.

---

[273] STF – RE nº 669.069, Rel. Min. Teori Zavascki, julgado em 03.02.2016.

REFERÊNCIAS

AYRES, Carlos Henrique da Silva. Utilização de terceiros e operações de fusões e aquisições no âmbito do Foreing Corrupt Pratices Act: Riscos e necessidade da due diligence anticorrupção. In: DEL DEBBIO, Alessandra; MAEDA, Bruno Carneiro; AYRES, Carlos Henrique da Silva (Coords.). *Temas de anticorrupção e compliance*. Rio de Janeiro: Elsevier, 2013.

BACIGALUPO, Enrique. *Compliance y derecho penal*. Madrid: Ed. Aranzadi, 2010.

BANDEIRA DE MELLO, Celso Antônio. *Curso de direito administrativo*. 19. ed. São Paulo: Malheiros, 2009.

BANDEIRA DE MELLO, Celso Antônio. *Grandes temas de direito administrativo*. São Paulo: Malheiros, 2009.

BARCELLOS, Ana Paula de. Submissão de acordos de leniência ao TCU necessita de esclarecimentos. *Revista Consultor Jurídico*, 23 fev. 2015. Disponível em: <http://www.conjur.com.br/2015-fev-23/ana-barcellos-submissao-acordos-leniencia-tcu-gera-duvidas>. Acesso em: 21 mar. 2015.

BARROS, Zanon de Paula. *Lei anticorrupção fere direito ao penalizar sociedade coligada*. Disponível em: <http://www.conjur.com.br/2014-jan-29/zanon-barros-lei-anticorrupcao-fere-direito-penalizar-sociedade-coligada>. Acesso em: 15 mar. 2016.

BARROSO, Luís Roberto. *Interpretação e aplicação da Constituição*: fundamentos de uma dogmática constitucional transformadora. 6. ed. São Paulo: Saraiva, 2004.

BECCARIA, Cesare. *Dos delitos e das penas*. Ed. Ridendo Castigat Mores. Edição Eletrônica. Disponível em: <www.jahr.org≥. Acesso em: out. 2001.

BECK, Ulrich. *Risk society towards a new modernity*. Londres: Sage Publications, 1992.

BONAVIDES, Paulo. *Curso de direito constitucional*. 24. ed. São Paulo: Malheiros, 2009.

BONFIM, Vólia. *Direito do trabalho*. 7. ed. Rio de Janeiro: Forense; São Paulo: Método, 2012.

CABRAL, José Antônio Henriques Santos. Prova indiciária e as novas formas de criminalidade. *Julgar*, n. 17, 2012. Disponível em: <http://www.stj.pt/ficheiros/estudos/provaindiciarianovasformascriminalidade.pdf>. Acesso em: 10 set. 2014.

CAETANO, Marcelo. *Manual de direito administrativo*. 9. ed. Coimbra: Coimbra Editora, 1972.

CAETANO, Marcelo. *Princípios fundamentais do direito administrativo*. Rio de Janeiro: Forense, 1977.

CALABRICH, Bruno. Disposições finais da Lei Anticorrupção: prescrição, cadastros, responsabilização de autoridades omissas e outras questões relevantes. In: SOUZA, Jorge Munhós de; QUEIROZ, Ronaldo Pinheiro de (Orgs.). *Lei Anticorrupção*. Salvador: Juspodivm, 2015.

CÂMARA, Alexandre Freitas. *Lições de direito processual civil*. 20. ed. São Paulo: Atlas, 2012. v. 3.

CANDELORO, Ana Paula P; DE RIZZO, Maria Balbina Martins; PINHO, Vinícius. *Compliance 360º*: riscos, estratégias, conflitos e vaidades no mundo corporativo. São Paulo: Trevisan Editora Universitária, 2012.

CANOTILHO, José Joaquim Gomes. *Direito constitucional*. 5. ed. Coimbra: Almedina, 1991.

CAPANEMA, Renato de Oliveira. Inovações da Lei nº 12.846/2013. In: NASCIMENTO, Melillo Dinis (Org.). *Lei Anticorrupção empresarial*: aspectos críticos à Lei nº 12.846/2013. Belo Horizonte: Fórum, 2014.

CARVALHO, Antonio Carlos Alencar. *Manual de processo administrativo disciplinar e sindicância*: à luz da jurisprudência dos tribunais e da casuística da Administração Pública. 2. ed. Belo Horizonte: Fórum, 2011.

CARVALHO FILHO, José dos Santos. *Processo administrativo federal*: comentários à Lei nº 9.784/99. 5. ed. São Paulo: Atlas, 2013.

CARVALHO FILHO, José dos Santos. *Manual de direito administrativo*. 19. ed. Rio de Janeiro: Lumen Juris, 2008.

CARVALHOSA, Modesto. *Considerações sobre a Lei Anticorrupção*: Lei nº 12.846 de 2013. São Paulo: Revista dos Tribunais, 2015.

COELHO, Sacha Calmon Navarro. *Caderno de Pesquisa Tributária*. São Paulo: Resenha Tributária, 1993. v. 18.

COIMBRA, Marcelo de Aguiar; BINDER, Vanessa Alessi Manzi (Orgs.). *Manual de compliance*: preservando a boa governança e a integridade das organizações. São Paulo: Atlas, 2010.

COMPARATO, Fábio Konder. A reforma da empresa. *Revista de Direito Mercantil, Industrial, Econômico e Financeiro*, São Paulo, v. 22, n. 50, abr./jun. 1983.

CORRÊA, Mariana Rocha. *A eficácia da desconsideração expansiva da personalidade jurídica no sistema jurídico brasileiro*. 2011. Trabalho de Conclusão de Curso (pós-graduação) – Escola de Magistratura do Estado do Rio de Janeiro – EMERJ, Rio de Janeiro, 2011.

COSTA, José Armando da. *Direito disciplinar*: temas substantivos e processuais. Belo Horizonte: Fórum, 2008.

COSTA, José Armando da. *Processo administrativo disciplinar*: teoria e prática. 6. ed. Rio de Janeiro: Forense, 2010.

COSTA, José Armando da. *Teoria e prática do processo administrativo disciplinar*. 2. ed. Rio de Janeiro: Forense, 1981.

COUTO E SILVA, Almiro do. O princípio da segurança jurídica (proteção à confiança) no Direito Público Brasileiro e o Direito da Administração Pública de anular seus próprios atos administrativos: o prazo decadencial do art. 54 da lei do processo administrativo da União (Lei nº 9.785/99). *Revista Eletrônica de Direito do Estado*, Salvador, n. 2, 2005. Disponível em: <http://www.direitodoestado.com.br>. Acesso em: 25 jul. 2013.

CRETELLA JÚNIOR, José. *Prática do processo administrativo*. São Paulo: Revista dos Tribunais, 2011.

DAL POZZO, Antônio Araldo Ferraz et al. *Lei Anticorrupção*: apontamentos sobre a Lei nº 12.846/2013. Belo Horizonte: Fórum, 2014.

DEMATTÉ, Flávio Rezende. Responsabilidade solidária exige interpretação harmônica. *Revista Consultor Jurídico*, 28 mar. 2014. Disponível em: <http://www.conjur.com.br/2014-mar-28/flavio-dematte-responsabilidade-solidaria-exige-interpretacao-harmonica>. Acesso em: 23 fev. 2015.

DI PIETRO, Maria Sylvia Zanella. *Direito administrativo*. 20. ed. São Paulo: Atlas, 2007.

DIDIER JR., Fredie. *Curso de direito processual civil*: direito probatório, decisão judicial, cumprimento e liquidação da sentença e coisa julgada. Salvador: Juspodivm, 2007.

FERNANDES, Antônio Scarance. *Processo penal constitucional*. 4. ed. São Paulo: Revista dos Tribunais, 2005.

FERNANDES, Jorge Ulisses Jacoby; NASCIMENTO, Melillo Dinis do. *Lei Anticorrupção empresarial*: aspectos críticos à Lei nº 12.846/2013. Belo Horizonte: Fórum, 2014.

FERRAZ, Sérgio; DALLARI, Adilson Abreu. *Processo administrativo*. 2. ed. São Paulo: Malheiros, 2003.

FERREIRA, Daniel. *Sanções administrativas*. São Paulo: Malheiros, 2001.

FERREIRA, Daniel. *Teoria geral da infração administrativa a partir da Constituição Federal de 1988*. Belo Horizonte: Fórum, 2009.

FIGUEIREDO, Lúcia Valle. Estado de Direito e Devido Processo Legal. *Revista Diálogo Jurídico*, Salvador, n. 11, fev. 2002.

FREITAS, Juarez. *Discricionariedade administrativa e o direito fundamental à boa administração pública*. São Paulo: Malheiros, 2007.

FUNDAÇÃO GETÚLIO VARGAS. *Responsabilidade penal de pessoa jurídica*. Coordenação Acadêmica de Marta Rodriguez de Assis Machado. Brasília: FGV, 2009 (Série Pensando o Direito, n. 18).

GARCÍA DE ENTERRÍA, Eduardo. El problema jurídico de las sanciones administrativas. *Revista Española de Derecho Administrativo*, Madrid, n. 10, jul./ago. 1976.

GIACOMUZZI, José Guilherme. *A moralidade administrativa e a boa-fé da administração pública*. São Paulo: Malheiros, 2002.

GOMES, Luiz Flávio. Finalidade da interceptação telefônica e a questão da prova emprestada. *Repertório IOB de Jurisprudência*, São Paulo, n. 4, fev. 1997

GÓMEZ-JARA DÍEZ, Carlos. Responsabilidad penal de todas las personas jurídicas? Una antecrítica al símil de la ameba acuñado por Alex van Weezel. *Política Criminal*, v. 5, n.10, 2010.

GONÇALVES, Lívia Cardoso Viana. O acordo de leniência na investigação antitruste: da legislação ao leading case brasileiro. In: GUEDES, Jefferson Carús; NEIVA, Juliana Sahione Mayrink (Coords.). *Pós-graduação em direito público – UnB*: coletânea de artigos. Brasília: Advocacia-Geral da União, 2010 (Série Publicações da Escola da AGU, n. 1).

GONZÁLEZ PÉREZ, Jesús. *Derecho procesal administrativo*. Madrid: Instituto de Estudios Políticos, 1957.

GRIFFIN, James M. The modern leniency program after ten years: a summary Overview of the Antitrust Division's Criminal Enforcement Program. In: THE AMERICAN BAR ASSOCIATION SECTION OF ANTITRUST LAW ANNUAL MEETING. San Francisco, 2003. Disponível em: <http://www.justice.gov/atr/public/speeches/201477.htm>. Acesso em: nov. 2015.

GRINOVER, Ada Pelegrini. *Novas tendências do direito processual*: de acordo com a Constituição de 1988. 2. ed. São Paulo: Forense, 1990.

GRINOVER, Ada Pellegrini; FERNANDES, Antônio Scarance; GOMES FILHO, Antônio Magalhães. *As nulidades do processo penal*. 8. ed. São Paulo: Revista dos Tribunais, 2004.

GUERRA FILHO, Willis Santiago. *Teoria processual da Constituição*. São Paulo: Celso Bastos Editor – Instituto Brasileiro de Direito Constitucional, 2000.

HAMMOND, Scott. *Cornerstones of an Effective Leniency Program*. In: ICN WORKSHOP ON LENIENCY PROGRAMS. Australia, 2004. Disponível em: <http://www.justice.gov/atr/public/speeches/206611.htm>. Acesso em: 13 nov. 2014.

JUSTEN FILHO, Marçal. *Comentários* à *lei de licitações e contratos administrativos*. 14. ed. São Paulo: Dialética, 2010.

JUSTEN FILHO, Marçal. *Curso de direito administrativo*. 6. ed. Belo Horizonte: Fórum, 2010.

KOURY, Suzy Elizabeth Cavalcante. *A desconsideração da personalidade jurídica (disregard doctrine) e os grupos de empresas*. 2. ed. Rio de Janeiro: Forense, 2000.

LORENZO, Susana. *Sanciones administrativas*. Montevideo: Julio César Faira, 1996.

MAEDA, Bruno Carneiro. Programas de Compliance Anticorrupção: importância e elementos. In: DEL DEBBIO, Alessandra; MAEDA, Bruno Carneiro; AYRES, Carlos Henrique da Silva (Coord.). *Temas de anticorrupção e compliance*. Rio de Janeiro: Elsevier, 2013.

MANZI, Vanessa Alesi. *Compliance no Brasil*: consolidação e perspectivas. São Paulo: Saint Paul, 2008.

MARQUES, Cláudia Lima. *Contratos no Código de Defesa do Consumidor*. 4. ed. São Paulo: Revista dos Tribunais, 2002.

MARRARA, Thiago. Leniência do Estado: lei anticorrupção permite que inimigo vire colega. *Consultor Jurídico*, 15 nov. 2013. Disponível em: <http://www.conjur.com.br/2013-nov-15/thiago-marrara-lei-anticorrupcao-permite-inimigo-vire-colega>. Acesso em: nov. 2015.

MEDAUAR, Odete. *A processualidade no direito administrativo*. São Paulo: Revista dos Tribunais, 1993.

MEDAUAR, Odete. *Direito administrativo moderno*. 13. ed. São Paulo: Revista dos Tribunais, 2009.

MEIRELLES, Hely Lopes et al. *Direito administrativo brasileiro*. 37. ed. São Paulo: Malheiros, 2011.

MELLO, Rafael Munhoz de. *Princípios constitucionais de direito administrativo sancionador*: as sanções administrativas à luz da CF/88. São Paulo: Malheiros, 2007.

MIRABETE, Júlio Fabbrini. *Processo Penal*. 15. ed. São Paulo: Atlas, 2004.

MIRANDA, Jorge. *Teoria do estado e constituição*. Rio de Janeiro: Forense, 2002.

MORAES, Flavia Albertin de. A teoria da desconsideração da personalidade jurídica e o processo administrativo punitivo. *Revista de Direito Administrativo (RDA)*, Rio de Janeiro, v. 252, p. 45-65, set./dez. 2009.

MOREIRA, José Carlos Barbosa. A justiça e nós: *temas de direito processual*. São Paulo: Saraiva, 1997 (sexta série).

MOREIRA NETO, Diogo de Figueiredo. Novas tendências da democracia: consenso e direito público na virada do século – o caso brasileiro. *Revista Eletrônica sobre a reforma do Estado (RERE)*, Salvador, n. 13, mar./abr./maio 2008. Disponível em: <http://www.direitodoestado.com.br/rere.asp>. Acesso em: 21 dez. 2014.

MOREIRA NETO, Diogo de Figueiredo. Novos institutos consensuais da ação administrativa. *Revista de Direito Administrativo*, Rio de Janeiro, n. 231, 2003.

NASH, Laura L. Ética nas empresas: boas intenções à parte. São Paulo: Makron, 1993.

NERY JUNIOR, Nelson. *Princípios do processo na Constituição Federal*: processo civil, penal e administrativo. 10. ed. São Paulo: Revista dos Tribunais, 2010.

NEWTON, Andrew. *The handbook of Compliance:* Making Ethics Work in Financial Services. London: Mind into Matter, 2007.

NIETO, Alejandro. *Derecho administrativo sancionador*. 5. ed. Madrid: Tecnos, 2012.

OCDE. *Relatório sobre a aplicação da convenção sobre o combate ao suborno de funcionários públicos estrangeiros em transações comerciais internacionais e a recomendação revisada de 1997 sobre o combate ao suborno em transações comerciais internacionais*. Brasil: Fase 2, 2007. Disponível em: <http://www.cgu.gov.br/assuntos/articulacao-internacional/convencao-da-ocde/arquivos/avaliacao2_portugues.pdf>. Acesso em: set. 2015.

OLIVEIRA, Regis Fernandes de. *Infrações e sanções administrativas*. 3. ed. São Paulo: Revista dos Tribunais, 2012.

OSÓRIO, Fábio Medina. *Direito administrativo sancionador*. 3. ed. São Paulo: Revista dos Tribunais, 2009.

PAGOTTO, Leopoldo. Esforços globais anticorrupção e seus reflexos no Brasil. In: DEL DEBBIO, Alessandra; MAEDA, Bruno Carneiro; AYRES, Carlos Henrique da Silva (Coords.). *Temas de anticorrupção & compliance*. Rio de Janeiro: Elsevier, 2013.

PARENTE, Flávia. *O dever de diligência dos administradores de sociedades anônimas*. Rio de Janeiro: Renovar, 2005.

PEREIRA, Flávio Henrique Unes. *Sanções disciplinares*: o alcance do controle jurisdicional. Belo Horizonte: Fórum, 2007.

PETIAN, Angélica. *Regime jurídico dos processos administrativos ampliativos e restritivos de direito*. São Paulo: Malheiros, 2011.

PETRELLUZZI, Marco Vinicio; RIZEK JUNIOR, Rubens Naman. *Lei Anticorrupção*: origens, comentários e análise da legislação correlata. São Paulo: Saraiva, 2014.

PHILLIPS, Taylor. *Rethinking Sucessor Liability under FCPA and FCA*. 2014. Disponível em: <http://www.law360.com/articles/525869/rethinking-successor-liability-under-fcpa-and-fca>. Acesso em: 26 jan. 2016.

PIMENTEL FILHO, André. Comentários aos artigos 1º ao 4º da Lei Anticorrupção. In: SOUZA, Jorge Munhós de; QUEIROZ, Ronaldo Pinheiro de (Orgs.). *Lei Anticorrupção*. Salvador: Juspodivm, 2015.

PIOVESAN, Flávia. *Temas de direitos humanos*. 5. ed. São Paulo: Saraiva, 2012.

PRATES, Marcelo Madureira. *Sanção administrativa geral*: anatomia e autonomia. Coimbra: Almedina, 2005.

QUEZADO, Paulo; LIMA, Rogério. *Sigilo bancário*. São Paulo: Dialética, 2002.

REALE, Miguel. Visão geral do projeto do código civil. *Revista dos Tribunais*, n. 752, ano 87, jun. 1998.

REIS, Palhares Moreira. *Processo disciplinar*. 2. ed. Brasília: Consulex, 1999.

REQUIÃO, Rubens. Abuso de direito e fraude através da personalidade jurídica. *Revista dos Tribunais*, São Paulo, ano 58, n. 410, dez. 1969.

ROZZA, Cláudio. *Processo administrativo disciplinar & ampla defesa*. 3. ed. Curitiba: Juruá, 2012. p. 71.

SANTIAGO, Alex Fernandes. O compromisso de cessação e o acordo de leniência como mecanismo de defesa da concorrência na Argentina e no Brasil. *Revista Magister de Direito Empresarial*, v. 6, n. 35, out./nov. 2010.

SANTOS, José Anacleto Abduch; BERTONCINI, Mateus; CUSTÓDIO FILHO, Ubirajara. *Comentários à Lei nº 12.846/2013*: Lei Anticorrupção. São Paulo: Revista dos Tribunais, 2014.

SARLET, Ingo Wolfgang. *A administração pública e os direitos fundamentais*. Aula proferida na Escola da Magistratura do TRF – 4ª Região. Disponível em: <http://www.trf4.jus.br/trf4/upload/arquivos/emagis_atividades/ingowolfgangsarlet.pdf>. Acesso em: 09 maio 2014.

SCHILDER, Arnold. *Banks and the compliance challenge*. Speech by Professor Arnold Schilder, Chairman of the BCBS Accounting Task Force and Executive Director of the Governing Board of the Netherlands Bank, at the Asian Banker Summit, Bangkok, 16 mar. 2006. BIS Review, n. 20. Disponível em: <http://www.bis.org/review/r060322d.pdf>. Acesso em: out. 2015.

SILVA, Alexandre Couto. *Responsabilidade dos administradores de S.A.* – Business Judgment Rule. Rio de Janeiro: Elsevier, 2007.

SILVA, José Afonso da. *Curso de direito constitucional positivo*. 6. ed. São Paulo: Revista dos Tribunais, 1990.

SILVA SÁNCHES, Jesús María. *La expansión del derecho penal*: aspectos de la política criminal en las sociedades post industriales. Buenos Aires: Editorial B de F, 2008.

SOBRAL, Ibrahim Acácio Espírito. O acordo de leniência: avanço ou precipitação? *Revista do IBRAC*, São Paulo, v. 8, n. 2, 2001.

SOBRINHO, Manoel de Oliveira Franco. *A prova administrativa*. São Paulo: Saraiva, 1973.

SOLOMON, Lewis D. et al. *Corporations, law and policy*: materials and problems. Minnesota: West Group-St. Paul, 1998.

SPECK, B. W. *Caminhos da transparência*. Campinas: Unicamp, 2002. Disponível em: <https://bvc.cgu.gov.br/handle/123456789/2567>. Acesso em: 04 nov. 2013.

STOBER, Rolf. *Direito administrativo econômico geral*. Tradução António Francisco de Sousa. São Paulo: Saraiva, 2012.

TARANTINO, Anthony. *Manager's guide to compliance*: Sarbanes-Oxley, COSO, ERM, COBIT, IFRS, BASEL II, OMB A-123, ASX 10, OECD principles, Turnbull guidance, best practices, and case studies. New Jersey: John Wiley & Sons, 2006.

TARTUCE, Flávio. *Manual de direito civil*. 2. ed. Rio de Janeiro: Forense; São Paulo: Método. 2009, p. 155.

TEIXEIRA, Marcos Salles. Anotações sobre processo administrativo disciplinar. 2013. Disponível em: <http://www.cgu.gov.br/Publicacoes/atividade-disciplinar/arquivos/rfb-anotacoes-sobre-pad-2015.pdf>. Acesso em: 29 ago. 2014.

THEODORO JÚNIOR, Humberto. *Curso de direito processual civil*. 34. ed. Rio de Janeiro: Forense, 2003. v. II.

TIEDEMANN, Klaus. *Manual de derecho penal económico:* parte general y especial. Valencia: Tirant lo Blanch, 2010.

TOMAZETTE, Marlon. *Curso de direito empresarial:* teoria geral e direito societário. 2. ed. São Paulo: Atlas, 2009. v. 1.

TORRES, Jessé; DOTTI, Marinês Restellato. *Responsabilidade da assessoria jurídica no processo administrativo das licitações e contratos*. Disponível em: <www.agu.gov.br/page/download/index/id/5798674>. Acesso em: 05 nov. 2014.

VIEIRA, Caroline Sanselme. O primeiro acordo de leniência firmado no Brasil. *Revista de Direito Internacional e Econômico*, ano III, n. 11, 2005.

VITTA, Heraldo Garcia. *A sanção no direito administrativo*. São Paulo: Malheiros Editores, 2003.

YASBEK, Otávio. Representações do dever de diligência na doutrina jurídica brasileira: um exercício e alguns desafios. In: KUYVEN, Luiz Fernando Martins. *Temas essenciais de direito empresarial*: estudos em homenagem a Modesto Carvalhosa. São Paulo: Saraiva, 2012.

WEBER, Patrícia Núñes. *A cooperação jurídica internacional em medidas processuais penais*. Porto Alegre: Verbo Jurídico, 2011.

APÊNDICE

APPENDICE

APÊNDICE A

DECRETO Nº 3.678, DE 30 DE NOVEMBRO DE 2000.

Promulga a Convenção sobre o Combate da Corrupção de Funcionários Públicos Estrangeiros em Transações Comerciais Internacionais, concluída em Paris, em 17 de dezembro de 1997.

O VICE-PRESIDENTE DA REPÚBLICA, no exercício do cargo de Presidente da República, usando da atribuição que lhe confere o art. 84, inciso VIII, da Constituição,

Considerando que a Convenção sobre o Combate da Corrupção de Funcionários Públicos Estrangeiros em Transações Comerciais Internacionais foi concluída em Paris, em 17 de dezembro de 1997;

Considerando que o ato em tela entrou em vigor internacional em 15 de fevereiro de 1999;

Considerando que o Congresso Nacional aprovou o ato multilateral em epígrafe por meio do Decreto Legislativo nº 125, de 14 de junho de 2000;

Considerando que o Governo brasileiro depositou o Instrumento de Ratificação à referida Convenção em 24 de agosto de 2000, passando a mesma a vigorar, para o Brasil, em 23 de outubro de 2000;

DECRETA:

Art. 1º A Convenção sobre o Combate da Corrupção de Funcionários Públicos Estrangeiros em Transações Comerciais Internacionais, concluída em Paris, em 17 de dezembro de 1997, apensa por cópia a este Decreto, deverá ser executada e cumprida tão inteiramente como nela se contém.

Parágrafo único. A proibição de recusa de prestação de assistência mútua jurídica, prevista no Artigo 9, parágrafo 3, da Convenção, será entendida como proibição à recusa baseada apenas no instituto do sigilo bancário, em tese, e não a recusa em decorrência da obediência às normas legais pertinentes à matéria, integrantes do ordenamento jurídico brasileiro, e a interpretação relativa à sua aplicação, feitas pelo Tribunal competente, ao caso concreto.

Art. 2º São sujeitos à aprovação do Congresso Nacional quaisquer atos que possam resultar em revisão da referida Convenção, bem como quaisquer ajustes complementares que, nos termos do art. 49, inciso I, da Constituição, acarretem encargos ou compromissos gravosos ao patrimônio nacional.

Art. 3º Este Decreto entra em vigor na data de sua publicação.

Brasília, 30 de novembro de 2000; 179º da Independência e 112º da República.

MARCO ANTONIO DE OLIVEIRA MACIEL

Luiz Felipe de Seixas Corrêa

Convenção sobre o Combate da Corrupção de Funcionários Públicos Estrangeiros em Transações Comerciais Internacionais

Preâmbulo

As Partes,

Considerando que a corrupção é um fenômeno difundido nas Transações Comerciais Internacionais, incluindo o comércio e o investimento, que desperta sérias preocupações morais e políticas, abala a boa governança e o desenvolvimento econômico, e distorce as condições internacionais de competitividade;

Considerando que todos os países compartilham a responsabilidade de combater a corrupção nas Transações Comerciais Internacionais;

Levando em conta a Recomendação Revisada sobre o Combate à Corrupção em Transações Comerciais Internacionais, adotada pelo Conselho da Organização para a Cooperação Econômica e o Desenvolvimento (OCDE), em 23 de maio de 1997, C(97)123/FINAL, que, *inter alia*, reivindicou medidas efetivas para deter, prevenir e combater a corrupção de funcionários públicos estrangeiros ligados a Transações Comerciais Internacionais, particularmente a imediata criminalização de tais atos de corrupção, de forma efetiva e coordenada, em conformidade com elementos gerais acordados naquela Recomendação e com os princípios jurisdicionais e jurídicos básicos de cada país;

Acolhendo outros desenvolvimentos recentes que promovem o entendimento e a cooperação internacionais no combate à corrupção de funcionários públicos, incluindo ações das Nações Unidas, do Banco Mundial, do Fundo Monetário Internacional, da Organização Mundial de Comércio, da Organização dos Estados Americanos, do Conselho da Europa e da União Europeia;

Acolhendo os esforços de companhias, organizações empresariais e sindicatos, bem como outras organizações não-governamentais, no combate à corrupção;

Reconhecendo o papel dos Governos na prevenção do pedido de propinas de indivíduos e empresas, em Transações Comerciais Internacionais;

Reconhecendo que a obtenção de progresso nessa área requer não apenas esforços em âmbito nacional, mas também na cooperação, monitoramento e acompanhamento multilaterais;

Reconhecendo que a obtenção de equivalência entre as medidas a serem tomadas pelas Partes é o objeto e o propósito essenciais da presente Convenção, o que exige a sua ratificação sem derrogações que afetem essa equivalência;

Acordaram o que se segue:

Artigo 1
O Delito de Corrupção de
Funcionários Públicos Estrangeiros

1. Cada Parte deverá tomar todas as medidas necessárias ao estabelecimento de que, segundo suas leis, é delito criminal qualquer pessoa intencionalmente oferecer, prometer ou dar qualquer vantagem pecuniária indevida ou de outra natureza, seja diretamente ou por intermediários, a um funcionário público estrangeiro, para esse funcionário ou para terceiros, causando a ação ou a omissão do funcionário no desempenho de suas funções oficiais, com a finalidade de realizar ou dificultar transações ou obter outra vantagem ilícita na condução de negócios internacionais.

2. Cada Parte deverá tomar todas as medidas necessárias ao estabelecimento de que a cumplicidade, inclusive por incitamento, auxílio ou encorajamento, ou a autorização de ato de corrupção de um funcionário público estrangeiro é um delito criminal. A tentativa e conspiração para subornar um funcionário público

estrangeiro serão delitos criminais na mesma medida em que o são a tentativa e conspiração para corrupção de funcionário público daquela Parte.

3. Os delitos prescritos nos parágrafos 1 e 2 acima serão doravante referidos como "corrupção de funcionário público estrangeiro".

4. Para o propósito da presente Convenção:

a) "funcionário público estrangeiro" significa qualquer pessoa responsável por cargo legislativo, administrativo ou jurídico de um país estrangeiro, seja ela nomeada ou eleita; qualquer pessoa que exerça função pública para um país estrangeiro, inclusive para representação ou empresa pública; e qualquer funcionário ou representante de organização pública internacional;

b) "país estrangeiro" inclui todos os níveis e subdivisões de governo, do federal ao municipal;

c) "a ação ou a omissão do funcionário no desempenho de suas funções oficiais" inclui qualquer uso do cargo do funcionário público, seja esse cargo, ou não, da competência legal do funcionário.

Artigo 2
Responsabilidade de Pessoas Jurídicas

Cada Parte deverá tomar todas as medidas necessárias ao estabelecimento das responsabilidades de pessoas jurídicas pela corrupção de funcionário público estrangeiro, de acordo com seus princípios jurídicos.

Artigo 3
Sanções

1. A corrupção de um funcionário público estrangeiro deverá ser punível com penas criminais efetivas, proporcionais e dissuasivas. A extensão das penas deverá ser comparável àquela aplicada à corrupção do próprio funcionário público da Parte e, em caso de pessoas físicas, deverá incluir a privação da liberdade por período suficiente a permitir a efetiva assistência jurídica recíproca e a extradição.

2. Caso a responsabilidade criminal, sob o sistema jurídico da Parte, não se aplique a pessoas jurídicas, a Parte deverá assegurar que as pessoas jurídicas estarão sujeitas a sanções não-criminais efetivas, proporcionais e dissuasivas contra a corrupção de funcionário público estrangeiro, inclusive sanções financeiras.

3. Cada Parte deverá tomar todas as medidas necessárias a garantir que o suborno e o produto da corrupção de um funcionário público estrangeiro, ou o valor dos bens correspondentes a tal produto, estejam sujeitos a retenção e confisco ou que sanções financeiras de efeito equivalente sejam aplicáveis.

APÊNDICE A – DECRETO Nº 3.678, DE 30 DE NOVEMBRO DE 2000. | 293

4. Cada Parte deverá considerar a imposição de sanções civis ou administrativas adicionais à pessoa sobre a qual recaiam sanções por corrupção de funcionário público estrangeiro.

Artigo 4
Jurisdição

1. Cada Parte deverá tomar todas as medidas necessárias ao estabelecimento de sua jurisdição em relação à corrupção de um funcionário público estrangeiro, quando o delito é cometido integral ou parcialmente em seu território.

2. A Parte que tiver jurisdição para processar seus nacionais por delitos cometidos no exterior deverá tomar todas as medidas necessárias ao estabelecimento de sua jurisdição para fazê-lo em relação à corrupção de um funcionário público estrangeiro, segundo os mesmos princípios.

3. Quando mais de uma Parte tem jurisdição sobre um alegado delito descrito na presente Convenção, as Partes envolvidas deverão, por solicitação de uma delas, deliberar sobre a determinação da jurisdição mais apropriada para a instauração de processo.

4. Cada Parte deverá verificar se a atual fundamentação de sua jurisdição é efetiva em relação ao combate à corrupção de funcionários públicos estrangeiros, caso contrário, deverá tomar medidas corretivas a respeito.

Artigo 5
Execução

A investigação e a abertura de processo por corrupção de um funcionário público estrangeiro estarão sujeitas às regras e princípios aplicáveis de cada Parte. Elas não serão influenciadas por considerações de interesse econômico nacional, pelo efeito potencial sobre as relações com outros Estados ou pela identidade de pessoas físicas ou jurídicas envolvidas.

Artigo 6
Regime de Prescrição

Qualquer regime de prescrição aplicável ao delito de corrupção de um funcionário público estrangeiro deverá permitir um período de tempo adequado para a investigação e abertura de processo sobre o delito.

Artigo 7
Lavagem de Dinheiro

A Parte que tornou o delito de corrupção de seu próprio funcionário público um delito declarado para o propósito da aplicação de sua legislação sobre lavagem de dinheiro deverá fazer o mesmo, nos mesmos termos, em relação à corrupção de um funcionário público estrangeiro, sem considerar o local de ocorrência da corrupção.

Artigo 8
Contabilidade

1. Para o combate efetivo da corrupção de funcionários públicos estrangeiros, cada Parte deverá tomar todas as medidas necessárias, no âmbito de suas leis e regulamentos sobre manutenção de livros e registros contábeis, divulgação de declarações financeiras, e sistemas de contabilidade e auditoria, para proibir o estabelecimento de contas de caixa "dois", a realização de operações de caixa "dois" ou operações inadequadamente explicitadas, o registro de despesas inexistentes, o lançamento de obrigações com explicitação inadequada de seu objeto, bem como o uso de documentos falsos por companhias sujeitas àquelas leis e regulamentos com o propósito de corromper funcionários públicos estrangeiros ou ocultar tal corrupção.

2. Cada Parte deverá prover penas civis, administrativas e criminais efetivas, proporcionais e dissuasivas pelas omissões e falsificações em livros e registros contábeis, contas e declarações financeiras de tais companhias.

Artigo 9
Assistência Jurídica Recíproca

1. Cada Parte deverá, respeitando, tanto quanto possível, suas leis, tratados e acordos relevantes, prestar pronta e efetiva assistência jurídica a uma Parte para o fim de condução de investigações e processos criminais instaurados pela Parte sobre delitos abrangidos pela presente Convenção e para o fim de condução de processos não-criminais contra uma pessoa jurídica instaurados pela Parte e abrangidos por esta Convenção. A Parte solicitada deverá informar a Parte solicitante, sem demora, de quaisquer informações ou documentos adicionais necessários a apoiar o pedido de assistência e, quando solicitado, do estado e do resultado do pedido de assistência.

2. Quando uma Parte condiciona a assistência jurídica recíproca à existência de criminalidade dual, a existência de criminalidade dual será considerada se o delito para o qual a assistência é solicitada for do âmbito da presente Convenção.

3. Uma Parte não deverá se recusar a prestar assistência mútua jurídica em matérias criminais do âmbito da presente Convenção sob a alegação de sigilo bancário.

Artigo 10
Extradição

1. A corrupção de um funcionário público estrangeiro deverá ser considerada um delito passível de extradição, segundo as leis das Partes e os tratados de extradição celebrados entre elas.

2. Se uma Parte, que condiciona a extradição à existência de um tratado sobre a matéria, receber uma

solicitação de extradição de outra Parte com a qual não possui tratado de extradição firmado, dever-se-á considerar esta Convenção a base jurídica para a extradição pelo delito de corrupção de um funcionário público estrangeiro.

3. Cada Parte deverá tomar todas as medidas necessárias para assegurar sua capacidade para extraditar ou processar seus nacionais pelo delito de corrupção de um funcionário público estrangeiro. A Parte que recusar um pedido para extraditar uma pessoa por corrupção de um funcionário público estrangeiro, baseada apenas no fato de que a pessoa é seu nacional, deverá submeter o caso à apreciação de suas autoridades competentes para instauração de processo.

4. A extradição por corrupção de funcionário público estrangeiro está sujeita às condições estabelecidas pela lei local e pelos tratados e acordos das Partes sobre a matéria. Quando uma Parte condiciona a extradição à existência de criminalidade dual, essa condição deverá ser considerada satisfeita se o delito pelo qual a extradição é solicitada estiver no âmbito do Artigo 1 da presente Convenção.

Artigo 11
Autoridades Responsáveis

Para os propósitos do Artigo 4, parágrafo 3, sobre deliberações, do Artigo 9, sobre assistência jurídica recíproca, e do Artigo 10, sobre extradição, cada Parte deverá notificar o Secretário-Geral da OCDE da autoridade ou autoridades responsáveis pela formulação e recebimento de solicitações, que servirá de canal de comunicação da Parte nessas matérias sem prejuízo de outros acordos entre as Partes.

Artigo 12
Monitoramento e Acompanhamento

As Partes deverão cooperar na execução de um programa de acompanhamento sistemático para monitorar e promover a integral implementação da presente Convenção. A menos que decidido em contrário por consenso das Partes, essa iniciativa dar-se-á no âmbito do Grupo de Trabalho sobre Corrupção em Transações Comerciais Internacionais da OCDE, de acordo com seu termo de referência, ou no âmbito e de acordo com os termos de referência de qualquer substituto para essa função. As Partes arcarão com os custos do programa, segundo as regras aplicáveis àquele Grupo.

Artigo 13
Assinatura e Acessão

1. Até a entrada em vigor, a presente Convenção estará aberta para assinatura pelos membros da OCDE e por não-membros que hajam sido convidados a tornarem-se participantes plenos do Grupo de Trabalho sobre Corrupção em Transações Comerciais Internacionais.

2. Após a entrada em vigor, essa Convenção estará aberta à acessão de qualquer país não-signatário que seja membro da OCDE ou que se haja tornado um participante pleno do Grupo de Trabalho sobre Corrupção em Transações Comerciais Internacionais ou de qualquer sucessor para suas funções. Para os países não-signatários, a Convenção entrará em vigor no sexagésimo dia seguinte à data de depósito de seu instrumento de acessão.

Artigo 14
Ratificação e Depositário

1. A presente Convenção está sujeita à aceitação, aprovação ou ratificação pelos Signatários, de acordo com suas respectivas leis.

2. Instrumentos de aceitação, aprovação, ratificação ou acessão deverão ser depositados junto ao Secretário-Geral da OCDE, que funcionará como Depositário da presente Convenção.

Artigo 15
Entrada em Vigor

1. A presente Convenção entrará em vigor no sexagésimo dia seguinte à data na qual cinco dos dez países que possuam as maiores cotas de exportação, apresentadas no documento anexo, e que representem juntos pelo menos sessenta por cento do total combinado das exportações desses dez países hajam depositado seus instrumentos de aceitação, aprovação ou ratificação. Para cada Signatário depositante de instrumento após a referida entrada em vigor, a presente Convenção entrará em vigor no sexagésimo dia após o depósito de seu instrumento.

2. Se, após 31 de dezembro de 1998, a Convenção não houver entrado em vigor em conformidade com o parágrafo 1 acima, qualquer Signatário que tenha depositado seu instrumento de aceitação, aprovação ou ratificação poderá declarar por escrito ao Depositário sua vontade em aceitar a entrada em vigor da Convenção sob o prescrito neste parágrafo 2. Para esse Signatário, a Convenção entrará em vigor no sexagésimo dia posterior à data na qual tais declarações houverem sido depositadas por pelo menos dois Signatários. Para cada Signatário depositante de declaração após a referida entrada em vigor, a Convenção entrará em vigor no sexagésimo dia posterior à data do depósito.

Artigo 16
Emenda

Qualquer Parte poderá propor a emenda da presente Convenção. Uma proposta de emenda será submetida ao Depositário, que deverá comunicá-la às outras Partes pelo menos sessenta dias antes da convocação de um encontro das Partes para deliberação sobre a matéria. Uma emenda adotada por consenso das Partes, ou por outros meios que as Partes determinem por consenso, entrará em vigor sessenta dias após o depósito de um instrumento de aceitação, aprovação ou ratificação de todas as Partes, ou, de outra forma, como especificado pelas Partes no momento da adoção da emenda.

Artigo 17
Denúncia

Uma Parte poderá denunciar a presente Convenção, notificando por escrito o Depositário. Essa denúncia efetivar-se-á um ano após a data de recebimento da notificação. Após a denúncia, deverá continuar a existir cooperação entre as Partes e a Parte denunciante com relação às solicitações pendentes de assistência ou extradição formuladas antes da data efetiva da denúncia.

Feito em Paris neste dia dezessete de dezembro de mil novecentos e noventa e sete, nas línguas inglesa e francesa, sendo cada texto igualmente autêntico.

Pela República Federal da Alemanha Pela República da Irlanda

Pela República Argentina Pela República da Islândia

Pela Austrália Pela República Italiana

Pela República da Áustria Pelo Japão

Pelo Reino da Bélgica Pelo Grão-Ducado de Luxemburgo

Pela República Federativa do Brasil Pelos Estados Unidos Mexicanos

Pela República da Bulgária Pelo Reino da Noruega

Pelo Canadá Pela Nova Zelândia

Pela República do Chile Pelo Reino dos Países Baixos

Pela República da Coréia Pela República da Polônia

Pelo Reino da Dinamarca Pela República Portuguesa

Pelo Reino da Espanha Pelo Reino Unido da Grã-Bretanha e Irlanda do Norte

Pelos Estados Unidos da América Pela República da Eslovênia

Pela República da Finlândia Pelo Reino da Suécia

Pela República da França Pela Confederação Suíça

Pela República Helênica Pela República Tcheca

Pela República da Hungria Pela República da Turquia.

APÊNDICE B

DECRETO Nº 4.410, DE 7 DE OUTUBRO DE 2002.

Promulga a Convenção Interamericana contra a Corrupção, de 29 de março de 1996, com reserva para o art. XI, parágrafo 1º, inciso "c".

O PRESIDENTE DA REPÚBLICA, no uso da atribuição que lhe confere o art. 84, inciso VIII, da Constituição,

Considerando que o Congresso Nacional aprovou por meio do Decreto Legislativo nº 152, de 25 de junho de 2002, o texto da Convenção Interamericana contra a Corrupção, adotada em Caracas, em 29 de março de 1996, com reserva para o art. XI, parágrafo 1º, inciso "c";

Considerando que a Convenção entrou em vigor, para o Brasil, em 24 de agosto de 2002, nos termos de seu artigo XXV;

DECRETA:

Art. 1º A Convenção Interamericana contra a Corrupção, adotada em Caracas, em 29 de março de 1996, apensa por cópia ao presente Decreto, será executada e cumprida tão inteiramente como nela se contém, com reserva para o art. XI, parágrafo 1º , inciso "c". (Redação dada pelo Decreto nº 4.534, de 19.12.2002)

Art. 2º São sujeitos à aprovação do Congresso Nacional quaisquer atos que possam resultar em revisão da referida Convenção, assim como quaisquer ajustes complementares que, nos termos do art. 49, inciso I, da Constituição, acarretem encargos ou compromissos gravosos ao patrimônio nacional.

Art. 3º Este Decreto entra em vigor na data de sua publicação.

Brasília, 7 de outubro de 2002; 181º da Independência e 114º da República.

FERNANDO HENRIQUE CARDOSO

Celso Lafer

CONVENÇÃO INTERAMERICANA CONTRA A CORRUPÇÃO

Preâmbulo

OS ESTADOS MEMBROS DA ORGANIZAÇÃO DOS ESTADOS AMERICANOS,

CONVENCIDOS de que a corrupção solapa a legitimidade das instituições públicas e atenta contra a sociedade, a ordem moral e a justiça, bem como contra o desenvolvimento integral dos povos;

CONSIDERANDO que a democracia representativa, condição indispensável para a estabilidade, a paz e o desenvolvimento da região, exige, por sua própria natureza, o combate a toda forma de corrupção no exercício das funções públicas e aos atos de corrupção especificamente vinculados a seu exercício;

PERSUADIDOS de que o combate à corrupção reforça as instituições democráticas e evita distorções na economia, vícios na gestão pública e deterioração da moral social;

RECONHECENDO que, muitas vezes, a corrupção é um dos instrumentos de que se serve o crime organizado para concretizar os seus fins;

CONVENCIDOS da importância de gerar entre a população dos países da região uma consciência em relação à existência e à gravidade desse problema e da necessidade de reforçar a participação da sociedade civil na prevenção e na luta contra a corrupção;

RECONHECENDO que a corrupção, em alguns casos, se reveste de transcendência internacional, o que exige por parte dos Estados uma ação coordenada para combatê-la eficazmente;

CONVENCIDOS da necessidade de adotar o quanto antes um instrumento internacional que promova e facilite a cooperação internacional para combater a corrupção e, de modo especial, para tomar as medidas adequadas contra as pessoas que cometam atos de corrupção no exercício das funções públicas ou especificamente vinculados a esse exercício, bem como a respeito dos bens que sejam fruto desses atos;

PROFUNDAMENTE PREOCUPADOS com os vínculos cada vez mais estreitos entre a corrupção e as receitas do tráfico ilícito de entorpecentes, que ameaçam e corroem as atividades comerciais e financeiras legítimas e a sociedade, em todos os níveis;

TENDO PRESENTE que, para combater a corrupção, é responsabilidade dos Estados erradicar a impunidade e que a cooperação entre eles é necessária para que sua ação neste campo seja efetiva; e

DECIDIDOS a envidar todos os esforços para prevenir, detectar, punir e erradicar a corrupção no exercício das funções públicas e nos atos de corrupção especificamente vinculados a seu exercício,

CONVIERAM em assinar a seguinte

CONVENÇÃO INTERAMERICANA CONTRA A CORRUPÇÃO

Artigo I
Definições

Para os fins desta Convenção, entende-se por:

"Função pública" toda atividade, temporária ou permanente, remunerada ou honorária realizada por uma pessoa física em nome do Estado ou a serviço do Estado ou de suas entidades, em qualquer de seus níveis hierárquicos.

"Funcionário público", "funcionário de governo" ou "servidor público" qualquer funcionário ou empregado de um Estado ou de suas entidades, inclusive os que tenham sido selecionados, nomeados ou eleitos para desempenhar atividades ou funções em nome do Estado ou a serviço do Estado em qualquer de seus níveis hierárquicos.

"Bens" os ativos de qualquer tipo, quer sejam móveis ou imóveis, tangíveis ou intangíveis, e os documentos e instrumentos legais que comprovem ou pretendam comprovar a propriedade ou outros direitos sobre estes ativos, ou que se refiram à propriedade ou outros direitos.

Artigo II
Propósitos

Os propósitos desta Convenção são:

1. promover e fortalecer o desenvolvimento, por cada um dos Estados Partes, dos mecanismos necessários para prevenir, detectar, punir e erradicar a corrupção; e

2. promover, facilitar e regular a cooperação entre os Estados Partes a fim de assegurar a eficácia das medidas e ações adotadas para prevenir, detectar, punir e erradicar a corrupção no exercício das funções públicas, bem como os atos de corrupção especificamente vinculados a seu exercício.

Artigo III
Medidas preventivas

Para os fins estabelecidos no artigo II desta Convenção, os Estados Partes convêm em considerar a aplicabilidade de medidas, em seus próprios sistemas institucionais destinadas a criar, manter e fortalecer:

1. Normas de conduta para o desempenho correto, honrado e adequado das funções públicas. Estas normas deverão ter por finalidade prevenir conflitos de interesses, assegurar a guarda e uso adequado dos recursos confiados aos funcionários públicos no desempenho de suas funções e estabelecer medidas e sistemas para exigir dos funcionários públicos que informem as autoridades competentes dos atos de corrupção nas funções públicas de que tenham conhecimento. Tais medidas ajudarão a preservar a confiança na integridade dos funcionários públicos e na gestão pública.

2. Mecanismos para tornar efetivo o cumprimento dessas normas de conduta.

3. Instruções ao pessoal dos órgãos públicos a fim de garantir o adequado entendimento de suas responsabilidades e das normas éticas que regem as suas atividades.

4. Sistemas para a declaração das receitas, ativos e passivos por parte das pessoas que desempenhem funções públicas em determinados cargos estabelecidos em lei e, quando for o caso, para a divulgação dessas declarações.

5. Sistemas de recrutamento de funcionários públicos e de aquisição de bens e serviços por parte do Estado de forma a assegurar sua transparência, eqüidade e eficiência.

6. Sistemas para arrecadação e controle da renda do Estado que impeçam a prática da corrupção.

7. Leis que vedem tratamento tributário favorável a qualquer pessoa física ou jurídica em relação a despesas efetuadas com violação dos dispositivos legais dos Estados Partes contra a corrupção.

8. Sistemas para proteger funcionários públicos e cidadãos particulares que denunciarem de boa-fé atos de corrupção, inclusive a proteção de sua identidade, sem prejuízo da Constituição do Estado e dos princípios fundamentais de seu ordenamento jurídico interno.

9. Órgãos de controle superior, a fim de desenvolver mecanismos modernos para prevenir, detectar, punir e erradicar as práticas corruptas.

10. Medidas que impeçam o suborno de funcionários públicos nacionais e estrangeiros, tais como mecanismos para garantir que as sociedades mercantis e outros tipos de associações mantenham registros que, com razoável nível de detalhe, reflitam com exatidão a aquisição e alienação de ativos e mantenham controles contábeis internos que permitam aos funcionários da empresa detectarem a ocorrência de atos de corrupção.

11. Mecanismos para estimular a participação da sociedade civil e de organizações não-governamentais nos esforços para prevenir a corrupção.

12. O estudo de novas medidas de prevenção, que levem em conta a relação entre uma remuneração equitativa e a probidade no serviço público.

Artigo IV
Âmbito

Esta Convenção é aplicável sempre que o presumido ato de corrupção seja cometido ou produza seus efeitos em um Estado Parte.

Artigo V
Jurisdição

1. Cada Estado Parte adotará as medidas que forem necessárias para estabelecer sua jurisdição sobre os delitos que tiver tipificado nos termos desta Convenção, quando o delito for cometido em seu território.

2. Cada Estado Parte poderá adotar as medidas que sejam necessárias para estabelecer sua jurisdição em relação aos delitos que haja tipificado, nos termos desta Convenção, quando o delito for cometido por um de seus cidadãos ou por uma pessoa que tenha sua residência habitual em seu território.

3. Cada Estado Parte adotará as medidas que sejam necessárias para estabelecer sua jurisdição em relação aos delitos que haja tipificado, nos termos desta Convenção, quando o suspeito se encontrar em seu território e a referida parte não o extraditar para outro país por motivo da nacionalidade do suspeito.

4. Esta Convenção não exclui a aplicação de qualquer outra regra de jurisdição penal estabelecida por uma parte em virtude de sua legislação nacional.

Artigo VI
Atos de corrupção

l. Esta Convenção é aplicável aos seguintes atos de corrupção:

a. a solicitação ou a aceitação, direta ou indiretamente, por um funcionário público ou pessoa que exerça funções públicas, de qualquer objeto de valor pecuniário ou de outros benefícios como dádivas, favores, promessas ou vantagens para si mesmo ou para outra pessoa ou entidade em troca da realização ou omissão de qualquer ato no exercício de suas funções públicas;

b. a oferta ou outorga, direta ou indiretamente, a um funcionário público ou pessoa que exerça funções públicas, de qualquer objeto de valor pecuniário ou de outros benefícios como dádivas, favores, promessas ou vantagens a esse funcionário público ou outra pessoa ou entidade em troca da realização ou omissão de qualquer ato no exercício de suas funções públicas;

c. a realização, por parte de um funcionário público ou pessoa que exerça funções públicas, de qualquer ato ou omissão no exercício de suas funções, a fim de obter ilicitamente benefícios para si mesmo ou para um terceiro;

d. o aproveitamento doloso ou a ocultação de bens provenientes de qualquer dos atos a que se refere este artigo; e

e. a participação, como autor, coautor, instigador, cúmplice, acobertador ou mediante qualquer outro modo na perpetração, na tentativa de perpetração ou na associação ou confabulação para perpetrar qualquer dos atos a que se refere este artigo.

2. Esta Convenção também é aplicável por acordo mútuo entre dois ou mais Estados Partes com referência a quaisquer outros atos de corrupção que a própria Convenção não defina.

Artigo VII
Legislação interna

Os Estados Partes que ainda não o tenham feito adotarão as medidas legislativas ou de outra natureza que forem necessárias para tipificar como delitos em seu direito interno os atos de corrupção descritos no artigo VI, parágrafo l, e para facilitar a cooperação entre eles nos termos desta Convenção.

Artigo VIII
Suborno transnacional

Sem prejuízo de sua Constituição e dos princípios fundamentais de seu ordenamento jurídico, cada Estado Parte proibirá e punirá o oferecimento ou outorga, por parte de seus cidadãos, pessoas que tenham residência habitual em seu território e empresas domiciliadas no mesmo, a um funcionário público de outro Estado, direta ou indiretamente, de qualquer objeto de valor pecuniário ou outros benefícios, como dádivas, favores, promessas ou vantagens em troca da realização ou omissão, por esse funcionário, de qualquer ato no exercício de suas funções públicas relacionado com uma transação de natureza econômica ou comercial.

Entre os Estados Partes que tenham tipificado o delito de suborno transnacional, este será considerado um ato de corrupção para os propósitos desta Convenção.

O Estado Parte que não tenha tipificado o suborno transnacional prestará a assistência e cooperação previstas nesta Convenção relativamente a este delito, na medida em que o permitirem as suas leis.

Artigo IX
Enriquecimento ilícito

Sem prejuízo de sua Constituição e dos princípios fundamentais de seu ordenamento jurídico, os Estados Partes que ainda não o tenham feito adotarão as medidas necessárias para tipificar como delito em sua legislação o aumento do patrimônio de um funcionário público que exceda de modo significativo sua renda legítima durante o exercício de suas funções e que não possa justificar razoavelmente.

Entre os Estados Partes que tenham tipificado o delito de enriquecimento ilícito, este será considerado um ato de corrupção para os propósitos desta Convenção.

O Estado Parte que não tenha tipificado o enriquecimento ilícito prestará a assistência e cooperação previstas nesta Convenção relativamente a este delito, na medida em que o permitirem as suas leis.

Artigo X
Notificação

Quando um Estado Parte adotar a legislação a que se refere o parágrafo l dos artigos VIII e IX, notificará o Secretário-Geral da Organização dos Estados Americanos, que, por sua vez, notificará os demais Estados Partes. Os delitos de suborno transnacional e de enriquecimento ilícito, no que se refere a este Estado Parte, serão considerados atos de corrupção para os propósitos desta Convenção a partir de 30 dias, contados da data da referida notificação.

Artigo XI
Desenvolvimento Progressivo

l. A fim de impulsionar o desenvolvimento e a harmonização das legislações nacionais e a consecução dos objetivos desta Convenção, os Estados Partes julgam conveniente considerar a tipificação das seguintes condutas em suas legislações e a tanto se comprometem:

a. o aproveitamento indevido, em benefício próprio ou de terceiros, por parte do funcionário público ou pessoa no exercício de funções públicas de qualquer tipo de informação reservada ou privilegiada da qual tenha tomado conhecimento em razão ou por ocasião do desempenho da função pública;

b. o uso ou aproveitamento indevido, em benefício próprio ou de terceiros por parte de funcionário público ou pessoa que exerça funções públicas de qualquer tipo de bens do Estado ou de empresas ou instituições em que este tenha parte aos quais tenha tido acesso em razão ou por ocasião do desempenho da função;

c. toda ação ou omissão realizada por qualquer pessoa que, por si mesma ou por interposta pessoa, ou atuando como intermediária, procure a adoção, por parte da autoridade pública, de uma decisão em virtude da qual obtenha ilicitamente, para si ou para outrem, qualquer benefício ou proveito, haja ou não prejuízo para o patrimônio do Estado; e

d. o desvio de bens móveis ou imóveis, dinheiro ou valores pertencentes ao Estado para fins não relacionados com aqueles aos quais se destinavam a um organismo descentralizado ou a um particular, praticado, em benefício próprio ou de terceiros, por funcionários públicos que os tiverem recebido em razão de seu cargo, para administração, guarda ou por outro motivo.

2. Entre os Estados Partes que os tenham tipificado, estes delitos serão considerados atos de corrupção para os propósitos desta Convenção.

3. O Estado Parte que não tiver tipificado qualquer dos delitos definidos neste artigo prestará a assistência e cooperação previstas nesta Convenção relativamente a esses delitos, na medida em que o permitirem as suas leis.

Artigo XII
Efeitos sobre o patrimônio do Estado

Para os fins desta Convenção, não será exigível que os atos de corrupção nela descritos produzam prejuízo patrimonial para o Estado.

Artigo XIII
Extradição

1. Este artigo será aplicado aos delitos tipificados pelos Estados Partes de conformidade com esta Convenção.

2. Cada um dos delitos a que se aplica este artigo será considerado como incluído entre os delitos que dão lugar a extradição em todo tratado de extradição vigente entre os Estados Partes. Os Estados Partes comprometem-se a incluir esses delitos como base para a concessão da extradição em todo tratado de extradição que celebrarem entre si.

3. Se um Estado Parte que subordinar a extradição à existência de um tratado receber uma solicitação de extradição de outro Estado Parte com o qual não estiver vinculado por nenhum tratado de extradição, poderá considerar esta Convenção como a base jurídica da extradição em relação aos delitos a que se aplica este artigo.

APÊNDICE B – DECRETO Nº 4.410, DE 7 DE OUTUBRO DE 2002. | 301

4. Os Estados Partes que não subordinarem a extradição à existência de um tratado reconhecerão os delitos a que se aplica este artigo como delitos suscetíveis de extradição entre si.

5. A extradição estará sujeita às condições previstas pela legislação do Estado Parte requerido ou pelos tratados de extradição aplicáveis, incluídos os motivos pelos quais o Estado Parte requerido pode recusar a extradição.

6. Se a extradição solicitada em razão de um delito a que se aplique este artigo foi recusada baseando-se exclusivamente na nacionalidade da pessoa reclamada, ou por o Estado Parte requerido considerar-se competente, o Estado Parte requerido submeterá o caso a suas autoridades competentes para julgá-lo, a menos que tenha sido acordado em contrário com o Estado Parte requerente, e o informará oportunamente do seu resultado final.

7. Sem prejuízo do disposto em seu direito interno e em seus tratados de extradição, o Estado Parte requerido, por solicitação do Estado Parte requerente, poderá depois de certificar-se de que as circunstâncias o justificam e têm caráter urgente proceder à detenção da pessoa cuja extradição se solicitar e que se encontrar em seu território, ou adotar outras medidas adequadas para assegurar seu comparecimento nos trâmites de extradição.

Artigo XIV
Assistência e cooperação

1. Os Estados Partes prestarão a mais ampla assistência recíproca, em conformidade com suas leis e com os tratados aplicáveis, dando curso às solicitações emanadas de suas autoridades que, de acordo com seu direito interno, tenham faculdades para investigar ou processar atos de corrupção definidos nesta Convenção, com vistas à obtenção de provas e à realização de outros atos necessários para facilitar os processos e as diligências ligadas à investigação ou processo penal por atos de corrupção.

2. Além disso, os Estados Partes prestarão igualmente a mais ampla cooperação técnica recíproca sobre as formas e métodos mais efetivos para prevenir, detectar, investigar e punir os atos de corrupção. Com esta finalidade, facilitarão o intercâmbio de experiências por meio de acordos e reuniões entre os órgãos e instituições competentes e dispensarão atenção especial às formas e métodos de participação civil na luta contra a corrupção.

Artigo XV
Medidas sobre bens

1. Em conformidade com as legislações nacionais aplicáveis e os tratados pertinentes ou outros acordos que estejam em vigor entre eles, os Estados Partes prestarão mutuamente a mais ampla assistência possível para identificar, localizar, bloquear, apreender e confiscar bens obtidos ou provenientes da prática dos delitos tipificados de acordo com esta Convenção, ou os bens usados para essa prática, ou o respectivo produto.

2. O Estado Parte que executar suas próprias sentenças de confisco, ou as sentenças de outro Estado Parte, a respeito dos bens ou produtos mencionados no parágrafo anterior deste artigo, disporá desses bens ou produtos segundo sua própria legislação. Na medida em que o permitirem suas leis e nas condições que considere adequadas, esse Estado Parte poderá transferir esses bens ou produtos, total ou parcialmente, para outro Estado Parte que tenha prestado assistência na investigação ou nas diligências judiciais conexas.

Artigo XVI
Sigilo bancário

1. O Estado Parte requerido não poderá negar-se a proporcionar a assistência solicitada pelo Estado Parte requerente alegando sigilo bancário. Este artigo será aplicado pelo Estado Parte requerido em conformidade com seu direito interno, com suas disposições processuais e com os acordos bilaterais ou multilaterais que o vinculem ao Estado Parte requerente.

2. O Estado Parte requerente compromete-se a não usar informações protegidas por sigilo bancário que receba para propósito algum que não o do processo que motivou a solicitação, salvo com autorização do Estado Parte requerido.

Artigo XVII
Natureza do Ato

Para os fins previstos nos artigos XIII, XIV, XV e XVI desta Convenção, o fato de os bens provenientes do ato de corrupção terem sido destinados a finalidades políticas ou a alegação de que um ato de corrupção foi cometido por motivações ou finalidades políticas não serão suficientes, por si sós, para considerá-lo como delito político ou como delito comum vinculado a um delito político.

Artigo XVIII
Autoridades centrais

1. Para os propósitos da assistência e cooperação internacionais previstas nesta Convenção, cada Estado Parte poderá designar uma autoridade central ou utilizar as autoridades centrais previstas nos tratados pertinentes ou outros acordos.

2. As autoridades centrais estarão encarregadas de formular e receber as solicitações de assistência e cooperação a que se refere esta Convenção.

3. As autoridades centrais comunicar-se-ão de forma direta para os efeitos desta Convenção.

Artigo XIX
Aplicação no Tempo

Sem prejuízo dos princípios constitucionais, do ordenamento jurídico interno de cada Estado e dos tratados vigentes entre os Estados Partes, o fato de o presumido ato de corrupção ter sido cometido antes desta Convenção entrar em vigor não impedirá a cooperação processual em assuntos criminais, entre os Estados Partes. Esta disposição não afetará em caso algum o princípio da não retroatividade da lei penal nem sua aplicação interromperá os prazos de prescrição que estejam correndo em relação aos delitos anteriores à data da entrada em vigor desta Convenção.

Artigo XX
Outros acordos ou práticas

Nenhuma das normas desta Convenção será interpretada no sentido de impedir que os Estados Partes prestem, reciprocamente, cooperação com base no previsto em outros acordos internacionais, bilaterais ou multilaterais, vigentes ou que forem celebrados no futuro entre eles, ou em qualquer outro acordo ou prática aplicável.

Artigo XXI
Assinatura

Esta Convenção ficará aberta à assinatura dos Estados membros da Organização dos Estados Americanos.

Artigo XXII
Ratificação

Esta Convenção está sujeita a ratificação. Os instrumentos de ratificação serão depositados na Secretaria-Geral da Organização dos Estados Americanos.

Artigo XXIII
Adesão

Esta Convenção ficará aberta à adesão de qualquer outro Estado. Os instrumentos de adesão serão depositados na Secretaria-Geral da Organização dos Estados Americanos.

Artigo XXIV
Reserva

Os Estados Partes poderão formular reservas a esta Convenção no momento de aprová-la, assiná-la, ratificá-la ou a ela aderir, desde que sejam compatíveis com o objeto e propósitos da Convenção e versem sobre uma ou mais disposições específicas.

Artigo XXV
Entrada em vigor

Esta Convenção entrará em vigor no trigésimo dia a partir da data em que haja sido depositado o segundo instrumento de ratificação. Para cada Estado que ratificar a Convenção ou a ela aderir depois de haver sido depositado o segundo instrumento de ratificação, a Convenção entrará em vigor no trigésimo dia a partir da data em que esse Estado haja depositado seu instrumento de ratificação ou de adesão.

Artigo XXVI
Denúncia

Esta Convenção vigorará por prazo indefinido, mas qualquer dos Estados Partes poderá denunciá-la. O instrumento de denúncia será depositado na Secretaria-Geral da Organização dos Estados Americanos. Transcorrido um ano da data do depósito do instrumento de denúncia, os efeitos da Convenção cessarão para o Estado denunciante, mas subsistirão para os demais Estados Partes.

Artigo XXVII
Protocolos adicionais

Qualquer Estado Parte poderá submeter à consideração dos outros Estados Partes, por ocasião de um período de sessões da Assembléia Geral da Organização dos Estados Americanos, projetos de protocolos adicionais a esta Convenção, com a finalidade de contribuir para a consecução dos propósitos relacionados no artigo II.

Cada protocolo adicional estabelecerá as modalidades de sua entrada em vigor e será aplicado somente entre os Estados Partes nesse protocolo.

Artigo XXVIII
Depósito do instrumento original

O instrumento original desta Convenção, cujos textos em português, espanhol, francês e inglês são igualmente autênticos, será depositado na Secretaria-Geral da Organização dos Estados Americanos, que enviará cópia autenticada do seu texto ao Secretariado das Nações Unidas, para seu registro de publicação, de conformidade com o artigo 102 da Carta das Nações Unidas. A Secretaria-Geral da Organização dos Estados Americanos notificará aos Estados membros da referida Organização e aos Estados que houverem aderido à Convenção as assinaturas e os depósitos de instrumentos de ratificação, adesão e denúncia, bem como as reservas eventualmente formuladas.

APÊNDICE C

DECRETO Nº 5.687, DE 31 DE JANEIRO DE 2006.

Promulga a Convenção das Nações Unidas contra a Corrupção, adotada pela Assembleia-Geral das Nações Unidas em 31 de outubro de 2003 e assinada pelo Brasil em 9 de dezembro de 2003.

O PRESIDENTE DA REPÚBLICA, no uso da atribuição que lhe confere o art. 84, inciso IV, da Constituição, e

Considerando que o Congresso Nacional aprovou o texto da Convenção das Nações Unidas contra a Corrupção, por meio do Decreto Legislativo nº 348, de 18 de maio de 2005;

Considerando que o Governo brasileiro ratificou a citada Convenção em 15 de junho de 2005;

Considerando que a Convenção entrou em vigor internacional, bem como para o Brasil, em 14 de dezembro de 2005;

DECRETA:

Art. 1º A Convenção das Nações Unidas contra a Corrupção, adotada pela Assembleia-Geral das Nações Unidas em 31 de outubro de 2003 e assinada pelo Brasil em 9 de dezembro de 2003, apensa por cópia ao presente Decreto, será executada e cumprida tão inteiramente como nela se contém.

Art. 2º São sujeitos à aprovação do Congresso Nacional quaisquer atos que possam resultar em revisão da referida Convenção ou que acarretem encargos ou compromissos gravosos ao patrimônio nacional, nos termos do art. 49, inciso I, da Constituição.

Art. 3º Este Decreto entra em vigor na data de sua publicação.

Brasília, 31 de janeiro de 2006; 185º da Independência e 118º da República.

LUIZ INÁCIO LULA DA SILVA

Celso Luiz Nunes Amorim

CONVENÇÃO DAS NAÇÕES UNIDAS CONTRA A CORRUPÇÃO

Preâmbulo

Os Estados Partes da presente convenção,

Preocupados com a gravidade dos problemas e com as ameaças decorrentes da corrupção, para a estabilidade e a segurança das sociedades, ao enfraquecer as instituições e os valores da democracia, da ética e da justiça e ao comprometer o desenvolvimento sustentável e o Estado de Direito;

Preocupados, também, pelos vínculos entre a corrupção e outras formas de delinquência, em particular o crime organizado e a corrupção econômica, incluindo a lavagem de dinheiro;

Preocupados, ainda, pelos casos de corrupção que penetram diversos setores da sociedade, os quais podem comprometer uma proporção importante dos recursos dos Estados e que ameaçam a estabilidade política e o desenvolvimento sustentável dos mesmos;

Convencidos de que a corrupção deixou de ser um problema local para converter-se em um fenômeno transnacional que afeta todas as sociedades e economias, faz-se necessária a cooperação internacional para preveni-la e lutar contra ela;

Convencidos, também, de que se requer um enfoque amplo e multidisciplinar para prevenir e combater eficazmente a corrupção;

Convencidos, ainda, de que a disponibilidade de assistência técnica pode desempenhar um papel importante para que os Estados estejam em melhores condições de poder prevenir e combater eficazmente a corrupção, entre outras coisas, fortalecendo suas capacidades e criando instituições;

Convencidos de que o enriquecimento pessoal ilícito pode ser particularmente nocivo para as instituições democráticas, as economias nacionais e o Estado de Direito;

Decididos a prevenir, detectar e dissuadir com maior eficácia as transferências internacionais de ativos adquiridos ilicitamente e a fortalecer a cooperação internacional para a recuperação destes ativos;

Reconhecendo os princípios fundamentais do devido processo nos processos penais e nos procedimentos civis ou administrativos sobre direitos de propriedade;

Tendo presente que a prevenção e a erradicação da corrupção são responsabilidades de todos os Estados e que estes devem cooperar entre si, com o apoio e a participação de pessoas e grupos que não pertencem ao setor público, como a sociedade civil, as organizações não-governamentais e as organizações de base comunitárias, para que seus esforços neste âmbito sejam eficazes;

Tendo presentes também os princípios de devida gestão dos assuntos e dos bens públicos, equidade, responsabilidade e igualdade perante a lei, assim como a necessidade de salvaguardar a integridade e fomentar uma cultura de rechaço à corrupção;

Elogiando o trabalho da Comissão de Prevenção de Delitos e Justiça Penal e o Escritório das Nações Unidas contra as Drogas e o Delito na prevenção e na luta contra a corrupção;

Recordando o trabalho realizado por outras organizações internacionais e regionais nesta esfera, incluídas as atividades do Conselho de Cooperação Aduaneira (também denominado Organização Mundial de Aduanas), o Conselho Europeu, a Liga dos Estados Árabes, a Organização de Cooperação e Desenvolvimento Econômicos, a Organização dos Estados Americanos, a União Africana e a União Europeia;

Tomando nota com reconhecimento dos instrumentos multilaterais encaminhados para prevenir e combater a corrupção, incluídos, entre outros, a Convenção Interamericana contra a Corrupção, aprovada pela Organização dos Estados Americanos em 29 de março de 1996, o Convênio relativo à luta contra os atos de corrupção no qual estão envolvidos funcionários das Comunidades Europeias e dos Estados Partes da União Europeia, aprovado pelo Conselho da União Europeia em 26 de maio de 1997, o Convênio sobre a luta contra o suborno dos funcionários públicos estrangeiros nas transações comerciais internacionais, aprovado pelo Comitê de Ministros do Conselho Europeu em 27 de janeiro de 1999, o Convênio de direito civil sobre a corrupção, aprovado pelo Comitê de Ministros do Conselho Europeu em 4 de novembro de 1999 e a Convenção da União Africana para prevenir e combater a corrupção, aprovada pelos Chefes de Estado e Governo da União Africana em 12 de julho de 2003;

Acolhendo com satisfação a entrada em vigor, em 29 de setembro de 2003, da Convenção das Nações Unidas contra o Crime Organizado Internacional;

Chegaram em acordo ao seguinte:

Capítulo I
Disposições gerais

Artigo 1
Finalidade

A finalidade da presente Convenção é:

a) Promover e fortalecer as medidas para prevenir e combater mais eficaz e eficientemente a corrupção;

b) Promover, facilitar e apoiar a cooperação internacional e a assistência técnica na prevenção e na luta contra a corrupção, incluída a recuperação de ativos;

c) Promover a integridade, a obrigação de render contas e a devida gestão dos assuntos e dos bens públicos.

Artigo 2
Definições

Aos efeitos da presente Convenção:

a) Por "funcionário público" se entenderá: i) toda pessoa que ocupe um cargo legislativo, executivo, administrativo ou judicial de um Estado Parte, já designado ou empossado, permanente ou temporário, remunerado ou honorário, seja qual for o tempo dessa pessoa no cargo; ii) toda pessoa que desempenhe uma função pública, inclusive em um organismo público ou numa empresa pública, ou que preste um serviço público, segundo definido na legislação interna do Estado Parte e se aplique na esfera pertinente do ordenamento jurídico desse Estado Parte; iii) toda pessoa definida como "funcionário público" na legislação interna de um Estado Parte. Não obstante, aos efeitos de algumas medidas específicas incluídas no Capítulo II da presente Convenção, poderá entender-se por "funcionário público" toda pessoa que desempenhe uma função pública ou preste um serviço público segundo definido na legislação interna do Estado Parte e se aplique na esfera pertinente do ordenamento jurídico desse Estado Parte;

b) Por "funcionário público estrangeiro" se entenderá toda pessoa que ocupe um cargo legislativo, executivo, administrativo ou judicial de um país estrangeiro, já designado ou empossado; e toda pessoa que exerça uma função pública para um país estrangeiro, inclusive em um organismo público ou uma empresa pública;

c) Por "funcionário de uma organização internacional pública" se entenderá um funcionário público internacional ou toda pessoa que tal organização tenha autorizado a atuar em seu nome;

d) Por "bens" se entenderá os ativos de qualquer tipo, corpóreos ou incorpóreos, móveis ou imóveis, tangíveis ou intangíveis e os documentos ou instrumentos legais que creditem a propriedade ou outros direitos sobre tais ativos;

e) Por "produto de delito" se entenderá os bens de qualquer índole derivados ou obtidos direta ou indiretamente da ocorrência de um delito;

f) Por "embargo preventivo" ou "apreensão" se entenderá a proibição temporária de transferir, converter ou trasladar bens, ou de assumir a custódia ou o controle temporário de bens sobre a base de uma ordem de um tribunal ou outra autoridade competente;

g) Por "confisco" se entenderá a privação em caráter definitivo de bens por ordem de um tribunal ou outra autoridade competente;

h) Por "delito determinante" se entenderá todo delito do qual se derive um produto que possa passar a constituir matéria de um delito definido no Artigo 23 da presente Convenção;

i) Por "entrega vigiada" se entenderá a técnica consistente em permitir que remessas ilícitas ou suspeitas saiam do território de um ou mais Estados, o atravessem ou entrem nele, com o conhecimento e sob a supervisão de suas autoridades competentes, com o fim de investigar um delito e identificar as pessoas envolvidas em sua ocorrência.

Artigo 3
Âmbito de aplicação

1. A presente Convenção se aplicará, de conformidade com suas disposições, à prevenção, à investigação e à instrução judicial da corrupção e do embargo preventivo, da apreensão, do confisco e da restituição do produto de delitos identificados de acordo com a presente Convenção.

2. Para a aplicação da presente Convenção, a menos que contenha uma disposição em contrário, não será necessário que os delitos enunciados nela produzam dano ou prejuízo patrimonial ao Estado.

Artigo 4
Proteção da soberania

1. Os Estados Partes cumprirão suas obrigações de acordo com a presente Convenção em consonância com os princípios de igualdade soberana e integridade territorial dos Estados, assim como de não intervenção nos assuntos internos de outros Estados.

2. Nada do disposto na presente Convenção delegará poderes a um Estado Parte para exercer, no território de outro Estado, jurisdição ou funções que a legislação interna desse Estado reserve exclusivamente a suas autoridades.

Capítulo II
Medidas preventivas

Artigo 5
Políticas e práticas de prevenção da corrupção

1. Cada Estado Parte, de conformidade com os princípios fundamentais de seu ordenamento jurídico, formulará e aplicará ou manterá em vigor políticas coordenadas e eficazes contra a corrupção que promovam a participação da sociedade e reflitam os princípios do Estado de Direito, a devida gestão dos assuntos e bens públicos, a integridade, a transparência e a obrigação de render contas.

2. Cada Estado Parte procurará estabelecer e fomentar práticas eficazes encaminhadas a prevenir a corrupção.

3. Cada Estado Parte procurará avaliar periodicamente os instrumentos jurídicos e as medidas administrativas pertinentes a fim de determinar se são adequadas para combater a corrupção.

4. Os Estados Partes, segundo procede e de conformidade com os princípios fundamentais de seu ordenamento jurídico, colaborarão entre si e com as organizações internacionais e regionais pertinentes na promoção e formulação das medidas mencionadas no presente Artigo. Essa colaboração poderá compreender a participação em programas e projetos internacionais destinados a prevenir a corrupção.

Artigo 6
Órgão ou órgãos de prevenção à corrupção

1. Cada Estado Parte, de conformidade com os princípios fundamentais de seu ordenamento jurídico, garantirá a existência de um ou mais órgãos, segundo procede, encarregados de prevenir a corrupção com medidas tais como:

a) A aplicação das políticas as quais se faz alusão no Artigo 5 da presente Convenção e, quando proceder, a supervisão e coordenação da prática dessas políticas;

b) O aumento e a difusão dos conhecimentos em matéria de prevenção da corrupção.

2. Cada Estado Parte outorgará ao órgão ou aos órgãos mencionados no parágrafo 1 do presente Artigo a independência necessária, de conformidade com os princípios fundamentais de seu ordenamento jurídico, para que possam desempenhar suas funções de maneira eficaz e sem nenhuma influência indevida.

Devem proporcionar-lhes os recursos materiais e o pessoal especializado que sejam necessários, assim como a capacitação que tal pessoal possa requerer para o desempenho de suas funções.

3. Cada Estado Parte comunicará ao Secretário Geral das Nações Unidas o nome e a direção da(s) autoridade(s) que possa(m) ajudar a outros Estados Partes a formular e aplicar medidas concretas de prevenção da corrupção.

Artigo 7
Setor Público

1. Cada Estado Parte, quando for apropriado e de conformidade com os princípios fundamentais de seu ordenamento jurídico, procurará adotar sistemas de convocação, contratação, retenção, promoção e aposentadoria de funcionários públicos e, quando proceder, de outros funcionários públicos não empossados, ou manter e fortalecer tais sistemas. Estes:

a) Estarão baseados em princípios de eficiência e transparência e em critérios objetivos como o mérito, a equidade e a aptidão;

b) Incluirão procedimentos adequados de seleção e formação dos titulares de cargos públicos que se considerem especialmente vulneráveis à corrupção, assim como, quando proceder, a rotação dessas pessoas em outros cargos;

c) Fomentarão uma remuneração adequada e escalas de soldo equitativas, tendo em conta o nível de desenvolvimento econômico do Estado Parte;

d) Promoverão programas de formação e capacitação que lhes permitam cumprir os requisitos de desempenho correto, honroso e devido de suas funções e lhes proporcionem capacitação especializada e apropriada para que sejam mais conscientes dos riscos da corrupção inerentes ao desempenho de suas funções. Tais programas poderão fazer referência a códigos ou normas de conduta nas esferas pertinentes.

2. Cada Estado Parte considerará também a possibilidade de adotar medidas legislativas e administrativas apropriadas, em consonância com os objetivos da presente Convenção e de conformidade com os princípios fundamentais de sua legislação interna, a fim de estabelecer critérios para a candidatura e eleição a cargos públicos.

3. Cada Estado Parte considerará a possibilidade de adotar medidas legislativas e administrativas apropriadas, em consonância com os objetivos da presente Convenção e de conformidade com os princípios fundamentais de sua legislação interna, para aumentar a transparência relativa ao financiamento de candidaturas a cargos públicos eletivos e, quando proceder, relativa ao financiamento de partidos políticos.

4. Cada Estado Parte, em conformidade com os princípios de sua legislação interna, procurará adotar sistemas destinados a promover a transparência e a prevenir conflitos de interesses, ou a manter e fortalecer tais sistemas.

Artigo 8
Códigos de conduta para funcionários públicos

1. Com o objetivo de combater a corrupção, cada Estado Parte, em conformidade com os princípios fundamentais de seu ordenamento jurídico, promoverá, entre outras coisas, a integridade, a honestidade e a responsabilidade entre seus funcionários públicos.

2. Em particular, cada Estado Parte procurará aplicar, em seus próprios ordenamentos institucionais e jurídicos, códigos ou normas de conduta para o correto, honroso e devido cumprimento das funções públicas.

3. Com vistas a aplicar as disposições do presente Artigo, cada Estado Parte, quando proceder e em conformidade com os princípios fundamentais de seu ordenamento jurídico, tomará nota das iniciativas pertinentes das organizações regionais, inter-regionais e multilaterais, tais como o Código Internacional de Conduta para os titulares de cargos públicos, que figura no anexo da resolução 51/59 da Assembleia Geral de 12 de dezembro de 1996.

4. Cada Estado Parte também considerará, em conformidade com os princípios fundamentais de sua legislação interna, a possibilidade de estabelecer medidas e sistemas para facilitar que os funcionários públicos denunciem todo ato de corrupção às autoridade competentes quando tenham conhecimento deles no exercício de suas funções.

5. Cada Estado Parte procurará, quando proceder e em conformidade com os princípios fundamentais de sua legislação interna, estabelecer medidas e sistemas para exigir aos funcionários públicos que tenham declarações às autoridades competentes em relação, entre outras coisas, com suas atividades externas e com empregos, inversões, ativos e presentes ou benefícios importantes que possam dar lugar a um conflito de interesses relativo a suas atribuições como funcionários públicos.

6. Cada Estado Parte considerará a possibilidade de adotar, em conformidade com os princípios fundamentais de sua legislação interna, medidas disciplinares ou de outra índole contra todo funcionário público que transgrida os códigos ou normas estabelecidos em conformidade com o presente Artigo.

Artigo 9
Contratação pública e gestão da fazenda pública

1. Cada Estado Parte, em conformidade com os princípios fundamentais de seu ordenamento jurídico,

adotará as medidas necessárias para estabelecer sistemas apropriados de contratação pública, baseados na transparência, na competência e em critérios objetivos de adoção de decisões, que sejam eficazes, entre outras coisas, para prevenir a corrupção. Esses sistemas, em cuja aplicação se poderá ter em conta valores mínimos apropriados, deverão abordar, entre outras coisas:

a) A difusão pública de informação relativa a procedimentos de contratação pública e contratos, incluída informação sobre licitações e informação pertinente ou oportuna sobre a adjudicação de contratos, a fim de que os licitadores potenciais disponham de tempo suficiente para preparar e apresentar suas ofertas;

b) A formulação prévia das condições de participação, incluídos critérios de seleção e adjudicação e regras de licitação, assim como sua publicação;

c) A aplicação de critérios objetivos e predeterminados para a adoção de decisões sobre a contratação pública a fim de facilitar a posterior verificação da aplicação correta das regras ou procedimentos;

d) Um mecanismo eficaz de exame interno, incluindo um sistema eficaz de apelação, para garantir recursos e soluções legais no caso de não se respeitarem as regras ou os procedimentos estabelecidos conforme o presente parágrafo;

e) Quando proceda, a adoção de medidas para regulamentar as questões relativas ao pessoal encarregado da contratação pública, em particular declarações de interesse relativo de determinadas contratações públicas, procedimentos de pré-seleção e requisitos de capacitação.

2. Cada Estado Parte, em conformidade com os princípios fundamentais de seu ordenamento jurídico, adotará medidas apropriadas para promover a transparência e a obrigação de render contas na gestão da fazenda pública. Essas medidas abarcarão, entre outras coisas:

a) Procedimentos para a aprovação do pressuposto nacional;

b) A apresentação oportuna de informação sobre gastos e ingressos;

c) Um sistema de normas de contabilidade e auditoria, assim como a supervisão correspondente;

d) Sistemas eficazes e eficientes de gestão de riscos e controle interno; e

e) Quando proceda, a adoção de medidas corretivas em caso de não cumprimento dos requisitos estabelecidos no presente parágrafo.

3. Cada Estado Parte, em conformidade com os princípios fundamentais de sua legislação interna, adotará as medidas que sejam necessárias nos âmbitos civil e administrativo para preservar a integridade dos livros e registros contábeis, financeiros ou outros documentos relacionados com os gastos e ingressos públicos e para prevenir a falsificação desses documentos.

Artigo 10
Informação pública

Tendo em conta a necessidade de combater a corrupção, cada Estado Parte, em conformidade com os princípios fundamentais de sua legislação interna, adotará medidas que sejam necessárias para aumentar a transparência em sua administração pública, inclusive no relativo a sua organização, funcionamento e processos de adoção de decisões, quando proceder. Essas medidas poderão incluir, entre outras coisas:

a) A instauração de procedimentos ou regulamentações que permitam ao público em geral obter, quando proceder, informação sobre a organização, o funcionamento e os processos de adoção de decisões de sua administração pública, com o devido respeito à proteção da intimidade e dos documentos pessoais, sobre as decisões e atos jurídicos que incumbam ao público;

b) A simplificação dos procedimentos administrativos, quando proceder, a fim de facilitar o acesso do público às autoridades encarregadas da adoção de decisões; e

c) A publicação de informação, o que poderá incluir informes periódicos sobre os riscos de corrupção na administração pública.

Artigo 11
Medidas relativas ao poder judiciário
e ao ministério público

1. Tendo presentes a independência do poder judiciário e seu papel decisivo na luta contra a corrupção, cada Estado Parte, em conformidade com os princípios fundamentais de seu ordenamento jurídico e sem menosprezar a independência do poder judiciário, adotará medidas para reforçar a integridade e evitar toda oportunidade de corrupção entre os membros do poder judiciário. Tais medidas poderão incluir normas que regulem a conduta dos membros do poder judiciário.

2. Poderão formular-se e aplicar-se no ministério público medidas com idêntico fim às adotadas no parágrafo 1 do presente Artigo nos Estados Partes em que essa instituição não forme parte do poder judiciário, mas goze de independência análoga.

Artigo 12
Setor Privado

1. Cada Estado Parte, em conformidade com os princípios fundamentais de sua legislação interna, adotará medidas para prevenir a corrupção e melhorar as normas contábeis e de auditoria no setor privado, assim como, quando proceder, prever sanções civis, administrativas ou penais eficazes, proporcionadas e dissuasivas em caso de não cumprimento dessas medidas.

2. As medidas que se adotem para alcançar esses fins poderão consistir, entre outras coisas, em:

a) Promover a cooperação entre os organismos encarregados de fazer cumprir a lei e as entidades privadas pertinentes;

b) Promover a formulação de normas e procedimentos com o objetivo de salvaguardar a integridade das entidades privadas pertinentes, incluídos códigos de conduta para o correto, honroso e devido exercício das atividades comerciais e de todas as profissões pertinentes e para a prevenção de conflitos de interesses, assim como para a promoção do uso de boas práticas comerciais entre as empresas e as relações contratuais das empresas com o Estado;

c) Promover a transparência entre entidades privadas, incluídas, quando proceder, medidas relativas à identificação das pessoas jurídicas e físicas envolvidas no estabelecimento e na gestão de empresas;

d) Prevenir a utilização indevida dos procedimentos que regulam as entidades privadas, incluindo os procedimentos relativos à concessão de subsídios e licenças pelas autoridades públicas para atividades comerciais;

e) Prevenir os conflitos de interesse impondo restrições apropriadas, durante um período razoável, às atividades profissionais de ex-funcionários públicos ou à contratação de funcionários públicos pelo setor privado depois de sua renúncia ou aposentadoria quando essas atividades ou essa contratação estejam diretamente relacionadas com as funções desempenhadas ou supervisionadas por esses funcionários públicos durante sua permanência no cargo;

f) Velar para que as empresas privadas, tendo em conta sua estrutura e tamanho, disponham de suficientes controles contábeis internos para ajudar a prevenir e detectar os atos de corrupção e para que as contas e os estados financeiros requeridos dessas empresas privadas estejam sujeitos a procedimentos apropriados de auditoria e certificação;

3. A fim de prevenir a corrupção, cada estado parte adotará as medidas que sejam necessárias, em conformidade com suas leis e regulamentos internos relativos à manutenção de livros e registros, à divulgação de estados financeiros e às normas de contabilidade e auditoria, para proibir os seguintes atos realizados com o fim de cometer quaisquer dos delitos qualificados de acordo com a presente Convenção:

a) O estabelecimento de contas não registradas em livros;

b) A realização de operações não registradas em livros ou mal especificadas;

c) O registro de gastos inexistentes;

d) O juízo de gastos nos livros de contabilidade com indicação incorreta de seu objetivo;

e) A utilização de documentos falsos; e

f) A destruição deliberada de documentos de contabilidade antes do prazo previsto em lei.

4. Cada Estado Parte ditará a dedução tributária relativa aos gastos que venham a constituir suborno, que é um dos elementos constitutivos dos delitos qualificados de acordo com os Artigos 15 e 16 da presente Convenção e, quando proceder, relativa a outros gastos que tenham tido por objetivo promover um comportamento corrupto.

Artigo 13
Participação da sociedade

1. Cada Estado Parte adotará medidas adequadas, no limite de suas possibilidades e de conformidade com os princípios fundamentais de sua legislação interna, para fomentar a participação ativa de pessoas e grupos que não pertençam ao setor público, como a sociedade civil, as organizações não-governamentais e as organizações com base na comunidade, na prevenção e na luta contra a corrupção, e para sensibilizar a opinião pública a respeito à existência, às causas e à gravidade da corrupção, assim como a ameaça que esta representa. Essa participação deveria esforçar-se com medidas como as seguintes:

a) Aumentar a transparência e promover a contribuição da cidadania aos processos de adoção de decisões;

b) Garantir o acesso eficaz do público à informação;

c) Realizar atividade de informação pública para fomentar a intransigência à corrupção, assim como programas de educação pública, incluídos programas escolares e universitários;

d) Respeitar, promover e proteger a liberdade de buscar, receber, publicar e difundir informação relativa à corrupção. Essa liberdade poderá estar sujeita a certas restrições, que deverão estar expressamente qualificadas pela lei e ser necessárias para: i) Garantir o respeito dos direitos ou da reputação de terceiros;

APÊNDICE C – DECRETO Nº 5.687, DE 31 DE JANEIRO DE 2006. | 309

ii) Salvaguardar a segurança nacional, a ordem pública, ou a saúde ou a moral públicas.

2. Cada Estado Parte adotará medidas apropriadas para garantir que o público tenha conhecimento dos órgãos pertinentes de luta contra a corrupção mencionados na presente Convenção, e facilitará o acesso a tais órgãos, quando proceder, para a denúncia, inclusive anônima, de quaisquer incidentes que possam ser considerados constitutivos de um delito qualificado de acordo com a presente Convenção.

Artigo 14
Medidas para prevenir a lavagem de dinheiro

1. Cada Estado Parte:

a) Estabelecerá um amplo regimento interno de regulamentação e supervisão dos bancos e das instituições financeiras não-bancárias, incluídas as pessoas físicas ou jurídicas que prestem serviços oficiais ou oficiosos de transferência de dinheiro ou valores e, quando proceder, outros órgãos situados dentro de sua jurisdição que sejam particularmente suspeitos de utilização para a lavagem de dinheiro, a fim de prevenir e detectar todas as formas de lavagem de dinheiro, e em tal regimento há de se apoiar fortemente nos requisitos relativos à identificação do cliente e, quando proceder, do beneficiário final, ao estabelecimento de registros e à denúncia das transações suspeitas;

b) Garantirá, sem prejuízo à aplicação do Artigo 46 da presente Convenção, que as autoridades de administração, regulamentação e cumprimento da lei e demais autoridades encarregadas de combater a lavagem de dinheiro (incluídas, quando seja pertinente de acordo com a legislação interna, as autoridades judiciais) sejam capazes de cooperar e intercambiar informações nos âmbitos nacional e internacional, de conformidade com as condições prescritas na legislação interna e, a tal fim, considerará a possibilidade de estabelecer um departamento de inteligência financeira que sirva de centro nacional de recompilação, análise e difusão de informação sobre possíveis atividades de lavagem de dinheiro.

2. Os Estados Partes considerarão a possibilidade de aplicar medidas viáveis para detectar e vigiar o movimento transfronteiriço de efetivo e de títulos negociáveis pertinentes, sujeitos a salvaguardas que garantam a devida utilização da informação e sem restringir de modo algum a circulação de capitais lícitos. Essas medidas poderão incluir a exigência de que os particulares e as entidades comerciais notifiquem as transferências transfronteiriças de quantidades elevadas de efetivos e de títulos negociáveis pertinentes.

3. Os Estados Partes considerarão a possibilidade de aplicar medidas apropriadas e viáveis para exigir às instituições financeiras, incluídas as que remetem dinheiro, que:

a) Incluam nos formulários de transferência eletrônica de fundos e mensagens conexas informação exata e válida sobre o remetente;

b) Mantenham essa informação durante todo o ciclo de operação; e

c) Examinem de maneira mais minuciosa as transferências de fundos que não contenham informação completa sobre o remetente.

4. Ao estabelecer um regimento interno de regulamentação e supervisão de acordo com o presente Artigo, e sem prejuízo do disposto em qualquer outro Artigo da presente Convenção, recomenda-se aos Estados Partes que utilizem como guia as iniciativas pertinentes das organizações regionais, inter-regionais e multilaterais de luta contra a lavagem de dinheiro.

5. Os Estados Partes se esforçarão por estabelecer e promover a cooperação em escala mundial, regional, sub-regional e bilateral entre as autoridades judiciais, de cumprimento da lei e de regulamentação financeira a fim de combater a lavagem de dinheiro.

Capítulo III
Penalização e aplicação da lei

Artigo 15
Suborno de funcionários públicos nacionais

Cada Estado Parte adotará as medidas legislativas e de outras índoles que sejam necessárias para qualificar como delito, quando cometidos intencionalmente:

a) A promessa, o oferecimento ou a concessão a um funcionário público, de forma direta ou indireta, de um benefício indevido que redunde em seu próprio proveito ou no de outra pessoa ou entidade com o fim de que tal funcionário atue ou se abstenha de atuar no cumprimento de suas funções oficiais;

b) A solicitação ou aceitação por um funcionário público, de forma direta ou indireta, de um benefício indevido que redunde em seu próprio proveito ou no de outra pessoa ou entidade com o fim de que tal funcionário atue ou se abstenha de atuar no cumprimento de suas funções oficiais.

Artigo 16
Suborno de funcionários públicos estrangeiros e de funcionários de organizações internacionais públicas

1. Cada Estado Parte adotará as medidas legislativas e de outras índoles que sejam necessárias para qualificar como delito, quando cometido intencionalmente, a promessa, oferecimento ou a concessão, de forma direta ou indireta, a um funcionário público estrangeiro ou a um funcionário de organização internacional pública, de um benefício indevido que redunde em seu próprio proveito ou no de outra pessoa ou

entidade com o fim de que tal funcionário atue ou se abstenha de atuar no exercício de suas funções oficiais para obter ou manter alguma transação comercial ou outro benefício indevido em relação com a realização de atividades comerciais internacionais.

2. Cada Estado Parte considerará a possibilidade de adotar medidas legislativas e de outras índoles que sejam necessárias para qualificar como delito, quando cometido intencionalmente, a solicitação ou aceitação por um funcionário público estrangeiro ou funcionário de organização internacional pública, de forma direta ou indireta, de um benefício indevido que redunde em proveito próprio ou no de outra pessoa ou entidade, com o fim de que tal funcionário atue ou se abstenha de atuar no exercício de suas funções oficiais.

Artigo 17
Malversação ou peculato, apropriação indébita ou outras formas de desvio de bens por um funcionário público

Cada Estado Parte adotará as medidas legislativas e de outras índoles que sejam necessárias para qualificar como delito, quando cometido intencionalmente, a malversação ou o peculato, a apropriação indébita ou outras formas de desvio de bens, fundos ou títulos públicos ou privados ou qualquer outra coisa de valor que se tenham confiado ao funcionário em virtude de seu cargo.

Artigo 18
Tráfico de influências

Cada Estado Parte considerará a possibilidade de adotar as medidas legislativas e de outras índoles que sejam necessárias para qualificar como delito, quando cometido intencionalmente:

a) A promessa, o oferecimento ou a concessão a um funcionário público ou a qualquer outra pessoa, de forma direta ou indireta, de um benefício indevido com o fim de que o funcionário público ou a pessoa abuse de sua influência real ou suposta para obter de uma administração ou autoridade do Estado Parte um benefício indevido que redunde em proveito do instigador original do ato ou de qualquer outra pessoa;

b) A solicitação ou aceitação por um funcionário público ou qualquer outra pessoa, de forma direta ou indireta, de um benefício indevido que redunde em seu proveito próprio ou no de outra pessoa com o fim de que o funcionário público ou a pessoa abuse de sua influência real ou suposta para obter de uma administração ou autoridade do Estado Parte um benefício indevido.

Artigo 19
Abuso de funções

Cada Estado Parte considerará a possibilidade de adotar as medidas legislativas e de outras índoles que sejam necessárias para qualificar como delito, quando cometido intencionalmente, o abuso de funções ou do cargo, ou seja, a realização ou omissão de um ato, em violação à lei, por parte de um funcionário público no exercício de suas funções, com o fim de obter um benefício indevido para si mesmo ou para outra pessoa ou entidade.

Artigo 20
Enriquecimento ilícito

Com sujeição a sua constituição e aos princípios fundamentais de seu ordenamento jurídico, cada Estado Parte considerará a possibilidade de adotar as medidas legislativas e de outras índoles que sejam necessárias para qualificar como delito, quando cometido intencionalmente, o enriquecimento ilícito, ou seja, o incremento significativo do patrimônio de um funcionário público relativos aos seus ingressos legítimos que não podem ser razoavelmente justificados por ele.

Artigo 21
Suborno no setor privado

Cada Estado Parte considerará a possibilidade de adotar medidas legislativas e de outras índoles que sejam necessárias para qualificar como delito, quando cometido intencionalmente no curso de atividades econômicas, financeiras ou comerciais:

a) A promessa, o oferecimento ou a concessão, de forma direta ou indireta, a uma pessoa que dirija uma entidade do setor privado ou cumpra qualquer função nela, de um benefício indevido que redunde em seu próprio proveito ou no de outra pessoa, com o fim de que, faltando ao dever inerente às suas funções, atue ou se abstenha de atuar;

b) A solicitação ou aceitação, de forma direta ou indireta, por uma pessoa que dirija uma entidade do setor privado ou cumpra qualquer função nela, de um benefício indevido que redunde em seu próprio proveito ou no de outra pessoa, com o fim de que, faltando ao dever inerente às suas funções, atue ou se abstenha de atuar.

Artigo 22
Malversação ou peculato de bens no setor privado

Cada Estado Parte considerará a possibilidade de adotar medidas legislativas e de outras índoles que sejam necessárias para qualificar como delito, quando cometido intencionalmente no curso de atividades econômicas, financeiras ou comerciais, a malversação ou peculato, por uma pessoa que dirija uma entidade

APÊNDICE C – DECRETO Nº 5.687, DE 31 DE JANEIRO DE 2006. | 311

do setor privado ou cumpra qualquer função nela, de quaisquer bens, fundos ou títulos privados ou de qualquer outra coisa de valor que se tenha confiado a essa pessoa por razão de seu cargo.

Artigo 23
Lavagem de produto de delito

1. Cada Estado Parte adotará, em conformidade com os princípios fundamentais de sua legislação interna, as medidas legislativas e de outras índoles que sejam necessárias para qualificar como delito, quando cometido intencionalmente:

a) i) A conversão ou a transferência de bens, sabendo-se que esses bens são produtos de delito, com o propósito de ocultar ou dissimular a origem ilícita dos bens e ajudar a qualquer pessoa envolvida na prática do delito com o objetivo de afastar as consequências jurídicas de seus atos; ii) A ocultação ou dissimulação da verdadeira natureza, origem, situação, disposição, movimentação ou da propriedade de bens o do legítimo direito a estes, sabendo-se que tais bens são produtos de delito;

b) Com sujeição aos conceitos básicos de seu ordenamento jurídico: i) A aquisição, possessão ou utilização de bens, sabendo-se, no momento de sua receptação, de que se trata de produto de delito; ii) A participação na prática de quaisquer dos delitos qualificados de acordo com o presente Artigo, assim como a associação e a confabulação para cometê-los, a tentativa de cometê-los e a ajuda, incitação, facilitação e o assessoramento com vistas à sua prática.

2. Para os fins de aplicação ou colocação em prática do parágrafo 1 do presente Artigo:

a) Cada Estado Parte velará por aplicar o parágrafo 1 do presente Artigo à gama mais ampla possível de delitos determinantes;

b) Cada Estado Parte incluirá como delitos determinantes, como mínimo, uma ampla gama de delitos qualificados de acordo com a presente Convenção;

c) Aos efeitos do item "b)" supra, entre os delitos determinantes se incluirão os delitos cometidos tanto dentro como fora da jurisdição do Estado Parte interessado. Não obstante, os delitos cometidos fora da jurisdição de um Estado Parte constituirão delito determinante sempre e quando o ato correspondente seja delito de acordo com a legislação interna do Estado em que se tenha cometido e constitui-se assim mesmo delito de acordo com a legislação interna do Estado Parte que aplique ou ponha em prática o presente Artigo se o delito houvesse sido cometido ali;

d) Cada Estado Parte proporcionará ao Secretário Geral das Nações Unidas uma cópia de suas leis destinadas a dar aplicação ao presente Artigo e de qualquer emenda posterior que se atenha a tais leis;

e) Se assim requererem os princípios fundamentais da legislação interna de um Estado Parte, poderá dispor-se que os delitos enunciados no parágrafo 1 do presente Artigo não se apliquem às pessoas que tenham cometido o delito determinante.

Artigo 24
Encobrimento

Sem prejuízo do disposto no Artigo 23 da presente Convenção, cada Estado Parte considerará a possibilidade de adotar as medidas legislativas e de outra índole que sejam necessárias para qualificar o delito, quando cometido intencionalmente após a prática de quaisquer dos delitos qualificados de acordo com a presente Convenção, mas sem haver participado deles, o encobrimento ou a retenção contínua de bens sabendo-se que tais bens são produtos de quaisquer dos delitos qualificados de acordo com a presente Convenção.

Artigo 25
Obstrução da justiça

Cada Estado Parte adotará as medidas legislativas e de outras índoles que sejam necessárias para qualificar como delito, quando cometidos intencionalmente:

a) O uso da força física, ameaças ou intimidação, ou a promessa, o oferecimento ou a concessão de um benefício indevido para induzir uma pessoa a prestar falso testemunho ou a atrapalhar a prestação de testemunho ou a apartação de provas em processos relacionados com a prática dos delitos qualificados de acordo com essa Convenção;

b) O uso da força física, ameaças ou intimidação para atrapalhar o cumprimento das funções oficiais de um funcionário da justiça ou dos serviços encarregados de fazer cumprir-se a lei em relação com a prática dos delitos qualificados de acordo com a presente Convenção. Nada do previsto no presente Artigo menosprezará a legislação interna dos Estados Partes que disponham de legislação que proteja a outras categorias de funcionários públicos.

Artigo 26
Responsabilidade das pessoas jurídicas

1. Cada Estado Parte adotará as medidas que sejam necessárias, em consonância com seus princípios jurídicos, a fim de estabelecer a responsabilidade de pessoas jurídicas por sua participação nos delitos qualificados de acordo com a presente Convenção.

2. Sujeito aos princípios jurídicos do Estado Parte, a responsabilidade das pessoas jurídicas poderá ser de índole penal, civil ou administrativa.

3. Tal responsabilidade existirá sem prejuízo à responsabilidade penal que incumba às pessoas físicas que tenham cometido os delitos.

4. Cada Estado Parte velará em particular para que se imponham sanções penais ou não-penais eficazes, proporcionadas e dissuasivas, incluídas sanções monetárias, às pessoas jurídicas consideradas responsáveis de acordo com o presente Artigo.

Artigo 27
Participação ou tentativa

1. Cada Estado Parte adotará as medidas legislativas e de outras índoles que sejam necessárias para qualificar como delito, em conformidade com sua legislação interna, qualquer forma de participação, seja ela como cúmplice, colaborador ou instigador, em um delito qualificado de acordo com a presente Convenção.

2. Cada Estado Parte poderá adotar as medidas legislativas e de outras índoles que sejam necessárias para qualificar como delito, em conformidade com sua legislação interna, toda tentativa de cometer um delito qualificado de acordo com a presente Convenção.

3. Cada Estado Parte poderá adotar as medidas legislativas e de outras índoles que sejam necessárias para qualificar como delito, em conformidade com sua legislação interna, a preparação com vistas a cometer um delito qualificado de acordo com a presente Convenção.

Artigo 28
Conhecimento, intenção e propósito
como elementos de um delito

O conhecimento, a intenção ou o propósito que se requerem como elementos de um delito qualificado de acordo com a presente Convenção poderão inferir-se de circunstâncias fáticas objetivas.

Artigo 29
Prescrição

Cada Estado Parte estabelecerá, quando proceder, de acordo com sua legislação interna, um prazo de prescrição amplo para iniciar processos por quaisquer dos delitos qualificados de acordo com a presente Convenção e estabelecerá um prazo maior ou interromperá a prescrição quando o presumido delinquente tenha evadido da administração da justiça.

Artigo 30
Processo, sentença e sanções

1. Cada Estado Parte punirá a prática dos delitos qualificados de acordo com a presente Convenção com sanções que tenham em conta a gravidade desses delitos.

2. Cada Estado Parte adotará as medidas que sejam necessárias para estabelecer ou manter, em conformidade com seu ordenamento jurídico e seus princípios constitucionais, um equilíbrio apropriado entre quaisquer imunidades ou prerrogativas jurisdicionais outorgadas a seus funcionários públicos para o cumprimento de suas funções e a possibilidade, se necessário, de proceder efetivamente à investigação, ao indiciamento e à sentença dos delitos qualificados de acordo com a presente Convenção.

3. Cada Estado Parte velará para que se exerçam quaisquer faculdades legais discricionárias de que disponham conforme sua legislação interna em relação ao indiciamento de pessoas pelos delitos qualificados de acordo com a presente Convenção a fim de dar máxima eficácia às medidas adotadas para fazer cumprir a lei a respeito desses delitos, tendo devidamente em conta a necessidade de preveni-los.

4. Quando se trate dos delitos qualificados de acordo com a presente Convenção, cada Estado Parte adotará as medidas apropriadas, em conformidade com sua legislação interna e levando devidamente em consideração os direitos de defesa, com vistas a procurar que, ao impor condições em relação com a decisão de conceder liberdade em espera de juízo ou apelação, se tenha presente a necessidade de garantir o comparecimento do acusado em todo procedimento penal posterior.

5. Cada Estado Parte terá em conta a gravidade dos delitos pertinentes ao considerar a eventualidade de conceder a liberdade antecipada ou a liberdade condicional a pessoas que tenham sido declaradas culpadas desses delitos.

6. Cada Estado Parte considerará a possibilidade de estabelecer, na medida em que ele seja concordante com os princípios fundamentais de seu ordenamento jurídico, procedimentos em virtude dos quais um funcionário público que seja acusado de um delito qualificado de acordo com a presente Convenção possa, quando proceder, ser destituído, suspenso ou transferido pela autoridade correspondente, tendo presente o respeito ao princípio de presunção de inocência.

7. Quando a gravidade da falta não justifique e na medida em que ele seja concordante com os princípios fundamentais de seu ordenamento jurídico, cada Estado Parte considerará a possibilidade de estabelecer procedimentos para inabilitar, por mandado judicial ou outro meio apropriado e por um período determinado em sua legislação interna, as pessoas condenadas por delitos qualificados de acordo com a presente Convenção para:

a) Exercer cargos públicos; e

b) Exercer cargos em uma empresa de propriedade total ou parcial do Estado.

8. O parágrafo 1 do presente Artigo não prejudicará a aplicação de medidas disciplinares pelas autoridades competentes contra funcionários públicos.

APÊNDICE C – DECRETO Nº 5.687, DE 31 DE JANEIRO DE 2006. | 313

9. Nada do disposto na presente Convenção afetará o princípio de que a descrição dos delitos qualificados de acordo com ela e dos meios jurídicos de defesa aplicáveis ou demais princípios jurídicos que regulam a legalidade de uma conduta que a reservada à legislação interna dos Estados Partes e de que esses delitos haverão de ser perseguidos e sancionados em conformidade com essa legislação.

10. Os Estados Partes procurarão promover a reinserção social das pessoas condenadas por delitos qualificados de acordo com a presente Convenção.

Artigo 31
Embargo preventivo, apreensão e confisco

1. Cada Estado Parte adotará, no maior grau permitido em seu ordenamento jurídico interno, as medidas que sejam necessárias para autorizar o confisco:

a) Do produto de delito qualificado de acordo com a presente Convenção ou de bens cujo valor corresponda ao de tal produto;

b) Dos bens, equipamentos ou outros instrumentos utilizados ou destinados utilizados na prática dos delitos qualificados de acordo com a presente Convenção.

2. Cada Estado Parte adotará as medidas que sejam necessárias para permitir a identificação, localização, embargo preventivo ou a apreensão de qualquer bem a que se tenha referência no parágrafo 1 do presente Artigo com vistas ao seu eventual confisco.

3. Cada Estado Parte adotará, em conformidade com sua legislação interna, as medidas legislativas e de outras índoles que sejam necessárias para regular a administração, por parte das autoridades competentes, dos bens embargados, incautados ou confiscados compreendidos nos parágrafos 1 e 2 do presente Artigo.

4. Quando esse produto de delito se tiver transformado ou convertido parcialmente ou totalmente em outros bens, estes serão objeto das medidas aplicáveis a tal produto de acordo com o presente Artigo.

5. Quando esse produto de delito se houver mesclado com bens adquiridos de fontes lícitas, esses bens serão objeto de confisco até o valor estimado do produto mesclado, sem menosprezo de qualquer outra faculdade de embargo preventivo ou apreensão.

6. Os ingressos e outros benefícios derivados desse produto de delito, de bens nos quais se tenha transformado ou convertido tal produto ou de bens que se tenham mesclado a esse produto de delito também serão objeto das medidas previstas no presente Artigo, da mesma maneira e no mesmo grau que o produto do delito.

7. Aos efeitos do presente Artigo e do Artigo 55 da presente Convenção, cada Estado Parte facultará a seus tribunais ou outras autoridade competentes para ordenar a apresentação ou a apreensão de documentos bancários, financeiros ou comerciais. Os Estados Partes não poderão abster-se de aplicar as disposições do presente parágrafo amparando-se no sigilo bancário.

8. Os Estados Partes poderão considerar a possibilidade de exigir de um delinquente que demonstre a origem lícita do alegado produto de delito ou de outros bens expostos ao confisco, na medida em que ele seja conforme com os princípios fundamentais de sua legislação interna e com a índole do processo judicial ou outros processos.

9. As disposições do presente Artigo não se interpretarão em prejuízo do direito de terceiros que atuem de boa-fé.

10. Nada do disposto no presente Artigo afetará o princípio de que as medidas nele previstas se definirão e aplicar-se-ão em conformidade com a legislação interna dos Estados Partes e com sujeição a este.

Artigo 32
Proteção a testemunhas, peritos e vítimas

1. Cada Estado Parte adotará medidas apropriadas, em conformidade com seu ordenamento jurídico interno e dentro de suas possibilidades, para proteger de maneira eficaz contra eventuais atos de represália ou intimidação as testemunhas e peritos que prestem testemunho sobre os delitos qualificados de acordo com a presente Convenção, assim como, quando proceder, a seus familiares e demais pessoas próximas.

2. As medidas previstas no parágrafo 1 do presente Artigo poderão consistir, entre outras, sem prejuízo dos direitos do acusado e incluindo o direito de garantias processuais, em:

a) Estabelecer procedimentos para a proteção física dessas pessoas, incluída, na medida do necessário e do possível, sua remoção, e permitir, quando proceder, à proibição total ou parcial de revelar informação sobre sua identidade e paradeiro;

b) Estabelecer normas probatórias que permitam que as testemunhas e peritos prestem testemunho sem pôr em perigo a segurança dessas pessoas, por exemplo, aceitando o testemunho mediante tecnologias de comunicação como a videoconferência ou outros meios adequados.

3. Os Estados Partes considerarão a possibilidade de celebrar acordos ou tratados com outros Estados para a remoção das pessoas mencionadas no parágrafo 1 do presente Artigo.

4. As disposições do presente Artigo se aplicarão também às vítimas na medida em que sejam testemunhas.

5. Cada Estado Parte permitirá, com sujeição a sua legislação interna, que se apresentem e considerem as opiniões e preocupações das vítimas em etapas apropriadas das ações penais contra os criminosos sem menosprezar os direitos de defesa.

Artigo 33
Proteção aos denunciantes

Cada Estado Parte considerará a possibilidade de incorporar em seu ordenamento jurídico interno medidas apropriadas para proporcionar proteção contra todo trato injusto às pessoas que denunciem ante as autoridades competentes, de boa-fé e com motivos razoáveis, quaisquer feitos relacionados com os delitos qualificados de acordo com a presente Convenção.

Artigo 34
Consequências dos atos de corrupção

Com a devida consideração aos direitos adquiridos de boa-fé por terceiros, cada Estado Parte, em conformidade com os princípios fundamentais de sua legislação interna, adotará medidas para eliminar as consequências dos atos de corrupção. Neste contexto, os Estados Partes poderão considerar a corrupção um fator pertinente em procedimentos jurídicos encaminhados a anular ou deixar sem efeito um contrato ou a revogar uma concessão ou outro instrumento semelhante, o adotar qualquer outra medida de correção.

Artigo 35
Indenização por danos e prejuízos

Cada Estado Parte adotará as medidas que sejam necessárias, em conformidade com os princípios de sua legislação interna, para garantir que as entidades ou pessoas prejudicadas como consequência de um ato de corrupção tenham direito a iniciar uma ação legal contra os responsáveis desses danos e prejuízos a fim de obter indenização.

Artigo 36
Autoridades especializadas

Cada Estado Parte, de conformidade com os princípios fundamentais de seu ordenamento jurídico, se certificará de que dispõe de um ou mais órgãos ou pessoas especializadas na luta contra a corrupção mediante a aplicação coercitiva da lei. Esse(s) órgão(s) ou essa(s) pessoa(s) gozarão da independência necessária, conforme os princípios fundamentais do ordenamento jurídico do Estado Parte, para que possam desempenhar suas funções com eficácia e sem pressões indevidas. Deverá proporcionar-se a essas pessoas ou ao pessoal desse(s) órgão(s) formação adequada e recursos suficientes para o desempenho de suas funções.

Artigo 37
Cooperação com as autoridades encarregadas de fazer cumprir a lei

1. Cada Estado Parte adotará as medidas apropriadas para restabelecer as pessoas que participem ou que tenham participado na prática dos delitos qualificados de acordo com a presente Convenção que proporcionem às autoridades competentes informação útil com fins investigativos e probatórios e as que lhes prestem ajuda efetiva e concreta que possa contribuir a privar os criminosos do produto do delito, assim como recuperar esse produto.

2. Cada Estado Parte considerará a possibilidade de prever, em casos apropriados, a mitigação de pena de toda pessoa acusada que preste cooperação substancial à investigação ou ao indiciamento dos delitos qualificados de acordo com a presente Convenção.

3. Cada Estado parte considerará a possibilidade de prever, em conformidade com os princípios fundamentais de sua legislação interna, a concessão de imunidade judicial a toda pessoa que preste cooperação substancial na investigação ou no indiciamento dos delitos qualificados de acordo com a presente Convenção.

4. A proteção dessas pessoas será, mutatis mutandis, a prevista no Artigo 32 da presente Convenção.

5. Quando as pessoas mencionadas no parágrafo 1 do presente Artigo se encontrem em um Estado Parte e possam prestar cooperação substancial às autoridades competentes de outro Estado Parte, os Estados Partes interessados poderão considerar a possibilidade de celebrar acordos ou tratados, em conformidade com sua legislação interna, a respeito da eventual concessão, por esse Estrado Parte, do trato previsto nos parágrafos 2 e 3 do presente Artigo.

Artigo 38
Cooperação entre organismos nacionais

Cada Estado Parte adotará as medidas que sejam necessárias, em conformidade com sua legislação interna, para estabelecer a cooperação entre, de um lado, seus organismos públicos, assim como seus funcionários públicos, e, do outro, seus organismos encarregados de investigar e processar judicialmente os delitos. Essa cooperação poderá incluir:

a) Informar a esses últimos organismos, por iniciativa do Estado Parte, quando tenha motivos razoáveis para suspeitar-se que fora praticado algum dos crimes qualificados de acordo com os Artigos 15, 21 e 23 da presente Convenção; ou

b) Proporcionar a esses organismos toda a informação necessária mediante solicitação.

APÊNDICE C – DECRETO Nº 5.687, DE 31 DE JANEIRO DE 2006. | 315

Artigo 39
Cooperação entre os organismos nacionais e o setor privado

1. Cada Estado Parte adotará as medidas que sejam necessárias, em conformidade com seu direito interno, para estabelecer a cooperação entre os organismos nacionais de investigação e o ministério público, de um lado, e as entidades do setor privado, em particular as instituições financeiras, de outro, em questões relativas à prática dos delitos qualificados de acordo com a presente Convenção.

2. Cada Estado Parte considerará a possibilidade de estabelecer que seus cidadãos e demais pessoas que tenham residência em seu território a denunciar ante os organismos nacionais de investigação e o ministério público a prática de todo delito qualificado de acordo com a presente Convenção.

Artigo 40
Sigilo bancário

Cada Estado Parte velará para que, no caso de investigações penais nacionais de delitos qualificados de acordo com a presente Convenção, existam em seu ordenamento jurídico interno mecanismos apropriados para eliminar qualquer obstáculo que possa surgir como consequência da aplicação da legislação relativa ao sigilo bancário.

Artigo 41
Antecedentes penais

Cada Estado Parte poderá adotar as medidas legislativas ou de outras índoles que sejam necessárias para ter em conta, nas condições e para os fins que estime apropriados, toda prévia declaração de culpabilidade de um presumido criminoso em outro Estado a fim de utilizar essa informação em ações penais relativas a delitos qualificados de acordo com a presente Convenção.

Artigo 42
Jurisdição

1. Cada Estado Parte adotará as medidas que sejam necessárias para estabelecer sua jurisdição a respeito dos delitos qualificados de acordo com a presente Convenção quando:

a) O delito se cometa em seu território; ou

b) O delito se cometa a bordo de uma embarcação que possua identificação de tal Estado ou de uma aeronave registrada sob suas leis no momento de sua prática.

2. Com sujeição ao disposto no Artigo 4 da presente Convenção, um Estado Parte também poderá estabelecer sua jurisdição para ter conhecimento de tais delitos quando:

a) O delito se cometa contra um de seus cidadãos;

b) O delito seja cometido por um de seus cidadãos ou por um estrangeiro que tenha residência em seu território;

c) O delito seja um dos delitos qualificados de acordo com o inciso "ii)" da parte "b)" do parágrafo 1 do Artigo 23 da presente Convenção e se cometa fora de seu território com vistas à prática, dentro de seu território, de um delito qualificado de acordo com os incisos "i)" e "ii)" da parte "a)" ou inciso "i)" da parte "b)" do parágrafo 1 do Artigo 23 da presente Convenção; ou

d) O delito se cometa contra o Estado Parte.

3. Aos efeitos do Artigo 44 da presente Convenção, cada Estado Parte adotará as medidas que sejam necessárias para estabelecer a jurisdição relativa aos delitos qualificados de acordo com a presente Convenção quando o presumido criminoso se encontre em seu território e o Estado Parte não o extradite pelo fato de ser um de seus cidadãos.

4. Cada Estado Parte poderá também adotar as medidas que sejam necessárias para estabelecer sua jurisdição a respeito dos delitos qualificados na presente Convenção quando o presumido criminoso se encontre em seu território e o Estado Parte não o extradite.

5. Se um Estado Parte que exerce sua jurisdição de acordo com os parágrafos 1 ou 2 do presente Artigo for notificado, ou tomar conhecimento por outro meio, de que outros Estados Partes estão realizando uma investigação, um processo ou uma ação judicial relativos aos mesmos fatos, as autoridades competentes desses Estados Partes se consultarão, segundo proceda, a fim de coordenar suas medidas.

6. Sem prejuízo às normas do direito internacional geral, a presente Convenção não excluirá o exercício das competências penais estabelecidas pelos Estados Partes em conformidade com suas legislações internas.

Capítulo IV
Cooperação internacional

Artigo 43
Cooperação internacional

1. Os Estados Partes cooperarão em assuntos penais conforme o disposto nos Artigos 44 a 50 da presente Convenção. Quando proceda e estiver em consonância com seu ordenamento jurídico interno, os Estados Partes considerarão a possibilidade de prestar-se assistência nas investigações e procedimentos correspondentes a questões civis e administrativas relacionadas com a corrupção.

2. Em questões de cooperação internacional, quando a dupla incriminação seja um requisito, este se

considerará cumprido se a conduta constitutiva do delito relativo ao qual se solicita assistência é um delito de acordo com a legislação de ambos os Estados Partes, independentemente se as leis do Estado Parte requerido incluem o delito na mesma categoria ou o denominam com a mesma terminologia que o Estado Parte requerente.

Artigo 44
Extradição

1. O presente Artigo se aplicará a todos os delitos qualificados de acordo com a presente Convenção no caso de que a pessoa que é objeto de solicitação de extradição se encontre no território do Estado Parte requerido, sempre e quando o delito pelo qual se pede a extradição seja punível de acordo com a legislação interna do Estado Parte requerente e do Estado Parte requerido.

2. Sem prejuízo ao disposto no parágrafo 1 do presente Artigo, os Estados Partes cuja legislação o permitam poderão conceder a extradição de uma pessoa por quaisquer dos delitos compreendidos na presente Convenção que não sejam puníveis com relação à sua própria legislação interna.

3. Quando a solicitação de extradição incluir vários delitos, dos quais ao menos um dê lugar à extradição conforme o disposto no presente Artigo e alguns não derem lugar à extradição devido ao período de privação de liberdade que toleram, mas guardem relação com os delitos qualificados de acordo com a presente Convenção, o Estado Parte requerido poderá aplicar o presente Artigo também a respeito desses delitos.

4. Cada um dos delitos aos quais se aplicam o presente Artigo se considerará incluído entre os delitos que dão lugar à extradição em todo tratado de extradição vigente entre os Estados Partes. Estes se comprometem a incluir tais delitos como causa de extradição em todo tratado de extradição que celebrem entre si. Os Estados Partes cujas legislações os permitam, no caso de que a presente Convenção sirva de base para a extradição, não considerarão de caráter político nenhum dos delitos qualificados de acordo com a presente Convenção.

5. Se um Estado Parte que submete a extradição à existência de um tratado recebe uma solicitação de extradição de outro Estado Parte com o qual não celebra nenhum tratado de extradição, poderá considerar a presente Convenção como a base jurídica da extradição a respeito dos delitos aos quais se aplicam o presente Artigo.

6. Todo Estado Parte que submeta a extradição à existência de um tratado deverá:

a) No momento de depositar seu instrumento de ratificação, aceitação ou aprovação da presente Convenção ou de adesão à ela, informar ao Secretário Geral das Nações Unidas se considerará ou não a presente Convenção como a base jurídica da cooperação em matéria de extradição em suas relações com os outros Estados Partes da presente Convenção; e

b) Se não considera a presente Convenção como a base jurídica da cooperação em matéria de extradição, procurar, quando proceder, celebrar tratados de extradição com outros Estados Partes da presente Convenção a fim de aplicar o presente Artigo.

7. Os Estados Partes que não submetem a extradição à existência de um tratado reconhecerão os delitos aos quais se aplica o presente Artigo como causa de extradição entre eles.

8. A extradição estará sujeita às condições previstas na legislação interna do Estado Parte requerido ou nos tratados de extradição aplicáveis, incluídas, entre outras coisas, as relativas ao requisito de uma pena mínima para a extradição e aos motivos que o Estado Parte requerido pode incorrer na extradição.

9. Os Estados Partes, em conformidade com sua legislação interna, procurarão agilizar os procedimentos de extradição e simplificar os requisitos probatórios correspondentes com relação a qualquer dos delitos aos quais se aplicam o presente Artigo.

10. A respeito do disposto em sua legislação interna e em seus tratados de extradição, o Estado Parte requerido poderá, após haver-se certificado de que as circunstâncias o justificam e têm caráter urgente, e à solicitação do Estado Parte requerente, proceder à detenção da pessoa presente em seu território cuja extradição se peça ou adotar outras medidas adequadas para garantir o comparecimento dessa pessoa nos procedimentos de extradição.

11. O Estado Parte em cujo território se encontre um presumido criminoso, se não o extradita quando de um delito aos qual se aplica o presente Artigo pelo fato de ser um de seus cidadãos, estará obrigado, quando solicitado pelo Estado Parte que pede a extradição, a submeter o caso sem demora injustificada a suas autoridades competentes para efeitos de indiciamento. As mencionadas autoridades adotarão sua decisão e levarão a cabo suas ações judiciais da mesma maneira em que o fariam feito com relação a qualquer outro delito de caráter grave de acordo com a legislação interna desse Estado Parte. Os Estados Partes interessados cooperarão entre si, em particular no tocante aos aspectos processuais e probatórios, com vistas a garantir a eficiência das mencionadas ações.

12. Quando a legislação interna de um Estado Parte só permite extraditar ou entregar de algum outro modo um de seus cidadãos a condição de que essa pessoa seja devolvida a esse Estado Parte para cumprir a

pena imposta como resultado do juízo do processo por aquele que solicitou a extradição ou a entrega e esse Estado Parte e o Estado Parte que solicita a extradição aceitem essa opção, assim como toda outra condição que julguem apropriada, tal extradição ou entrega condicional será suficiente para que seja cumprida a obrigação enunciada no parágrafo 11 do presente Artigo.

13. Se a extradição solicitada com o propósito de que se cumpra uma pena é negada pelo fato de que a pessoa procurada é cidadã do Estado Parte requerido, este, se sua legislação interna autoriza e em conformidade com os requisitos da mencionada legislação, considerará, ante solicitação do Estado Parte requerente, a possibilidade de fazer cumprir a pena imposta ou o resto pendente de tal pena de acordo com a legislação interna do Estado Parte requerente.

14. Em todas as etapas das ações se garantirá um tratamento justo a toda pessoa contra a qual se tenha iniciado uma instrução em relação a qualquer dos delitos aos quais se aplica o presente Artigo, incluindo o gozo de todos os direitos e garantias previstos pela legislação interna do Estado Parte em cujo território se encontre essa pessoa.

15. Nada do disposto na presente Convenção poderá interpretar-se como a imposição de uma obrigação de extraditar se o Estado Parte requerido tem motivos justificados para pressupor que a solicitação foi apresentada com o fim de perseguir ou castigar a uma pessoa em razão de seu sexo, raça, religião, nacionalidade, origem étnica ou opiniões políticas ou que seu cumprimento ocasionaria prejuízos à posição dessa pessoa por quaisquer destas razões.

16. Os Estados Partes não poderão negar uma solicitação de extradição unicamente porque se considere que o delito também envolve questões tributárias.

17. Antes de negar a extradição, o Estado Parte requerido, quando proceder, consultará o Estado parte requerente para dar-lhe ampla oportunidade de apresentar suas opiniões e de proporcionar informação pertinente a sua alegação.

18. Os Estados Partes procurarão celebrar acordos ou tratados bilaterais e multilaterais para levar a cabo a extradição ou com vistas a aumentar sua eficácia.

Artigo 45
Traslado de pessoas condenadas a cumprir uma pena

Os Estados Partes poderão considerar a possibilidade de celebrar acordos ou tratados bilaterais ou multilaterais sobre o traslado a seu território de toda pessoa que tenha sido condenada a pena de prisão ou outra forma de privação de liberdade por algum dos delitos qualificados de acordo com a presente Convenção a fim de que cumpra ali sua pena.

Artigo 46
Assistência judicial recíproca

1. Os Estados Partes prestar-se-ão a mais ampla assistência judicial recíproca relativa a investigações, processos e ações judiciais relacionados com os delitos compreendidos na presente Convenção.

2. Prestar-se-á assistência judicial recíproca no maior grau possível conforme as leis, tratados, acordos e declarações pertinentes do Estado Parte requerido com relação a investigações, processos e ações judiciais relacionados com os delitos dos quais uma pessoa jurídica pode ser considerada responsável em conformidade com o Artigo 26 da presente Convenção no Estado Parte requerente.

3. A assistência judicial recíproca que se preste em conformidade com o presente Artigo poderá ser solicitada para quaisquer dos fins seguintes:

a) Receber testemunhos ou tomar declaração de pessoas;

b) Apresentar documentos judiciais;

c) Efetuar inspeções, incautações e/ou embargos preventivos;

d) Examinar objetos e lugares;

e) Proporcionar informação, elementos de prova e avaliações de peritos;

f) Entregar originais ou cópias certificadas dos documentos e expedientes pertinentes, incluída a documentação pública, bancária e financeira, assim como a documentação social ou comercial de sociedades mercantis;

g) Identificar ou localizar o produto de delito, os bens, os instrumentos e outros elementos para fins probatórios;

h) Facilitar o comparecimento voluntário de pessoas ao Estado Parte requerente;

i) Prestar qualquer outro tipo de assistência autorizada pela legislação interna do Estado Parte requerido;

j) Identificar, embargar com caráter preventivo e localizar o produto de delito, em conformidade com as disposições do Capítulo V da presente Convenção;

l) Recuperar ativos em conformidade com as disposições do Capítulo V da presente Convenção.

4. Sem menosprezo à legislação interna, as autoridades competentes de um Estado Parte poderão, sem que se lhes solicite previamente, transmitir informação

relativa a questões penais a uma autoridade competente de outro Estado Parte se creem que essa informação poderia ajudar a autoridade a empreender ou concluir com êxito indagações e processos penais ou poderia dar lugar a uma petição formulada por este último Estado Parte de acordo com a presente Convenção.

5. A transmissão de informação de acordo com o parágrafo 4 do presente Artigo se fará sem prejuízo às indagações e processos penais que tenham lugar no Estado das autoridades competentes que facilitaram a informação. As autoridades competentes que recebem a informação deverão aquiescer a toda solicitação de que se respeite seu caráter confidencial, inclusive temporariamente, ou de que se imponham restrições a sua utilização. Sem embargo, ele não obstará para que o Estado Parte receptor revele, em suas ações, informação que seja fator de absolvição de uma pessoa acusada. Em tal caso, o Estado Parte receptor notificará o Estado Parte transmissor antes de revelar a mencionada informação e, se assim for solicitado, consultará o Estado Parte transmissor. Se, em um caso excepcional, não for possível notificar com antecipação, o Estado Parte receptor informará sem demora ao Estado Parte transmissor sobre a mencionada revelação.

6. O disposto no presente Artigo não afetará as obrigações inerentes de outros tratados bilaterais ou multilaterais vigentes ou futuros que rejam, total ou parcialmente, a assistência judicial recíproca.

7. Os parágrafos 9 a 29 do presente Artigo se aplicarão às solicitações que se formulem de acordo com o presente Artigo sempre que não se estabeleça entre os Estados Partes interessados um tratado de assistência judicial recíproca. Quando estes Estados Partes estiverem vinculados por um tratado dessa índole se aplicarão as disposições correspondentes do tal tratado, salvo quando aos Estados Partes convenha aplicar, em seu lugar, os parágrafos 9 a 29 do presente Artigo. Insta-se encarecidamente aos Estados Partes que apliquem esses parágrafos se a cooperação for facilitada.

8. Os Estados Partes não invocarão o sigilo bancário para negar a assistência judicial recíproca de acordo com o presente Artigo.

9. a) Ao atender a uma solicitação de assistência de acordo com o presente Artigo, na ausência de dupla incriminação, o Estado Parte requerido terá em conta a finalidade da presente Convenção, enunciada no Artigo 1;

b) Os Estados Partes poderão negar-se a prestar assistência de acordo com o presente Artigo invocando a ausência de dupla incriminação. Não obstante, o Estado Parte requerido, quando esteja em conformidade com os conceitos básicos de seu ordenamento jurídico, prestará assistência que não envolva medidas coercitivas. Essa assistência poderá ser negada quando a solicitação envolva assuntos de minimis ou questões relativas às quais a cooperação ou a assistência solicitada estiver prevista em virtude de outras disposições da presente Convenção;

c) Na ausência da dupla incriminação, cada Estado Parte poderá considerar a possibilidade de adotar as medidas necessárias que lhe permitam prestar uma assistência mais ampla de acordo com o presente Artigo.

10. A pessoa que se encontre detida ou cumprindo uma pena no território de um Estado Parte e cuja presença se solicite por outro Estado Parte para fins de identificação, para prestar testemunho ou para que ajude de alguma outra forma na obtenção das provas necessárias para investigações, processos ou ações judiciais relativos aos delitos compreendidos na presente Convenção poderá ser trasladada se cumprirem-se as condições seguintes:

a) A pessoa, devidamente informada, dá seu livre consentimento;

b) As autoridades competentes de ambos os Estados Partes estão de acordo, com sujeição às condições que estes considerem apropriadas.

11. Aos efeitos do parágrafo 10 do presente Artigo:

a) O Estado Parte ao qual se traslade a pessoa terá a competência e a obrigação de mantê-la detida, salvo se o Estado Parte do qual a pessoa fora trasladada solicitar ou autorizar outra coisa;

b) O Estado Parte ao qual se traslade a pessoa cumprirá sem delongas sua obrigação de devolvê-la à custódia do Estado Parte do qual a trasladou, segundo convenham de antemão ou de outro modo as autoridades competentes de ambos os Estados Partes;

c) O Estado Parte ao qual se traslade a pessoa não poderá exigir do Estado Parte do qual a pessoa tenha sido trasladada que inicie procedimentos de extradição para sua devolução;

d) O tempo em que a pessoa tenha permanecido detida no Estado Parte ao qual fora trasladada se computará como parte da pena que se cumpre no Estado Parte do qual fora trasladada.

12. A menos que o Estado Parte remetente da pessoa a ser trasladada de conformidade com os parágrafos 10 e 11 do presente Artigo estiver de acordo, tal pessoa, seja qual for sua nacionalidade, não poderá ser processada, detida, condenada nem submetida a nenhuma outra restrição de sua liberdade pessoal no território do Estado ao qual fora trasladada em relação a atos, omissões ou penas anteriores a sua saída do território do Estado remetente.

APÊNDICE C – DECRETO Nº 5.687, DE 31 DE JANEIRO DE 2006. | 319

13. Cada Estado Parte designará uma autoridade central encarregada de receber solicitações de assistência judicial recíproca e permitida a dar-lhes cumprimento ou para transmiti-las às autoridades competentes para sua execução. Quando alguma região ou algum território especial de um Estado Parte disponha de um regimento distinto de assistência judicial recíproca, o Estado Parte poderá designar outra autoridade central que desempenhará a mesma função para tal região ou mencionado território. As autoridades centrais velarão pelo rápido e adequado cumprimento ou transmissão das solicitações recebidas. Quando a autoridade central transmitir a solicitação a uma autoridade competente para sua execução, alentará a rápida e adequada execução da solicitação por parte da mencionada autoridade. Cada Estado Parte notificará o Secretário Geral das Nações Unidas, no momento de depositar seu instrumento de ratificação, aceitação ou aprovação da presente Convenção ou de adesão a ela, o nome da autoridade central que tenha sido designada para tal fim. As solicitações de assistência judicial recíproca e qualquer outra comunicação pertinente serão transmitidas às autoridades centrais designadas pelos Estados Partes. A presente disposição não afetará a legislação de quaisquer dos Estados Partes para exigir que estas solicitações e comunicações lhe sejam enviadas por via diplomática e, em circunstâncias urgentes, quando os Estados Partes convenham a ele, por condução da Organização Internacional de Polícia Criminal, de ser possível.

14. As solicitações se apresentarão por escrito ou, quando possível, por qualquer meio capaz de registrar um texto escrito, em um idioma aceitável pelo Estado Parte requerido. Em condições que permitam ao mencionado Estado Parte determinar sua autenticidade. Cada Estado Parte notificará o Secretário Geral das Nações Unidas, no momento de depositar seu instrumento de ratificação, aceitação ou aprovação da presente Convenção ou de adesão a ela, o(s) idioma(s) que é(são) aceitável(veis). Em situações de urgência, e quando os Estados Partes convenham a ele, as solicitações poderão fazer-se oralmente, devendo ser confirmadas por escrito sem delongas.

15. Toda solicitação de assistência judicial recíproca conterá o seguinte:

a) A identidade da autoridade que faz a solicitação;

b) O objeto e a índole das investigações, dos processos e das ações judiciais a que se refere a solicitação e o nome e as funções da autoridade encarregada de efetuar tais investigações, processos ou ações;

c) Um resumo dos feitos pertinentes, salvo quando se trate de solicitações de apresentação de documentos judiciais;

d) Uma descrição da assistência solicitada e pormenores sobre qualquer procedimento particular que o Estado Parte requerente deseja que se aplique;

e) Se possível, a identidade, situação e nacionalidade de cada pessoa interessada; e

f) A finalidade pela qual se solicita a prova, informação ou atuação.

16. O Estado Parte requerido poderá pedir informação adicional quando seja necessária para dar cumprimento à solicitação em conformidade com sua legislação interna ou para facilitar tal cumprimento.

17. Dar-se-á cumprimento a toda solicitação de acordo com o ordenamento jurídico interno do Estado Parte requerido e, na medida em que ele não o contravenha e seja factível, em conformidade com os procedimentos especificados na solicitação.

18. Sempre quando for possível e compatível com os princípios fundamentais da legislação interna, quando uma pessoa se encontre no território de um Estado Parte e tenha que prestar declaração como testemunha ou perito ante autoridades judiciais de outro Estado Parte, o primeiro Estado Parte, ante solicitação do outro, poderá permitir que a audiência se celebre por videoconferência se não for possível ou conveniente que a pessoa em questão compareça pessoalmente ao território do Estado Parte requerente. Os Estados Partes poderão combinar que a audiência fique a cargo de uma autoridade judicial do Estado Parte requerente e que seja assistida por uma autoridade judicial do Estado Parte requerido.

19. O Estado Parte requerente não transmitirá nem utilizará, sem prévio consentimento do Estado Parte requerido, a informação ou as provas proporcionadas por este para investigações, processos ou ações judiciais distintas daquelas indicadas na solicitação. Nada do disposto no presente parágrafo impedirá que o Estado Parte requerente revele, em suas ações, informação ou provas que sejam fatores de absolvição de uma pessoa acusada. Neste último caso, o Estado Parte requerente notificará o Estado Parte requerido antes de revelar a informação ou as provas e, se assim solicitado, consultará o Estado Parte requerido. Se, em um caso excepcional, não for possível notificar este com antecipação, o Estado Parte requerente informará sem demora o Estado Parte requerido da mencionada revelação.

20. O Estado Parte requerente poderá exigir que o Estado Parte requerido mantenha sigilo acerca da existência e do conteúdo da solicitação, salvo na medida necessária para dar-lhe cumprimento. Se o Estado Parte requerido não pode manter esse sigilo, terá de fazer o Estado parte requerente sabê-lo de imediato.

21. A assistência judicial recíproca poderá ser negada:

a) Quando a solicitação não esteja em conformidade com o disposto no presente Artigo;

b) Quando o Estado Parte requerido considere que o cumprimento da solicitação poderia agredir sua soberania, sua segurança, sua ordem pública ou outros interesses fundamentais;

c) Quando a legislação interna do Estado Parte requerido proíba suas autoridades de atuarem na forma solicitada relativa a um delito análogo, se este tiver sido objeto de investigações, processos ou ações judiciais no exercício de sua própria competência;

d) Quando aquiescer à solicitação seja contrário ao ordenamento jurídico do Estado Parte requerido no tocante à assistência judicial recíproca.

22. Os Estados Parte não poderão negar uma solicitação de assistência judicial recíproca unicamente por considerarem que o delito também envolve questões tributárias.

23. Toda negação de assistência judicial recíproca deverá fundamentar-se devidamente.

24. O Estado Parte requerido cumprirá a solicitação de assistência judicial recíproca o quanto antes e terá plenamente em conta, na medida de suas possibilidades, os prazos que sugira o Estado Parte requerente e que estejam devidamente fundamentados, de preferência na própria solicitação. O Estado Parte requerente poderá pedir informação razoável sobre o estado e a evolução das gestões realizadas pelo Estado Parte requerido para satisfazer tal petição. O Estado Parte requerido responderá às solicitações razoáveis que formule o Estado Parte requerente relativas ao estado e à evolução do trâmite da resolução. O Estado Parte requerente informará de pronto ao Estado Parte requerido quando já não mais necessite da assistência requisitada.

25. A assistência judicial recíproca poderá ser modificada pelo Estado Parte requerido se perturba investigações, processos ou ações judiciais em curso.

26. Antes de negar uma solicitação apresentada de acordo com o parágrafo 21 do presente Artigo ou de modificar seu cumprimento de acordo com o parágrafo 25 do presente Artigo, o Estado Parte requerido consultará o Estado Parte requerente para considerar se é possível prestar a assistência solicitada submetendo-a às condições que julgue necessárias. Se o Estado Parte requerente aceita a assistência de acordo com essas condições, esse Estado Parte deverá cumprir as condições impostas.

27. Sem prejuízo à aplicação do parágrafo 12 do presente Artigo, a testemunha, perito ou outra pessoa que, sob requisição do Estado Parte requerente, consente em prestar testemunho em juízo ou colaborar em uma investigação, processo ou ação judicial no território do Estado Parte requerente, não poderá ser indiciado, detido, condenado nem submetido a nenhuma restrição de sua liberdade pessoal nesse território por atos, omissões ou declarações de culpabilidade anteriores ao momento em que abandonou o território do Estado Parte requerido. Esse salvo-conduto cessará quando a testemunha, perito ou outra pessoa tenha tido, durante 15 (quinze) dias consecutivos ou durante o período acordado entre os Estados Partes após a data na qual se tenha informado oficialmente de que as autoridades judiciais já não requeriam sua presença, a oportunidade de sair do país e não obstante permaneceu voluntariamente nesse território ou a ele regressou livremente depois de havê-lo abandonado.

28. Os gastos ordinários que ocasionem o cumprimento da solicitação serão sufragados pelo Estado Parte requerido, a menos que os Estados Partes interessados tenham acordado outro meio. Quando se requeiram para este fim gastos vultosos ou de caráter extraordinário, os Estados Partes se consultarão para determinar as condições nas quais se dará cumprimento à solicitação, assim como a maneira em que se sufragarão os gastos.

29. O Estado Parte requerido:

a) Facilitará ao Estado Parte requerente uma cópia dos documentos oficiais e outros documentos ou papéis que tenha sob sua custódia e que, conforme sua legislação interna, sejam de acesso do público em geral;

b) Poderá, a seu arbítrio e com sujeição às condições que julgue apropriadas, proporcionar ao Estado Parte requerente uma cópia total ou parcial de documentos oficiais ou de outros documentos ou papéis que tenha sob sua custódia e que, conforme sua legislação interna, não sejam de acesso do público em geral.

30. Quando se fizer necessário, os Estados Partes considerarão a possibilidade de celebrar acordos ou tratados bilaterais ou multilaterais que contribuam a lograr os fins do presente Artigo e que levem à prática ou reforcem suas disposições.

Artigo 47
Enfraquecimento de ações penais

Os Estados Partes considerarão a possibilidade de enfraquecer ações penais para o indiciamento por um delito qualificado de acordo com a presente Convenção quando se estime que essa remissão redundará em benefício da devida administração da justiça, em particular nos casos nos quais intervenham várias jurisdições, com vistas a concentrar as atuações do processo.

Artigo 48
Cooperação em matéria de cumprimento da lei

1. Os Estados Partes colaborarão estritamente, em consonância com seus respectivos ordenamentos

APÊNDICE C – DECRETO Nº 5.687, DE 31 DE JANEIRO DE 2006. | 321

jurídicos e administrativos, com vistas a aumentar a eficácia das medidas de cumprimento da lei orientada a combater os delitos compreendidos na presente Convenção. Em particular, os Estados Parte adotarão medidas eficazes para:

a) Melhorar os canais de comunicação entre suas autoridades, organismos e serviços competentes e, quando necessário, estabelecê-los, a fim de facilitar o intercâmbio seguro e rápido de informações sobre todos os aspectos dos delitos compreendidos na presente Convenção, assim como, se os Estados Partes interessados estimarem oportuno, sobre suas vinculações com outras atividades criminosas;

b) Cooperar com outros Estados Partes na realização de indagações a respeito dos delitos compreendidos na presente Convenção acerca de: i) A identidade, o paradeiro e as atividades de pessoas presumidamente envolvidas em tais delitos ou a situação de outras pessoas interessadas; ii) A movimentação do produto do delito ou de bens derivados da prática desses delitos; iii) A movimentação de bens, equipamentos ou outros instrumentos utilizados ou destinados à prática desses delitos.

c) Proporcionar, quando proceder, os elementos ou as quantidades de substâncias que se requeiram para fins de análise e investigação.

d) Intercambiar, quando proceder, informação com outros Estados Partes sobre os meios e métodos concretos empregados para a prática dos delitos compreendidos na presente Convenção, entre eles o uso de identidades falsas, documentos falsificados, alterados ou falsos ou outros meios de encobrir atividades vinculadas a esses delitos;

e) Facilitar uma coordenação eficaz entre seus organismos, autoridades e serviços competentes e promover o intercâmbio de pessoal e outros, incluída a designação de oficiais de enlace com sujeição a acordos ou tratados bilaterais entre os Estados Partes interessados;

f) Intercambiar informação e coordenar as medidas administrativas e de outras índoles adotadas para a pronta detecção dos delitos compreendidos na presente Convenção.

2. Os Estados Partes, com vistas a dar efeito à presente Convenção, considerarão a possibilidade de celebrar acordos ou tratados bilaterais ou multilaterais em matéria de cooperação direta entre seus respectivos organismos encarregados de fazer cumprir a lei e, quando tais acordos ou tratados já existam, melhorá-los. Na falta de tais acordos ou tratados entre os Estados Partes interessados, os Estados Partes poderão considerar que a presente Convenção constitui a base para a cooperação recíproca em matéria de cumprimento da lei no que diz respeitos aos delitos compreendidos

na presente Convenção. Quando proceda, os Estados Partes aproveitarão plenamente os acordos e tratados, incluídas as organizações internacionais ou regionais, a fim de aumentar a cooperação entre seus respectivos organismos encarregados de fazer cumprir a lei.

3. Os Estados Partes se esforçarão por colaborar na medida de suas possibilidades para fazer frente aos delitos compreendidos na presente Convenção que se cometam mediante o recurso de tecnologia moderna.

Artigo 49
Investigações conjuntas

Os Estados Partes considerarão a possibilidade de celebrar acordos ou tratados bilaterais ou multilaterais em virtude dos quais, em relação com questões que são objeto de investigações, processos ou ações penais em um ou mais Estados, as autoridades competentes possam estabelecer órgãos mistos de investigação. Na falta de tais acordos ou tratados, as investigações conjuntas poderão levar-se a cabo mediante acordos acertados caso a caso. Os Estados Partes interessados velarão para que a soberania do Estado Parte em cujo território se efetua a investigação seja plenamente respeitada.

Artigo 50
Técnicas especiais de investigação

1. A fim de combater eficazmente a corrupção, cada Estado Parte, na medida em que lhe permitam os princípios fundamentais de seu ordenamento jurídico interno e conforme às condições prescritas por sua legislação interna, adotará as medidas que sejam necessárias, dentro de suas possibilidades, para prever o adequado recurso, por suas autoridades competentes em seu território, à entrega vigiada e, quando considerar apropriado, a outras técnicas especiais de investigação como a vigilância eletrônica ou de outras índoles e as operações secretas, assim como para permitir a admissibilidade das provas derivadas dessas técnicas em seus tribunais.

2. Para efeitos de investigação dos delitos compreendidos na presente Convenção, se recomenda aos Estados Partes que celebrem, quando proceder, acordos ou tratados bilaterais ou multilaterais apropriados para utilizar essas técnicas especiais de investigação no contexto da cooperação no plano internacional. Esses acordos ou tratados se apoiarão e executarão respeitando plenamente o princípio da igualdade soberana dos Estados e, ao pô-los em prática, cumprir-se-ão estritamente as condições neles contidas.

3. Não existindo os acordos ou tratados mencionados no parágrafo 2 do presente Artigo, toda decisão de recorrer a essas técnicas especiais de investigação no plano internacional se adotará sobre cada caso particular e poderá, quando seja necessário, ter em conta os tratados financeiros e os entendimentos

relativos ao exercício de jurisdição pelos Estados Partes interessados.

4. Toda decisão de recorrer à entrega vigiada no plano internacional poderá, com o consentimento dos Estados Partes interessados, incluir a aplicação de métodos tais como interceptar bens e fundos, autorizá-los a prosseguir intactos ou retirá-los ou substituí-los total ou parcialmente.

Capítulo V
Recuperação de ativos

Artigo 51
Disposição geral

A restituição de ativos de acordo com o presente Capítulo é um princípio fundamental da presente Convenção e os Estados Partes se prestarão à mais ampla cooperação e assistência entre si a esse respeito.

Artigo 52
Prevenção e detecção de transferências
de produto de delito

1. Sem prejuízo ao disposto no Artigo 14 da presente Convenção, cada Estado Parte adotará as medidas que sejam necessárias, em conformidade com sua legislação interna, para exigir das instituições financeiras que funcionam em seu território que verifiquem a identidade dos clientes, adotem medidas razoáveis para determinar a identidade dos beneficiários finais dos fundos depositados em contas vultosas, e intensifiquem seu escrutínio de toda conta solicitada ou mantida no ou pelo nome de pessoas que desempenhem ou tenham desempenhado funções públicas eminentes e de seus familiares e estreitos colaboradores. Esse escrutínio intensificado dar-se-á estruturado razoavelmente de modo que permita descobrir transações suspeitas com objetivo de informar às autoridades competentes e não deverá ser concebido de forma que atrapalhe ou impeça o curso normal do negócio das instituições financeiras com sua legítima clientela.

2. A fim de facilitar a aplicação das medidas previstas no parágrafo 1 do presente Artigo, cada Estado Parte, em conformidade com sua legislação interna e inspirando-se nas iniciativas pertinentes de suas organizações regionais, inter-regionais e multilaterais de luta contra a lavagem de dinheiro, deverá:

a) Estabelecer diretrizes sobre o tipo de pessoas físicas ou jurídicas cujas contas as instituições financeiras que funcionam em seu território deverão submeter a um maior escrutínio, os tipos de contas e transações às quais deverão prestar particular atenção e a maneira apropriada de abrir contas e de levar registros ou expedientes relativos a elas; e

b) Notificar, quando proceder, as instituições financeiras que funcionam em seu território, mediante solicitação de outro Estado Parte ou por iniciativa própria, a identidade de determinadas pessoas físicas ou jurídicas cujas contas essas instituições deverão submeter a um maior escrutínio, além das quais as instituições financeiras possam identificar de outra forma.

3. No contexto da parte "a)" do parágrafo 2 do presente Artigo, cada Estado Parte aplicará medidas para velar para que as instituições financeiras mantenham, durante um prazo conveniente, registros adequados das contas e transações relacionadas com as pessoas mencionadas no parágrafo 1 do presente Artigo, os quais deverão conter, no mínimo, informação relativa à identidade do cliente e, na medida do possível, do beneficiário final.

4. Com o objetivo de prevenir e detectar as transferências do produto dos delitos qualificados de acordo com a presente Convenção, cada Estado Parte aplicará medidas apropriadas e eficazes para impedir, com a ajuda de seus órgãos reguladores e de supervisão, o estabelecimento de bancos que não tenham presença real e que não estejam afiliados a um grupo financeiro sujeito à regulação. Ademais, os Estados Partes poderão considerar a possibilidade de exigir de suas instituições financeiras que se neguem a entabular relações com essas instituições na qualidade de bancos correspondentes, ou a continuar relações existentes, e que se abstenham de estabelecer relações com instituições financeiras estrangeiras que permitam utilizar suas contas a bancos que não tenham presença real e que não estejam afiliados a um grupo financeiro sujeito a regulação.

5. Cada Estado Parte considerará a possibilidade de estabelecer, em conformidade com sua legislação interna, sistemas eficazes de divulgação de informação financeira para os funcionários públicos pertinentes e aplicará sanções adequadas para todo descumprimento do dever a declarar. Cada Estado Parte considerará também a possibilidade de adotar as medidas que sejam necessárias para permitir que suas autoridades competentes compartilhem essa informação com as autoridades competentes de outros Estados Partes, se essa é necessária para investigar, reclamar ou recuperar o produto dos delitos qualificados de acordo com a presente Convenção.

6. Cada Estado Parte considerará a possibilidade de adotar as medidas que sejam necessárias, de acordo com sua legislação interna, para exigir dos funcionários públicos pertinentes que tenham algum direito ou poder de firma ou de outras índoles sobre alguma conta financeira em algum país estrangeiro que declarem sua relação com essa conta às autoridades competentes e que levem ao devido registro da tal conta. Essas medidas deverão incluir sanções adequadas para todo o caso de descumprimento.

Artigo 53
Medidas para a recuperação direta de bens

Cada Estado Parte, em conformidade com sua legislação interna:

a) Adotará as medidas que sejam necessárias a fim de facultar a outros Estados Partes para entabular ante seus tribunais uma ação civil com o objetivo de determinar a titularidade ou propriedade de bens adquiridos mediante a prática de um delito qualificado de acordo com a presente Convenção;

b) Adotará as medidas que sejam necessárias a fim de facultar a seus tribunais para ordenar àqueles que tenham praticado delitos qualificados de acordo com a presente Convenção que indenizem ou ressarçam por danos e prejuízos a outro Estado Parte que tenha sido prejudicado por esses delitos; e

c) Adotará as medidas que sejam necessárias a fim de permitir a seus tribunais ou suas autoridades competentes, quando devam adotar decisões no que diz respeito ao confisco, que reconheça o legítimo direito de propriedade de outro Estado Parte sobre os bens adquiridos mediante a prática de um dos delitos qualificados de acordo com a presente Convenção.

Artigo 54
Mecanismos de recuperação de bens mediante a cooperação internacional para fins de confisco

1. Cada Estado Parte, a fim de prestar assistência judicial recíproca conforme o disposto no Artigo 55 da presente Convenção relativa a bens adquiridos mediante a prática de um dos delitos qualificados de acordo com a presente Convenção ou relacionados a esse delito, em conformidade com sua legislação interna:

a) Adotará as medidas que sejam necessárias para que suas autoridades competentes possam dar efeito a toda ordem de confisco ditada por um tribunal de outro Estado Parte;

b) Adotará as medidas que sejam necessárias para que suas autoridades competentes, quando tenham jurisdição, possam ordenar o confisco desses bens de origem estrangeira em uma sentença relativa a um delito de lavagem de dinheiro ou quaisquer outros delitos sobre os quais possa ter jurisdição, ou mediante outros procedimentos autorizados em sua legislação interna; e

c) Considerará a possibilidade de adotar as medidas que sejam necessárias para permitir o confisco desses bens sem que envolva uma pena, nos casos nos quais o criminoso não possa ser indiciado por motivo de falecimento, fuga ou ausência, ou em outros casos apropriados.

2. Cada Estado Parte, a fim de prestar assistência judicial recíproca solicitada de acordo com o parágrafo 2 do Artigo 55 da presente Convenção, em conformidade com sua legislação interna:

a) Adotará as medidas que sejam necessárias para que suas autoridades competentes possam efetuar o embargo preventivo ou a apreensão de bens em cumprimento a uma ordem de embargo preventivo ou apreensão ditada por um tribunal ou autoridade competente de um Estado Parte requerente que constitua um fundamento razoável para que o Estado Parte requerido considere que existam razões suficientes para adotar essas medidas e que ulteriormente os bens seriam objeto de uma ordem de confisco de acordo com os efeitos da parte "a)" do parágrafo 1 do presente Artigo;

b) Adotará as medidas que sejam necessárias para que suas autoridades competentes possam efetuar o embargo preventivo ou a apreensão de bens em cumprimento de uma solicitação que constitua fundamento razoável para que o Estado Parte requerido considere que existam razões suficientes para adotar essas medidas e que ulteriormente os bens seriam objeto de uma ordem de confisco de acordo com os efeitos da parte "a)" do parágrafo 1 do presente Artigo; e

c) Considerará a possibilidade de adotar outras medidas para que suas autoridades competentes possam preservar os bens para efeitos de confisco, por exemplo sobre a base de uma ordem estrangeira de detenção ou imputação de culpa penal relacionada com a aquisição desses bens.

Artigo 55
Cooperação internacional para fins de confisco

1. Os Estados Partes que recebam uma solicitação de outro Estado Parte que tenha jurisdição para conhecer um dos delitos qualificados de acordo com a presente Convenção com vistas ao confisco do produto de delito, os bens, equipamentos ou outros instrumentos mencionados no parágrafo 1 do Artigo 31 da presente Convenção que se encontrem em seu território deverão, no maior grau que lhe permita seu ordenamento jurídico interno:

a) Enviar a solicitação a suas autoridades competentes para obter uma ordem de confisco ao qual, em caso de concessão, darão cumprimento; ou

b) Apresentar a suas autoridades competentes, a fim de que se dê cumprimento ao solicitado, a ordem de confisco expedida por um tribunal situado no território do Estado Parte requerente em conformidade com o disposto no parágrafo 1 do Artigo 31 e na parte "a)" do parágrafo 1 do Artigo 54 da presente Convenção na medida em que guarde relação com o produto do delito, os bens, os equipamentos ou outros instrumentos mencionados no parágrafo 1 do Artigo 31 que se encontrem no território do Estado Parte requerido.

2. Com base na solicitação apresentada por outro Estado Parte que tenha jurisdição para conhecer um dos delitos qualificados de acordo com a presente Convenção, o Estado Parte requerido adotará as medidas encaminhadas para a identificação, localização e embargo preventivo ou apreensão do produto de delito, os bens, os equipamentos ou outros instrumentos mencionados no parágrafo e do Artigo 31 da presente Convenção com vistas ao seu eventual confisco, que haverá de ordenar o Estado Parte requerente ou, em caso de que envolva uma solicitação apresentada de acordo com o parágrafo 1 do presente Artigo, o Estado Parte requerido.

3. As disposições do Artigo 46 da presente Convenção serão aplicáveis, mutatis mutandis, ao presente Artigo. Ademais da informação indicada no parágrafo 15 do Artigo 46, as solicitações apresentadas em conformidade com o presente Artigo conterão o seguinte:

a) Quando se trate de uma solicitação relativa à parte "a)" do parágrafo 1 do presente Artigo, uma descrição dos bens suscetíveis de confisco, assim como, na medida do possível, a situação e, quando proceder, o valor estimado dos bens e uma exposição dos fatos em que se baseia a solicitação do Estado Parte requerente que sejam suficientemente explícitas para que o Estado Parte requerido possa tramitar a ordem de acordo com sua legislação interna;

b) Quando se trate de uma solicitação relativa à parte "b)" do parágrafo 1 do presente Artigo, uma cópia admissível pela legislação da ordem de confisco expedida pelo Estado Parte requerente na qual se baseia a solicitação, uma exposição dos feitos e da informação que proceder sobre o grau de execução que se solicita dar à ordem, uma declaração na qual se indiquem as medidas adotadas pelo Estado Parte requerente para dar notificação adequada a terceiros de boa-fé e para garantir o devido processo e um certificado de que a ordem de confisco é definitiva;

c) Quando se trate de uma solicitação relativa ao parágrafo 2 do presente Artigo, uma exposição dos feitos nos quais se baseia o Estado Parte requerente e uma descrição das medidas solicitadas, assim como, quando dispor-se dela, uma cópia admissível pela legislação da ordem de confisco na qual se baseia a solicitação.

4. O Estado Parte requerido adotará as decisões ou medidas previstas nos parágrafos 1 e 2 do presente Artigo conforme e com sujeição ao disposto em sua legislação interna e em suas regras de procedimento ou nos acordos ou tratados bilaterais ou multilaterais pelos quais poderia estar vinculado ao Estado Parte requerente.

5. Cada Estado Parte proporcionará ao Secretário Geral das Nações Unidas uma cópia de suas leis e regulamentos destinados a dar aplicação ao presente Artigo e de quaisquer emendas ulteriores que se tenham de tais leis e regulamentos ou uma descrição destas.

6. Se um Estado Parte opta por submeter a adoção das medidas mencionadas nos parágrafos 1 e 2 do presente Artigo à existência de um tratado pertinente, esse Estado Parte considerará a presente Convenção como a base legal necessária e suficiente para cumprir esse requisito.

7. A cooperação prevista no presente Artigo também se poderá negar, ou poder-se-ão levantar as medidas cautelares, se o Estado Parte requerido não receber provas suficientes ou oportunas ou se os bens são de valor escasso.

8. Antes de levantar toda medida cautelar adotada em conformidade com o presente Artigo, o Estado Parte requerido deverá, sempre que possível, dar ao Estado Parte requerente a oportunidade de apresentar suas razões a favor de manter em vigor a medida.

9. As disposições do presente Artigo não se interpretarão em prejuízo dos direitos de terceiros de boa-fé.

Artigo 56
Cooperação especial

Sem prejuízo ao disposto em sua legislação interna, cada Estado Parte procurará adotar as medidas que lhe facultem para remeter a outro Estado Parte que não tenha solicitado, sem prejuízo de suas próprias investigações ou ações judiciais, informação sobre o produto dos delitos qualificados de acordo com a presente Convenção se considerar que a divulgação dessa informação pode ajudar o Estado Parte destinatário a pôr em marcha ou levar a cabo suas investigações ou ações judiciais, ou que a informação assim facilitada poderia dar lugar a que esse Estado Parte apresentará uma solicitação de acordo com o presente Capítulo da presente Convenção.

Artigo 57
Restituição e disposição de ativos

1. Cada Estado Parte disporá dos bens que tenham sido confiscados conforme o disposto nos Artigos 31 ou 55 da presente convenção, incluída a restituição a seus legítimos proprietários anteriores, de acordo com o parágrafo 3 do presente Artigo, em conformidade com as disposições da presente Convenção e com sua legislação interna.

2. Cada Estado Parte adotará, em conformidade com os princípios fundamentais de seu direito interno, as medidas legislativas e de outras índoles que sejam necessárias para permitir que suas autoridades competentes procedam à restituição dos bens confiscados, ao dar curso a uma solicitação apresentada por outro Estado Parte, em conformidade

com a presente Convenção, tendo em conta os direitos de terceiros de boa-fé.

3. Em conformidade com os Artigos 46 e 55 da presente Convenção e com os parágrafos 1 e 2 do presente Artigo, o Estado Parte requerido:

a) Em caso de malversação ou peculato de fundos públicos ou de lavagem de fundos públicos malversados aos quais se faz referência nos Artigos 17 e 23 da presente Convenção, restituirá ao Estado Parte requerente os bens confiscados quando se tenha procedido ao confisco de acordo com o disposto no Artigo 55 da presente Convenção e sobre a base da sentença firme ditada no Estado Parte requerente, requisito ao qual poderá renunciar o Estado Parte requerido;

b) Caso se trate do produto de qualquer outro delito compreendido na presente Convenção, restituirá ao Estado Parte requerente os bens confiscados quando se tenha procedido ao confisco de acordo com o disposto no Artigo 55 da presente Convenção e sobre a base de uma sentença firme ditada no Estado Parte requerente, requisito ao qual poderá renunciar o Estado Parte requerido, e quando o Estado Parte requerente acredite razoavelmente ante o Estado Parte requerido sua propriedade anterior dos bens confiscados ou o Estado Parte requerido reconheça os danos causados ao Estado Parte requerente como base para a restituição dos bens confiscados;

c) Em todos os demais casos, dará consideração prioritária à restituição ao Estado Parte requerente dos bens confiscados, à restituição desses bens a seus proprietários legítimos anteriores ou à indenização das vítimas do delito.

4. Quando proceder, a menos que os Estados Partes decidam diferentemente, o Estado Parte requerido poderá deduzir os gastos razoáveis que tenham sido feitos no curso das investigações ou ações judiciais que tenham possibilitado a restituição ou disposição dos bens confiscados conforme o disposto no presente Artigo.

5. Quando proceder, os Estados Partes poderão também dar consideração especial à possibilidade de celebrar acordos ou tratados mutuamente aceitáveis, baseados em cada caso particular, com vistas à disposição definitiva dos bens confiscados.

Artigo 58
Departamento de inteligência financeira

Os Estados Partes cooperarão entre si a fim de impedir e combater a transferência do produto de quaisquer dos delitos qualificados de acordo com a presente Convenção e promover meios para recuperar o mencionado produto e, para tal fim, considerarão a possibilidade de estabelecer um departamento de inteligência financeira que se encarregará de receber, analisar e dar a conhecer às autoridades competentes toda informação relacionada com as transações financeiras suspeitas.

Artigo 59
Acordos e tratados bilaterais e multilaterais

Os Estados Partes considerarão a possibilidade de celebrar acordos ou tratados bilaterais ou multilaterais com vistas a aumentar a eficácia da cooperação internacional prestada em conformidade com o presente Capítulo da presente Convenção.

Capítulo VI
Assistência técnica e intercâmbio de informações

Artigo 60
Capacitação e assistência técnica

1. Cada Estado Parte, na medida do necessário, formulará, desenvolverá ou aperfeiçoará programas de capacitação especificamente concebidos para o pessoal de seus serviços encarregados de prevenir e combater a corrupção. Esses programas de capacitação poderão versar, entre outras coisas, sobre:

a) Medidas eficazes para prevenir, detectar, investigar, sancionar e combater a corrupção, inclusive o uso de métodos de reunião de provas e investigação;

b) Fomento da capacidade de formulação e planificação de uma política estratégica contra a corrupção;

c) Capacitação das autoridades competentes na preparação de solicitações de assistência judicial recíproca que satisfaçam os requisitos da presente Convenção;

d) Avaliação e fortalecimento das instituições, da gestão da função pública e a gestão das finanças públicas, incluída a contratação pública, assim como do setor privado;

e) Prevenção e luta contra as transferências de produtos de quaisquer dos delitos qualificados de acordo com a presente Convenção e recuperação do mencionado produto;

f) Detecção e embargo preventivo das transferências do produto de quaisquer dos delitos qualificados de acordo com a presente Convenção;

g) Vigilância da movimentação de produto de quaisquer dos delitos qualificados de acordo com a presente Convenção, assim como dos métodos empregados para a transferência, ocultação ou dissimulação de tal produto;

h) Mecanismos e métodos legais e administrativos apropriados e eficientes para facilitar a restituição do produto de quaisquer dos delitos qualificados de acordo com a presente Convenção;

i) Métodos utilizados para proteger as vítimas e as testemunhas que cooperem com as autoridades judiciais; e

j) Capacitação em matéria de regulamentos nacionais e internacionais e em idiomas.

2. Na medida de suas possibilidades, os Estados Partes considerarão a possibilidade de prestar-se a mais ampla assistência técnica, especialmente em favor dos países em desenvolvimento, em seus respectivos planos e programas para combater a corrupção, incluindo apoio material e capacitação nas esferas mencionadas no parágrafo 1 do presente Artigo, assim como a capacitação e assistência e intercâmbio mútuo de experiências e conhecimentos especializados, o que facilitará a cooperação internacional entre os Estados Partes nas esferas da extradição e da assistência judicial recíproca.

3. Os Estados Partes intensificarão, na medida do necessário, os esforços para otimizar as atividades operacionais e de capacitação nas organizações internacionais e regionais e no âmbito de acordos ou tratados bilaterais ou multilaterais pertinentes.

4. Os Estados Partes considerarão, ante solicitação, a possibilidade de ajudarem-se entre si na realização de avaliações, estudos e investigações sobre os tipos, causas, efeitos e custos da corrupção em seus respectivos países com vistas a elaborar, com a participação das autoridades competentes e da sociedade, estratégias e planos de ação contra a corrupção.

5. A fim de facilitar a recuperação de produto de quaisquer dos delitos qualificados de acordo com a presente Convenção, os Estados Partes poderão cooperar facilitando-se os nomes dos peritos que possam ser úteis para lograr esse objetivo.

6. Os Estados Partes considerarão a possibilidade de recorrer à organização de conferências e seminários sub-regionais, regionais e internacionais para promover a cooperação e a assistência técnica, e para fomentar os debates sobre problemas de interesse mútuo, incluídos os problemas e necessidades especiais dos países em desenvolvimento e dos países com economias em transição.

7. Os Estados Partes considerarão a possibilidade de estabelecer mecanismos voluntários com vistas a contribuir financeiramente com os esforços dos países em desenvolvimento e dos países com economias em transição para aplicar a presente Convenção mediante programas e projetos de assistência técnica.

8. Cada Estado Parte considerará a possibilidade de fazer contribuições voluntárias ao Escritório das Nações Unidas contra as Drogas e o Crime com o propósito de impulsionar, através do mencionado Escritório, programas e projetos nos países em desenvolvimento com vistas a aplicar a presente Convenção.

Artigo 61
Recompilação, intercâmbio e análise de informações sobre a corrupção

1. Cada Estado Parte considerará a possibilidade de analisar, em consulta com especialistas, as tendências da corrupção em seu território, assim como as circunstâncias em que se cometem os delitos de corrupção.

2. Os Estados Partes considerarão a possibilidade de desenvolver e compartilhar, entre si e por ação de organizações internacionais e regionais, estatísticas, experiência analítica acerca da corrupção e informações com vistas a estabelecer, na medida do possível, definições, normas e metodologias comuns, assim como informações sobre práticas aceitáveis para prevenir e combater a corrupção.

3. Cada Estado Parte considerará a possibilidade de velar por suas políticas e medidas em vigor encaminhadas a combater a corrupção e de avaliar sua eficácia e eficiência.

Artigo 62
Outras medidas: aplicação da presente Convenção mediante o desenvolvimento econômico e a assistência técnica

1. Os Estados Partes adotarão disposições condizentes com a aplicação aceitável da presente Convenção na medida do possível, mediante a cooperação internacional, tendo em conta os efeitos adversos da corrupção na sociedade em geral e no desenvolvimento sustentável, em particular.

2. Os Estados Partes farão esforços concretos, na medida do possível e na forma coordenada entre si, assim como com organizações internacionais e regionais, para:

a) Intensificar sua cooperação nos diversos planos com os países em desenvolvimento com vistas a fortalecer a capacidade desses países para prevenir e combater a corrupção;

b) Aumentar a assistência financeira e material a fim de apoiar os esforços dos países em desenvolvimento para prevenir e combater a corrupção com eficácia e ajudá-los a aplicar satisfatoriamente a presente Convenção;

c) Prestar assistência técnica aos países em desenvolvimento e aos países com economias em transição para ajudá-los a satisfazer suas necessidades relacionadas com a aplicação da presente Convenção. Para tal fim, os Estados Partes procurarão fazer contribuições voluntárias adequadas e periódicas a uma conta especificamente designada para esses efeitos em um mecanismo de financiamento das Nações Unidas. De acordo com sua legislação interna e com as disposições da presente Convenção, os

APÊNDICE C – DECRETO Nº 5.687, DE 31 DE JANEIRO DE 2006. | 327

Estados Partes poderão também dar consideração especial à possibilidade de ingressar nessa conta uma porcentagem do dinheiro confiscado ou da soma equivalente aos bens ou ao produto de delito confiscados conforme o disposto na presente Convenção;

d) Apoiar e persuadir outros Estados Partes e instituições financeiras, segundo proceder, para que se somem os esforços empregados de acordo com o presente Artigo, em particular proporcionando um maior número de programas de capacitação e equipamentos modernos aos países em desenvolvimento e com a finalidade de ajudá-los a lograr os objetivos da presente Convenção.

3. Na medida do possível, estas medidas não menosprezarão os compromissos existentes em matéria de assistência externa nem outros acordos de cooperação financeira nos âmbitos bilateral, regional ou internacional.

4. Os Estados Partes poderão celebrar acordos ou tratados bilaterais ou multilaterais sobre assistência material e logística, tendo em conta os acordos financeiros necessários para fazer efetiva a cooperação internacional prevista na presente Convenção e para prevenir, detectar e combater a corrupção.

Capítulo VII
Mecanismos de aplicação

Artigo 63
Conferência dos Estados Partes da
presente Convenção

1. Estabelecer-se-á uma Conferência dos estados Parte da presente Convenção a fim de melhorar a capacidade dos Estados Partes e a cooperação entre eles para alcançar os objetivos enunciados na presente Convenção e promover e examinar sua aplicação.

2. O Secretário Geral das Nações Unidas convocará a Conferência dos estados Parte da presente Convenção no mais tardar um ano depois da entrada em vigor da presente Convenção. Posteriormente celebrar-se-ão reuniões periódicas da Conferência dos Estados Partes em conformidade com o disposto nas regras de procedimento aprovadas pela Conferência.

3. A Conferência dos Estados Partes aprovará o regulamento e as normas que rejam a execução das atividades enunciadas no presente Artigo, incluídas as normas relativas à admissão e à participação de observadores e o pagamento dos gastos que ocasione a realização dessas atividades.

4. A Conferência dos Estados Partes realizará atividades, procedimentos e métodos de trabalho com vistas a lograr os objetivos enunciados no parágrafo 1 do presente Artigo, e, em particular:

a) Facilitará as atividades que realizem os Estados Partes de acordo com os Artigos 60 e 62 e com os Capítulos II a V da presente Convenção, inclusive promovendo o incentivo de contribuições voluntárias;

b) Facilitará o intercâmbio de informações entre os Estados Partes sobre as modalidades e tendências da corrupção e sobre práticas eficazes para preveni-la e combatê-la, assim como para a restituição do produto de delito, mediante, entre outras coisas, a publicação das informações pertinentes mencionadas no presente Artigo;

c) Cooperação com organizações e mecanismos internacionais e regionais e organizações não-governamentais pertinentes;

d) Aproveitará adequadamente a informação pertinente elaborada por outros mecanismos internacionais e regionais encarregados de combater e prevenir a corrupção a fim de evitar a duplicação desnecessária de atividades;

e) Examinará periodicamente a aplicação da presente Convenção por seus Estados Partes;

f) Formulará recomendações para melhorar a presente Convenção e sua aplicação;

g) Tomará nota das necessidades de assistência técnica dos Estados Partes com relação à aplicação da presente Convenção e recomendará as medidas que considere necessária a esse respeito.

5. Aos efeitos do parágrafo 4 do presente Artigo, a Conferência dos Estados Partes obterá o conhecimento necessário das medidas adotadas e das dificuldades encontradas pelos Estados Partes na aplicação da presente Convenção por via da informação que eles facilitem e dos demais mecanismos de exame que estabeleça a Conferência dos Estados Partes.

6. Cada Estado Parte proporcionará à Conferência dos Estados Partes informação sobre seus programas, planos e práticas, assim como sobre as medidas legislativas e administrativas adotadas para aplicar a presente Convenção, segundo requeira a Conferência dos Estados Partes. A Conferência dos Estados Partes procurará determinar a maneira mais eficaz de receber e processar as informações, inclusive aquelas recebidas dos Estados Partes e de organizações internacionais competentes. Também poder-se-ão considerar as aprovações recebidas de organizações não-governamentais pertinentes devidamente acreditadas conforme os procedimentos acordados pela Conferência dos Estados Partes.

7. Em cumprimento aos parágrafos 4 a 6 do presente Artigo, a Conferência dos Estados Partes estabelecerá, se considerar necessário, um mecanismo ou órgão apropriado para apoiar a aplicação efetiva da presente Convenção.

Artigo 64
Secretaria

1. O Secretário Geral das Nações Unidas prestará os serviços de secretaria necessários à Conferência dos Estados Partes da presente Convenção.

2. A secretaria:

a) Prestará assistência à Conferência dos Estados Partes na realização das atividades enunciadas no Artigo 63 da presente Convenção e organizará os períodos de seções da Conferência dos Estados Partes e proporcionar-lhes-á os serviços necessários;

b) Prestará assistência aos Estados Partes que a solicitem na subministração de informação da Conferência dos Estados Partes segundo o previsto nos parágrafos 5 e 6 do Artigo 63 da presente Convenção; e

c) Velará pela coordenação necessária com as secretarias de outras organizações internacionais e regionais pertinentes.

Capítulo VIII
Disposições finais

Artigo 65
Aplicação da Convenção

1. Cada Estado Parte adotará, em conformidade com os princípios fundamentais de sua legislação interna, as medidas que sejam necessárias, incluídas medidas legislativas e administrativas, para garantir o cumprimento de suas obrigações de acordo com a presente Convenção.

2. Cada Estado Parte poderá adotar medidas mais estritas ou severas que as previstas na presente Convenção a fim de prevenir e combater a corrupção.

Artigo 66
Solução de controvérsias

1. Os Estados Partes procurarão solucionar toda controvérsia relacionada com a interpretação ou aplicação da presente Convenção mediante a negociação.

2. Toda controvérsia entre dois ou mais Estados Partes acerca da interpretação ou da aplicação da presente Convenção que não possa ser resolvida mediante a negociação dentro de um prazo razoável deverá, por solicitação de um desses Estados Partes, submeter-se à arbitragem. Se, seis meses depois da data de solicitação da arbitragem, esses Estados Partes não se puseram de acordo sobre a organização da arbitragem, quaisquer dos Estados Partes poderá remeter a controvérsia à Corte Internacional de Justiça mediante solicitação conforme o Estatuto da Corte.

3. Cada Estado Parte poderá, no momento da firma, ratificação aceitação ou aprovação da presente Convenção ou de adesão a ela, declarar que não se considera vinculado pelo parágrafo do presente Artigo. Os demais Estados Partes não ficarão vinculados pelo parágrafo 2 do presente Artigo a respeito de todo Estado Parte que tenha feito essa reserva.

4. O Estado Parte que tenha feito uma reserva de conformidade com o parágrafo 3 do presente Artigo poderá em qualquer momento retirar essa reserva notificando o fato ao Secretário Geral das Nações Unidas.

Artigo 67
Firma, ratificação, aceitação, aprovação e adesão

1. A presente Convenção estará aberta à assinatura de todos os Estados de 9 a 11 de dezembro de 2003 em Mérida, México, e depois desse evento na Sede das Nações Unidas em Nova York até o dia 9 de dezembro de 2005.

2. A presente Convenção também estará aberta à firma das organizações regionais de integração econômica que tenham, ao menos, algum de seus Estados Membros como Partes da presente Convenção em conformidade com o disposto no parágrafo 1 do presente Artigo.

3. A presente Convenção estará sujeita a ratificação, aceitação ou aprovação. Os instrumentos de ratificação, aceitação ou aprovação depositar-se-ão em poder do Secretário Geral das Nações Unidas. As organizações regionais de integração econômica poderão depositar seus instrumentos de ratificação, aceitação ou aprovação se pelo menos um de seus Estados Membros houver procedido de igual maneira. Nesse instrumento de ratificação, aceitação ou aprovação, essas organizações declararão o alcance de sua competência com respeito às questões regidas pela presente Convenção. As mencionadas organizações comunicarão também ao depositário qualquer modificação pertinente ao alcance de sua competência.

4. A presente Convenção estará aberta à adesão de todos os Estados ou organizações regionais de integração econômica que contem com pelo menos um Estado Membro que seja Parte da presente Convenção. Os instrumentos de adesão depositar-se-ão em poder do Secretário Geral das Nações Unidas. No momento de sua adesão, as organizações regionais de integração econômica declararão o alcance de sua competência com respeito às questões regidas pela presente Convenção. As mencionadas organizações comunicarão também ao depositário qualquer modificação pertinente ao alcance de sua competência.

Artigo 68
Entrada em vigor

1. A presente Convenção entrará em vigor no nonagésimo dia após a inclusão do trigésimo instrumento

de ratificação, aceitação, aprovação ou adesão. Aos efeitos do presente parágrafo, os instrumentos depositados por uma organização regional de integração econômica não serão considerados adicionais aos depositados por seus Estados Membros.

2. Para cada Estado ou organização regional de integração econômica que ratifique, aceite ou aprove a presente Convenção ou a ela adira depois de haver-se depositado o trigésimo instrumento de ratificação, aceitação, aprovação ou adesão, a presente Convenção entrará em vigor após o trigésimo dia depois que esse Estado ou organização tenha depositado o instrumento pertinente ou no momento de sua entrada em vigor de acordo com o parágrafo 1 do presente Artigo, se esta for posterior.

Artigo 69
Emenda

1. Quando houverem transcorridos 5 (cinco) anos desde a entrada em vigor da presente Convenção, os Estados Partes poderão propor emendas e transmiti-las ao Secretário Geral das Nações Unidas, quem, por continuação, comunicará toda emenda proposta aos Estados Partes e à Conferência dos Estados Partes da presente Convenção para que a examinem e adotem uma decisão a seu respeito. A Conferência dos Estados Partes fará todo o possível para lograr um consenso sobre cada emenda. Se esgotarem-se todas as possibilidades de lograr um consenso e não se tiver chegado a um acordo, a aprovação da emenda exigirá, em última instância, uma maioria de dois terços dos Estados Partes presentes e votante na reunião da Conferência dos Estados Partes.

2. As organizações regionais de integração econômica, em assuntos de sua competência, exercerão seu direito de voto de acordo com o presente Artigo com um número de votos igual ao número de seus Estados Membros que sejam Partes da presente Convenção. As mencionadas organizações não exercerão seu direito de voto se seus Estados Membros exercerem os seus e vice-versa.

3. Toda emenda aprovada em conformidade com o parágrafo 1 do presente Artigo estará sujeita a ratificação, aceitação ou aprovação por parte dos Estados Partes.

4. Toda emenda aprovada em conformidade com o parágrafo 1 do presente Artigo entrará em vigor em relação a um Estado Parte noventa dias depois do momento em que este deposite em poder do Secretário Geral das Nações Unidas um instrumento de ratificação, aceitação ou aprovação dessa emenda.

5. Quando uma emenda entrar em vigor, será vinculante para os Estados Partes que tenham expressado seu consentimento a respeito. Os demais Estados Partes ficarão sujeitos às disposições da presente Convenção, assim como a qualquer outra emenda anterior que tenham ratificado, aceitado ou aprovado.

Artigo 70
Denúncia

1. Os Estados Partes poderão denunciar a presente Convenção mediante notificação escrita ao Secretário Geral das Nações Unidas. A denúncia surtirá efeito um ano depois do momento em que o Secretário Geral tenha recebido a notificação.

2. As organizações regionais de integração econômica deixarão de ser Partes da presente Convenção quando tiverem denunciado todos seus Estados Membros.

Artigo 71
Depositário e idiomas

1. O Secretário Geral das Nações Unidas será o depositário da presente Convenção.

2. O original da presente Convenção, cujos textos em árabe, chinês, espanhol, francês inglês e russo possuem igual autenticidade, depositar-se-á em poder do Secretário Geral das Nações Unidas.

EM FÉ DO QUE, os plenipotenciários infraescritos, devidamente autorizados por seus respectivos Governos, firmaram a presente Convenção.

APÊNDICE D

LEI Nº 12.846, DE 1º DE AGOSTO DE 2013.

Dispõe sobre a responsabilização administrativa e civil de pessoas jurídicas pela prática de atos contra a administração pública, nacional ou estrangeira, e dá outras providências.

A PRESIDENTA DA REPÚBLICA Faço saber que o Congresso Nacional decreta e eu sanciono a seguinte Lei:

CAPÍTULO I
DISPOSIÇÕES GERAIS

Art. 1º Esta Lei dispõe sobre a responsabilização objetiva administrativa e civil de pessoas jurídicas pela prática de atos contra a administração pública, nacional ou estrangeira.

Parágrafo único. Aplica-se o disposto nesta Lei às sociedades empresárias e às sociedades simples, personificadas ou não, independentemente da forma de organização ou modelo societário adotado, bem como a quaisquer fundações, associações de entidades ou pessoas, ou sociedades estrangeiras, que tenham sede, filial ou representação no território brasileiro, constituídas de fato ou de direito, ainda que temporariamente.

Art. 2º As pessoas jurídicas serão responsabilizadas objetivamente, nos âmbitos administrativo e civil, pelos atos lesivos previstos nesta Lei praticados em seu interesse ou benefício, exclusivo ou não.

Art. 3º A responsabilização da pessoa jurídica não exclui a responsabilidade individual de seus dirigentes ou administradores ou de qualquer pessoa natural, autora, coautora ou partícipe do ato ilícito.

§1º A pessoa jurídica será responsabilizada independentemente da responsabilização individual das pessoas naturais referidas no caput.

§2º Os dirigentes ou administradores somente serão responsabilizados por atos ilícitos na medida da sua culpabilidade.

Art. 4º Subsiste a responsabilidade da pessoa jurídica na hipótese de alteração contratual, transformação, incorporação, fusão ou cisão societária.

§1º Nas hipóteses de fusão e incorporação, a responsabilidade da sucessora será restrita à obrigação de pagamento de multa e reparação integral do dano causado, até o limite do patrimônio transferido, não lhe sendo aplicáveis as demais sanções previstas nesta Lei decorrentes de atos e fatos ocorridos antes da data da fusão ou incorporação, exceto no caso de simulação ou evidente intuito de fraude, devidamente comprovados.

§2º As sociedades controladoras, controladas, coligadas ou, no âmbito do respectivo contrato, as consorciadas serão solidariamente responsáveis pela prática dos atos previstos nesta Lei, restringindo-se tal responsabilidade à obrigação de pagamento de multa e reparação integral do dano causado.

CAPÍTULO II
DOS ATOS LESIVOS À ADMINISTRAÇÃO PÚBLICA NACIONAL OU ESTRANGEIRA

Art. 5º Constituem atos lesivos à administração pública, nacional ou estrangeira, para os fins desta Lei, todos aqueles praticados pelas pessoas jurídicas mencionadas no parágrafo único do art. 1º, que atentem contra o patrimônio público nacional ou estrangeiro, contra princípios da administração pública ou contra os compromissos internacionais assumidos pelo Brasil, assim definidos:

I - prometer, oferecer ou dar, direta ou indiretamente, vantagem indevida a agente público, ou a terceira pessoa a ele relacionada;

II - comprovadamente, financiar, custear, patrocinar ou de qualquer modo subvencionar a prática dos atos ilícitos previstos nesta Lei;

III - comprovadamente, utilizar-se de interposta pessoa física ou jurídica para ocultar ou dissimular seus reais interesses ou a identidade dos beneficiários dos atos praticados;

IV - no tocante a licitações e contratos:

a) frustrar ou fraudar, mediante ajuste, combinação ou qualquer outro expediente, o caráter competitivo de procedimento licitatório público;

b) impedir, perturbar ou fraudar a realização de qualquer ato de procedimento licitatório público;

c) afastar ou procurar afastar licitante, por meio de fraude ou oferecimento de vantagem de qualquer tipo;

d) fraudar licitação pública ou contrato dela decorrente;

e) criar, de modo fraudulento ou irregular, pessoa jurídica para participar de licitação pública ou celebrar contrato administrativo;

f) obter vantagem ou benefício indevido, de modo fraudulento, de modificações ou prorrogações de contratos celebrados com a administração pública, sem autorização em lei, no ato convocatório da licitação pública ou nos respectivos instrumentos contratuais; ou

g) manipular ou fraudar o equilíbrio econômico-financeiro dos contratos celebrados com a administração pública;

V - dificultar atividade de investigação ou fiscalização de órgãos, entidades ou agentes públicos, ou intervir em sua atuação, inclusive no âmbito das agências reguladoras e dos órgãos de fiscalização do sistema financeiro nacional.

§1º Considera-se administração pública estrangeira os órgãos e entidades estatais ou representações diplomáticas de país estrangeiro, de qualquer nível ou esfera de governo, bem como as pessoas jurídicas controladas, direta ou indiretamente, pelo poder público de país estrangeiro.

§2º Para os efeitos desta Lei, equiparam-se à administração pública estrangeira as organizações públicas internacionais.

§3º Considera-se agente público estrangeiro, para os fins desta Lei, quem, ainda que transitoriamente ou sem remuneração, exerça cargo, emprego ou função pública em órgãos, entidades estatais ou em representações diplomáticas de país estrangeiro, assim como em pessoas jurídicas controladas, direta ou indiretamente, pelo poder público de país estrangeiro ou em organizações públicas internacionais.

CAPÍTULO III
DA RESPONSABILIZAÇÃO ADMINISTRATIVA

Art. 6º Na esfera administrativa, serão aplicadas às pessoas jurídicas consideradas responsáveis pelos atos lesivos previstos nesta Lei as seguintes sanções:

I - multa, no valor de 0,1% (um décimo por cento) a 20% (vinte por cento) do faturamento bruto do último exercício anterior ao da instauração do processo administrativo, excluídos os tributos, a qual nunca será inferior à vantagem auferida, quando for possível sua estimação; e

II - publicação extraordinária da decisão condenatória.

§1º As sanções serão aplicadas fundamentadamente, isolada ou cumulativamente, de acordo com as peculiaridades do caso concreto e com a gravidade e natureza das infrações.

§2º A aplicação das sanções previstas neste artigo será precedida da manifestação jurídica elaborada pela Advocacia Pública ou pelo órgão de assistência jurídica, ou equivalente, do ente público.

§3º A aplicação das sanções previstas neste artigo não exclui, em qualquer hipótese, a obrigação da reparação integral do dano causado.

§4º Na hipótese do inciso I do caput, caso não seja possível utilizar o critério do valor do faturamento bruto da pessoa jurídica, a multa será de R$6.000,00 (seis mil reais) a R$60.000.000,00 (sessenta milhões de reais).

§5º A publicação extraordinária da decisão condenatória ocorrerá na forma de extrato de sentença, a expensas da pessoa jurídica, em meios de comunicação de grande circulação na área da prática da infração e de atuação da pessoa jurídica ou, na sua falta, em publicação de circulação nacional, bem como por meio de afixação de edital, pelo prazo mínimo de 30 (trinta) dias, no próprio estabelecimento ou no local de exercício da atividade, de modo visível ao público, e no sítio eletrônico na rede mundial de computadores.

§6º (VETADO).

Art. 7º Serão levados em consideração na aplicação das sanções:

I - a gravidade da infração;

II - a vantagem auferida ou pretendida pelo infrator;

III - a consumação ou não da infração;

IV - o grau de lesão ou perigo de lesão;

V - o efeito negativo produzido pela infração;

VI - a situação econômica do infrator;

VII - a cooperação da pessoa jurídica para a apuração das infrações;

VIII - a existência de mecanismos e procedimentos internos de integridade, auditoria e incentivo à

APÊNDICE D – LEI Nº 12.846, DE 1º DE AGOSTO DE 2013. | 333

denúncia de irregularidades e a aplicação efetiva de códigos de ética e de conduta no âmbito da pessoa jurídica;

IX - o valor dos contratos mantidos pela pessoa jurídica com o órgão ou entidade pública lesados; e

X - (VETADO).

Parágrafo único. Os parâmetros de avaliação de mecanismos e procedimentos previstos no inciso VIII do caput serão estabelecidos em regulamento do Poder Executivo federal.

CAPÍTULO IV
DO PROCESSO ADMINISTRATIVO DE RESPONSABILIZAÇÃO

Art. 8º A instauração e o julgamento de processo administrativo para apuração da responsabilidade de pessoa jurídica cabem à autoridade máxima de cada órgão ou entidade dos Poderes Executivo, Legislativo e Judiciário, que agirá de ofício ou mediante provocação, observados o contraditório e a ampla defesa.

§1º A competência para a instauração e o julgamento do processo administrativo de apuração de responsabilidade da pessoa jurídica poderá ser delegada, vedada a subdelegação.

§2º No âmbito do Poder Executivo federal, a Controladoria-Geral da União - CGU terá competência concorrente para instaurar processos administrativos de responsabilização de pessoas jurídicas ou para avocar os processos instaurados com fundamento nesta Lei, para exame de sua regularidade ou para corrigir-lhes o andamento.

Art. 9º Competem à Controladoria-Geral da União - CGU a apuração, o processo e o julgamento dos atos ilícitos previstos nesta Lei, praticados contra a administração pública estrangeira, observado o disposto no Artigo 4 da Convenção sobre o Combate da Corrupção de Funcionários Públicos Estrangeiros em Transações Comerciais Internacionais, promulgada pelo Decreto nº 3.678, de 30 de novembro de 2000.

Art. 10. O processo administrativo para apuração da responsabilidade de pessoa jurídica será conduzido por comissão designada pela autoridade instauradora e composta por 2 (dois) ou mais servidores estáveis.

§1º O ente público, por meio do seu órgão de representação judicial, ou equivalente, a pedido da comissão a que se refere o caput, poderá requerer as medidas judiciais necessárias para a investigação e o processamento das infrações, inclusive de busca e apreensão.

§2º A comissão poderá, cautelarmente, propor à autoridade instauradora que suspenda os efeitos do ato ou processo objeto da investigação.

§3º A comissão deverá concluir o processo no prazo de 180 (cento e oitenta) dias contados da data da publicação do ato que a instituir e, ao final, apresentar relatórios sobre os fatos apurados e eventual responsabilidade da pessoa jurídica, sugerindo de forma motivada as sanções a serem aplicadas.

§4º O prazo previsto no §3º poderá ser prorrogado, mediante ato fundamentado da autoridade instauradora.

Art. 11. No processo administrativo para apuração de responsabilidade, será concedido à pessoa jurídica prazo de 30 (trinta) dias para defesa, contados a partir da intimação.

Art. 12. O processo administrativo, com o relatório da comissão, será remetido à autoridade instauradora, na forma do art. 10, para julgamento.

Art. 13. A instauração de processo administrativo específico de reparação integral do dano não prejudica a aplicação imediata das sanções estabelecidas nesta Lei.

Parágrafo único. Concluído o processo e não havendo pagamento, o crédito apurado será inscrito em dívida ativa da fazenda pública.

Art. 14. A personalidade jurídica poderá ser desconsiderada sempre que utilizada com abuso do direito para facilitar, encobrir ou dissimular a prática dos atos ilícitos previstos nesta Lei ou para provocar confusão patrimonial, sendo estendidos todos os efeitos das sanções aplicadas à pessoa jurídica aos seus administradores e sócios com poderes de administração, observados o contraditório e a ampla defesa.

Art. 15. A comissão designada para apuração da responsabilidade de pessoa jurídica, após a conclusão do procedimento administrativo, dará conhecimento ao Ministério Público de sua existência, para apuração de eventuais delitos.

CAPÍTULO V
DO ACORDO DE LENIÊNCIA

Art. 16. A autoridade máxima de cada órgão ou entidade pública poderá celebrar acordo de leniência com as pessoas jurídicas responsáveis pela prática dos atos previstos nesta Lei que colaborem efetivamente com as investigações e o processo administrativo, sendo que dessa colaboração resulte:

I - a identificação dos demais envolvidos na infração, quando couber; e

II - a obtenção célere de informações e documentos que comprovem o ilícito sob apuração.

§1º O acordo de que trata o caput somente poderá ser celebrado se preenchidos, cumulativamente, os seguintes requisitos:

I - a pessoa jurídica seja a primeira a se manifestar sobre seu interesse em cooperar para a apuração do ato ilícito;

II - a pessoa jurídica cesse completamente seu envolvimento na infração investigada a partir da data de propositura do acordo;

III - a pessoa jurídica admita sua participação no ilícito e coopere plena e permanentemente com as investigações e o processo administrativo, comparecendo, sob suas expensas, sempre que solicitada, a todos os atos processuais, até seu encerramento.

§2º A celebração do acordo de leniência isentará a pessoa jurídica das sanções previstas no inciso II do art. 6º e no inciso IV do art. 19 e reduzirá em até 2/3 (dois terços) o valor da multa aplicável.

§3º O acordo de leniência não exime a pessoa jurídica da obrigação de reparar integralmente o dano causado.

§4º O acordo de leniência estipulará as condições necessárias para assegurar a efetividade da colaboração e o resultado útil do processo.

§5º Os efeitos do acordo de leniência serão estendidos às pessoas jurídicas que integram o mesmo grupo econômico, de fato e de direito, desde que firmem o acordo em conjunto, respeitadas as condições nele estabelecidas.

§6º A proposta de acordo de leniência somente se tornará pública após a efetivação do respectivo acordo, salvo no interesse das investigações e do processo administrativo.

§7º Não importará em reconhecimento da prática do ato ilícito investigado a proposta de acordo de leniência rejeitada.

§8º Em caso de descumprimento do acordo de leniência, a pessoa jurídica ficará impedida de celebrar novo acordo pelo prazo de 3 (três) anos contados do conhecimento pela administração pública do referido descumprimento.

§9º A celebração do acordo de leniência interrompe o prazo prescricional dos atos ilícitos previstos nesta Lei.

§10. A Controladoria-Geral da União - CGU é o órgão competente para celebrar os acordos de leniência no âmbito do Poder Executivo federal, bem como no caso de atos lesivos praticados contra a administração pública estrangeira.

Art. 17. A administração pública poderá também celebrar acordo de leniência com a pessoa jurídica responsável pela prática de ilícitos previstos na Lei

nº 8.666, de 21 de junho de 1993, com vistas à isenção ou atenuação das sanções administrativas estabelecidas em seus arts. 86 a 88.

CAPÍTULO VI
DA RESPONSABILIZAÇÃO JUDICIAL

Art. 18. Na esfera administrativa, a responsabilidade da pessoa jurídica não afasta a possibilidade de sua responsabilização na esfera judicial.

Art. 19. Em razão da prática de atos previstos no art. 5º desta Lei, a União, os Estados, o Distrito Federal e os Municípios, por meio das respectivas Advocacias Públicas ou órgãos de representação judicial, ou equivalentes, e o Ministério Público, poderão ajuizar ação com vistas à aplicação das seguintes sanções às pessoas jurídicas infratoras:

I - perdimento dos bens, direitos ou valores que representem vantagem ou proveito direta ou indiretamente obtidos da infração, ressalvado o direito do lesado ou de terceiro de boa-fé;

II - suspensão ou interdição parcial de suas atividades;

III - dissolução compulsória da pessoa jurídica;

IV - proibição de receber incentivos, subsídios, subvenções, doações ou empréstimos de órgãos ou entidades públicas e de instituições financeiras públicas ou controladas pelo poder público, pelo prazo mínimo de 1 (um) e máximo de 5 (cinco) anos.

§1º A dissolução compulsória da pessoa jurídica será determinada quando comprovado:

I - ter sido a personalidade jurídica utilizada de forma habitual para facilitar ou promover a prática de atos ilícitos; ou

II - ter sido constituída para ocultar ou dissimular interesses ilícitos ou a identidade dos beneficiários dos atos praticados.

§2º (VETADO).

§3º As sanções poderão ser aplicadas de forma isolada ou cumulativa.

§4º O Ministério Público ou a Advocacia Pública ou órgão de representação judicial, ou equivalente, do ente público poderá requerer a indisponibilidade de bens, direitos ou valores necessários à garantia do pagamento da multa ou da reparação integral do dano causado, conforme previsto no art. 7º, ressalvado o direito do terceiro de boa-fé.

Art. 20. Nas ações ajuizadas pelo Ministério Público, poderão ser aplicadas as sanções previstas no art.

6º, sem prejuízo daquelas previstas neste Capítulo, desde que constatada a omissão das autoridades competentes para promover a responsabilização administrativa.

Art. 21. Nas ações de responsabilização judicial, será adotado o rito previsto na Lei nº 7.347, de 24 de julho de 1985.

Parágrafo único. A condenação torna certa a obrigação de reparar, integralmente, o dano causado pelo ilícito, cujo valor será apurado em posterior liquidação, se não constar expressamente da sentença.

CAPÍTULO VII
DISPOSIÇÕES FINAIS

Art. 22. Fica criado no âmbito do Poder Executivo federal o Cadastro Nacional de Empresas Punidas – CNEP, que reunirá e dará publicidade às sanções aplicadas pelos órgãos ou entidades dos Poderes Executivo, Legislativo e Judiciário de todas as esferas de governo com base nesta Lei.

§1º Os órgãos e entidades referidos no caput deverão informar e manter atualizados, no Cnep, os dados relativos às sanções por eles aplicadas.

§2º O Cnep conterá, entre outras, as seguintes informações acerca das sanções aplicadas:

I - razão social e número de inscrição da pessoa jurídica ou entidade no Cadastro Nacional da Pessoa Jurídica – CNPJ;

II - tipo de sanção; e

III - data de aplicação e data final da vigência do efeito limitador ou impeditivo da sanção, quando for o caso.

§3º As autoridades competentes, para celebrarem acordos de leniência previstos nesta Lei, também deverão prestar e manter atualizadas no Cnep, após a efetivação do respectivo acordo, as informações acerca do acordo de leniência celebrado, salvo se esse procedimento vier a causar prejuízo às investigações e ao processo administrativo.

§4º Caso a pessoa jurídica não cumpra os termos do acordo de leniência, além das informações previstas no §3º, deverá ser incluída no Cnep referência ao respectivo descumprimento.

§5º Os registros das sanções e acordos de leniência serão excluídos depois de decorrido o prazo previamente estabelecido no ato sancionador ou do cumprimento integral do acordo de leniência e da reparação do eventual dano causado, mediante solicitação do órgão ou entidade sancionadora.

Art. 23. Os órgãos ou entidades dos Poderes Executivo, Legislativo e Judiciário de todas as esferas de governo deverão informar e manter atualizados, para fins de publicidade, no Cadastro Nacional de Empresas Inidôneas e Suspensas – CEIS, de caráter público, instituído no âmbito do Poder Executivo federal, os dados relativos às sanções por eles aplicadas, nos termos do disposto nos arts. 87 e 88 da Lei nº 8.666, de 21 de junho de 1993.

Art. 24. A multa e o perdimento de bens, direitos ou valores aplicados com fundamento nesta Lei serão destinados preferencialmente aos órgãos ou entidades públicas lesadas.

Art. 25. Prescrevem em 5 (cinco) anos as infrações previstas nesta Lei, contados da data da ciência da infração ou, no caso de infração permanente ou continuada, do dia em que tiver cessado.

Parágrafo único. Na esfera administrativa ou judicial, a prescrição será interrompida com a instauração de processo que tenha por objeto a apuração da infração.

Art. 26. A pessoa jurídica será representada no processo administrativo na forma do seu estatuto ou contrato social.

§1º As sociedades sem personalidade jurídica serão representadas pela pessoa a quem couber a administração de seus bens.

§2º A pessoa jurídica estrangeira será representada pelo gerente, representante ou administrador de sua filial, agência ou sucursal aberta ou instalada no Brasil.

Art. 27. A autoridade competente que, tendo conhecimento das infrações previstas nesta Lei, não adotar providências para a apuração dos fatos será responsabilizada penal, civil e administrativamente nos termos da legislação específica aplicável.

Art. 28. Esta Lei aplica-se aos atos lesivos praticados por pessoa jurídica brasileira contra a administração pública estrangeira, ainda que cometidos no exterior.

Art. 29. O disposto nesta Lei não exclui as competências do Conselho Administrativo de Defesa Econômica, do Ministério da Justiça e do Ministério da Fazenda para processar e julgar fato que constitua infração à ordem econômica.

Art. 30. A aplicação das sanções previstas nesta Lei não afeta os processos de responsabilização e aplicação de penalidades decorrentes de:

I - ato de improbidade administrativa nos termos da Lei nº 8.429, de 2 de junho de 1992; e

II - atos ilícitos alcançados pela Lei nº 8.666, de 21 de junho de 1993, ou outras normas de licitações e contratos da administração pública, inclusive no tocante ao Regime Diferenciado de Contratações Públicas – RDC instituído pela Lei nº 12.462, de 4 de agosto de 2011.

Art. 31. Esta Lei entra em vigor 180 (cento e oitenta) dias após a data de sua publicação.

Brasília, 1º de agosto de 2013; 192º da Independência e 125º da República.

DILMA ROUSSEFF

José Eduardo Cardozo

Luís Inácio Lucena Adams

Jorge Hage Sobrinho

APÊNDICE E

DECRETO Nº 8.420, DE 18 DE MARÇO DE 2015.

Regulamenta a Lei nº 12.846, de 1º de agosto de 2013, que dispõe sobre a responsabilização administrativa de pessoas jurídicas pela prática de atos contra a administração pública, nacional ou estrangeira e dá outras providências.

A PRESIDENTA DA REPÚBLICA, no uso da atribuição que lhe confere o art. 84, caput, inciso IV, da Constituição, e tendo em vista o disposto na Lei nº 12.846, de 1º de agosto de 2013,

DECRETA:

Art. 1º Este Decreto regulamenta a responsabilização objetiva administrativa de pessoas jurídicas pela prática de atos contra a administração pública, nacional ou estrangeira, de que trata a Lei nº 12.846, de 1º de agosto de 2013.

CAPÍTULO I
DA RESPONSABILIZAÇÃO ADMINISTRATIVA

Art. 2º A apuração da responsabilidade administrativa de pessoa jurídica que possa resultar na aplicação das sanções previstas no art. 6º da Lei nº 12.846, de 2013, será efetuada por meio de Processo Administrativo de Responsabilização - PAR.

Art. 3º A competência para a instauração e para o julgamento do PAR é da autoridade máxima da entidade em face da qual foi praticado o ato lesivo, ou, em caso de órgão da administração direta, do seu Ministro de Estado.

Parágrafo único. A competência de que trata o caput será exercida de ofício ou mediante provocação e poderá ser delegada, sendo vedada a subdelegação.

Art. 4º A autoridade competente para instauração do PAR, ao tomar ciência da possível ocorrência de ato lesivo à administração pública federal, em sede de juízo de admissibilidade e mediante despacho fundamentado, decidirá:

I - pela abertura de investigação preliminar;

II - pela instauração de PAR; ou

III - pelo arquivamento da matéria.

§1º A investigação de que trata o inciso I do caput terá caráter sigiloso e não punitivo e será destinada à apuração de indícios de autoria e materialidade de atos lesivos à administração pública federal.

§2º A investigação preliminar será conduzida por comissão composta por dois ou mais servidores efetivos.

§3º Em entidades da administração pública federal cujos quadros funcionais não sejam formados por servidores estatutários, a comissão a que se refere o §2º será composta por dois ou mais empregados públicos.

§4º O prazo para conclusão da investigação preliminar não excederá sessenta dias e poderá ser prorrogado por igual período, mediante solicitação justificada do presidente da comissão à autoridade instauradora.

§5º Ao final da investigação preliminar, serão enviadas à autoridade competente as peças de informação obtidas, acompanhadas de relatório conclusivo acerca da existência de indícios de autoria e materialidade de atos lesivos à administração pública federal, para decisão sobre a instauração do PAR.

Art. 5º No ato de instauração do PAR, a autoridade designará comissão, composta por dois ou mais servidores estáveis, que avaliará fatos e circunstâncias conhecidos e intimará a pessoa jurídica para, no prazo de trinta dias, apresentar defesa escrita e especificar eventuais provas que pretende produzir.

§1º Em entidades da administração pública federal cujos quadros funcionais não sejam formados por servidores estatutários, a comissão a que se refere o caput será composta por dois ou mais empregados públicos, preferencialmente com no mínimo três anos de tempo de serviço na entidade.

§2º Na hipótese de deferimento de pedido de produção de novas provas ou de juntada de provas julgadas indispensáveis pela comissão, a pessoa jurídica poderá apresentar alegações finais no prazo de dez dias, contado da data do deferimento ou da intimação de juntada das provas pela comissão.

§3º Serão recusadas, mediante decisão fundamentada, provas propostas pela pessoa jurídica que sejam ilícitas, impertinentes, desnecessárias, protelatórias ou intempestivas.

§4º Caso a pessoa jurídica apresente em sua defesa informações e documentos referentes à existência e ao funcionamento de programa de integridade, a comissão processante deverá examiná-lo segundo os parâmetros indicados no Capítulo IV, para a dosimetria das sanções a serem aplicadas.

Art. 6º A comissão a que se refere o art. 5º exercerá suas atividades com independência e imparcialidade, assegurado o sigilo, sempre que necessário à elucidação do fato e à preservação da imagem dos envolvidos, ou quando exigido pelo interesse da administração pública, garantido o direito à ampla defesa e ao contraditório.

Art. 7º As intimações serão feitas por meio eletrônico, via postal ou por qualquer outro meio que assegure a certeza de ciência da pessoa jurídica acusada, cujo prazo para apresentação de defesa será contado a partir da data da cientificação oficial, observado o disposto no Capítulo XVI da Lei nº 9.784, de 29 de janeiro de 1999.

§1º Caso não tenha êxito a intimação de que trata o caput, será feita nova intimação por meio de edital publicado na imprensa oficial, em jornal de grande circulação no Estado da federação em que a pessoa jurídica tenha sede, e no sítio eletrônico do órgão ou entidade pública responsável pela apuração do PAR, contando-se o prazo para apresentação da defesa a partir da última data de publicação do edital.

§2º Em se tratando de pessoa jurídica que não possua sede, filial ou representação no País e sendo desconhecida sua representação no exterior, frustrada a intimação nos termos do caput, será feita nova intimação por meio de edital publicado na imprensa oficial e no sítio eletrônico do órgão ou entidade público responsável pela apuração do PAR, contando-se o prazo para apresentação da defesa a partir da última data de publicação do edital.

Art. 8º A pessoa jurídica poderá acompanhar o PAR por meio de seus representantes legais ou procuradores, sendo-lhes assegurado amplo acesso aos autos.

Parágrafo único. É vedada a retirada dos autos da repartição pública, sendo autorizada a obtenção de cópias mediante requerimento.

Art. 9º O prazo para a conclusão do PAR não excederá cento e oitenta dias, admitida prorrogação por meio de solicitação do presidente da comissão à autoridade instauradora, que decidirá de forma fundamentada.

§1º O prazo previsto no caput será contado da data de publicação do ato de instauração do PAR.

§2º A comissão, para o devido e regular exercício de suas funções, poderá:

I - propor à autoridade instauradora a suspensão cautelar dos efeitos do ato ou do processo objeto da investigação;

II - solicitar a atuação de especialistas com notório conhecimento, de órgãos e entidades públicos ou de outras organizações, para auxiliar na análise da matéria sob exame; e

III - solicitar ao órgão de representação judicial ou equivalente dos órgãos ou entidades lesados que requeira as medidas necessárias para a investigação e o processamento das infrações, inclusive de busca e apreensão, no País ou no exterior.

§3º Concluídos os trabalhos de apuração e análise, a comissão elaborará relatório a respeito dos fatos apurados e da eventual responsabilidade administrativa da pessoa jurídica, no qual sugerirá, de forma motivada, as sanções a serem aplicadas, a dosimetria da multa ou o arquivamento do processo.

§4º O relatório final do PAR será encaminhado à autoridade competente para julgamento, o qual será precedido de manifestação jurídica, elaborada pelo órgão de assistência jurídica competente.

§5º Caso seja verificada a ocorrência de eventuais ilícitos a serem apurados em outras instâncias, o relatório da comissão será encaminhado, pela autoridade julgadora:

I - ao Ministério Público;

II - à Advocacia-Geral da União e seus órgãos vinculados, no caso de órgãos da administração pública direta, autarquias e fundações públicas federais; ou

III - ao órgão de representação judicial ou equivalente no caso de órgãos ou entidades da administração pública não abrangidos pelo inciso II.

§6º Na hipótese de decisão contrária ao relatório da comissão, esta deverá ser fundamentada com base nas provas produzidas no PAR.

APÊNDICE E – DECRETO Nº 8.420, DE 18 DE MARÇO DE 2015. | 339

Art. 10. A decisão administrativa proferida pela autoridade julgadora ao final do PAR será publicada no Diário Oficial da União e no sítio eletrônico do órgão ou entidade público responsável pela instauração do PAR.

Art. 11. Da decisão administrativa sancionadora cabe pedido de reconsideração com efeito suspensivo, no prazo de dez dias, contado da data de publicação da decisão.

§1º A pessoa jurídica contra a qual foram impostas sanções no PAR e que não apresentar pedido de reconsideração deverá cumpri-las no prazo de trinta dias, contado do fim do prazo para interposição do pedido de reconsideração.

§2º A autoridade julgadora terá o prazo de trinta dias para decidir sobre a matéria alegada no pedido de reconsideração e publicar nova decisão.

§3º Mantida a decisão administrativa sancionadora, será concedido à pessoa jurídica novo prazo de trinta dias para cumprimento das sanções que lhe foram impostas, contado da data de publicação da nova decisão.

Art. 12. Os atos previstos como infrações administrativas à Lei nº 8.666, de 21 de junho de 1993, ou a outras normas de licitações e contratos da administração pública que também sejam tipificados como atos lesivos na Lei nº 12.846, de 2013, serão apurados e julgados conjuntamente, nos mesmos autos, aplicando-se o rito procedimental previsto neste Capítulo.

§1º Concluída a apuração de que trata o caput e havendo autoridades distintas competentes para julgamento, o processo será encaminhado primeiramente àquela de nível mais elevado, para que julgue no âmbito de sua competência, tendo precedência o julgamento pelo Ministro de Estado competente.

§2º Para fins do disposto no caput, o chefe da unidade responsável no órgão ou entidade pela gestão de licitações e contratos deve comunicar à autoridade prevista no art. 3º sobre eventuais fatos que configurem atos lesivos previstos no art. 5º da Lei nº 12.846, de 2013.

Art. 13. A Controladoria-Geral da União possui, no âmbito do Poder Executivo federal, competência:

I - concorrente para instaurar e julgar PAR; e

II - exclusiva para avocar os processos instaurados para exame de sua regularidade ou para corrigir-lhes o andamento, inclusive promovendo a aplicação da penalidade administrativa cabível.

§1º A Controladoria-Geral da União poderá exercer, a qualquer tempo, a competência prevista no caput, se presentes quaisquer das seguintes circunstâncias:

I - caracterização de omissão da autoridade originariamente competente;

II - inexistência de condições objetivas para sua realização no órgão ou entidade de origem;

III - complexidade, repercussão e relevância da matéria;

IV - valor dos contratos mantidos pela pessoa jurídica com o órgão ou entidade atingida; ou

V - apuração que envolva atos e fatos relacionados a mais de um órgão ou entidade da administração pública federal.

§2º Ficam os órgãos e entidades da administração pública obrigados a encaminhar à Controladoria-Geral da União todos os documentos e informações que lhes forem solicitados, incluídos os autos originais dos processos que eventualmente estejam em curso.

Art. 14. Compete à Controladoria-Geral da União instaurar, apurar e julgar PAR pela prática de atos lesivos à administração pública estrangeira, o qual seguirá, no que couber, o rito procedimental previsto neste Capítulo.

CAPÍTULO II
DAS SANÇÕES ADMINISTRATIVAS E DOS ENCAMINHAMENTOS JUDICIAIS

Seção I
Disposições gerais

Art. 15. As pessoas jurídicas estão sujeitas às seguintes sanções administrativas, nos termos do art. 6º da Lei nº 12.846, de 2013:

I - multa; e

II - publicação extraordinária da decisão administrativa sancionadora.

Art. 16. Caso os atos lesivos apurados envolvam infrações administrativas à Lei nº 8.666, de 1993, ou a outras normas de licitações e contratos da administração pública e tenha ocorrido a apuração conjunta prevista no art. 12, a pessoa jurídica também estará sujeita a sanções administrativas que tenham como efeito restrição ao direito de participar em licitações ou de celebrar contratos com a administração pública, a serem aplicadas no PAR.

Seção II
Da Multa

Art. 17. O cálculo da multa se inicia com a soma dos valores correspondentes aos seguintes percentuais do faturamento bruto da pessoa jurídica do último exercício anterior ao da instauração do PAR, excluídos os tributos:

I - um por cento a dois e meio por cento havendo continuidade dos atos lesivos no tempo;

II - um por cento a dois e meio por cento para tolerância ou ciência de pessoas do corpo diretivo ou gerencial da pessoa jurídica;

III - um por cento a quatro por cento no caso de interrupção no fornecimento de serviço público ou na execução de obra contratada;

IV - um por cento para a situação econômica do infrator com base na apresentação de índice de Solvência Geral – SG e de Liquidez Geral – LG superiores a um e de lucro líquido no último exercício anterior ao da ocorrência do ato lesivo;

V - cinco por cento no caso de reincidência, assim definida a ocorrência de nova infração, idêntica ou não à anterior, tipificada como ato lesivo pelo art. 5º da Lei nº 12.846, de 2013, em menos de cinco anos, contados da publicação do julgamento da infração anterior; e

VI - no caso de os contratos mantidos ou pretendidos com o órgão ou entidade lesado, serão considerados, na data da prática do ato lesivo, os seguintes percentuais:

a) um por cento em contratos acima de R$1.500.000,00 (um milhão e quinhentos mil reais);

b) dois por cento em contratos acima de R$10.000.000,00 (dez milhões de reais);

c) três por cento em contratos acima de R$50.000.000,00 (cinquenta milhões de reais);

d) quatro por cento em contratos acima de R$250.000.000,00 (duzentos e cinquenta milhões de reais); e

e) cinco por cento em contratos acima de R$1.000.000.000,00 (um bilhão de reais).

Art. 18. Do resultado da soma dos fatores do art. 17 serão subtraídos os valores correspondentes aos seguintes percentuais do faturamento bruto da pessoa jurídica do último exercício anterior ao da instauração do PAR, excluídos os tributos:

I - um por cento no caso de não consumação da infração;

II - um e meio por cento no caso de comprovação de ressarcimento pela pessoa jurídica dos danos a que tenha dado causa;

III - um por cento a um e meio por cento para o grau de colaboração da pessoa jurídica com a investigação ou a apuração do ato lesivo, independentemente do acordo de leniência;

IV - dois por cento no caso de comunicação espontânea pela pessoa jurídica antes da instauração do PAR acerca da ocorrência do ato lesivo; e

V - um por cento a quatro por cento para comprovação de a pessoa jurídica possuir e aplicar um programa de integridade, conforme os parâmetros estabelecidos no Capítulo IV.

Art. 19. Na ausência de todos os fatores previstos nos art. 17 e art. 18 ou de resultado das operações de soma e subtração ser igual ou menor a zero, o valor da multa corresponderá, conforme o caso, a:

I - um décimo por cento do faturamento bruto do último exercício anterior ao da instauração do PAR, excluídos os tributos; ou

II - R$6.000,00 (seis mil reais), na hipótese do art. 22.

Art. 20. A existência e quantificação dos fatores previstos nos art. 17 e art. 18, deverá ser apurada no PAR e evidenciada no relatório final da comissão, o qual também conterá a estimativa, sempre que possível, dos valores da vantagem auferida e da pretendida.

§1º Em qualquer hipótese, o valor final da multa terá como limite:

I - mínimo, o maior valor entre o da vantagem auferida e o previsto no art. 19; e

II - máximo, o menor valor entre:

a) vinte por cento do faturamento bruto do último exercício anterior ao da instauração do PAR, excluídos os tributos; ou

b) três vezes o valor da vantagem pretendida ou auferida.

§2º O valor da vantagem auferida ou pretendida equivale aos ganhos obtidos ou pretendidos pela pessoa jurídica que não ocorreriam sem a prática do ato lesivo, somado, quando for o caso, ao valor correspondente a qualquer vantagem indevida prometida ou dada a agente público ou a terceiros a ele relacionados.

§3º Para fins do cálculo do valor de que trata o §2º, serão deduzidos custos e despesas legítimos comprovadamente executados ou que seriam devidos ou despendidos caso o ato lesivo não tivesse ocorrido.

Art. 21. Ato do Ministro de Estado Chefe da Controladoria-Geral da União fixará metodologia para a apuração do faturamento bruto e dos tributos a serem excluídos para fins de cálculo da multa a que se refere o art. 6º da Lei nº 12.846, de 2013.

APÊNDICE E – DECRETO Nº 8.420, DE 18 DE MARÇO DE 2015. | 341

Parágrafo único. Os valores de que trata o caput poderão ser apurados, entre outras formas, por meio de:

I - compartilhamento de informações tributárias, na forma do inciso II do §1º do art. 198 da Lei nº 5.172, de 25 de outubro de 1966; e

II - registros contábeis produzidos ou publicados pela pessoa jurídica acusada, no país ou no estrangeiro.

Art. 22. Caso não seja possível utilizar o critério do valor do faturamento bruto da pessoa jurídica no ano anterior ao da instauração ao PAR, os percentuais dos fatores indicados nos art. 17 e art. 18 incidirão:

I - sobre o valor do faturamento bruto da pessoa jurídica, excluídos os tributos, no ano em que ocorreu o ato lesivo, no caso de a pessoa jurídica não ter tido faturamento no ano anterior ao da instauração ao PAR;

II - sobre o montante total de recursos recebidos pela pessoa jurídica sem fins lucrativos no ano em que ocorreu o ato lesivo; ou

III - nas demais hipóteses, sobre o faturamento anual estimável da pessoa jurídica, levando em consideração quaisquer informações sobre a sua situação econômica ou o estado de seus negócios, tais como patrimônio, capital social, número de empregados, contratos, dentre outras.

Parágrafo único. Nas hipóteses previstas no caput, o valor da multa será limitado entre R$6.000,00 (seis mil reais) e R$60.000.000,00 (sessenta milhões de reais).

Art. 23. Com a assinatura do acordo de leniência, a multa aplicável será reduzida conforme a fração nele pactuada, observado o limite previsto no §2º do art. 16 da Lei nº 12.846, de 2013.

§1º O valor da multa previsto no caput poderá ser inferior ao limite mínimo previsto no art. 6º da Lei nº 12.846, de 2013.

§2º No caso de a autoridade signatária declarar o descumprimento do acordo de leniência por falta imputável à pessoa jurídica colaboradora, o valor integral encontrado antes da redução de que trata o caput será cobrado na forma da Seção IV, descontando-se as frações da multa eventualmente já pagas.

Seção III
Da Publicação Extraordinária da
Decisão Administrativa Sancionadora

Art. 24. A pessoa jurídica sancionada administrativamente pela prática de atos lesivos contra a administração pública, nos termos da Lei nº 12.846, de 2013, publicará a decisão administrativa sancionadora na forma de extrato de sentença, cumulativamente:

I - em meio de comunicação de grande circulação na área da prática da infração e de atuação da pessoa jurídica ou, na sua falta, em publicação de circulação nacional;

II - em edital afixado no próprio estabelecimento ou no local de exercício da atividade, em localidade que permita a visibilidade pelo público, pelo prazo mínimo de trinta dias; e

III - em seu sítio eletrônico, pelo prazo de trinta dias e em destaque na página principal do referido sítio.

Parágrafo único. A publicação a que se refere o caput será feita a expensas da pessoa jurídica sancionada.

Seção IV
Da Cobrança da Multa Aplicada

Art. 25. A multa aplicada ao final do PAR será integralmente recolhida pela pessoa jurídica sancionada no prazo de trinta dias, observado o disposto nos §§1º e 3º do art. 11.

§1º Feito o recolhimento, a pessoa jurídica sancionada apresentará ao órgão ou entidade que aplicou a sanção documento que ateste o pagamento integral do valor da multa imposta.

§2º Decorrido o prazo previsto no caput sem que a multa tenha sido recolhida ou não tendo ocorrido a comprovação de seu pagamento integral, o órgão ou entidade que a aplicou encaminhará o débito para inscrição em Dívida Ativa da União ou das autarquias e fundações públicas federais.

§3º Caso a entidade que aplicou a multa não possua Dívida Ativa, o valor será cobrado independentemente de prévia inscrição.

Seção V
Dos Encaminhamentos Judiciais

Art. 26. As medidas judiciais, no País ou no exterior, como a cobrança da multa administrativa aplicada no PAR, a promoção da publicação extraordinária, a persecução das sanções referidas nos incisos I a IV do caput do art. 19 da Lei nº 12.846, de 2013, a reparação integral dos danos e prejuízos, além de eventual atuação judicial para a finalidade de instrução ou garantia do processo judicial ou preservação do acordo de leniência, serão solicitadas ao órgão de representação judicial ou equivalente dos órgãos ou entidades lesados.

Art. 27. No âmbito da administração pública federal direta, a atuação judicial será exercida pela Procuradoria-Geral da União, com exceção da cobrança da multa administrativa aplicada no PAR, que será promovida pela Procuradoria-Geral da Fazenda Nacional.

Parágrafo único. No âmbito das autarquias e fundações públicas federais, a atuação judicial será exercida pela Procuradoria-Geral Federal, inclusive no que se refere à cobrança da multa administrativa aplicada no PAR, respeitadas as competências específicas da Procuradoria-Geral do Banco Central.

CAPÍTULO III
DO ACORDO DE LENIÊNCIA

Art. 28. O acordo de leniência será celebrado com as pessoas jurídicas responsáveis pela prática dos atos lesivos previstos na Lei nº 12.846, de 2013, e dos ilícitos administrativos previstos na Lei nº 8.666, de 1993, e em outras normas de licitações e contratos, com vistas à isenção ou à atenuação das respectivas sanções, desde que colaborem efetivamente com as investigações e o processo administrativo, devendo resultar dessa colaboração:

I - a identificação dos demais envolvidos na infração administrativa, quando couber; e

II - a obtenção célere de informações e documentos que comprovem a infração sob apuração.

Art. 29. Compete à Controladoria-Geral da União celebrar acordos de leniência no âmbito do Poder Executivo federal e nos casos de atos lesivos contra a administração pública estrangeira.

Art. 30. A pessoa jurídica que pretenda celebrar acordo de leniência deverá:

I - ser a primeira a manifestar interesse em cooperar para a apuração de ato lesivo específico, quando tal circunstância for relevante;

II - ter cessado completamente seu envolvimento no ato lesivo a partir da data da propositura do acordo;

III - admitir sua participação na infração administrativa

IV - cooperar plena e permanentemente com as investigações e o processo administrativo e comparecer, sob suas expensas e sempre que solicitada, aos atos processuais, até o seu encerramento; e

V - fornecer informações, documentos e elementos que comprovem a infração administrativa.

§1º O acordo de leniência de que trata o caput será proposto pela pessoa jurídica, por seus representantes, na forma de seu estatuto ou contrato social, ou por meio de procurador com poderes específicos para tal ato, observado o disposto no art. 26 da Lei nº 12.846, de 2013.

§2º A proposta do acordo de leniência poderá ser feita até a conclusão do relatório a ser elaborado no PAR.

Art. 31. A proposta de celebração de acordo de leniência poderá ser feita de forma oral ou escrita, oportunidade em que a pessoa jurídica proponente declarará expressamente que foi orientada a respeito de seus direitos, garantias e deveres legais e de que o não atendimento às determinações e solicitações da Controladoria-Geral da União durante a etapa de negociação importará a desistência da proposta.

§1º A proposta apresentada receberá tratamento sigiloso e o acesso ao seu conteúdo será restrito aos servidores especificamente designados pela Controladoria-Geral da União para participar da negociação do acordo de leniência, ressalvada a possibilidade de a proponente autorizar a divulgação ou compartilhamento da existência da proposta ou de seu conteúdo, desde que haja anuência da Controladoria-Geral da União.

§2º Poderá ser firmado memorando de entendimentos entre a pessoa jurídica proponente e a Controladoria-Geral da União para formalizar a proposta e definir os parâmetros do acordo de leniência.

§3º Uma vez proposto o acordo de leniência, a Controladoria-Geral da União poderá requisitar os autos de processos administrativos em curso em outros órgãos ou entidades da administração pública federal relacionados aos fatos objeto do acordo.

Art. 32. A negociação a respeito da proposta do acordo de leniência deverá ser concluída no prazo de cento e oitenta dias, contado da data de apresentação da proposta.

Parágrafo único. A critério da Controladoria-Geral da União, poderá ser prorrogado o prazo estabelecido no caput, caso presentes circunstâncias que o exijam.

Art. 33. Não importará em reconhecimento da prática do ato lesivo investigado a proposta de acordo de leniência rejeitada, da qual não se fará qualquer divulgação, ressalvado o disposto no §1º do art. 31.

Art. 34. A pessoa jurídica proponente poderá desistir da proposta de acordo de leniência a qualquer momento que anteceda a assinatura do referido acordo.

Art. 35. Caso o acordo não venha a ser celebrado, os documentos apresentados durante a negociação serão devolvidos, sem retenção de cópias, à pessoa jurídica proponente e será vedado seu uso para fins de responsabilização, exceto quando a administração pública federal tiver conhecimento deles independentemente da apresentação da proposta do acordo de leniência.

Art. 36. O acordo de leniência estipulará as condições para assegurar a efetividade da colaboração e o resultado útil do processo, do qual constarão cláusulas e obrigações que, diante das circunstâncias do caso concreto, reputem-se necessárias.

APÊNDICE E – DECRETO Nº 8.420, DE 18 DE MARÇO DE 2015. | 343

Art. 37. O acordo de leniência conterá, entre outras disposições, cláusulas que versem sobre:

I - o compromisso de cumprimento dos requisitos previstos nos incisos II a V do caput do art. 30;

II - a perda dos benefícios pactuados, em caso de descumprimento do acordo;

III - a natureza de título executivo extrajudicial do instrumento do acordo, nos termos do inciso II do caput do art. 585 da Lei nº 5.869, de 11 de janeiro de 1973; e

IV - a adoção, aplicação ou aperfeiçoamento de programa de integridade, conforme os parâmetros estabelecidos no Capítulo IV.

Art. 38. A Controladoria-Geral da União poderá conduzir e julgar os processos administrativos que apurem infrações administrativas previstas na Lei nº 12.846, de 2013, na Lei nº 8.666, de 1993, e em outras normas de licitações e contratos, cujos fatos tenham sido noticiados por meio do acordo de leniência.

Art. 39. Até a celebração do acordo de leniência pelo Ministro de Estado Chefe da Controladoria-Geral da União, a identidade da pessoa jurídica signatária do acordo não será divulgada ao público, ressalvado o disposto no §1º do art. 31.

Parágrafo único. A Controladoria-Geral da União manterá restrito o acesso aos documentos e informações comercialmente sensíveis da pessoa jurídica signatária do acordo de leniência.

Art. 40. Uma vez cumprido o acordo de leniência pela pessoa jurídica colaboradora, serão declarados em favor da pessoa jurídica signatária, nos termos previamente firmados no acordo, um ou mais dos seguintes efeitos:

I - isenção da publicação extraordinária da decisão administrativa sancionadora;

II - isenção da proibição de receber incentivos, subsídios, subvenções, doações ou empréstimos de órgãos ou entidades públicos e de instituições financeiras públicas ou controladas pelo Poder Público;

III - redução do valor final da multa aplicável, observado o disposto no art. 23; ou

IV - isenção ou atenuação das sanções administrativas previstas nos art. 86 a art. 88 da Lei nº 8.666, de 1993, ou de outras normas de licitações e contratos.

Parágrafo único. Os efeitos do acordo de leniência serão estendidos às pessoas jurídicas que integrarem o mesmo grupo econômico, de fato e de direito, desde que tenham firmado o acordo em conjunto, respeitadas as condições nele estabelecidas.

CAPITULO IV
DO PROGRAMA DE INTEGRIDADE

Art. 41. Para fins do disposto neste Decreto, programa de integridade consiste, no âmbito de uma pessoa jurídica, no conjunto de mecanismos e procedimentos internos de integridade, auditoria e incentivo à denúncia de irregularidades e na aplicação efetiva de códigos de ética e de conduta, políticas e diretrizes com objetivo de detectar e sanar desvios, fraudes, irregularidades e atos ilícitos praticados contra a administração pública, nacional ou estrangeira.

Parágrafo Único. O programa de integridade deve ser estruturado, aplicado e atualizado de acordo com as características e riscos atuais das atividades de cada pessoa jurídica, a qual por sua vez deve garantir o constante aprimoramento e adaptação do referido programa, visando garantir sua efetividade.

Art. 42. Para fins do disposto no §4º do art. 5º, o programa de integridade será avaliado, quanto a sua existência e aplicação, de acordo com os seguintes parâmetros:

I - comprometimento da alta direção da pessoa jurídica, incluídos os conselhos, evidenciado pelo apoio visível e inequívoco ao programa;

II - padrões de conduta, código de ética, políticas e procedimentos de integridade, aplicáveis a todos os empregados e administradores, independentemente de cargo ou função exercidos;

III - padrões de conduta, código de ética e políticas de integridade estendidas, quando necessário, a terceiros, tais como, fornecedores, prestadores de serviço, agentes intermediários e associados;

IV - treinamentos periódicos sobre o programa de integridade;

V - análise periódica de riscos para realizar adaptações necessárias ao programa de integridade;

VI - registros contábeis que reflitam de forma completa e precisa as transações da pessoa jurídica;

VII - controles internos que assegurem a pronta elaboração e confiabilidade de relatórios e demonstrações financeiros da pessoa jurídica;

VIII - procedimentos específicos para prevenir fraudes e ilícitos no âmbito de processos licitatórios, na execução de contratos administrativos ou em qualquer interação com o setor público, ainda que intermediada por terceiros, tal como pagamento de tributos, sujeição a fiscalizações, ou obtenção de autorizações, licenças, permissões e certidões;

IX - independência, estrutura e autoridade da instância interna responsável pela aplicação do programa de integridade e fiscalização de seu cumprimento;

X - canais de denúncia de irregularidades, abertos e amplamente divulgados a funcionários e terceiros, e de mecanismos destinados à proteção de denunciantes de boa-fé;

XI - medidas disciplinares em caso de violação do programa de integridade;

XII - procedimentos que assegurem a pronta interrupção de irregularidades ou infrações detectadas e a tempestiva remediação dos danos gerados;

XIII - diligências apropriadas para contratação e, conforme o caso, supervisão, de terceiros, tais como, fornecedores, prestadores de serviço, agentes intermediários e associados;

XIV - verificação, durante os processos de fusões, aquisições e reestruturações societárias, do cometimento de irregularidades ou ilícitos ou da existência de vulnerabilidades nas pessoas jurídicas envolvidas;

XV - monitoramento contínuo do programa de integridade visando seu aperfeiçoamento na prevenção, detecção e combate à ocorrência dos atos lesivos previstos no art. 5º da Lei nº 12.846, de 2013; e

XVI - transparência da pessoa jurídica quanto a doações para candidatos e partidos políticos.

§1º Na avaliação dos parâmetros de que trata este artigo, serão considerados o porte e especificidades da pessoa jurídica, tais como:

I - a quantidade de funcionários, empregados e colaboradores;

II - a complexidade da hierarquia interna e a quantidade de departamentos, diretorias ou setores;

III - a utilização de agentes intermediários como consultores ou representantes comerciais;

IV - o setor do mercado em que atua;

V - os países em que atua, direta ou indiretamente;

VI - o grau de interação com o setor público e a importância de autorizações, licenças e permissões governamentais em suas operações;

VII - a quantidade e a localização das pessoas jurídicas que integram o grupo econômico; e

VIII - o fato de ser qualificada como microempresa ou empresa de pequeno porte.

§2º A efetividade do programa de integridade em relação ao ato lesivo objeto de apuração será considerada para fins da avaliação de que trata o caput.

§3º Na avaliação de microempresas e empresas de pequeno porte, serão reduzidas as formalidades dos parâmetros previstos neste artigo, não se exigindo, especificamente, os incisos III, V, IX, X, XIII, XIV e XV do caput.

§4º Caberá ao Ministro de Estado Chefe da Controladoria-Geral da União expedir orientações, normas e procedimentos complementares referentes à avaliação do programa de integridade de que trata este Capítulo.

§5º A redução dos parâmetros de avaliação para as microempresas e empresas de pequeno porte de que trata o §3º poderá ser objeto de regulamentação por ato conjunto do Ministro de Estado Chefe da Secretaria da Micro e Pequena Empresa e do Ministro de Estado Chefe da Controladoria-Geral da União.

CAPÍTULO V
DO CADASTRO NACIONAL DE EMPRESAS INIDÔNEAS E SUSPENSAS E DO CADASTRO NACIONAL DE EMPRESAS PUNIDAS

Art. 43. O Cadastro Nacional de Empresas Inidôneas e Suspensas - CEIS conterá informações referentes às sanções administrativas impostas a pessoas físicas ou jurídicas que impliquem restrição ao direito de participar de licitações ou de celebrar contratos com a administração pública de qualquer esfera federativa, entre as quais:

I - suspensão temporária de participação em licitação e impedimento de contratar com a administração pública, conforme disposto no inciso III do caput do art. 87 da Lei nº 8.666, de 1993;

II - declaração de inidoneidade para licitar ou contratar com a administração pública, conforme disposto no inciso IV do caput do art. 87 da Lei nº 8.666, de 1993;

III - impedimento de licitar e contratar com União, Estados, Distrito Federal ou Municípios, conforme disposto no art. 7º da Lei nº 10.520, de 17 de julho de 2002;

IV - impedimento de licitar e contratar com a União, Estados, Distrito Federal ou Municípios, conforme disposto no art. 47 da Lei nº 12.462, de 04 de agosto de 2011;

V - suspensão temporária de participação em licitação e impedimento de contratar com a administração pública, conforme disposto no inciso IV do caput do art. 33 da Lei nº 12.527, de 18 de novembro de 2011; e

VI - declaração de inidoneidade para licitar ou contratar com a administração pública, conforme disposto no inciso V do caput do art. 33 da Lei nº 12.527, de 2011.

APÊNDICE E – DECRETO Nº 8.420, DE 18 DE MARÇO DE 2015. | 345

Art. 44. Poderão ser registradas no CEIS outras sanções que impliquem restrição ao direito de participar em licitações ou de celebrar contratos com a administração pública, ainda que não sejam de natureza administrativa.

Art. 45. O Cadastro Nacional de Empresas Punidas – CNEP conterá informações referentes:

I - às sanções impostas com fundamento na Lei nº 12.846, de 2013; e

II - ao descumprimento de acordo de leniência celebrado com fundamento na Lei nº 12.846, de 2013.

Parágrafo único. As informações sobre os acordos de leniência celebrados com fundamento na Lei nº 12.846, de 2013, serão registradas no CNEP após a celebração do acordo, exceto se causar prejuízo às investigações ou ao processo administrativo.

Art. 46. Constarão do CEIS e do CNEP, sem prejuízo de outros a serem estabelecidos pela Controladoria-Geral da União, dados e informações referentes a:

I - nome ou razão social da pessoa física ou jurídica sancionada;

II - número de inscrição da pessoa jurídica no Cadastro Nacional da Pessoa Jurídica - CNPJ ou da pessoa física no Cadastro de Pessoas Físicas - CPF;

III - tipo de sanção;

IV - fundamentação legal da sanção;

V - número do processo no qual foi fundamentada a sanção;

VI - data de início de vigência do efeito limitador ou impeditivo da sanção ou data de aplicação da sanção;

VII - data final do efeito limitador ou impeditivo da sanção, quando couber;

VIII - nome do órgão ou entidade sancionador; e

IX - valor da multa, quando couber.

Art. 47. A exclusão dos dados e informações constantes do CEIS ou do CNEP se dará:

I - com fim do prazo do efeito limitador ou impeditivo da sanção; ou

II - mediante requerimento da pessoa jurídica interessada, após cumpridos os seguintes requisitos, quando aplicáveis:

a) publicação da decisão de reabilitação da pessoa jurídica sancionada, nas hipóteses dos incisos II e VI do caput do art. 43;

b) cumprimento integral do acordo de leniência;

c) reparação do dano causado; ou

d) quitação da multa aplicada.

Art. 48. O fornecimento dos dados e informações de que tratam os art. 43 a art. 46, pelos órgãos e entidades dos Poderes Executivo, Legislativo e Judiciário de cada uma das esferas de governo, será disciplinado pela Controladoria-Geral da União.

CAPÍTULO VI
DISPOSIÇÕES FINAIS

Art. 49. As informações referentes ao PAR instaurado no âmbito dos órgãos e entidades do Poder Executivo federal serão registradas no sistema de gerenciamento eletrônico de processos administrativos sancionadores mantido pela Controladoria-Geral da União, conforme ato do Ministro de Estado Chefe da Controladoria-Geral da União.

Art. 50. Os órgãos e as entidades da administração pública, no exercício de suas competências regulatórias, disporão sobre os efeitos da Lei nº 12.846, de 2013, no âmbito das atividades reguladas, inclusive no caso de proposta e celebração de acordo de leniência.

Art. 51. O processamento do PAR não interfere no seguimento regular dos processos administrativos específicos para apuração da ocorrência de danos e prejuízos à administração pública federal resultantes de ato lesivo cometido por pessoa jurídica, com ou sem a participação de agente público.

Art. 52. Caberá ao Ministro de Estado Chefe da Controladoria-Geral da União expedir orientações e procedimentos complementares para a execução deste Decreto.

Art. 53. Este Decreto entra em vigor na data de sua publicação.

Brasília, 18 de março de 2015; 194º da Independência e 127º da República.

DILMA ROUSSEFF

José Eduardo Cardozo

Luís Inácio Lucena Adams

Valdir Moysés Simão

Esta obra foi composta em fonte Palatino Linotype, corpo
10 e impressa em papel Offset 75g (miolo) e Supremo
250g (capa) pela Gráfica e Editora O Lutador em
Belo Horizonte/MG.